PERSPECTIVAS TEOLÓGICAS
PARA O SÉCULO XXI

ROSINO GIBELLINI (Ed.)

PERSPECTIVAS TEOLÓGICAS PARA O SÉCULO XXI

Michael Amaladoss, Edmund Arens, Claude Geffré,
Elizabeth Green, Gustavo Gutiérrez, Werner Jeanrond,
Sylvain Kalamba Nsapo, Johann Baptist Metz,
Dietmar Mieth, Jürgen Moltmann, Peter Neuner,
Robert Schreiter, Giuseppe Segalla, Yannis Spiteris,
David Tracy, Marciano Vidal, Hans Waldenfels

EDITORA SANTUÁRIO
Aparecida-SP

REVISÃO TÉCNICA: Pe. Carlos da Silva, C.Ss.R.
COPIDESQUE E REVISÃO: Ana Lúcia de Castro Leite
DIAGRAMAÇÃO: Alex Luis Siqueira Santos
CAPA: Marco Antônio Santos Reis

Tradução de Carlos Felício da p. 1 à 190
e de Roque Frangiotti da p. 191 à 367,
com revisão técnica da tradução de Pe. Carlos da Silva, C.Ss.R.

Título original: *Prospettive teologiche per il XXI secolo*
© Editrice Queriniana, Brescia, Itália, 2003
ISBN 88-399-0423-9

Dados Internacionais de Catalogação na Publicação (CIP)
(Câmara Brasileira do Livro, SP, Brasil)

Perspectivas teológicas para o século XXI / editor Rosino Gibellini; [tradução de Carlos Felício e Roque Frangiotti]. – Aparecida, SP: Editora Santuário, 2005.

Título original: *Prospettive teologiche per il XXI secolo*
Vários autores.
ISBN 85-7200-974-4

1. Teologia – História – Século 20 2. Teologia – História – Século 21 I. Gibellini, Rosino. II. Título.

05-0404   CDD-230.09

Índices para catálogo sistemático:

1. Teologia cristã: História 230.09

Todos os direitos em língua portuguesa
reservados à **EDITORA SANTUÁRIO** — 2005

Composição, impressão e acabamento:
EDITORA SANTUÁRIO - Rua Padre Claro Monteiro, 342
Fone: (12) 3104-2000 — 12570-000 — Aparecida-SP.

Ano: 2009   2008   2007   2006   2005
Edição: **10** 9 8 7 6 5 4 3 2 1

PAIXÃO PELO REINO
Percursos da teologia do século XX
(*Introdução*)

ROSINO GIBELLINI

I. O século breve

O historiador britânico Eric Hobsbawm, em seu documentado livro *Era dos extremos: o breve século XX 1914-1991*,[1] assinalou os limites cronológicos desse século como fenômeno político entre 1914 (com a Grande Guerra, 1914-1918) e 1991 (com a queda do muro de Berlim e com a dissolução da União Soviética, 1989-1991). Diferentemente do século XIX, que politicamente é um século longo, estendendo-se da Revolução americana (1776) e francesa (1789) até a *Belle Époque*, para interromper-se no início da Grande Guerra (1914). O século XX é portanto "o século breve". Segundo Hobsbawm, o conceito de "século breve", utilizado por ele, remonta a Ivan Berend, antigo presidente da Academia Húngara de Ciências. Na densa reconstrução do historiador britânico não aparece nenhum nome teológico ou eclesial, salvo breves e ocasionais menções de dois papas. A obra, portanto, embora com a riqueza de documentação, limita-se a dar as coordenadas políticas do "século breve" (1914-1991).

Mas, também do ponto de vista cultural e teológico, pode-se falar do século XX como "século breve". No ensaio *Il cammino della teologia nel Novecento*, Jürgen Moltmann delineia o percurso da teologia cristã do século XX a partir da herança do século XIX, ou seja, "daquela época da história européia que tem seu início em 1789, com a Revolução francesa, e seu término em 1917-1918, com a primeira Guerra Mundial e com a Revolução russa",[2] percurso esse que levou a Igreja cristã da época pré-ecumênica à época ecumênica.

---

[1] HOBSBAWM, E. *Era dos extremos: o breve século XX: 1914-1991*. São Paulo, Companhia das Letras, 2002.
[2] MOLTMANN, J. *Il cammino della teologia nel Novecento*. In: *Che cos'è oggi la teologia?* Brescia, Queriniana, 1988. p. 9.

Também Xavier Gorostiaga — ex-reitor da Universidade centro-americana de Manágua na Nicarágua — no Congresso de teologia (Madri 1991) em preparação ao quinto centenário da América Latina (1492-1992) observava: "Vivemos na encruzilhada de mudanças copernicianas, superiores até mesmo a que significou o período de 1914-1917. Em 1914 começava atrasado o século XX com o grande confronto entre o capitalismo e o socialismo. O século XX terminou em 1989 com a queda do muro de Berlim e com o confronto que isso implicava entre Leste e Oeste. O século XXI já começou com o confronto entre Norte e Sul, capital-trabalho, implicando nova fase do velho confronto com parâmetros qualitativamente novos".[3] E o sociólogo latino-americano — que se coloca na linha da teologia da libertação — repetia e precisava sua análise no segundo Encontro de El Escorial (Madri, 1992), por ocasião do vigésimo aniversário do então histórico primeiro Encontro de El Escorial (Madri, 1972), que fora a primeira apresentação no âmbito europeu e internacional da teologia latino-americana da libertação que vinha se formando nos anos 1968-1972: "O século XXI começou com a década dos anos noventa. [...] O desmoronamento do muro de Berlim e o colapso da experiência do socialismo estatal de forma rápida e explosiva provocaram crise de paradigmas, período que podemos qualificar como era de perplexidade e de incerteza".[4]

Na teologia do "século breve" podem-se identificar — se se vai ao essencial e aos grandes textos e contextos, aplicando metodologia nem escolástica nem dialética, mas prospectivística — quatro movimentos[5] (e não "correntes";[6] "movimentos", *Bewegungen*, é categoria usada por Jürgen Habermas a fim de delinear os percursos da filosofia no século XX[7]). Trata-se de *movimentos* que caracterizam a *tipologia* do fazer teológico, sem esgotar sua estrutura, temática e contextualidade.

II. Teologias da identidade

O primeiro movimento da teologia do século XX vem com o nome de *teologia da palavra de Deus* ou *teologia da revelação cristã*. Pretendia afirmar, com Karl Barh, a transcendência da Palavra de Deus; ou, com Hans Urs

---

[3] Cf. as atas do Congresso, *V Centenario: Memoria y liberación* (11-15 set. 1991). Madrid, Centro Evangelio y Liberación, s.d. p. 74.
[4] Cf. as atas do Congresso, COMBLIN, J.; GONZÁLEZ FAUS, J.; SOBRINO, J. (eds.). *Cambio social y pensamiento cristiano en América Latina*. Madrid, Trota, 1993. p. 124.
[5] GIBELLINI, R. *La teologia del XX secolo*. Brescia, Queriniana, 1992. pp. 559-560 (Ed. bras.: *A teologia do século XX*. São Paulo, Loyola, 1998).
[6] Cf. THÉOBALD, Chr. *Le devenir de la théologie catholique depuis le Concil Vatican II*. In: MAYEUR, J.-M. (Dir.) *Histoire du Christianisme*. Paris, Desclée, 2000. t. 13, p. 178.
[7] HABERMAS, J. *Pensamento pós-metafísico: estudos filosóficos*. Rio de Janeiro, Tempo Brasileiro, 1990.

von Balthasar, a in-comparabilidade da Revelação cristã em relação a toda filosofia e sabedoria humana.

Para Barth, "a revelação de Deus é fundamento que não tem outro fundamento, mais alto ou mais profundo, acima ou abaixo, mas é fundamento absoluto em si próprio e por isso é uma corte para o homem da qual não há possibilidade alguma de apelo a corte superior", porque a revelação tem "sua realidade e verdade totalmente e sob qualquer aspecto [...] dentro de si própria".[8]

Para von Balthasar não se podem apresentar critérios de justificação do cristianismo, que ao contrário tem *em si* e apresenta *por si* sua justificação: "Não existe outro texto que sirva de chave ao texto divino, que o torne legível e compreensível, ou, digamos, mais legível e mais compreensível. Ele deve e pretende explicar-se por si. Se o faz, uma coisa é certa logo de saída: nele não se encontrará nada do que o homem teria sabido por conta própria — a priori ou a posteriori, com facilidade ou com dificuldade, desde sempre ou através de evolução histórica — descobrir do mundo, de si próprio e de Deus".[9]

Situa-se nessa tipologia também o teólogo evangélico Eberhard Jüngel, especialmente em sua obra principal *Dio, mistero del mondo* (Brescia, Queriniana, 1991), em que propõe teologia radical da revelação, isto é, discurso sobre Deus, discurso este que o pensa exclusivamente a partir de sua revelação. As categorias que estruturam a reflexão de Jüngel são as da interrupção e da correspondência. O discurso cristão de Deus não é nenhum tipo de prolongamento da reflexão filosófica; ao contrário, pressupõe interrupção (*Unterbrechung*) do pensamento humano em seu autoposicionamento e auto-afirmação; ele constitui-se apenas com base na revelação de Deus e só assim faz correspondência (*Entsprechung*) com a realidade e com o mistério de Deus. Jüngel pretende conscientemente fazer teologia pós-Heidegger e pós-Barth. Pós-Heidegger, porque assume a crítica heideggeriana de *Identidade e diferença* (Ed. bras.: *Que é isto — a filosofia?*: identidade e diferença. São Paulo, Duas Cidades, 1971) à metafísica como onto-teologia que pensa Deus como ente supremo e não em sua divindade; ao mesmo tempo, porém, acolhe a recomendação que Heidegger dava à teologia cristã na conferência de Tubinga, *Fenomenologia e teologia* (1927-1928), de ser plenamente ela própria como "tematização da fé"; e pós-Barth, porque assume sua crítica teológica da teologia natural e sua colocação de exclusiva teologia da revelação.[10]

---

[8] Barth, K. *Die kirchliche Dogmatik* I, 1, §§ 8-12, p. 321.
[9] Balthasar, H. U. von. *Solo l'amore è credibile*. Torino, Borla, 1966. p. 50-51.
[10] Cf. Cislaghi, A. *Interruzione e corrispondenza: Il pensiero teologico di Eberhard Jüngel*. Brescia, Queriniana, 1994; Webster, J. B. *Eberhard Jüngel: an introduction to his theology*. Cambridge/UK, Cambridge University Press, 1986; Gibellini, R. *Dio nella teologia del novecento*. In: Penzo, G.; Gibellini, R. (eds.). *Dio nella filosofia del novecento*. Brescia, Queriniana, 1993. p. 543-561.

Essa primeira tipologia da teologia do século XX está preocupada com a identidade da fé cristã e com a especificidade do discurso teológico. As teologias da identidade ressurgem nas últimas décadas do século XX no contexto daquele complexo fenômeno de fim/começo de século, que aparece sob o nome de pós-modernidade.[11] Apontamos apenas duas diretrizes: a teologia pós-liberal e a teologia da contramodernidade.

Precursor da teologia norte-americana pós-liberal é Hans Frei, segundo quem o método histórico-crítico da hermenêutica moderna da Bíblia provocou a perda do realismo narrativo próprio da Escritura, que narra a história de Deus que envolve nossa vida e convida-nos a entrar nessa história para compreender a vida.[12] Essa tese é depois ilustrada no âmbito da cristologia, na qual a perda do realismo narrativo bíblico com referência a Cristo teria levado a privilegiar o problema do "como" de sua presença, em detrimento do problema de sua "identidade" que é urgente recuperar na época do pluralismo para dar identidade à comunidade cristã e a sua teologia.[13] As teologias modernas que dão prioridade sistemática à filosofia expõem-se ao perigo de distorcer a verdade cristã. O teólogo mais representativo, porém, nessa recuperação da identidade da teologia cristã no contexto da época do pluralismo é o luterano George Lindbeck (ex-observador delegado no concílio Vaticano II e ex-colega de Hans Frei na Yale School) em sua obra, incisiva e largamente discutida nos Estados Unidos, *The nature of doctrine: religion and theology in a postliberal age* (1984). O termo pós-liberal não tem seu referencial no liberalismo político, mas na tradição *liberal* americana; portanto remete ao conceito de progressismo e modernidade, mas também de teologia liberal, entendida entretanto não em sua acepção precisa, mas como característica da teologia no contexto da modernidade, a qual tem procurado o diálogo com a filosofia e a cultura laicas baseado em fundamento comum de racionalidade ou em experiência religiosa fundamental comum. Mas, para Lindbeck, é preciso estar consciente de que entramos na época do pluralismo que deve ser assumido e com o qual a comunidade cristã pode conviver sem abandonar a da própria identidade religiosa. Se no mundo pré-moderno as doutrinas religiosas eram concebidas numa abordagem proposicional-cognitiva (as proposições da doutrina davam a conhecer a realidade ontológica, como na teologia de Tomás de Aquino); se no mundo da modernidade as doutrinas religiosas eram concebidas numa abordagem experiencial-expressiva (as doutrinas exprimiam a experiência religiosa, como na teologia de Schleiermacher e dos teólogos

---

[11] LAKELAND, P. *Postmodernity: Christian identity in a fragmented age.* Minneapolis, Fortress Press, 1997.; WARD, G. (Ed.). *Postmodern theology.* Oxford, Blackwell, 2001.
[12] FREI, H. W. *The eclipse of biblical narrative: a study in eighteenth and nineteenth century hermeneutics.* New Haven, Yale University Press, 1974.
[13] ID. *The identity of Jesus Christ: the hermeneutical bases of dogmatic theology.* Philadelphia, Fortress Press, 1975.

modernos); no tempo do pluralismo, após a virada lingüística realizada pelo segundo Wittgenstein — com a teoria dos jogos de linguagem — e por outros filósofos (Quine, Rorty), Lindbeck propõe abordagem cultural-linguística: as doutrinas religiosas são a cultura e a linguagem de determinada comunidade religiosa. A comunidade cristã tem sua própria linguagem, derivada do texto da Bíblia que constitui seu próprio léxico; a teologia se faz gramática da linguagem da fé (*grammar of faith*). Os membros da comunidade cristã compreendem o mundo através da própria linguagem que remete o texto: "É o texto, por assim dizer, que absorve o mundo, mais que o mundo o texto".[14] Isto é, a história bíblica é interpretativa da história do mundo, em vez de supor a história do mundo como interpretativa da história bíblica. Não se trata de introduzir categorias extrabíblicas no discurso teológico, mas de ater-se ao texto; a teologia é descritiva e não teórica, e pelo fato de ser descritiva é "literalmente intratextual". Isso assegura identidade à teologia cristã, sem diminuí-la e ao mesmo tempo sem tolher-lhe a construtividade interpretativa. A intratextualidade (*intratextuality*) da teologia pós-liberal[15] exclui a correlação da teologia moderna, ou teologia liberal em sentido amplo, que por meio da mediação seria levada a introduzir elementos estranhos e perturbantes no discurso teológico que deve ao contrário conservar sua integridade epistemológica. A Igreja cristã deve falar e cultivar sua própria linguagem e sua própria prática num tempo que conhece sua diasporização: "Essa conclusão é paradoxal: as comunidades religiosas tornam-se provavelmente relevantes por longo período na medida em que não se interrogam antes de tudo sobre o que seja prático ou relevante, mas pelo contrário se concentram sobre suas próprias perspectivas intratextuais e sobre suas próprias formas de vida".[16]

Entre os teólogos pós-liberais deve-se ainda lembrar do metodista Stanley Hauerwas que introduz essa perspetiva no campo da ética e para quem a primeira responsabilidade da Igreja cristã é de ser ela própria, na fidelidade à própria tradição: "A tarefa social da Igreja está acima de tudo em sua vontade de ser comunidade formada por linguagem que o mundo não compartilha [...] a ética social da Igreja não pode ser encontrada por primeiro nas afirmações pelas quais procura influir na ética dos que têm o poder, mas antes [...] deve ser encontrada primeiramente e acima de tudo em sua capacidade de apoiar o povo que não se sente em casa nas presunções liberais de civilização e sociedade".[17]

A teologia pós-liberal proposta por Lindbeck apresenta-se como não

---

[14] LINDBECK, G. A. *The nature of doctrine: religion and theology in a postliberal age*. Philadelphia, Westminster Press, 1984. p. 118: "It is the text, so to speak, which absorbs the world, rather than the world the text".
[15] *Ibid.*, p. 113-124.
[16] *Ibid.*, p. 128.
[17] HAUERWAS, S. *Against the nations*. Minneapolis, Augsburg Press, 1985. p. 11-12.

fundacional (*nonfoundational*), porque não está interessada em ir à procura de fundamento comum para a correlação.[18] Apresenta-se entretanto até cética em relação à apologética (é-lhe estranho o conceito de "teologia fundamental"), ou seja, um sistema defensivo colocado em prática para justificar a verdade cristã. Nesse sentido a teologia pós-liberal é teologia *anapologética* ou não apologética (*unapologetic*), segundo a definição do teólogo pós-liberal William Placher:[19] a teologia pode utilizar argumentações *ad hoc*, consideradas caso a caso, mas é cética em relação a uma apologética sistemática, à procura de fundação e de justificação do discurso cristão.

De configuração diversa da teologia pós-liberal é a teologia da *contramodernidade* que tem seu principal representante no teólogo britânico anglicano John Milbank, autor de *Theology and social theory: beyond secular reason* (1990), mas que é convergente com ela ao caracterizar-se como teologia não fundacional e ao apresentar-se como teologia da identidade. John Milbank afirma a superioridade pré-moderna do cristianismo no mundo da fragmentação pós-moderna. A "metanarrativa não fundacional" do cristianismo incorpora teoria social que é vitalmente adequada a nossa era pós-moderna e que é significativamente superior às teorias sociais com as quais gostariam de levar-nos a dialogar. Daí o sentido do expressivo subtítulo do livro, "para além da razão secular": o cristianismo não deve perder tempo em confrontar-se com as afirmações do mundo; ao contrário, o mundo deve confrontar-se com a visão da tradição cristã.[20] A teologia da contramodernidade de John Milbank é pré-moderna no retorno aos grandes relatos (e nisso se diferencia da teologia pós-liberal), mas é pós-moderna no reconhecimento do pluralismo que impõe que se preserve a própria identidade.

Essas teologias da identidade têm raiz barthiana; podem ser definidas como neobarthianas, mas se mostram mais sofisticadas no aspecto epistemológico porque se apresentam como teologias não fundacionais (e interpretam a teologia barthiana como teologia implicitamente não fundacional) e portanto são conscientes do pluralismo da conversação humana em que se insere o discurso teológico. Sob esse aspecto é instrutivo o confronto entre o conceito de *incomparabilidade*, ou não comparabilidade da mensagem cristã de von Balthasar, o qual inclui objetivamente a reivindicação de verdade (*truth-claims*) da mensagem cristã, e o conceito de *incomensurabilidade* da linguagem cristã, teorizado pela teologia pós-liberal que assume o pluralismo como horizonte do discurso cristão, reivindi-

---

[18] Cf. THIEL, J. E. *Nounfoundationalism*. Minneapolis, Augsburg Fortress Press, 1994.
[19] PLACHER, W. C. *Unapologetic theology: a Christian voice in a pluralistic conversation*. Louisville, Westminster/John Knox Press, 1989.
[20] MILBANK, J. *Theology and social theory: beyond secular reason*. Oxford, Blackwell, 1990.

cando apenas a autorização para praticá-lo em nome da própria identidade religiosa e cultural, discurso este entretanto capaz de diálogo construtivo na rede da conversação pós-moderna, mas sem reivindicações de verdade em relação a outras culturas e religiões.[21]

III. Teologias da correlação

Uma *segunda tipologia* junta, à preocupação pela identidade, a da relevância do discurso cristão sobre a realidade existencial, antropológica, cultural e experiencial humana. Colocam-se nesse "movimento" a teologia existencial de Rudolf Bultmann, a teologia da cultura de Paul Tillich, a teologia antropológica de Karl Rahner, a teologia da experiência de Edward Schillebeeckx, a teologia ecumênica e inter-religiosa de Hans Küng, a teologia hermenêutica de Claude Geffré e de David Tracy. A teologia é concebida como correlação a ser desenvolvida entre dois pólos: por um lado, o pólo da revelação e da tradição que a transmite, e por outro o pólo existencial (Bultmann), cultural (Tillich), antropológico (Rahner), experiencial (Schillebeeckx, Küng, Geffré e Tracy). Se as teologias da identidade podem ser representadas como círculo que tem seu centro, as teologias da correlação podem ser representadas como elipse que tem dois focos, isto é, os dois pólos que estão colocados em correlação entre si.

O método da correlação é justo o método proposto e posto em prática por Tillich em sua *Teologia sistemática*. Segundo Tillich, a reflexão teológica desenvolve-se entre dois pólos: a *verdade* da mensagem cristã e a interpretação dessa verdade, a qual deve levar em conta a *situação* em que se encontra o destinatário dessa mesma mensagem: "A teologia, como função da Igreja cristã, deve servir às necessidades da Igreja. Um sistema teológico é chamado a satisfazer a duas necessidades básicas: a afirmação da verdade da mensagem cristã e a interpretação dessa verdade por cada nova geração. A teologia se move para trás e para frente entre os dois pólos (*two poles*), a verdade eterna de seu fundamento e a situação temporal em que a verdade eterna deve ser recebida".[22]

A teologia "procede elipticamente" entre duas "fontes" (Schillebeeckx), ou entre dois "pólos" (Tillich, Küng), e satisfaz assim a duas "necessidades básicas" (Tillich). A palavra de Tillich para caracterizar o segundo pólo é a de *situação*. Uma teologia que ousa corajosamente participar da "situação",

---

[21] É uma posição que afeta a teologia das religiões: cf. KNITTER, P. F. *Introducing theologies of religions*. Maryknoll/New York, Orbis Books, 2002. p. 216-217.
[22] TILLICH, P. *Systematic theology*. Chicago, University of Chicago Press, 1951. v. 1, p. 3 (Ed. bras.: *Teologia sistemática*. São Leopoldo/RS, Sinodal, 2000. Três volumes em um).

faz-se teologia "apologética" (*apologetic theology*), enquanto "teologia-que-dá-respostas" (*answering theology*), indo além da fixação ortodoxa da teologia querigmática, dando-lhe o necessário complemento.

A "situação" pode assumir variadas conotações, sendo possível pois o método da correlação ser praticado de múltiplos modos. Muitas teologias do século XX podem ser definidas como "teologias correlacionais" ou "teologias da correlação". São teologias substancialmente convergentes no método da correlação entre *questão*, que brota da experiência humana, e *resposta*, que é formulada pela tradição e reflexão cristã. Mas a correlação entre questão e resposta deve ser bem calibrada. Deve-se fazer "correlação crítica", isto é (segundo a explicação precisa de Schillebeeckx): obtém-se essa correlação se a questão humana for configurável como questão de sentido sobre a realidade e sobre a existência, à qual seguem *respostas humanas* que tentam articular sentido, mas que recebe apenas da *resposta cristã* uma superabundância de sentido, um sentido último e definitivo. A resposta cristã é, então, a resposta resolutiva à procura humano que se articula com questões radicais e com respostas parciais. À questão radical sobre a realidade e sobre a experiência só a fé responde de modo radical, mas a resposta cristã não cai perpendicularmente do alto, e sim se insere em contexto de experiência, no qual ela adquire sentido, dando superabundância de sentido.[23]

Esse modo de fazer teologia assumiu o nome de "virada antropológica em teologia", uma vez que a teologia não se desenvolve automaticamente por si, da fonte de onde brota sua verdade, mas confronta-se, relaciona-se, dialoga e responde às solicitações antropológicas, assumidas em sua procura e projeção de sentido da realidade e da experiência humana.[24] A que vem sob o nome de "virada hermenêutica em teologia" é de configuração diversa da "virada antropológica" — determinada pela virada lingüística (Wittgenstein) e hermenêutica (Heidegger, Gadamer, Ricoeur) ocorrida em filosofia —, uma vez que a teologia faz-se consciente de correlação crítica entre os dois pólos, exige atento exame interpretativo do *texto* que nos traz a experiência cristã fundante das origens, e do *contexto* ou *situação* experiencial em que encontra expressão a nossa compreensão da vida e do mundo. Escreve Claude Geffré: "Com teólogos como E. Schillebeeckx e D.

---

[23] Cf. Schillebeeckx, E. *Il criterio di correlazione: risposta cristiana ad una domanda umana*. In: *Intelligenza della fede* (1972), Roma, Edizioni Paoline, 1975, p. 117-143. Cf. Também Swidler, L. (ed.). *Consensus in theology?* Philadelphia, Wetsminster Press, 1980 (especialmente as intervenções de H. Küng, p. 1-17; e de D. Tracy, p. 33-39); Küng, H. *Teologia in cammino* (1987). Milano, Mondadori, 1987. p. 117-139.
[24] Eicher, P. *Die anthropologische Wende: Karl Rahners philosophischer Weg vom Wesen des Menschen zur personalen Existenz*. Freiburg/Schweiz, Universitätsverlag, 1970; Pattaro, G. *La svolta antropologica: un momento forte della teologia contemporanea*. Bologna, Dehoniane, 1990 (edição póstuma, preparada por M. C. Bartolomei e A. Gallas).

Tracy [...] compreendo cada vez mais a tarefa atual da teologia como correlação crítica e mútua entre a interpretação da tradição cristã e a interpretação da nossa experiência humana contemporânea".[25]

A grande teologia católica francesa (Chenu, Congar, Daniélou, de Lubac) que aparece com o nome de "teologia da renovação" (*théologie du renouveau*), ou com o nome, então polêmico, de *nouvelle théologie*, com seu programa de "retorno às fontes", atuou no sentido de fazer a teologia católica superar "a nostalgia do equilíbrio medieval"[26] e preparou a virada antropológica em teologia, sem levar adiante o discurso teológico até um confronto com a "situação", como fazem as teologias da correlação. Um dos protagonistas da teologia francesa da segunda metade do século XX, Christian Duquoc, reconhece uma espécie de redimensionamento desse grande capítulo da teologia católica: "O retorno às fontes não rompe com a orientação reativa da teologia tradicional. [...] Outras teologias quiseram assumir o desafio moderno".[27]

A intratextualidade, proposta pela teologia pós-liberal de Lindbeck, exclui a correlacionalidade, assim como a excluem ou a reduzem as teologias católicas da identidade, expressas por von Balthasar e por Ratzinger, as quais pretenderam "clarificar e afirmar a sua própria identidade [da teologia católica] como tal, e não em correlação com os contornos sempre movediços e perigosos da situação contemporânea".[28] As teologias correlacionais, ao contrário, não renunciam a explorar o pólo situacional e a assumir também tarefa apologética sistematicamente praticada pela teologia fundamental: "Abandonar essa tarefa crítica correlacional da teologia significa abandonar, na teologia, sua tarefa reflexiva e ao mesmo tempo abandonar as reivindicações de todos os profetas e místicos que falam direta e intencionalmente à busca humana de significado e de verdade".[29]

As teologias da identidade, mesmo nas formas radicais da teologia pós-liberal e da teologia da contramodernidade, tornam atentas as teologias correlacionais para que façam a correlação de forma crítica, sem exagerar o

---

[25] Geffré, C. *Le christianisme au risque de l'interprétation*. Paris, Cerf, 1983. p. 9 (Ed. bras.: *Como fazer teologia hoje: hermenêutica teológica*. São Paulo, Edições Paulinas, 1989); Id. *Credere e interpretare: la svolta ermeneutica della teologia*. Brescia, Queriniana, 2002; Tracy, D. *Plurality and ambiguity:* hermeneutics, religion, hope. San Francisco, Haper and Row, 1987.
[26] Duquoc, Chr. *La théologie en exile:* le défi de sa survie dnas la culture contemporaine. Paris, Bayard, 2002. p. 42. Cf. também Kasper, W. *Teologia e Chiesa*. Brescia, Queriniana, 1989. p. 5: "O evento mais brilhante que a teologia católica viveu neste nosso século é sem dúvida a superação da neo-escolástica".
[27] Duquoc, Chr., op. cit., p. 43-44. Para a teologia francesa, cf. a reconstrução histórica de Fouilloux, É. *Une Église en quête de liberté: la pensée catholique française entre modernisme et Vatican II (1914-1962)*. Paris, Desclée de Brouwer, 1998.
[28] Tracy, D. The uneasy alliance reconceived: catholic theological method, modernity and postmodernity. In: Webster, J; Schner, G. P. (eds.). *Theology after liberalism*. Oxford, Blackwell, 2000. p. 340.
[29] Tracy, D. *ibid.*, p. 350.

pólo situacional, como aconteceu nas chamadas teologias da secularização. Nesse aspecto é instrutivo o percurso do teólogo batista norte-americano Harvey Cox: das análises de *A cidade do homem*, em que tentara "formular teologia para a era 'pós-religiosa', predita então com certeza por muitos sociólogos", passando pelas "retratações" de *Religion in the secular City* (1984), até sua mais recente obra *Fire from heaven: the rise of pentecostal spirituality and the reshaping of religion in the twenty-first century* (1995), em que constata: "É fato que a religião — ou ao menos algumas religiões — parece ter ganho novas perspectivas de vida. Hoje é a secularidade, e não a espiritualidade, que se encaminha para a extinção" e propõe a aliança entre a espiritualidade pentecostal "emocional, comunional, narracional, aberta-à-esperança, e radicalmente encarnada" e a espiritualidade latino-americana da libertação, que se exprime na comunidade eclesial de base: "Se esses dois poderosos movimentos, que se colocam ambos na vertente 'experiencial', associassem suas forças nas próximas décadas, o resultado seria de vigor extraordinário".[30]

IV. Teologias políticas

Uma terceira tipologia transformou a virada antropológica em teologia em virada política, uma vez que se propõe, especialmente com Johann Baptist Metz e com Jürgen Moltmann, desenvolver os conteúdos sociais e políticos da mensagem cristã. Nasce assim nos anos sessenta a teologia política, ou melhor, a nova teologia política, para diferenciá-la da religião civil que explica antes uma função de legitimação religiosa de ordem política; a nova teologia política coloca o problema da relação entre teologia e prática. A fé cristã deve fazer-se "prática na história e na sociedade"; "a ortopráxis é o preço da ortodoxia".[31] A teologia política assume "a opção de entrar no campo da história" e concebe a teologia como "saber prático" que não se indaga só sobre o sentido da vida e da história, mas quer fazer "experiência prática do sentido em meio à vida histórica".[32]

Se von Balthasar — conforme a primeira tipologia — punha em ação uma *razão estética*, no sentido de razão que percebe a verdade em si do

---

[30] Cox, H. *A cidade do homem*. Rio de Janeiro, Paz e Terra, 1971; Id. *Religion in the secular City: toward a postmodern theology*. New York, Simon and Schuster, 1984. Sobre essa obra, cf.: Gibellini, R. *Dalla modernità alla solidarietà: oltre la teologia della secolarizzazione*. In *Rassegna di teologia*, n. 30, p. 121-144, 1989; Cox, H. *Fire from heaven: the rise of pentecostal spirituality and the reshaping of religion in the twenty-first century*. Reading/Mass, Addison-Wesley, 1995. p. 319.
[31] Cf. Metz, J. B. *Chiesa e popolo ovvero il prezzo dell'ortodossia*. In: Gibellini, R. (ed.). *Ancora sulla "teologia politica": il dibattito continua*. Brescia, Queriniana, 1975. p. 160-161.
[32] Id. *La fede, nella storia e nella società*. Brescia, Queriniana, 1978. p. 160-161.

cristianismo; se as teologias da correlação põem em ação uma *razão crítica*; a nova teologia política pretende pôr em ação uma *razão prática*: "A tão discutida crise de identidade do cristianismo é primariamente crise não da mensagem, mas de seus sujeitos e de suas instituições que muito freqüentemente se subtraem ao sentido inevitavelmente prático da própria mensagem e assim minam a força de sua inteligibilidade".[33] Quanto à virada antropológica, ocorrida em teologia (e que no âmbito da teologia católica tem como protagonista seu mestre Karl Rahner), Metz critica sua "redução antropológica de história e sociedade": é recuperado o sujeito em relação ao objetivismo metafísico, mas é reduzido de suas dimensões históricas e sociais; é afirmado o sujeito em relação ao objeto, mas é privatizado e como que desancorado de sua prática na história e na sociedade. Apologia moderna do cristianismo não pode ser conduzida só no plano abstrato da história, mas deve ser conduzida segundo dialética de teoria e prática.

Se se compara o modelo das teologias correlacionais em suas variadas versões e o modelo da nova teologia política — como faz o teólogo norte-americano Matthew Lamb que se coloca na linha da teologia política européia — pode-se notar que o primeiro modelo efetua "correlação crítica teórica" entre fé e cultura, enquanto o segundo efetua "correlação crítica prática" entre fé e práxis; no primeiro caso a teologia tem caráter *de abertura* de sentido, no segundo tem caráter *transformativo* da prática; no primeiro caso a prática é derivação e aplicação da teoria, no segundo a teoria é orientada à prática e encontra verificação na prática.[34]

É uma característica que não ocorre só na teologia política européia, mas vai firmando-se em setores mais vastos e diferentes. Constata Jürgen Moltmann: "A teologia latino-americana da libertação, a teologia negra nos Estados Unidos, a teologia *minjung* na Coréia, a teologia feminista e muitas outras formas da teologia mostram a necessidade e a fecundidade dessa consciência política da teologia cristã".[35]

No balanço de seu percurso teológico por trinta anos, Johann Baptist Metz, em *Sul concetto della nuova teologia politica: 1967-1997*, retoma e redesenha o programa de uma teo-logia feita "com olhar sobre o mundo"; de um discurso sobre Deus "neste tempo", isto é, de um discurso determinado — segundo a categoria de Jaspers — pela "situação espiritual do nosso tempo", cujo tema portanto é — fazendo referência à grande obra de Heidegger, *Ser e tempo* — "Deus e tempo". É uma teo-logia que foi assumindo os desafios do tempo: "Em primeiro lugar, o conflito não resolvido com

---

[33] *Ibid.*, p. 7.
[34] Lamb, M. *Solidarity with the victims: toward a theology of social transformation*. New York, Crossroad, 1982, em particular o cap. 8: "The relationship between theory and praxis in contemporary Christian theologies", p. 61-99.
[35] Moltmann, J. *Politische Theologie – Politische Ethik*. München/Mainz, Kaiser/Grünewald, 1984, p. 9.

os problemas do Iluminismo, depois a experiência da catástrofe de Auschwitz e, finalmente, a presença no 'mundo da teologia' de um mundo não-europeu, do Terceiro Mundo".[36]

Jürgen Moltmann em *Dio nel progetto del mondo moderno* mostra como a teologia deve juntar identidade e relevância pública: "Não existe identidade cristã que não tenha relevância pública, nem relevância pública sem identidade cristã da teologia, porque se se quer salvar Cristo a teologia tem de ser teologia do Reino de Deus".[37] Se a Igreja cristã está em função do Reino de Deus que vem, também a teologia não pode limitar-se a compreender-se a si mesma como "doutrina da Igreja" e propor-se pois simplesmente como "doutrina da fé cristã" (Schleiermacher), como "dogmática eclesial" (Barth), ou como "gramática da fé" (Lindbeck): "Se levar a Igreja a sério, a teologia deverá tornar-se, ao lado dela, uma função do Reino de Deus no mundo. E nessa função do Reino de Deus a teologia atinge também as esferas da vida política, cultural, econômica e ecológica de uma sociedade. [...] Em cada um desses âmbitos a teologia do Reino de Deus é teologia *pública* que participa pois da *res publica* da sociedade e se implica 'em termos críticos e proféticos', porque ela vê a realidade pública na perspectiva do Reino de Deus que vem".[38]

V. Teologias na era da globalização

O quarto movimento da teologia do século XX ocorre com o que pode ser definido como o ingresso da teologia cristã na era da globalização.

Em artigo de 1979 (escrito no vigésimo aniversário do anúncio feito por João XXIII convocando um concílio ecumênico), Karl Rahner escrevia: "No concílio, a Igreja começou a agir doutrinalmente *como* Igreja mundial em medida germinal. Sob o fenótipo de Igreja ainda em larga medida européia e norte-americana, se assim se pode dizer, começa a fazer-se notar o genótipo de Igreja mundial autêntica".[39] Se o fenótipo é o conjunto dos caracteres

---

[36] METZ, J. B. *Sul concetto della nuova teologia politica: 1967-1997* (1997). Brescia, Queriniana, 1998. p. 182. Cf. METZ, J. B. (ed.). *Diagnosen zur Zeit*. Düsseldorf, Patmos, 1994 (com contribuições, entre outros, de D. Sölle, J. Habermas); PETERS, T. R; URBAN, C. (ed.). *Ende der Zeit?: Die Provokation der Rede von Gott*. Mainz, Grünewald, 1999 (com contribuições, entre outros, de J. Ratzinger, J. B. Metz, J. Moltmann).
[37] MOLTMANN, J. *Dio nel progetto del mondo moderno: Contributi per una rilevanza pubblica della teologia* (1997). Brescia, Queriniana, 1999. p. 8.
[38] *Ibid.*, p. 238. cf. MOLTMANN, J.; RIVUZUMWAMI, C. (eds.). *Wo ist Gott? Gottesräume – Lebensräume*. Neukirchener-Vluyn, Neukirchener, 2002.
[39] RAHNER, K. *Interpretazione teologica fondamentale del concilio Vaticano II*. In: *Sollecitudine per la Chiesa*. Roma, Edizioni Paoline, 1982. p. 351.

visíveis de um organismo vivente, a Igreja que celebrou o concílio era, em sua visibilidade exterior, ou seja, fenotipicamente, uma Igreja com predominância européia e norte-americana, uma vez que as temáticas discutidas e as contribuições trazidas provinham predominantemente da teologia elaborada pela Igreja européia e norte-atlântica, mesmo se o horizonte da discussão era a Igreja universal. E entretanto, se se observa a *Wirkungsgeschichte* do concílio, ou seja, a história dos efeitos que o evento conciliar e os documentos conciliares produziram no tecido da Igreja, pode-se divisar na Igreja do concílio Vaticano II o germe, ou seja, o genótipo de Igreja não apenas ocidental, mas mundial, responsavelmente presente e operante nos diversos povos e nas diversas culturas.

Indicador dessa virada em direção à globalização se tem no deslocamento dos lugares onde se elabora a teologia e do sujeitos que a elaboram. Nascem assim novos movimentos teológicos: a teologia da libertação na América Latina; a teologia da inculturação na África; a nova teologia das religiões na Ásia; a teologia feminista no movimento internacional de emancipação das mulheres. Poder-se-iam apontar algumas datas significativas para caracterizar o surgimento dos novos movimentos teológicos: no congresso *Theology in the Americas* de Detroit (EEUU, 1975), começa-se a falar, no plural, de teologias da libertação: teologia latino-americana da libertação, teologia negra da libertação, teologia feminista da libertação; no congresso de Dar-es-Salaam (Tanzânia, 1976) constitui-se a Associação Ecumênica de Teólogos do Terceiro Mundo (Ecumenical Association of Third World Theologians — EATWOT); no congresso de Accra (Gana, 1977) nasce a Associação Ecumênica de Teólogos Africanos (Ecumenical Association of African Theologians — EAAT); no congresso de Wennappuwa (Colombo, Sri Lanka, 1979), o teólogo senegalês Aloysius Pieris introduzia importante distinção na teologia asiática que via caracterizada por dois pólos: a) o pólo do terceiro-*mundismo*, isto é, a situação de oprimente pobreza em que vivem os povos na Ásia e que representa o contexto sócio-econômico comum à teologia do Terceiro Mundo; e b) o pólo da *asiaticidade*, isto é, o contexto especificamente asiático caracterizado pela presença de grandes culturas e religiões.[40]

Com esses movimentos, a história dos povos, em sua facticidade, entra no circuito da reflexão teológica. Vai-se além da consciência histórica do século XIX, além do conceito de historicidade (Bultmann) dos primórdios do século XX, além de uma embora recente teologia da história (Cullmann, Daniélou, Pannenberg): a teologia assumia a história real,

---

[40] Para a documentação, cf. GIBELLINI, R. *Teologia del Terzo Mondo*. In: *La teologia del XX secolo*. Brescia, Queriniana, 1992. p. 481-522 (Ed. bras. *A teologia do século XX*. São Paulo, Loyola, 1998. cap. 15); cf. ainda FABELLA, V.; SUGIRTHARAJAH, R. S. (eds.). *Dictionary of Third World Theologies*. Maryknoll/New York, Orbis Book, 2000.

marcada pela radical pluralidade e pela radical ambigüidade, a partir, segundo David Tracy, da teologia pós-Auschwitz, elaborada pela teologia política alemã: "A abordagem positiva específica dessas teologias (política, da libertação, feminista) consiste justamente em ter retornado à história — e mais exatamente à história daqueles que a historiografia oficial e as elaborações teológicas cristãs renegaram como não-pessoas, não-grupos, não-histórias; e é isso que deu vitalidade e força a essas teologias".[41] E a reflexão prosseguiu ainda para além da recuperação da história, com a recuperação do discurso cosmológico nas "teologias ecológicas da pósmodernidade".[42]

Nasciam as teologias chamadas "contextuais", porque determinadas pelo contexto — social e cultural —, mostrando com sua presença consistente, continental, que as teologias universais eram apenas teologias universalizantes que pretendiam a universalidade para além de seu próprio contexto. Como argumenta o teólogo norte-americano Robert Schreiter em *The new catholicity* (1997), toda teologia na era da globalização situa-se entre global e local e portanto deve prestar atenção seja as suas dimensões contextuais, seja as suas necessárias dimensões universais. Mas a função de universalização, através da qual uma teologia está habilitada a falar para além de seu próprio contexto, não pode ser entendida no sentido de totalização que tende a suprimir as diferenças, mas como capacidade de abertura dialética entre contextualidade e capacidade de universalização: "Parece-me que o conceito de *catolicidade* pode ser o mais apropriado para desenvolver visão teológica da teologia entre o global e o local numa Igreja mundial".[43]

Esse novo passo e esse alargamento de horizontes assinalam guinada na teologia cristã do fim/início do século. Utilizando intuição de Karl Rahner, Johann Baptist Metz[44] propôs periodização da história do cristianismo divi-

---

[41] Tracy, D. *On naming the present: God, hermeneutics and Church.* Maryknoll/New York, Orbis Book, 1994, p. 64. Cf. Fiorenza, E. Sch.; Tracy, D. (eds.). *L'Olocausto come interruzione: un problema per la teologia. Concilium,* n. 5, p. 51, 1984.
[42] Tracy, D. *On naming the present...* 1994, p. 73-81. Cf. Tracy, D.; Lash, N. (eds.). *Teologia e cosmologia.* In *Concilium,* n. 6, p. 165-175, 1983. Cf. Altner, G. (ed.). *Ökologische Theologie: Perspektiven zur Orientierung.* Stuttgart, Kreuz, 1989; Hallman, D. G. (ed.). *Ecotheology: voices from South and North.* Genève/Maryknoll-NY, WCC/Orbis Book, 1994; Boff, L.; Elizondo, V. *Ecologia e povertà: grido della terra, grido dei poveri.* In *Concilium,* n. 5, 1995 (cf. Gibellini, R. *Il dibattito teologico sull'ecologia.* p. 178-190).
[43] Schreiter, R. *The new catholicity:* theology between the global and the local. Maryknoll/NY, 1997. p. 119 (Ed. bras.: *A nova catolicidade:* a teologia entre o global e o local. São Paulo, Loyola, 1998). Cf. Mieth, D.; Schillebeeckx, E.; Snijdewind, H. (eds.). *Cammino e visione: universalità e regionalità della teologia nel XX secolo.* Brescia, Queriniana, 1996. p. 9: "Os grandes movimentos universais da teologia não se dissolvem, mas se transformam; quanto mais globais somos, tanto mais regionais nos tornamos".
[44] Cf. Kaufmann, F.-X.; Metz, J. B. *Capacità di futuro: movimenti di ricerca nel cristianesimo.* Brescia, Queriniana, 1988. p. 92-93.

dida em três etapas. A primeira etapa dura apenas um século: é o século em que o cristianismo vive em contexto judaico e fixam-se as escrituras cristãs no Novo Testamento. A segunda é a longa etapa do cristianismo ocidental, na qual o cristianismo atravessa o mundo helenista, romano, medieval e ocidental-moderno e chega até nós. Mas com o concílio Vaticano II e com o movimento ecumênico inicia uma terceira etapa, que marca a guinada de uma Igreja ocidental para uma Igreja mundial, culturalmente policêntrica, cujo claro indício são as teologias do Terceiro Mundo.

É um esquema interpretativo convergente com as teologias do Terceiro Mundo. Para o teólogo africano Oscar Bimwenyi,[45] a história do cristianismo é marcada por três guinadas: a guinada do concílio apostólico de Jerusalém, narrado pelo Atos dos Apóstolos (15,5-29), no qual se decide a evangelização dos gentios; a segunda guinada verifica-se com a queda do império romano e com a decisão de evangelização dos povos que a romanidade chamava "bárbaros"; mas agora a Igreja, com o desmoronamento do sistema colonial ocorrido na metade do século XX, encontra-se frente à tarefa de evangelização das culturas. Também nesse esquema interpretativo, a exigência é de que a evangelização não seja mais expressão de Igreja ocidental, mas de Igreja mundial, capaz de dar, no anúncio do evangelho do Reino, plenitude e integridade de vida a cada ser humano e a cada um dos povos.

Essa dilatação de horizontes que foi se dando na Igreja e na teologia do século XX já fora exposta pelo missiólogo católico Walbert Bühlmann em surpreendente trabalho, *La terza Chiesa alle porte* (1974), em que escrevia: "Mas a partir do momento que todos falam de Terceiro mundo, por que não devemos introduzir também o neologismo de Terceira Igreja? A Primeira Igreja seria conseqüentemente a oriental, que possui o privilégio da primogenitura [...]; a Segunda seria a ocidental, que no curso da história tornou-se sempre mais *a* Igreja por antonomásia e mãe daquelas saídas no Terceiro mundo; enfim, a Terceira seria a dos novos países, que entram agora como novo elemento na história mundial e eclesial e constituem a surpresa do novo futuro".[46]

Robert Schreiter introduz interessante periodização relativa à teologia moderna. Distingue três etapas: a) o período da *expansão* (1492-1945) do mundo europeu, a que corresponde a *missão mundial* no sentido da *salus animarum* e da *plantatio ecclesiae*; b) o período da *solidariedade* (1945-1989), em termos de crescimento e *desenvolvimento*, o qual encontrou interpretação eclesial na constituição conciliar *Gaudium et spes* (1965) e na encíclica de Paulo VI *Populorum progressio* (1967); c) o período de

---

[45] Cf. BIMWENYI, O. *Discours théologique négro-africain*: problèmes des fondements. Paris, Présence Africaine, 1981. p. 59-60.
[46] BÜHLMANN, W. *La terza Chiesa alle porte*. Roma, Edizioni Paoline, 1976. p. 19-20.

globalização (1989- ...), que aguarda agora novas respostas teológicas que Schreiter identifica no conceito de *nova catolicidade*: "Parece-me que conceito renovado e dilatado de catolicidade poderia servir bem como resposta teológica ao desafio da globalização. Pode fornecer quadro teológico a partir do qual a Igreja poderia compreender a si própria e a sua missão nas circunstâncias modificadas".[47]

Os vários capítulos desta obra ambicionam fornecer elementos na linha dessas diretrizes.

Jürgen Moltmann, na obra já citada, *Dio nel progetto del mondo moderno* (1997), ressaltou a passagem de uma teologia como função da Igreja para uma teologia que não se limita a essa tarefa, mas a dilata e a historiciza para colocar-se "em função do Reino de Deus no mundo". Nessa historicização e concretização, nessa "paixão pelo Reino", pode-se vislumbrar uma das mais relevantes caracterização da teologia do século XX.

Outros teólogos, a quem dá voz Christian Duquoc em *La théologie en exile* (2002), apresentam condição mais humilde, embora intensamente participante, da teologia cristã na vida do mundo: "Ela [a teologia] não pretende substituir a filosofia incerta, mas alimentar na troca com ela o sentido de seus próprios limites; ela fortalece-se no convívio com abordagens existenciais que romances, poesias e artes diversas colocam à disposição; faz-se humilde à proximidade dos "buracos negros" da miséria; não se isenta do pessimismo que a circunda e ao qual condena a violência de nossa história; maravilha-se com a beleza do mundo e admira as conquistas humanas; revigora-se ao contato com mulheres e homens de coragem, cristãs/cristãos ou não, que não se deixam levar pela fatalidade".[48]

VI. Perspectivas

A obra que apresentamos está concebida como *balanço prospectivo* da teologia do século XX, redigido por teólogos conhecidos no campo internacional que percorrerão os traços essenciais das linhas de reflexão surgidas no século XX, em particular nas últimas décadas, abertas a desenvolvimento ulterior no início do século XXI. Os ensaios solicitados para esta obra

---

[47] Schreiter, R. *The new catholicity...*, p. 116-133 (p. 127) (*A nova catolicidade...*). Sobre os conseqüentes temas da missão, cf. Schreiter, R. (ed.). *Mission in the third millennium*. Maryknoll/NY, Orbis Books, 2001. Cf. também Bosch, D. J. *La trasformazione della missione: mutamenti di paradigma in missiologia*. Brescia, Queriniana, 2000; para a documentação, Blaser, K. (ed.). *Repères pour la mission chrétienne. Cinq siècles de tradition missionnaire. Perspectives oecuméniques*. Paris/Genève, Cerf/Labor et Fides, 2002.
[48] Duquoc, Ch. *La théologie en exile...*, p. 116.

são sondagens e não panorama enciclopédico exaustivo, e conseguem juntar memória e perspectiva quanto ao futuro.

JÜRGEN MOLTMANN, um dos artífices da teologia contemporânea, partindo da *Teologia della speranza* (1964), obra que pôs em movimento as frentes teológicas, percorre a história cultural da Modernidade, que se centra na categoria de "progresso" no século XIX, para cair na de "abismo", "catástrofe", "catástrofres", categoria que ressurge sempre mais insistentemente nas análises dos mais recentes acontecimentos, mas que consegue lançar pontes no futuro a fim de entrar no milênio sem arrogância nem resignação, mas no sentido da esperança cristã. O estudioso da hermenêutica WERNER JEANROND, depois de ter traçado os desenvolvimentos filosóficos da hermenêutica até Gadamer e Ricoeur e os desenvolvimentos da teologia hermenêutica até Geffré e Tracy, aborda as novas problemáticas da teologia em relação ao desafio hermenêutico: o discurso sobre Deus se faz discurso sobre a linguagem sobre Deus, e a interpretação bíblica e teológica se faz plural, contextual e intercultural. EDMUND ARENS, que pode ser considerado como um dos mais conhecidos representantes da nova teologia política da nova geração, reconstrói os primórdios, os desenvolvimentos, as diferenciações desse novo percurso teológico, situando-o no contexto da crítica de matriz européia e de matriz latino-americana, mas também das mais recentes críticas de matriz inglesa e norte-americana (Milbank, Hauerwas), que contrapõem à "teologia política" uma "política teológica" pós-moderna e comunitarista. Arens retoma o fio vermelho da nova teologia política, desenrolando-o na direção de teologia pública, crítica e comunicativa.

Depois dessas sondagens das mais vivas e consistentes tendências da teologia européia à norte-atlântica, o horizonte alarga-se e os ensaios se dedicam a traçar a situação daquelas que foram chamadas teologias contextuais, mas no duplo pressuposto de que o contexto determinou e determina cada texto, e de que o contexto, cada vez mais, abre-se às solicitações universais e universalizantes do discurso cristão. O teólogo peruano GUSTAVO GUTIÉRREZ, que com o livro explosivo *Teologia da libertação* (1971) abriu fenda no discurso cristão da segunda metade do século XX, fenda esta que se foi alargando sempre mais, situa a teologia latino-americana da libertação no contexto dos novos desafios políticos e culturais em que ela se encontra atuando na América Latina e Caribe com sua exigência fundamental da "opção pelos pobres". O percurso da teologia africana é desenvolvido pelo teólogo congolês SYLVAIN KALAMBA NSAPO que recenseia os diversos níveis da inculturação do Evangelho nas culturas africanas e mostra como o projeto teológico de inculturação casa com o de libertação e, mais recentemente, com o de reconstrução. A Ásia é continente vasto e complexo com variado contexto; daí a variedade de teologias contextuais asiáticas que se desenvolveram nas últimas décadas, a par da constituição das igrejas locais, promovidas pelo concílio Vaticano II, e a par da nova consciência ecumênica. O teólogo indiano MICHAEL

AMALADOSS apresenta essas teologias asiáticas emergentes que objetivam com particular sensibilidade, sob o signo da diversidade e da relacionalidade, encontrar colaborações e convergências na luta e no diálogo, tornando operante a categoria do Reino. Um dos movimentos teológicos mais vivos e inovadores, prenhe de conseqüências apenas levemente entrevistas, da segunda metade do século XX é o da teologia feminista, de que a teóloga britânica ELIZABETH GREEN expõe e discute os últimos desenvolvimentos: os *gender studies* (estudo de gênero), as teologias feministas da interseção entre gênero/pobreza/raça, o ecofeminismo, a nomeação de Deus, a espiritualidade da sabedoria e a hermenêutica pós-colonial da Bíblia. No entanto, mais além dos temas que se desenvolvem, é nova frente de reflexão e de prática que está avançando.

Seguem dois ensaios dedicados à teologia moral. MARCIANO VIDAL analisa as mudanças havidas no campo da ética teológica a partir do concílio Vaticano II, as quais levaram a uma "mudança de paradigma", cujas características e perspectivas analisa com vasta documentação, propondo "redimensionamento da moral dentro do conjunto da fé". Convergente com essa linha de moral autônoma no contexto cristão, DIETMAR MIETH procura descobrir, para além do biblicismo da teologia evangélica e do positivismo doutrinal da teologia católica, o princípio ético fundamental da "dignidade humana", o qual deve guiar a reflexão e a prática no âmbito da bioética.

No campo bíblico, uma das questões que atravessou o século XX é a pesquisa sobre Jesus histórico, a qual teve início com o ingresso do método histórico-crítico nas ciências bíblicas. Após primeira fase que agora tem o nome de *Old quest* (Schweitzer, Kähler, Bultmann), e uma segunda fase que inicia com o discípulo de Bultmann, Ernst Käsemann, chamada de *New quest*, principiou nas últimas décadas do século uma terceira fase que desde 1986 é chamada, segundo indicação do neotestamentarista britânico Nicholas C. Wright, a *Third quest*. É caracterizada pela multiplicidade das fontes, pela pluralidade das metodologias e pela pluriforme variedade dos resultados, que a configuram como "pesquisa no paradigma da pós-modernidade", e que é reconstruída com grande doutrina aliada à perícia historiográfica pelo biblista paduano GIUSEPPE SEGALLA.

Entre os temas de teologia sistemática escolhemos aquele central, o da nomeação de Deus na passagem da modernidade para a pós-modernidade. Escrevera o teólogo norte-americano DAVID TRACY num artigo pontual, "Il ritorno di Dio nella teologia contemporânea" (*Concilium*, n. 6, 1994): "[...] Em sua melhor forma, a teologia pós-moderna é honesta, embora talvez desesperada, tentativa de fazer com que Deus seja novamente ouvido como Deus: fragmentando a consciência histórica moderna, desmascarando as presunções da racionalidade moderna, exigindo atenção a todos aqueles que foram esquecidos ou marginalizados pelo projeto moderno".

Nessa linha movimenta-se seu denso ensaio que é antecipação da obra em preparação já faz tempo, *This side of God* — "esse lado de Deus", o lado de que se pode falar —, na qual mostra como a reflexão sobre Deus operaria a passagem da forma ao fragmento e deveria empenhar-se na coleta dos fragmentos e na recuperação das tradições postas à margem do Deus escondido e do Deus incompreensível.

A seguir vem uma seção que abarca a área do ecumenismo e do diálogo inter-religioso. O estudioso grego da Ortodoxia, YANNIS SPITERIS, apresenta panorama documentado das temáticas centrais da teologia ortodoxa contemporânea de língua russa, grega e romena, mostrando seu enorme potencial teológico, destinado a interagir com a teologia e com a vida eclesial das outras comunidades cristãs. PETER NEUNER percorre o caminho do ecumenismo, que representa um dos eventos maiores, "inesperado e ainda não completado", da vida eclesial e da teologia do século XX. A teologia ecumênica de Oscar Culmann apresentou a "unidade através da diversidade"; para Karl Rahner e Yves Congar, "a teologia cristã para o pagão de hoje é a melhor teologia ecumênica". Além do ecumenismo, urge um confronto dialógico com o pensamento asiático, em que está em discussão a própria concepção de Deus e da realidade última, confronto este que aqui vem proposto em suas linhas essenciais por HANS WALDENFELS. O confronto e o diálogo com as religiões levaram então à elaboração, por parte da teologia cristã, dos primeiros delineamentos de nova teologia das religiões. A esse propósito, Heinz Robert Schlette, no ensaio pioneiro *Le religioni come tema della teologia* (1963), reconhecia: "Aqui nos encontramos diante de terreno dogmaticamente novo, comparável às zonas em branco dos antigos atlas". Nestas últimas décadas foi tentado primeiro mapeamento que, CLAUDE GEFFRÉ, comprometido na elaboração de um cristianismo relacional, ilustra em seu ensaio, em diálogo com teólogos como Dupuis, Küng, Panikkar, Tracy. Como formulou Paul Knitter em sua recente obra *Introducing theologies of religions* (2002), coloca-se o problema de como "sermos religiosos inter-religiosamente".

Entre as mais recentes categorias que entraram no debate cultural devem ser enumeradas as categorias, discutidas e controversas, da pós-modernidade e da globalização, as quais representam por vários aspectos novo contexto de época e novos desafios também para a teologia. São categorias presentes e operantes criticamente em numerosos capítulos desta obra, mas expressamente retomadas nos dois ensaios finais. O teólogo norte-americano ROBERT SCHREITER ilustra a passagem da modernidade para a pós-modernidade, mostrando a variedade das respostas teológicas. JOHANN BAPTIST METZ fecha a obra com atenta reflexão, rica em referências culturais e de inspiração para o futuro do cristianismo na era da globalização, que é também "a era do pluralismo das religiões e das culturas". Escrevera o teólogo de Münster em *Capacità di futuro* (1987) — e a sua ousada proposta de correlacionar o futuro do homem e da humanidade com o futuro do cristianismo exprime a tarefa que empenha, e aguarda, a teologia cristã: "Não raramente hoje se ouve dizer que o nosso tempo é de há muito um 'tempo pós-cristão'. Seria um tempo em que se pode ver o cristianismo ainda apenas pelas costas, tristes uns, irônicos outros e talvez indiferente a maioria. Quis falar de um tempo — ainda-moderno ou pós-moderno: deixemo-lo aqui tranqüilamente em suspenso —, de um tempo em que se deve ver o cristianismo não pelas costas mas de frente, se se quer falar da capacidade de futuro dos humanos e da humanidade. E esse tempo é agora o nosso".

1
A PASSAGEM DO ANO 2000
Progresso e abismo

JÜRGEN MOLTMANN

Que realmente aconteceu em 1º de janeiro de 2000? Houve "guinada" no peso do destino alemão? Foi o início de um novo "milênio" sob o signo do progresso do mundo moderno? Começou o "fim do mundo"? Ou mais simplesmente Berlim, Hamburgo, Paris e Nova York festejaram fantasmagórico São Silvestre pós-moderno?

À luz do bom senso, foi uma noite como tantas outras que a precederam e que a seguirão, despojada de significados particulares. No entanto, o ano 2000, com seus três zeros, tem seu fascínio. Por quê? A explicação está no sistema decimal, que nos serve para medir o tempo desde os primórdios da modernidade, quando se impôs a cronologia de tipo linear, interessada não no que acontece mas unicamente no cômputo do "progresso" humano que incessantemente avança para um futuro sempre melhor. "O passado é prólogo do futuro" está escrito num museu de Washington. Progresso e regresso representam pois as dominantes dos atuais sistemas de valor. O que explica por que exatamente por ocasião de viradas de época sejamos induzidos a fazer balanços e a calcular ganhos e perdas do progresso adquirido. O que entretanto nunca se coloca em questão é o progresso que ano após ano avança, segundo nossos cálculos, rumo a futuro que não tem fim — ou ao menos pensamos assim!

Mas por que o ano 2000? No sistema decimal, tudo o que termina com o zero apresenta qualquer coisa de mágico, sendo o zero "número redondo", embora nem sequer seja número. A cada dez anos, um jubileu; a cada cem anos, um centenário etc., haja ou não algo para celebrar. E por que o zero fascina mais que um sete, que um doze? Com o sinal empregado para indicar o "infinito", o "zero" entrou bastante tarde em nosso sistema de numeração, tomado emprestado da Índia através da Arábia.[1] A "hora zero" evoca

---

[1] KAPLAN, R. *O nada que existe: uma história natural do zero*. Rio de Janeiro, Rocco, 2001.

sempre a pausa e se enche de momentos místicos. Não se poderia voltar a partir exatamente de uma "existência zero", que não conhece passado e está livre de recordações? Os três zeros de 2000 marcam o início de novo ano, de nova década, de novo século, talvez de um inteiro novo milênio. O que fascina são precisamente esses começos, para um futuro menor ou maior ao mesmo tempo. Que feliz ilusão!

Bem diversamente se apresentam as coisas, se nos mostrarmos interessados no que acontece no tempo, no qual o que realmente acontece em geral não depende de nossas cronologias. Então, qual é a situação em que vivemos hoje tendo atrás de nós os séculos XX e XIX?

O futuro do século XXI permanece caracterizado por essas duas épocas que realmente não passaram e são ricas de toda uma série de monstruosas contradições. O século XIX foi a época de progressos fantásticos em todos os âmbitos da vida: da locomotiva ao avião, do telefone à internet, da física clássica à teoria da relatividade. Época de descobertas e conquistas. O século XX conheceu a seguir catástrofes incríveis — Verdun e Stalingrado, Auschwitz e o Arquipélago Gulag, Hiroshima e Chernobyl, simples nomes que lembram inúmeros delitos inimagináveis com os quais o mundo progressista do Ocidente, o mundo moderno, maculou-se no que diz respeito à humanidade. Pois bem, as duas épocas ainda estão presentes: o progresso e os abismos. O que um dia se tornou possível jamais se dissipará da realidade. Hoje globalizamos o mundo do progresso do século XIX e ao mesmo tempo adotamos todos os meios para chegar à "solução final" da questão humana, com os extermínios em massa já verificados no século há pouco encerrado.[2]

Na primeira parte, tratarei do "nascimento da modernidade a partir do espírito da esperança messiânica", para compreensão da época dos inícios sem fim. Na segunda, exporei a época do fim sem inícios, começada na Europa a partir daquela "catástrofe originária", que é a primeira guerra mundial. Na terceira parte, por fim, indagarei sobre o futuro das esperanças da humanidade.

I. O nascimento da modernidade a partir do espírito da esperança messiânica

O mundo moderno se vangloria ao menos de duas origens significativas que precedem a era das Luzes: a primeira é a da descoberta e *conquista da América* a partir de 1492; a segunda é a da *subordinação da natureza* ao homem mediante a ciência e a técnica.

---

[2] Análoga análise é a de Bauckham, R.; Hart, T. *The decline of secular hope*. In *Hope against hope: Christian eschatology in contemporary context*. London, 1999. p. 1-26.

1) Em 1492 colocou-se a primeira pedra da "ordem mundial" que ainda subsiste. Com a conquista da América, de periferia da política mundial a Europa saltou ao centro do mundo. Em 1492 os europeus iniciaram a sujeição a seu poder de outros continentes e seus habitantes. Segundo Hegel, foi exatamente isso o ato de nascimento do mundo moderno.[3] Antes disso, as potências européias não tinham importância alguma, em mundo dominado pelos impérios e pelos reinos otomano, da dinastia mongol na Índia e chinês. Ora, espanhóis e portugueses, depois ingleses, holandeses e franceses, "descobrem", cada um por conta própria, a América. Mas que significa esse "descobrimento"? A América não foi nem descoberta nem conhecida, mas simplesmente tomada como posse e depois organizada segundo os objetivos dos conquistadores.[4] Para o historiador mexicano Edmundo O'Gorman, "a América é invenção do pensamento europeu". Ainda em nossos dias a vida e a cultura dos astecas, dos maias e dos incas não são afirmadas em sua realidade, mas reprimidas como algo estranho, a ser sacrificado a interesses de outros.[5] Ilhas, montes e rios tomaram nomes espanhóis, geralmente cristãos, e as línguas das populações indígenas foram banidas. O mito jurídico do "bem sem proprietário", da "terra de ninguém", da "terra inculta" serviu para legalizar o latrocínio e a colonização. Com a conquista da América, o cristianismo, de religião européia, tornou-se potência mundial.

2) A segunda pedra para fundamento da nova ordem mundial foi a subordinação da natureza através da ciência e da técnica. No século que vai de Nicolau Copérnico a Isaac Newton, as novas ciências empíricas tiraram da natureza seu "encanto" (Max Weber), seu mistério divino, daquela que até então vinha sendo considerada a "alma do mundo".[6] Caíram pois os tabus ligados ao respeito à Mãe Terra e à "grande Vida".[7] As ciências naturais ora conduzem a "Mãe Natureza e suas filhas" ao homem — naturalmen-

---

[3] HEGEL, G. W. F. *Die Vernunft in der Geschichte* (PhB 17 1a). Hamburg, 1955. p. 200 [Ed. bras.: *A razão na história*: uma introdução geral à filosofia da história. São Paulo, Centauro, 2001]. "A América é pois a terra do futuro, onde nos próximos tempos [...] se manifestará a importância da história do mundo". E quão pouca importância tinham as potências européias no cenário do mundo em 1492 descreve convincentemente KENNEDY, P. *Ascensão e queda das grandes potências: transformação econômica e conflito militar de 1500 a 2000*. Rio de Janeiro, Campus, 2001. 11. ed.
[4] DIETSCHY, B. *Die Tücken des Entdeckens: Ernst Bloch, Kolumbus un die Neue Welt*. In *Jahrbuch der Ernst-Bloch-Gesellschaft*. 1992/1993. p. 234-251.
[5] DUSSEL, E. *Von der Erfindung Amerikas zur Entdeckung des Anderen: ein Projekt der Transmoderne*. Düsseldorf, 1993. Entre as obras menos recentes, ver TODOROV, T. *A conquista da América: a questão do outro*. São Paulo, Martins Fontes, 1988. 2ª ed.
[6] Para a imagem da "alma do mundo", cf. SCHLETTE, H. R. *Weltseele: Geschichte und Hermeneutik*. Frankfurt/M., 1993.
[7] MERCHANT, C. *The death of Nature: women, ecology and the scientific revolution*. San Francisco, 1989 [trad. it., *La morte della natura. Le donne, l'ecologia e la rivoluzione scientifica*, Garzanti, Milano 1998]; SUUTALA, M. *Zur Geschichte der Naturzestörung: Frau und Tier in der wissenschaftlichen Revolution*. Frankfurt/M., 1999.

te macho — para que se torne seu "senhor e dono", como Francis Bacon e René Descartes interpretaram esses processos. Ora o homem reapropria-se da "semelhança com Deus", perdida na superstição e na idolatria, e com a ciência e com a técnica retoma finalmente seu *dominium terrae*, refletindo desse modo a condição divina de senhor do céu e da terra. Também aí as "descobertas" foram e são feitas levando o nome do descobridor. Até, como registramos em nossos dias, são patenteadas em nome da exploração econômica; Graig Venter, que dirigiu a pesquisa do genoma, gostaria de patentear o genoma humano, nem ao menos descoberto por ele. De fato a descoberta científica não elimina apenas nossa ignorância, mas torna-nos sujeitos desses objetos. A razão científica tornou-se "razão instrumental" (Max Hockheimer), interessada em conhecer a fim de exercitar o poder e extrair o que é útil. Não mais uma razão entendida como "órgão perceptivo", *phronesis*, que combina ao mesmo tempo ciência e sabedoria. Em seu aprofundamento da razão científica, Kant chega a concluir que a razão "vê" só "o que ela mesma produz segundo o próprio propósito", forçando assim a natureza a responder às questões que lhe são postas (Prefazione alla seconda edizione [1787]. In: *Critica della ragion pura*. Laterza, Bari, 1977. p. 18 [Ed. bras.: *Crítica da razão pura*. São Paulo, Nova Cultural, c2000]); "Saber é poder" e o saber científico é antes de tudo poder exercido sobre a natureza, depois sobre a própria vida, e hoje sobre o futuro. Das ciências naturais e da técnica a Europa adquiriu aquele saber instrumental que lhe permitiu desfrutar os recursos dos mundos colonizados e impor uma civilização em escala mundial. Com a globalização crescente o mundo cristão tornou-se mundo ocidental e o mundo ocidental mundo moderno, não mais interessado na próprias origens históricas porque em toda parte ele é igual: em Tóquio, Cingapura, Chicago e agora também em Frankfurt e Berlim.

Quais eram as esperanças que inspiravam a descoberta do mundo por parte da Europa? Era a visão de um "mundo novo".

Sabe-se que Colombo procurava tanto o paraíso terrestre como o mítico Eldorado.[8] "Deus e ouro" foram também as poderosas forças motrizes da *conquista*.[9] O ouro não devia servir apenas para o enriquecimento pessoal, mas, como se lê em seu diário, também para a reconquista de Jerusalém. Conforme a predição de Joaquim de Fiore, de fato, "virá da Espanha aquele que deve levar de volta a arca a Sião". E por que justamente Jerusalém? Porque a cidade santa deverá ser a capital do reino milenar de Cristo, aquele que levará a cabo a história universal. E por que os espanhóis? Segundo a teologia política dos teólogos de estado espanhóis, os "quintomonarquistas", a monarquia

---

[8] BLOCH, E. *Eldorado und Eden*. In *Das Prinzip Hoffnung*. Franckfurt, 1959. p. 853s. [trad. it., *Eldorado e Eden, le utopie geografiche*, in *Il principio speranza* II, Garzanti, Milano 1994, 801 ss.].
[9] GUTIÉRREZ, G. *Deus ou ouro nas Índias: século XVI*. São Paulo, Paulinas, 1993.

universal cristã realizará de uma vez por todas o "quinto reino" que em Dn 7 sucede às quatro bestas que dominarão o mundo, tendo sido a última a romana.[10] É o reino do Filho do homem, quando os santos do Altíssimo governarão o mundo e julgarão os povos. A "pedra de Daniel" (Dn 2) ou o "fogo do alto" (Dn 7) destruirão todos os outros reinos mundanos, até que a humanidade se torne "único rebanho sob único pastor". Na "visão messiânica das culturas ibéricas", essa monarquia cristã durará até o fim da história. É justo isso a "nova ordem mundial" com que os espanhóis sonhavam muito antes da constituição dos Estados Unidos da América. É isso, entendido em sentido messiânico, o "novo mundo". *Novus ordo seclorum* é a divisa impressa no sinete estadunidense e na nota de um dólar. É essa "a fé messiânica de nossos pais" e a "nova ordem mundial" que todo Presidente americano evoca em seu discurso de posse.[11]

Os Estados Unidos decidiram as duas guerras mundiais e depois da queda do império soviético restaram então como a única superpotência em campo. Não sem razão Henry Luce qualificava o século XX como "o século americano". O século XXI, até agora, não se apresenta diferentemente.

Quais são as esperanças que alimentaram a civilização moderna no "velho mundo"? Eram e permanecem sendo as ligadas à visão da "nova era".

Podemos compreender o cenário interpretativo que orientou e inspirou a ascensão da Europa a potência mundial em dois símbolos que concretizam a esperança de futuro. O *primeiro* é o da expectativa de uma história que encontra sua realização no "reino milenarista" que verá Cristo reinar junto com os seus e julgar os povos. O *segundo* traduziu-se na expectativa de uma história que se cumpriria no "terceiro reino" — do Espírito —, o qual, segundo a profecia de Joaquim de Fiore, sucederá ao reino do Pai e ao reino do Filho, para levar ambos à plenitude. Tanto uma como outra expectativa histórica são qualificadas como "quiliastas" ou "milenaristas", e sua motivação do presente como "messiânica".[12] O que as une é o fato de que, no plano da práxis, já não é o passado a dominar o futuro, como nas sociedades tradicionais, mas é o futuro a ter prioridade na experiência que se faz do tempo. É assim que nasceu a "sociedade moderna". Comum, nessas colocações, é entretanto o fato de que elas vêem a realização da história

---

[10] DELGADO, M. *Die Metamorphosen des Messianismus in den iberischen Kulturen: eine religionsgeschichtliche Studie*. Immensee, 1994. p. 39-50. Dizendo que em seu império "o sol jamais se punha", Carlos V não estava fazendo constatação mas apresentando uma exigência, a de uma monarquia universal cristã: um Deus no céu – um imperador na terra – um império no planeta todo.
[11] Cf. TUVESON, E. L. *Redeemer Nation: the idea of America's millennial role*. Chicago, 1968.
[12] Mais detalhado em MOLTMANN, J. "Geschichtliche Eschatologie". In. *Das Kommen Gottes: Christliche Eschatologie*. Gütersloh, 1995. cap. 3.

num futuro histórico, não numa catástrofe que interrompe a história. Ora, o passado torna-se "prólogo do futuro" e os tempos podem articular-se em etapas ou progressos cadenciados na perspectiva de sua realização. "Semelhante à bússola que nos orienta no espaço e nos permite dominá-lo, a bússola escatológica nos dá orientação no tempo, indicando o reino de Deus como fim e término último."[13]

A partir do século XVII irrompem na Europa, em sucessivas ondas, esperanças quiliásticas, messiânicas e apocalípticas. São as do messianismo judaico de Sabbatai Zewi, do apocalipse puritano de Oliver Cromwell, da "teologia profética" dos holandeses e da "expectativa de tempos melhores" no pietismo alemão incipiente de Amos Comenius, Philip Jakob Spener e dos württemburguenses Johann Albrecht Bengel e Friedrich Ötinger, todos eles empenhados em conciliar a esperança no milênio de Cristo então iminente com a antiga expectativa da "era do ouro",[14] que segundo Virgílio deveria seguir à "era do ferro". São expectativas que acompanham desde sempre o cristianismo. Entretanto, quando no século XVII iniciou a idade moderna, nasce também nova expectativa: agora chegou o tempo da realização, hoje essa esperança pode realizar-se. À "era antiga" e à "era do meio" agora segue a "nova era", precisamente o tempo da realização, quando a história universal finalmente se realiza e a humanidade atinge seu estado de perfeição. Agora o progresso se estende, sem oposição, a todos os setores da vida; já não haverá grandes mudanças qualitativas.

O célebre tratado de Lessing sobre a *Educazione del genere umano* (trad. it, in: LESSING, G. E. *Religione storia e società*. Messina, La Libra, 1973. p. 298) de 1777 foi o texto base do Iluminismo alemão. Lessing sentia-se o profeta da

---

[13] LÖWITH, K. *Weltgeschichte und Heilsgeschehen: die theologischen Voraussetzungen der Geschichtsphilosophie*. Stuttgart, 1953. p. 26 [trad. it. *Significato e fine della storia. I presupposti teologici della filosofia della storia*, Ed. di Comunità, Milano, 1963, p. 44]. Löwith queria demonstrar que a fé moderna no progresso é versão secularizada da escatologia cristã. Ele porém não compreendeu que aqui não se trata simplesmente de secularização do quiliasmo cristão, mas sim da escatologia cristã em seu conjunto. Pode-se falar de "progressos" da história universal apenas se se tem esperança em sua "realização". Löwith não levou em conta a apocalíptica cristã que deve ser vista como a outra face do quiliasmo cristão. Justo por isso seu livro não traz como título *Weltgeschichte und Unheilsgeschehen* (História universal e processo de perdição), como teria soado melhor depois de 1945, época em que foi escrito.

[14] Cf. TAUBES, J. *Abendländische Eschatologie* (1947) München, 1991 [trad. it, in *Escatologia ocidentali*, Garzanti, Milano 1997]. O autor utiliza exclusivamente fontes de língua alemã. Eu chamaria entretanto a atenção para BAUCKHAM, R. *Tudor apocalypse: sixteenth century apocalyticism, millennarism and the English Reformation. From John Bale to John Foxe and Thomas Brightman*. Oxford, 1975. REEVES, M. *Joachim of Fiore and the prophetic future*. London, 1976. A autora faz ver quão grande foi a influência do espírito messiânico de Joaquim no protestantismo e iluminismo inglês. Influiu nisso também significativamente o livro do rabino chefe de Amsterdam, Manasseh Ben Israel (*Spes Israelis*, 1650), obra que o autor dedicara a Oliver Cromwell e que favoreceu a readmissão dos judeus nas ilhas britânicas. A esse respeito, ZAKAI, A. *Exile and Kingdom: history and the apocalypse in the puritan migration to América*. Cambridge, 1992; ID. *From judgement of salvation: the image of the Jews in the English Renaissance*. WTJ, n. 59, p. 213-230, 1997.

"terceira era do Espírito", anunciada por Joaquim de Fiore. "Está para chegar o tempo" em que cada homem conhecerá a verdade por si próprio, sem mediação da igreja, e fará o bem porque é bem, não por medo de ser punido. Essa "nova era" inicia "agora", com a passagem de uma "fé de igreja" para uma "fé de razão universal". A revelação histórica de Deus promete aquilo que os seres humanos agora por si só estão aptos a conhecer. A "providência" divina, envolta no mistério, desvela-se qual plano pedagógico que eleva o gênero humano e o faz progredir continuamente.[15]

Também em Immanuel Kant encontramos esse *pathos* quiliástico de passagem do gênero humano à nova era, quando a fé se fundará na razão pura.[16] A Revolução francesa, que para os piedosos cristãos representava sinal apocalíptico do Anticristo, para ele é "sinal histórico" de humanidade que se desenvolve rumo a melhores condições. O que em certo tempo se qualificava como "reino de Deus", para Kant se torna o símbolo do fim ético para o qual o gênero humano deve tender ao infinito. Acrescente-se a visão de "sociedade civil perfeitamente unificada" numa "liga das nações" que assegurará a "paz perpétua". A paz, de fato, é a promessa de direitos humanos garantidos.

Esse messianismo que na era moderna atravessava a Europa explica bem então por que em Kant a questão religiosa não seja: "Que nos liga à origem no passado ou que nos dá sustentação na eternidade?", mas: "Em que devo esperar?" Só um futuro em que seja "possível esperar" está em condições de dar sentido a uma vida vivida no tempo histórico, ao agir e ao sofrer numa vida histórica: "Tudo bem quando termina bem". Justamente esse "futuro" assim patético e com sentido religioso carregado tornar-se-á para o mundo moderno o novo "paradigma da transcendência".

O século XIX, que teve início na Europa em 1789 e viu seu fim em 1914, com as grandes rupturas que se verificaram nos países europeus da época, foi uma era de inícios, de utopias e de revoluções. Aquilo em que antes apenas se esperara, agora era preciso "realizá-lo". Pela primeira vez as alternativas às más condições do mundo não estavam situadas no além, mas num aquém que deve ainda vir, não em outro mundo, mas nas transformações reais do mundo presente.

Da Revolução francesa nasceu a visão democrática de soberania popular fundada sobre os direitos dos homens e dos cidadãos, junto com a grande promessa: "Liberdade — igualdade — fraternidade" (a "sororidade" foi preciso ser acrescentada posteriormente).

---

[15] ANER, K. *Die Theologie des Lessingzeit*. Halle, 1927; PHILIPP, W. *Das Werden der Aufklärung in theologiegeschichtlicher Sicht*. Göttingen, 1957.
[16] KANT, I. *Das Ende aller Dinge*. 1794; [trad. it., *La fine di tutte le cose*, in KANT, I., *Questioni di confine. Saggi polemici* (1786-1800), Marietti, Genova 1990, 39s.]; Id. *Ob das menschliche Geschlecht in beständigen Fortschreiten zum Besseren sei?* 1798. Em *Idee zu einer allgemeinen Geschichte in weltbürgerlicher Absicht*, 1784 [trad. it, *Idea di uma storia universale dal punto di vista cosmopolitico*, in KANT, I., *Scritti politici e di filosofia della storia e del diritto*, UTET, Torino 1965, p. 134], ele escreve: "Como se vê, a filosofia pode também ter seu *milenarismo*" (VIII proposição).

Da Inglaterra veio a revolução industrial, irmã da revolução democrática,[17] juntamente com a promessa do bem-estar para todos e da máxima felicidade para o maior número de indivíduos. A revolução socialista deveria levar a termo, no "reino da liberdade" e através da "sociedade sem classes", a revolução democrática, uma vez superado o "reino da necessidade", fundado em relações de tipo industrial.

A consciência do progresso, alimentada por contínuas descobertas científicas e invenções técnicas, contava com um início sem fim. As grandes teorias da história, como as elaboradas por Auguste Comte, Hegel e Marx, viam os processos históricos no quadro da realização do mundo, enquanto as grandes potências européias repartiam a humanidade restante em seus reinos coloniais, certamente com a má intenção de dominar o mundo, mas também com a boa intenção: educar e desenvolver a humanidade ainda atrasada, subdesenvolvida.

Por todo século XIX, os círculos mais evoluídos nos países europeus cultivaram o sonho de poder melhorar moralmente as condições do viver humano. Também esse otimismo moralista baseava-se na velha promessa quiliástica. Conforme o Apocalipse (20,2-44), durante o reino milenário de Cristo, "Satanás permanecerá acorrentado por mil anos", período em que o bem poderá expandir-se ilimitadamente. Em 1900 parecia mesmo que esse sonho europeu estivesse para acontecer, quando iniciou, após a Revolução dos Boxers, a divisão do último país ainda independente, a China, e todas as missões cristãs se precipitaram em socorro do atrasado povo chinês, animados pela esperança de poder "evangelizar o mundo inteiro no decorrer da presente geração" (John Mott). Foram características dessa época portanto o progresso e o desenvolvimento, o crescimento e a expansão, as utopias e as revoluções sob o signo da esperança.

II. A era das catástrofes

Símbolo que exprime melhor do que qualquer outro a passagem desse progresso carregado de esperanças às horríveis catástrofes que se abateram sobre o mundo moderno é o anjo da história de Walter Benjamin.[18]

---

[17] É uma tese que, reportando-se a Hegel, foi sustentada também por RITTER, J. *Hegel und die französische Revolution.* Köln – Opladen, 1957 [trad. it., *Hegel e la Rivoluzione francese*, Guida, Napoli 1970].
[18] BENJAMIN, W. *Illumination: Ausgewählte Schriften.* Frankfurt/M., 1961. p. 272s (Ed. bras.: *Magia e técnica, arte e política. Ensaios sobre literatura e história da cultura.* São Paulo, Editora Brasilisense, 1985. Obras Escolhidas, v. 1., p. 222s. N.T.: Não foi aproveitada essa tradução). A respeito, cf. SCHOLEM, G. *Walter Benjamin und sein Engel.* Frankfurt/M., 1983; MOSÈS, St. *Der Engel der Geschichte: Franz Rosenzweig, Walter Benjamin, Gershom Scholem.* Frankfurt/M., 1994 [trad. it., *La storia e il suo angelo. Rosenzweig, Benjamin, Scholem*, Anabasi, Milano 1993].

Há um quadro de Klee que se intitula *Angelus Novus*. Representa um anjo que parece a ponto de afastar-se para longe de algo em que fixa o olhar. Tem os olhos arregalados, a boca aberta, as asas estendidas. O anjo da história deve ter esse aspecto. Seu rosto está voltado para o passado. Onde nos aparece uma cadeia de eventos, ele vê apenas uma catástrofe que acumula incessantemente ruínas sobre ruínas e as atira a seus pés. O anjo bem que gostaria de deter-se, despertar os mortos e recompor o que foi feito em pedaços. Mas uma tempestade sopra do paraíso e impregna suas asas tão fortemente que ele já não pode fechá-las. A tempestade o atira irresistivelmente ao futuro para o qual dá as costas, enquanto o monte de ruínas cresce até o céu diante dele. O que chamamos progresso é essa tempestade.

E onde estão as "ruínas sobre ruínas" que nosso progresso disseminou na história? Procuremos identificá-las.

1) A história européia mostra duas facetas, a superior, messiânica, bela, e a inferior, que é a face apocalíptica, horrenda. O progresso triunfante que as populações européias conheceram no século XIX significou para outros povos retrocesso desastroso. Apenas para um terço o mundo moderno é Primeiro mundo, para os outros dois é Terceiro mundo. A "nova era" produziu ambos, o moderno e, como gostaria de chamá-lo, o submoderno. Para os povos oprimidos do Terceiro mundo, por longo tempo escravizados e sempre explorados, o messianismo da era moderna européia não significou outra coisa que o apocalipse de sua destruição. Foi a escravidão em massa dos africanos, de 1496 a 1888, que tornou possível na América a economia colonial baseada no latifúndio. Açúcar, algodão, café e fumo foram considerados "colheitas de escravo". Foram o ouro e a prata da América Latina que formaram o capital que permitiu a industrialização européia.[19] A "triangulação comercial" transatlântica (escravos da África para a América — matéria-primas e metais preciosos da América para a Europa — mercadorias e armas da Europa para a África) fez a riqueza dos países europeus. No entanto destruiu também, com o comércio dos homens, os reinos e as culturas africanas. Com a imposição de uma economia de exportação comprometeu-se a economia de subsistência na América e suas populações foram sacrificadas ao desenvolvimento da Europa.

2) Não foi diferente quanto à natureza da terra. O início da moderna sociedade industrial marcou também o início do "fim da natureza".[20] A difusão da civilização da ciência e da técnica, assim como a conhecemos até

---

[19] Continuam sendo fundamentais nesse tema: GALEANO, E. *As veias abertas da América Latina*. Rio de Janeiro, Paz e Terra, 1987. 24ª ed. Para a história da escravidão, cf. MANNIX, D.P. – COWLEY, M. J. *Black cargoes: a history of the Atlantic slave trade*. New York, 1962 [trad. it., *Carico nero. Una storia del commercio degli schiavi in Atlantico* (1518-1865), Longanesi, Milano 1964].
[20] LEISS, W. *The domination of nature*. New York, 1972; MCKIBBEN, B. *The end of nature*. New York, 1989 [trad. it., *La fine della natura. Il manifesto dell'altra ecologia*, Bompiani, Milano 1989].

agora, produziu a extinção de inúmeras plantas e animais. As emissões nocivas da indústria criaram o "efeito estufa" que condicionará sobremaneira o clima dos próximos anos. As florestas tropicais são desmatadas, os prados abandonados ao pasto, os desertos avançam. Nos últimos sessenta anos — é o decurso de uma vida — a população mundial quadruplicou e continuará a crescer. As demandas alimentares e a necessidade de eliminação dos dejetos aumentarão proporcionalmente. O ecossistema do planeta azul está se desequilibrando. E não se trata somente de crise que atinge o ambiente natural; em crise está o próprio mundo da indústria. A destruição da natureza que podemos observar todo dia com nossos próprios olhos tem como causa a relação distorcida que o homem mantém com a natureza; não se pode considerar senhor e proprietário da natureza quando se é simplesmente um "elemento" seu e portanto sempre inserido nela. A cultura moderna, baseada na prepotência, apresenta também face oculta que se mostra no desaparecimento de espaços vitais com seu resultado catastrófico. Nisso reconhecemos claramente a presença de "ruínas sobre ruínas", já apontada por Benjamin. Uma visita ao Expo 2000, onde se expunham os recentes produtos industriais, reforça a convicção de que estamos avançando ativamente no caminho do progresso. Se olharmos, porém, as montanhas de imundícies cada vez mais gigantescas — no mar, na terra, no ar —, sentimo-nos tomados de angústias por causa das catástrofes iminentes. Nosso progresso justifica realmente sacrifícios dessa importância?

3) No decorrer da primeira guerra mundial (1914-1918), as grandes potências européias, cristãs, empenharam-se em destruir-se reciprocamente. Foi guerra de extermínio, sem qualquer objetivo evidente. Permanece como símbolo a batalha de Verdun de 1916.[21] Na visão alemã, essa devia ser "batalha de desgaste", ditada não pela esperança de vitória mas por vontade de extermínio, em obediência à estratégia militar desses anos. Assim, depois de seis meses havia mais de 600.000 mortos, quase sem se ganhar — ou perder — terreno. Os alemães inauguraram a guerra do gás, e nada ganharam. Ao entusiasmo guerreiro e patriótico de 1914 agora sucede a nua bestialidade niilista. "Em toda a Europa as luzes estão se apagando — observava Edward Grey, ministro do exterior da Inglaterra — e nós não as veremos reacender no decorrer de nossa existência." Apagaram-se assim também as luzes do Iluminismo na estrada do triunfante progresso rumo a um mundo melhor. Foi como se o progresso tivesse se revoltado contra si e devorado seus próprios filhos. Isso que sofremos no século XX, e continuamos a sofrer, foi e é apocalipse sem esperança, extermínio sem nenhuma justificativa, prazer de torturar, violentar, matar. Esse "ocaso do Ocidente" foi acele-

---

[21] WERTH, G. *Verdun: die Schlacht und der Mythos*. Bergisch – Gladbach, 1982. p. 53. Sobre a estratégia militar alemã: "A idéia de 'extermínio' dominava o pensamento militar do fim de século". Em Verdun não se queria vencer, como em Sedan em 1870, mas "exterminar".

rado na Europa por pulsão autodestrutiva. A era que teve início em 1914, e cujo fim ainda nos é obscuro, é a *age of anxiety*, a era da ansiedade (W. D. Auden).

A segunda guerra mundial (1939-1945) prosseguiu a obra niilista de extermínio iniciada no mundo moderno. Na Alemanha, mascarada e instrumentalizada com símbolos de esperança, como os do "terceiro *Reich*" ou do "reino milenário", a "solução final do problema judaico" foi levada a termo em Auschwitz, junto com a extirpação, pelo trabalho e pela fome, dos assim chamados "povos orientais". A autodestruição da Alemanha foi selada em 1945, com as observações cínicas de seu *Führer* e a expulsão de milhões de pessoas de suas terras. Em agosto de 1945 querem punir o Japão jogando sobre o país duas bombas atômicas que fizeram centenas de milhares de mortos. No culto fascista dos ditadores celebrou-se a violência pura, aquela que não tem nenhuma necessidade de legitimação, juntamente com um poder que se afirma sem levar em conta nada e ninguém. Na União Soviética, Stalin exterminava classes e populações inteiras, primeiro com a fome e depois com o trabalho e a doença no Arquipélago Gulag. Mao Tsetung praticou o terrorismo de partido e de estado a partir de cima. Inúmeros homens do poder aplicaram depois nos próprios países essas lições de morte. No últimos anos do século XX circula nova palavra de ordem: "limpeza étnica". Nos Bálcãs, na África e agora também na Indonésia, assistimos a impressionante recaída em ferocidades individuais que acreditávamos desaparecidas para sempre e a qual tem como vítimas fracos e inermes. Hoje soaria realmente cínico falar ainda de progressos morais conseguidos pela humanidade em sua obra de civilização. Hitler e Stalin, com seus cúmplices, convenceram-nos infelizmente de que o poder do "mal radical" continua em ação. Cenários do fim do mundo, fantasias destrutivas e filme do tipo *Apocalypse now* parecem mais realistas do que as imagens de esperança que o século XIX nos delineava com sua era de ouro e paz perpétua.

O século XX não trouxe ao mundo novas idéias, visões ou utopias capazes de dar sentido à história. Os cadáveres que foram deixados para trás excluem qualquer proposta de sentido e qualquer teodicéia, qualquer ideologia do progresso, qualquer vontade de globalização. O progresso desse século disseminou ruínas e vítimas, e nenhum futuro histórico conseguirá jamais abonar tantos sofrimentos, como nenhum futuro melhor jamais nos poderá assegurar que esses sofrimentos não foram em vão. No lugar da credibilidade do futuro do século XIX, surgiu, no século seguinte, total incapacidade de dar sentido à história. Se puderam empregar as conquistas da ciência e da técnica para exterminar a humanidade — aquilo que se pode, antes ou depois se faz —, fica-nos difícil sentir entusiasmo pela internet ou pela tecnologia genética. Toda acumulação de poder acumula também os riscos de seus abusos. Em todo caso, o século XX comparado com o que o precedeu ensina ao menos uma coisa: é impossível levar a termo a história na história. Nenhum futuro histórico tem em si potencial necessário para essa finalidade. E depois, é impossível que a história se complete por obra do homem quando o próprio homem é apenas ser histórico.

III. Pontes lançadas no futuro

Para mim, as esperanças que se abrem ao novo milênio são como pontes lançadas no futuro, construídas sobre abismos da destruição que aprendemos a conhecer no século XX. No fundo, são as mesmas esperanças que deram origem, no século XIX, ao mundo moderno — a revolução democrática e a revolução industrial — hoje porém tornadas mais cautelosas pelas tristes experiências feitas. Não estão mais tão confiantes no progresso e tão cegas diante dos riscos que ele nos reserva; não vêem mais, diferentemente das que as precederam, um mundo envolto só em luz. Hoje a esperança deve ser precavida e respeitosa. No plano subjetivo isso significa que se deve esperar e se deve empenhar pelo futuro sem arrogância mas também sem angústia. Com as esperanças na humanidade do século XIX, vivemos entre as valas comuns do século XX. Podemos ir adiante no novo milênio carregados de esperança ou com ceticismo, em todo caso reconciliando-nos com o passado, com um século que deve ser passado e não deve envolver-nos mais em catástrofes.

1. O FUTURO DA ESPERANÇA CRISTÃ

Antes de aprofundar algumas conexões entre as esperanças históricas do século XIX em relação ao século XX, gostaria de voltar ao "anjo da história" de Walter Benjamin: ele olha para o passado, com os olhos arregalados sobre acúmulo de ruínas que se levantam até o céu. Está ainda imóvel porque a "tempestade vinda do paraíso" impregna suas asas de tal modo que não consegue abri-las. Mas que gostaria de fazer esse anjo? Para que foi enviado? "O anjo bem que gostaria de deter-se, despertar os mortos e recompor o que foi feito em pedaços". Não o pode fazer enquanto a tempestade não lhe permite despregar as asas. Para Benjamin, a "tempestade" é justo o que chamamos de "progresso". Invertendo a conclusão, podemos dizer que se conseguirmos fazer cessar essa tempestade e não nos deixarmos atingir pelo vento do progresso, também o anjo estaria em condição de ressuscitar os mortos e recolher os cacos, e nós de recordar deles e sanear nossas memórias.

A imagem bíblica que se projeta sobre o fundo é a delineada em Ez 37: a ressurreição e a restauração de Israel. O profeta é conduzido pelo Espírito do Senhor a ampla "planície que estava cheia de ossos". A vista percorre a história de sofrimento de Israel. Diante dessa extensão de ossos secos, o profeta presta ouvidos àquilo que o Senhor lhe diz: "Eis que faço penetrar em vós o espírito (*ruah*, força vital) e revivereis [... e tu dirás:] Espírito, vinde dos quatro ventos e soprai sobre esses mortos para que revivam". Depois da visão dos mortos que ressurgem, o profeta vai ao povo e anuncia: "Eis que estão dizendo: 'Nossos ossos estão secos, nossa esperança está desfeita, estamos perdidos' [... Mas o Senhor diz:] 'Farei penetrar em vós meu espírito e revivereis; eu vos farei repousar em vosso país'" (37,11.14).

"Despertar os mortos e recompor o que foi feito em pedaços" é a esperança de futuro voltada para o passado. Não há futuro histórico em que isso possa acontecer. É preciso que se dê futuro para a história inteira, e com isso motivação transcendente. Homens mortais, de fato, não são capazes de ressuscitar o que está morto. E quem foi feito em pedaços não pode recompor os pedaços. Não há futuro humano capaz de "sanear" os delitos do passado. Para poder conviver com esse passado de destroços e de vítimas, sem removê-lo e sem sentir-se constrangidos a repeti-lo, temos necessidade dessa esperança transcendente de mortos que ressuscitam e de dilacerados que se recuperam. Baseada na ressurreição de um Cristo dilacerado, a esperança cristã de futuro, em seu núcleo, é esperança de ressurreição. Se não há esperança para o passado não há também esperança para o futuro, uma vez que o que se torna é destinado a passar, o que nasce um dia morrerá, e o que ainda não é um dia não será.[22] A esperança da ressurreição não está orientada rumo a um futuro na história, mas sim ao futuro pela história, no qual se resolverão as trágicas dimensões da história e da natureza.

Qualificar o futuro da história com a ressurreição dos mortos significa encontrar nela também nosso passado. E com os mortos encontramos os caídos, os mortos pelo gás, os assassinados e os "desaparecidos": os mortos de Verdun, Auschwitz, Stalingrado e Hiroshima nos esperam.

Só quem se recorda pode olhar nos olhos esse futuro que tem o nome de "ressurreição dos mortos". E quem olha esse futuro pode verdadeiramente lembrar do passado e viver em sua presença. Uma "cultura da recordação", cujo sentido muitos se perguntam hoje, deve ser apoiada por uma "cultura da esperança", uma vez que sem esperança num futuro do passado e dos que passaram, a recordação afunda na nostalgia e por fim acaba no esquecimento impotente, ou o que se recorda é de tal forma persistente que não conseguimos mais livrar-nos, porque nunca nos abandona. "Recordar é apressar a redenção" é a inscrição que está em Yad Vashem, o memorial das vítimas do Holocausto em Jerusalém. E, falando

---

[22] Uma "ontologia do não-ser-ainda" (BLOCH, E. *Philosophische Grundfragen 1*. Frankfurt/M. 1961) não pode fundar nenhuma esperança permanente.

como historiador, Leopold von Ranke dizia que "os mortos estão mortos, mas nós os chamamos à vida. Caminhamos com eles 'olhos nos olhos' e de nós eles exigem a verdade".[23]

Se estabelecermos comparação entre Benjamin e Ezequiel, vemos que aquele temporal que vem com o nome de "progresso" sopra em direção contrária. Vem "do paraíso", diz Benjamin, isto é, empurra os homens sempre para mais longe da pátria de origem. O vento da ressurreição não sopra do passado em direção ao futuro, mas do futuro para o passado e traz de volta o que não retorna mais: os mortos; e recupera o que irrecuperavelmente jaz decomposto: os destroços. Colhemos esse vento já no Espírito de Pentecostes, o qual infunde a vida com as "maravilhas do mundo futuro" (Hb 6,5).

Qual a relação desses dois temporais — "progresso" e "ressurreição" — entre si? Como combinar ao mesmo tempo a esperança transcendente em Deus e as esperanças imanentes dos homens? Creio que se trata de relação de contra-senso.[24] Justo porque e enquanto a fé na ressurreição abre o futuro aos que passaram, quem vive no presente ganha coragem para o futuro. Justo porque há grande esperança de superar a morte e o tempo transcorrido, ganham força também nossas pequenas esperanças de tempos melhores, e não nos tornamos presa da resignação e do cinismo. Numa era sulcada de angústia, esperamos "mesmo assim" e não desistimos. Temos a "coragem de ser" malgrado o não-ser, como pertinentemente observava Paul Tillich.[25] Mas então nossas limitadas esperanças de futuro soarão como resposta ao futuro que Deus reserva aos que passaram.

2. O FUTURO DO PROJETO DEMOCRÁTICO

Devemos a democratização da vida política às Revoluções americana e francesa com as quais iniciou o século XIX. Após tantas batalhas e tantas vítimas, a partir de 1989, no mundo ocidental moderno, a democracia liberal conseguiu afirmar-se ante a violência fascista e a "ditadura do proletariado" comunista. Hoje, porém, a política democrática desenvolve-se em condições realmente diversas das do século XIX.

1) As democracias modernas estão ameaçadas, mais do que pelos par-

---

[23] WITTRAM, R. *Das Interesse an der Geschichte*. Göttingen, 1958. p. 32.
[24] BENJAMIN, W. *Illuminationen. Ausgewählte Schriften*. Frankfurt/M., 1961. p. 280 [trad. it. *Frammento Teologico-politico*, in *Il concetto di critica nel romanticismo tedesco*. Scriti 1919-1922, Einaud, Torino 1982, 171]: "Por isso nada de histórico pode querer referir-se por si próprio ao messiânico. Por isso o reino de Deus não é o *telos* da *dynamis* histórica [...]. De um ponto de vista histórico, ele não é finalidade (*Ziel*), mas termo (*Ende*). [...]. O Profano não é pois categoria do Reino, mas categoria – e certamente uma das mais pertinentes – de sua mais fácil aproximação".
[25] TILLICH, P. *Der Mut zum Sein*. Sttutgart, 1958. 3ª ed. [trad. it., *Il coraggio di esitere*, Ubaldini, Roma, 1968].

tidos totalitários de direita e de esquerda, pela apatia do povo, de quem entretanto deriva "todo poder do Estado". O abstencionismo eleitoral é apenas sintoma dessa apatia. Quais as causas mais profundas? Penso que residam no fato de que consideramos a democracia como dado adquirido, não como processo em que estamos envolvidos. E, no entanto, ela é justamente processo aberto, sempre mais vasto, que exige participação ativa, interesse e envolvimento pessoal de todos os cidadãos. E quando o processo estagna, languesce também o interesse pela política. No lugar de democracia participativa necessária, temos então democracia absenteística. Retrai-se para o privado, interessa-se unicamente pelo próprio afazer, não se quer nem ouvir falar de política, não se quer ficar implicado. Assim, a "classe política" alheia-se do povo e o povo perde a confiança nos políticos. Forma-se uma soberania partidária, como lamentava Richard von Weizsäcker.

2) A democracia, uma vez sendo processo aberto ao futuro, permanece viva enquanto é motivada e dinamizada pela esperança numa atuação dos direitos humanos. Os direitos civis que as constituições garantem são legítimos se se enquadram nas Declarações gerais dos direitos do homem de 1948 e de 1966.[26] Como se vê nas lutas pelos direitos das mulheres, das crianças, dos deficientes, dos imigrantes e de outros grupos marginalizados, a passagem democrática de direitos humanos a direitos civis ainda não está concluída. Para levá-la a termo será preciso promover inúmeras iniciativas civis — livres e espontâneas — em âmbito local e regional, onde o sucesso dependerá, em meu modo de entender, da contribuição da democracia participativa.

Os direitos humanos são direitos universais, valem para todos os homens. E são indivisíveis, motivo pelo qual cada indivíduo não é apenas membro de um povo, cidadão de um estado, adepto de uma comunidade religiosa etc., mas também portador de "direitos humanos inalienáveis". Hoje esses direitos não representam mais apenas um "ideal" das Nações Unidas, como se lê no Preâmbulo, mas são reivindicáveis por todos, ao menos até o momento em que pudermos dispor de tribunais internacionais. As atrocidades cometidas nos Bálcãs, os delitos perpetrados contra a humanidade e as violações dos direitos do homem, acarretam responsabilidade julgada pela Corte de Haia. Isso representa progresso. Os delitos contra a humanidade e — espero um dia também aqueles contra o ambiente — devem ser punidos para que toda a sociedade humana possa conviver no respeito aos direitos fundamentais do homem e da natureza.

3) A ameaça nuclear obrigou-nos a regular pacificamente as situações de conflito entre os países. As armas atômicas e outros instrumentos de extermínio não são armas militares mas sim políticas.

---

[26] LOCHMANN, J. M.; MOLTMANN, J. *Das Recht und Menscenrechte*. Neukirchen-Vluyn, 1977.

Se diminuir o perigo — de qualquer modo sempre possível, mesmo se atualmente pouco provável — do fim atômico, para o estado moderno e para a federação dos estados propõe-se novamente aquela antiga, primordial tarefa apocalíptica. Ao poder de opor-se ao fim que se receia nos últimos tempos foi dado o nome de *katéchōn*, na linha da profecia do Anticristo de 2Ts 2,7s: "O mistério da iniqüidade já está em ação, mas é necessário que seja afastado aquele que até agora o retém [...]". E, para os cristãos de Roma, retendo-o estava o estado romano; para Carl Schmitt, a "Santa Aliança contra-revolucionária" do século XIX, e no século XX a ditadura antibolchevista de Hitler.[27] Hoje podemos libertar-nos desses medos apocalípticos, porque o fim da humanidade e de uma terra ainda habitável o sentimos como real. Cada país deve considerar como sua tarefa prioritária o compromisso em contrapor-se a tudo o que leva ao extermínio nuclear do gênero humano.

Estamos vivendo o "tempo do fim", dizia Günther Anders. E com razão, porque não queria dizer do tempo apocalíptico mas daquele em que o fim é a todo momento possível.[28] Ora por isso o estado, além de lutar contra a catástrofe nuclear, deve comprometer-se, de forma positiva, em ganhar tempo, procrastinar os términos.[29] Cada ano que passa, fazer frente ao extermínio que está iminente significa dispor de maior tempo para dedicar à vida e à paz. O tempo não é sem fim, como queria fazer-nos crer a fé oitocentista no progresso. Existimos num tempo limitado e devemos ganhar tempo. É essa a tarefa que um estado moderno que vive sob a ameaça nuclear iminente deve assumir para si em escala mundial.

3. O FUTURO DO PROJETO CIENTÍFICO-TECNOLÓGICO

A revolução industrial apelou para a fé no progresso do século XIX e explorou-lhe o dinamismo. Hoje não nos vemos mais obrigados a justificar essa "fé" nem mesmo criticá-la, uma vez que pelo princípio da concorrência tudo o que se produz tem como destino obrigatório o progresso. A indústria e os mercados estão realmente condenados a um progresso acelerado, no qual quem não se moderniza e não se racionaliza perde logo de saída. O progresso caiu na "armadilha da aceleração": "Quem cavalga no tigre não pode mais descer".[30]

---

[27] Meier, H. *Die Lehre Carl Schmitts: vier Kapitel zur Unterscheidung politischer Theologie und politischer Philosophie*. Stuttgart, 1994. p. 243-249.
[28] Anders, G. *Die atomare Drohung. Vierte und durch ein Vorwort erweiterte Auflage von "Endzeit und Zeitenende*. München, 1983.
[29] Metz, J. B. *Glaube in Geschichte und Gesellschaft*. München-Mainz, 1977 (§ 10, p. 149-160: *Hoffnung als Naherwartung oder der Kampf um die verlorene Zeit*) [Ed. bras.: *A fé em história e sociedade*. S. Paulo, Edições Paulinas, 1981].
[30] Stahel, W. *Die Beschleunigungsfalle oder der Triumph der Schildkröte*. Stuttgart, 1995.

Não há pois muito sentido criticar o "progresso" como tal. Sensato ao contrário é indagar-se sobre seus fins, para corrigir-lhe o curso, se isso for auspicioso. O progresso por si é apenas um meio para o fim, não estabelece ele próprio fins humanos. Normalmente se mede o progresso com o aumento de poderes, de disponibilidades econômicas, financeiras, militares e culturais. Mas por si o poder não é fim humano, mas apenas complexo de meios que permitem a consecução dos fins a que o homem se propõe. Cada ano equipamo-nos melhor para obter o que queremos. Mas que queremos na verdade? A maior parte dos megaprojetos que a técnica torna possíveis não é fruto de consenso democrático, ao contrário prescinde dele. Na Alemanha não houve nenhuma deliberação democrática para a construção de centrais nucleares. E hoje não assistimos a nenhum debate democrático que tenha como objeto produtos alimentares geneticamente modificados.

Desde a época em que se resolveu o conflito Leste-Oeste, progresso significa globalização. Ela já se estava em andamento no século XIX e início do seguinte. Após 1989 voltou-se para antes de 1914. Como o progresso, assim também a globalização, tomada ao pé da letra, é somente conceito de quantidade: o que se considera particular deve tornar-se universal, o local deve fazer-se global. A par do progresso, a globalização portanto é apenas meio para o fim, e não fim humano em si mesmo. Enquanto aspira unicamente ao poder, o processo de globalização não tem qualidade. Evidentemente o que interessa é dominar, explorar, comercializar até a natureza de nosso planeta. E os agentes da economia global (*global players*), que repartem entre si o negócio, tornam-se sempre mais restritos mas também mais poderosos. Se não quisermos que a longo prazo se chegue à bancarrota da humanidade e ao colapso do sistema-terra, será preciso que se inicie discussão pública sobre os fins e os objetivos humanos dessa globalização.

Para evitar que a exploração selvagem conduza à destruição da terra, será preciso comprometer-se com todas as forças com a "conservação da criação" e chegar a convenções bioéticas de proteção à vida. É bom engajar-se num "desenvolvimento contínuo", mas o risco é ele ser acompanhado por ética de tipo conservador, ética esta que chega sempre depois, muito tarde. Melhor é desenvolver modelos alternativos à globalização do poder e concentrar todas as forças nos fins e objetivos humanos.

Já dispomos de modelo que define as finalidades humanas do poder globalizante e que por isso se presta a sugerir as necessárias correções ao desenvolvimento do mundo moderno. Ele jaz, como que escondido, em conceito até agora empregado apenas no campo intra-eclesial: o *ecumene*,[31] termo grego de qualidade que designa "toda terra habitada", como se deduz

---

[31] MÜLLER-FAHRENHOLZ, G. *Ökumene – Glücksfall und Ernstfall des Glaubens.* EPD-*Dokumentation*, n. 28, Frankfurt/M. 1998. p. 3-16.

da raiz *oikos* que significa "casa". Tomar consciência de um mundo habitado significa que se apresente também o fim, isto é, um mundo como habitação do homem e uma humanidade a residir nesta terra, se ela estiver disposta a viver nesse sistema e não permanecer aí estranha e hostil.[32]

Se o fim do progresso e da globalização do poder humano não consiste em dominar e possuir a terra mas sim em habitá-la, deveremos abandonar o "complexo de Deus", típico do homem moderno, ocidental, convencido — como prometia Descartes em sua teoria da ciência no início da era moderna — de ser "senhor e dono da natureza".[33] A terra pode viver sem o gênero humano, como aliás viveu por milhões de anos. A humanidade, ao contrário, não pode existir sem a terra, da qual provém. Os homens dependem da terra, não a terra dos homens. Basta essa simples noção para fazer-nos compreender que o processo da civilização humana deve integrar-se com o sistema terra, e não vice-versa, a natureza da terra sujeitar-se ao domínio do homem.[34]

Apenas os que são de fora saqueiam a natureza, desmatam as florestas, esvaziam os mares e depois, como nômades, transmigram. Quem, pelo contrário, mora no local onde pretende continuar, está interessado em conservar as mesmas condições de vida e em não comprometer a vitalidade da natureza que o circunda. Responderá a cada ataque deferido contra a natureza e fará de tudo para restabelecer os equilíbrios comprometidos. Hoje os conflitos de natureza econômico-ecológica em sua maioria se dão entre os que são de fora e indígenas, conflitos entre os interesses pela exploração da natureza por um lado, e por sua habitabilidade por outro.

Logicamente queremos que à globalização do poder se siga uma globalização da responsabilidade. Não podemos contentar-nos com uma economia globalizada e com uma política fechada para os interesses nacionais. A economia tem necessidade de diretivas políticas e a política de objetivos humanos em torno dos quais se possa unificar a humanidade.

O potencial científico e tecnológico de que a humanidade dispõe e que espera ser desenvolvido não deve ser empregado na luta destrutiva pela aquisição de poder, mas para tornar sempre mais habitável este nosso planeta. A criação não deve ser apenas "conservada", mas também desenvolvi-

---

[32] Se isso é verdade, abrem-se perspectivas para uma recolocação ecológica da própria antropologia. A antropologia moderna de M. Scheler, A. Gehlen, H. Plessner, W. Pannenberg e outros parte do pressuposto de que o ser humano é ser que "se abre ao mundo" e "se autotranscende", diferentemente do animal. A distinção remonta a J. G. Herder, que em seu ensaio sobre a origem da linguagem (*Der Ursprung der Sprache* [1770] Berlim, 1959 [trad. it., Pratiche Editrice, Parma 1995]) escreve: "A natureza teria sido em seus confrontos a mais impiedosa das madrastas, enquanto, com qualquer inseto, foi a mais solícita das mães" (p. 21). No desenvolvimento dessa nova antropologia ecológica, será preciso levar em conta as perspectivas desenvolvidas na nova antropologia feminista.
[33] DESCARTES, R. *Discurso do método* (1637). São Paulo, Paulus, 2002.
[34] MOLTMANN, J. *Gott im Projekt der modernen Welt: Beiträge zur öffentlichen Relevanz der Theologie*. Gütersloh, 1997. p. 89-110 [trad. it., *Dio nel progetto del mondo moderno. Contributi per una rilevanza pubblica della teologia*, Queriniana, Brescia 1999, p. 91-114].

da para seu fim, se não quisermos que nossos discursos continuem sendo conservadores. Ela está de fato destinada a tornar-se casa comum dos viventes da terra, pátria e habitação de todos. Em última análise, a terra deve tornar-se a habitação do próprio Deus: "Assim na terra como no céu". Se o Eterno vem morar na terra, essa terra deverá tornar-se o templo cósmico de Deus, onde o Deus irrequieto da esperança e da história encontrará finalmente repouso. É justamente essa a grande visão bíblica, isto é, judaica e cristã, da terra, de acordo com a última promessa: "Eis a morada de Deus com os homens! Ele morará entre eles e eles serão seu povo" (Ap 21,3, com Ez 37,27). A *shekina* definitiva, essa encarnação cósmica de Deus, é exatamente o futuro divino da terra. Animados com essa expectativa, desde agora e já aqui tratamos a terra como "templo de Deus" e suas criaturas como santas. Nós, seres humanos, não somos "senhores e proprietários" da terra e talvez um dia nos tornaremos os sacerdotes e as sacerdotisas que representarão Deus perante a terra e a terra perante Deus, vendo e provando Deus em todas as coisas e colhendo todas as coisas no esplendor de seu amor. Poderia ser de fato essa visão sacramental do mundo que superaria e ampliaria os esquemas da ciência e da técnica com os quais entendemos hoje a realidade.

2
O CARÁTER HERMENÊUTICO
DA TEOLOGIA

WERNER JEANROND

O pensamento teológico ocupa-se do conhecimento e da transmissão da mensagem cristã nos contextos culturais constantemente em mudança de nosso mundo. Para essa finalidade a teologia não utiliza só as múltiplas experiências e os múltiplos documentos da tradição cristã (Bíblia, orações, profissões de fé, textos dogmáticos etc.), mas também procura interpretar o respectivo horizonte de compreensão, no qual a mensagem salvífica cristã é proclamada, vivida e transmitida continuamente. O pensamento teológico não é pois redutível só à interpretação dos textos, mas toda interpretação sempre é acompanhada também pela prática e pela tradição substancialmente mais amplas da fé, as quais encontram sua contínua configuração no louvor a Deus, no culto, e também no seguimento cristão, na comunidade e na formação do caráter efetuada no seio da família, da igreja, da escola, do trabalho e do mundo. Quando falamos do caráter hermenêutico da teologia, pensamos antes de tudo nessa tarefa ampla e múltipla da interpretação teológica: todos os aspectos da existência cristã na igreja e no mundo necessitaram constantemente de ser interpretados nos contextos sempre cambiantes da prática da fé. A teologia, como aprofundamento e elaboração científica da fé cristã, tem por isso sempre a tarefa de conhecer, de explicar e de proceder correspondentemente de maneira hermenêutica.

Além dessa vocação hermenêutica geral da teologia podemos porém também falar de sua responsabilidade hermenêutica específica. A teologia toma parte ativa, por um lado, na discussão em escala mundial a respeito da estrutura hermenêutica do pensamento humano e, por outro lado, na discussão metodológica a respeito dos métodos adequados para a compreensão dos textos. Ela não espera por isso que filósofos, historiadores, literatos, psicólogos e outros elaborem modelos testados de compreensão dos textos ou de autocompreensão humana, que depois seriam então aplicados a textos bíblicos, a textos litúrgicos, a profissões de fé e a afirmações magisteriais das igrejas. Ao contrário, a própria teologia engaja-se ativamente nessa pesquisa interdisciplinar. Por um lado, evita assim uma heterodeterminação hermenêutica, sempre desaprovada em campo teológico. Por outro lado, com esse engajamento, ela respeita a própria estrutura hermenêutica: o pensamento teológico não tem nenhum acesso direto ou objetivo às verdades divinas e também se encontra sempre imerso em processo interpretativo construtivo crítico e autocrítico, em que a revelação de Deus vai se manifestando em nosso universo. Esse processo interpretativo tem caráter circular e na forma espiral. Nós já nos encontramos desde sempre inseridos em contexto interpretativo lingüístico e cultural, numa tradição intelectual, num contexto sociopolítico e marcado pela presença de gêneros. Nossa abordagem tanto de um texto em particular como ainda da realidade em seu complexo já é pois desde sempre predeterminada parcialmente. Essa situação não é modificável. No entanto podemos discutir quanto ao modo como podemos ou devemos comportar-nos com nossas pré-compreensões. Podemos submeter completamente toda interpretação de texto ou de realidade as nossas pré-compreensões ou podemos procurar utilizar produtivamente nossas pré-compreensões, portanto procurar entrar na base de sua energia no processo de compreensão, no qual mesmo nosso horizonte de compreensão pode ser modificado. Torna-se pois claro que todo ato de compreensão já inclui, para além de sua referência concreta ao objeto, a possibilidade de autocompreensão modificada de cada intérprete e de toda uma comunidade interpretativa.

Nas diversas épocas da história da igreja cristã, a teologia reagiu de modos diversos a sua vocação hermenêutica. A fim de poder avaliar adequadamente as discussões sobre a relação entre a teologia e a hermenêutica ocorridas no século XX e de poder compreender com precisão a importância da consciência hermenêutica para a teologia neste início de século, parece oportuno traçar primeiramente um esboço da tradição do pensamento hermenêutico na teologia cristã. Também a interpretação do pensamento hermenêutico se encontra hoje como sempre no contexto de uma tradição concreta. Em seguida falarei mais demoradamente sobre os desenvolvimentos hermenêuticos ocorridos na teologia do século XX e por fim identificarei alguns problemas hermenêuticos que no início do novo milênio podem ser de particular importância para o futuro da teologia cristã.

I. O desenvolvimento do pensamento hermenêutico na teologia cristã: breve resenha histórica

O pensamento hermenêutico desenvolveu-se no seio da teologia cristã baseando-se em experiências concretas de fé cristológica, as quais caracterizaram o respectivo horizonte interpretativo. Esse desenvolvimento deu-se na esteira de tradições interpretativas greco-romanas que mergulham suas raízes na interpretação de Homero e na rica tradição judaica da interpretação da Escritura. Elas transmitiram à comunidade interpretativa cristã tanto instrumental para a interpretação dos textos como também crescente consciência hermenêutica.[1]

Três modelos de compreensão de texto puderam conseqüentemente ser adotados e ser ulteriormente desenvolvidos pelos intérpretes cristãos com referência à interpretação da Bíblia: 1) interpretação expressamente dirigida à estrutura lingüística do texto (interpretação gramatical), como a que foi praticada principalmente na escola de Antioquia; 2) interpretação mais dirigida ao horizonte espiritual do intérprete (interpretação alegórica), como a que foi privilegiada, por exemplo, na escola Alexandrina; 3) tentativa de juntar as duas tradições de tal modo que se levem em conta tanto a estrutura lingüística do texto como o horizonte espiritual do leitor (Escritura como texto divinamente inspirado e texto essencial para a comunidade de fé), considerando entretanto a linguagem do texto como ponto inconteste de partida para a interpretação (Orígenes, Agostinho e outros).

Sobre essa base hermenêutica foi-se formando aos poucos na teologia ocidental uma teoria dos quatro sentidos da Escritura, a qual fora de grande importância para a interpretação cristã da Bíblia até os tempos da Reforma. Segundo essa teoria, uma interpretação da Bíblia devia levar em conta quatro dimensões interpretativas: a dimensão do sentido literal de um texto assim como de seu significado tropológico, anagógico e alegórico. É interessante observar nesse contexto como, sendo a mesma a posição teórica de saída, as valorações práticas passaram a variar muito na interpretação: por um lado, é possível reconhecer crescente institucionalização da interpretação do texto que se interessou por interpretação ortodoxa e por isso estabelece critérios formais para a interpretação do texto na igreja (por exemplo, Vicente de Lerino); e, por outro lado, assistimos a crescente subdivisão da tarefa interpretativa em seus componentes bíblicos e teológicos. Na teologia escolástica o texto e sua interpretação vieram sempre mais diferenciados um do outro, embora a teoria dos quatro sentidos escriturísticos e sua aceitação não tenham sido postas em discussão. Entretanto Tomás de Aquino sublinhou o fato de que o saber, que vem à luz no sentido espiritual do texto e é importante para a fé, estaria desde sempre contido também no sentido literal da Escritura. Santo Tomás quis também colocar a teologia sobre base científica, quando recomendou de novo o estudo filológico do texto (cf. a evolução das glosas feitas ao texto). Ao mesmo tempo ele deu

---

[1] Uma exposição detalhada do desenvolvimento das tradições hermenêuticas cristãs pode-se encontrar em JEANROND, W. G. *Theological hermeneutics: development and significance*. London, SCM, 1994 [trad. it., *L'ermeneutica teologica. Sviluppo e significato*, Queriniana, Brescia 1994]. Aí também estão indicadas as fontes correspondentes e a bibliografia secundária que podem confirmar as considerações contidas neste item.

grande importância ao aprofundamento especulativo da fé, ilustrando e utilizando para esse fim a filosofia redescoberta de Aristóteles. O avanço em direção à subdivisão do trabalho teológico em *sacra scriptura* (ciência bíblica) e *sacra doctrina* (teologia sistemática) impõe-se rapidamente, mas com conseqüência não prevista: contrariamente à intenção inicial, os textos bíblicos limitaram-se, na práxis teológica, em garantir conhecimento teológico especulativo desenvolvido muito independentemente da interpretação bíblica concreta.

A reforma da igreja e da teologia no século XVI não se baseou em nova teoria hermenêutica, mas sim em nova autocompreensão do intérprete da Escritura, sobre uma práxis modificada de leitura e também sob nova constelação interpretativa. Estudiosos europeus humanisticamente formados puderam aceder mais facilmente a edições recém-impressas da Bíblia, puderam explicar de modo novo o texto bíblico também em sua língua materna, colocar sua leitura da Bíblia em confronto com a realidade eclesial e propor conseqüentemente programas de reforma da igreja. No decorrer desse processo, a tradição da interpretação alegórica perdeu importância, mas continuou a ficar viva na interpretação tipológica do Antigo Testamento. A polêmica entre as confissões cristãs em fase de consolidação não se referiu portanto em primeiro lugar ao método da interpretação da Bíblia, mas sim ao quadro dessa interpretação: o protestantismo salientou a normatividade da Escritura (*sola scriptura*), sua clareza, e também a vocação precípua de todos os cristãos para interpretá-la. Contrariamente, a igreja romano-católica defendeu, do concílio de Trento em diante, a idéia de que a verdadeira fé e a autêntica teologia brotam tanto da Escritura como da tradição e que competente em decidir em última instância os critérios e a validade de qualquer interpretação é apenas o magistério eclesiástico. As discussões hermenêuticas do século XVI por isso lidam principalmente com uma concepção em vias de mudança do homem e da igreja, e sublinham portanto com força seja a importância da recepção do texto seja a importância da autocompreensão humana e eclesial no processo de recepção.

Nem o enrijecimento hermenêutico verificado na ortodoxia católica e protestante — cujos representantes pensavam em suprimir toda ulterior discussão hermenêutica apelando para a inspiração verbal da Bíblia e para a necessidade assim motivada de uma hermenêutica da instrução com sentido único, e que foram depois obrigados pelo Iluminismo a uma dolorosa batalha de retirada — pôde a longo prazo deter a ulterior reflexão sobre a relação entre texto da Bíblia e da profissão de fé, de um lado, e uma multidão de leitores sempre mais conscientes de si, por outro lado (cf. entre outras as contribuições dadas por Baruch Spinoza e por Johann Salomo Semmler a esse desenvolvimento).

No início do século XIX, Friedrich Schleiermacher propôs enfim novo projeto a respeito da relação entre teologia e hermenêutica, a qual daí em diante conseguiu fecundar a discussão que perdurava sobre o caráter hermenêutico da teologia.² Ele rechaçou a idéia de que a teologia possui hermenêutica própria especial e rejeitou na interpretação autoridades que se coloquem fora do texto, e também a referência a uma inspiração divina da Escritura. Semelhante inspiração do texto deveria resultar somente no decorrer da própria interpretação. Em plena correspondência às exigências do pensamento iluminista defendeu a unidade do pensamento hermenêutico a que deveria sujeitar-se também a interpretação teológica do texto. Qualquer texto, seja de origem bíblica ou de outra origem, seria explicado antes de tudo de tal modo que desvelasse o sentido individual (interpretação psicológica) e os meios lingüísticos adotados que constituam seu sentido (compreensão gramatical). A compreensão é portanto concebida por Schleiermacher como procedimento bipolar da constituição do sentido. Ela não é por conseguinte simplesmente o resultado de procedimento técnico de interpretação (hoje falaríamos de razão técnica e instrumental), mas antes é vista como arte que contém também um momento sugestivo, isto é, o momento da projeção psicológica do sentido.

Além disso, ele compreendeu claramente (ao contrário de Immanuel Kant) o necessário caráter lingüístico mediato de qualquer compreensão. Não existe nenhuma compreensão fora da linguagem. Por isso não devemos jamais separar hermenêutica e retórica. A linguagem ocorre sempre como combinação de convenções universais (seu aspecto gramatical ou objetivo) e de aplicações individuais (seu aspecto técnico ou subjetivo). Esse último aspecto às vezes vem apresentado por Schleiermacher também como o aspecto psicológico da interpretação. A tarefa desse aspecto é sempre o de compreender o sentido complexo de uma afirmação e a unidade do texto. Schleiermacher entrevê por isso simetria entre a forma lingüística e a composição do texto, por um lado, e sua interpretação, por outro. Ainda importante é também hoje para os estudiosos das ciências do espírito observar como ele muito antes se aventurara no aprofundamento da textualidade dos textos. Concebeu o texto como universal individual, no qual uma pequena rede de convenções individualmente aplicadas (como, por exemplo, o estilo de um texto) e de regras contribui para criar um novo todo dotado de sentido.³ Por isso essa unidade dotada de sentido não pode jamais ser compreendida de maneira puramente objetiva nem simplesmente gramatical sem referência a sua individualidade. Mais ainda, um texto não pode jamais ser compreendido de forma completa, mas sim apenas aproximativamente.

---

² Sobre a hermenêutica de Schleiermacher, cf. JEANROND, W. *Theological hermeneutics...*, p. 44-54; também: THISELTON, A. C. *New horizons in hermeneutics: the theory and practice of transforming biblical reading*. London, HarperCollins, 1992. p. 204-236; JEANROND, W. G. *Friedrich Schleiermacher*. In: NIEWÖHNER, F. (ed.). *Klassiker der Religionsphilosophie: von Platon bis Kierkegaard*. München, Beck, 1995. p. 285-299 [trad. it., JEANROND, W., *Friedrich Schleiermacher*, in NIEWÖHNER, F. – Labbé, Y., *Dizionario dei filosofi della religione*, Libreria Editrice Vaticana, Città del Vaticano 2001, p. 350-365].
³ Cf. a respeito também FRANK, M. *Das individuelle allgemeine: Textstrukturierung und – interpretation nach Schleiermacher*. Frankfurt/M, Schurkamp, 1977, p. 145-246.

Por causa de sua insistência quanto à dimensão psicológica, a compreensão hermenêutica de Schleiermacher foi repetidamente entendida de forma errônea como hermenêutica "psicologizante". Ao contrário, Schleiermacher nunca pensou em interpretação meramente subjetiva, mas sim procurou reconhecer até que ponto qualquer ato de interpretação é subjetivamente co-determinado. Aquilo que ele chamou a esse respeito "adivinhação" visava justamente a desvelar essa perspectiva individualmente garantida da totalidade no evento da interpretação. A adivinhação não equivale pois a uma fuga frente aos dados materiais e estruturais de um texto e de sua recepção, mas sim indica apenas o caráter irrenunciável do aspecto subjetivo na compreensão. Schleiermacher definiu assim a finalidade da compreensão: antes de tudo captar bem o texto e depois ainda melhor do que teria podido fazer o próprio autor. Para esse objetivo, o intérprete deve, por um lado, conhecer bem a língua do autor do texto e, por outro, conhecer sua vida exterior e interior, conhecimento que pode naturalmente obter apenas através da interpretação de toda a sua obra.

A importância de Schleiermacher para o desenvolvimento da hermenêutica foi enorme. Aquela que em certa época era considerada como subdisciplina da teologia e das ciências do espírito afins a ela, é agora apresentada como disciplina filosófica autônoma e indispensável para todos aqueles que quiserem compreender a expressão lingüística de outro homem.

Schleiermacher não se recusou em elaborar hermenêutica teológica especial, mas a considerou, assim como considerou qualquer outra hermenêutica especial, também como hermenêutica subordinada à hermenêutica universal. Este debate — se a teologia deve sujeitar-se a regras hermenêuticas universais ou deve defender hermenêutica autônoma com relação à hermenêutica filosófica — não acabou até hoje. Os espíritos teológicos continuam ainda a dividir-se diante da hermenêutica de Schleiermacher.

Diante da evolução da hermenêutica de um empreendimento teológico interno para um empreendimento referente à compreensão de qualquer texto, ocorrida em Schleiermacher, apenas condicionalmente é justo falar de "virada hermenêutica" ocorrida na teologia só no século XX. Os conhecimentos hermenêuticos do século passado mergulham suas raízes na nova colocação hermenêutica de Schleiermacher. Entretanto, também essa nova colocação pode ser entendida apenas sobre o fundo da evolução da história da interpretação bíblica que sempre já procurara, se bem que de modo muito diverso, distinguir dois pólos na interpretação de um texto, isto é, pólo gramatical, diretamente interessado na constituição lingüística de um texto, e pólo subjetivo, interessado no horizonte interpretativo do intérprete. Nada mudará a respeito dessa bipolaridade do ato interpretativo nem mesmo no século XX. Apenas sua valoração oscilará continuamente, assim como veremos melhor.

II. Hermenêutica e teologia no século XX

1. DESENVOLVIMENTOS FILOSÓFICOS

Podemos compreender adequadamente a hermenêutica e sua importância para a teologia do século XX somente se tivermos bem presente a ampliação do pensamento hermenêutico ocorrida a partir de Wilhelm Dilthey.[4] Para ele a compreensão (*das Verstehen*) tornou-se o conceito-chave de todas as ciências do espírito, assim como a explicação (*das Erklären*) descreveria com pertinência o método das ciências naturais. Para Dilthey, no caso da compreensão, tratar-se-ia de nada menos do que da compreensão da própria vida. Vida está aqui indicando a totalidade da realidade sobre a qual podemos refletir. Ela pode, porém, ser entendida somente e sempre através de suas várias formas expressivas. Cada expressão reporta todavia a uma criatura humana; por esse motivo, a tarefa da compreensão visaria em última análise sempre a compreender uma criatura humana.

Diferentemente de Schleiermacher, Dilthey estava então diretamente interessado na consciência histórica e por isso o problema da compreensão de formas lingüísticas individuais era-lhe particularmente importante também como problema histórico. A questão do modo pelo qual podemos compreender expressões de outros homens torna-se por isso aguda nele posteriormente. Nesse processo dependemos de nossa capacidade analógica, o que significa pois também que todo intérprete compreende de modo diverso determinado objeto. Aqui se enraíza um problema de pluralismo, pelo qual tanto a hermenêutica em geral como a teologia em particular deverão se interessar.

O debate teológico sobre a hermenêutica desenrolou-se posteriormente no século XX sobretudo em relação a três projetos de hermenêutica filosófica, a saber, os projetos de Martin Heidegger, Hans-Georg Gadamer e Paul Ricoeur.

A intuição heideggeriana da importância da temporalidade da existência humana e da necessidade, daí resultante, da interpretação como única via de acesso aos fenômenos decisivos do homem foi desenvolvida posteriormente pela filosofia hermenêutica. A contextualidade da compreensão estudada por Heidegger principalmente no livro *Ser e Tempo* de 1927, cuja primeira (e única) parte traz o significativo subtítulo: "A interpretação do ser-aí pela temporalidade e a explicação do tempo como horizonte transcendental da questão do ser".[5] Para ele, a compreensão pode ter dois significados: ou

---

[4] Sobre a interpretação de Dilthey, cf. JEANROND, W. *Theological hermeneutics*..., p. 51-57 [trad. it. cit., 88-98].
[5] HEIDEGGER, M. *Sein und Zeit*. Tübingen, Niemeyer, 1976. p. 41, 13ª ed. [Ed. bras.: *Ser e tempo*. Petrópolis/RJ – Bragança Paulista/SP, Vozes / Universidade São Francisco, 2002 – Parte I / 2004 – Parte II. 11ª ed.].

ela indica a estrutura existencial radical do ser-aí ou indica um dos muitos possíveis modos de conhecimento. No primeiro significado, a compreensão salienta a abertura do ser-aí as suas próprias possibilidades, por assim dizer, o horizonte do ser possível, a propósito do qual para Heidegger importa sobretudo o juízo a respeito da questão se o ser-aí traz ou não a possibilidade de seu ser. A compreensão pode pois ser concebida como projeto que é autêntico ou não autêntico.[6]

Toda forma concreta de explicação de qualquer coisa enquanto tal se baseia por conseguinte sobre o projeto, sobre a intenção e sobre a antecipação e por isso nunca está isenta de pressupostos. Toda constituição de sentido no processo de compreensão é sempre contextualmente predeterminado, de modo que Heidegger pode falar da circularidade do processo interpretativo. Essa estrutura circular da compreensão não deve ser desaprovada; ao contrário, só o conhecimento do círculo hermenêutico nos permite julgar de modo adequado as possibilidades da compreensão.[7]

Não só a reflexão fundamental de Heidegger sobre o horizonte, sobre a estrutura e seus pressupostos da compreensão continua sendo até hoje de grande importância para a discussão hermenêutica, mas muito importantes permanecem também suas sucessivas reflexões sobre a essência da linguagem. Essa essência não pode ser simplesmente confundida com o falar como ação expressiva; à linguagem certamente compete sua própria importância: "A linguagem em sua essência não é nem expressão nem atividade do homem. A linguagem fala".[8] A essência da linguagem explica-se sobretudo na linguagem poética. Aí se vê que sua verdadeira essência está na capacidade de fazer emergir, diversamente do mundo, a natureza das coisas.[9] A essência da linguagem exige porém o falar humano, a fim de mediar o chamado do ser: "O homem fala à medida que corresponde à linguagem. Corresponder é escutar. O escutar é possível só enquanto ligado ao chamado da quietude".[10] A escuta atenta media pois o contato com o verdadeiro ser.

A acolhida da hermenêutica de Heidegger na teologia ocorre em três planos, aos quais retornarei mais adiante: 1) sua aprofundada discussão sobre as possibilidades existenciais do homem de decidir a favor ou contra uma vida autêntica levou Rudolf Bultmann e outros teólogos a desenvolve-

---

[6] Cf. *ibid.*, p. 191s.
[7] Ibid., p. 153: "O importante não está em sair do círculo, mas em estar aí de maneira justa. O círculo da compreensão não é simples cerco em que se move qualquer forma de conhecimento, mas a expressão da *estrutura-prévia* existencial, própria do Ser-aí" (itálico no original).
[8] HEIDEGGER, M. *Unterwegs zur Sprache*. Pfullingen, Neske, 1971. p. 19, 4ª ed [Ed. bras.: *A caminho da linguagem*. Petrópolis/RJ – Bragança Paulista/SP, Vozes/Universidade São Francisco, 2003. p. 26].
[9] Cf. *ibid.*, p. 30.
[10] *Ibid*, p. 33.

rem programas teológicos existenciais; 2) suas reflexões sobre linguagem foram adotadas por representantes da chamada nova hermenêutica; e 3) suas conclusões a respeito do condicionamento hermenêutico da existência humana influenciaram decisivamente o posterior percurso do trabalho em torno de modelos hermenêuticos na teologia.

O trabalho filosófico em torno do pensamento hermenêutico prosseguiu, na esteira de Heidegger, sobretudo com Hans-Georg Gadamer que distinguiu de forma radical a hermenêutica, como atividade filosófica que visa à descoberta da verdade, de um interesse metódico e programático por técnicas adequadas de interpretação. Gadamer ocupou-se da descoberta da verdade e não desse ou daquele método. O fim da compreensão consiste para ele numa fusão de horizontes, isto é, na fusão do horizonte do texto com o horizonte do leitor.

> *A compreensão não deve ser entendida tanto como uma ação do sujeito, quanto como a inserção no coração de um processo de transmissão histórica*, no qual passado e presente continuamente se sintetizam. É isso que deve valer na teoria hermenêutica, que muito freqüentemente ao contrário foi dominada pela idéia de um "procedimento" (subjetivo), a ser desenvolvida segundo um determinado método.[11]

Para Gadamer, a compreensão tem o caráter de diálogo; com isso, não se trata, como para Schleiermacher, de compreender a pessoa que está atrás do texto, mas de chegar, partindo do conteúdo do texto e em diálogo com ele, a uma mais profunda compreensão do processo de transmissão, isto é, da tradição. Diferentemente de Heidegger, a hermenêutica de Gadamer não apresenta caráter ontológico fundamental, mas possui o caráter de filosofia prática que procura esclarecer as condições da própria compreensão e os modos da tradição com o auxílio da consciência histórica dos efeitos. O sentido que é comunicado na fusão dos horizontes assim preestabelecidos está baseado na linguagem. "O ser que pode ser entendido é linguagem."[12] Portanto a experiência hermenêutica é o lugar privilegiado do homem para abrir-se à descoberta da verdade.

A hermenêutica de Gadamer teve uma agitada história quanto à forma como foi recebida, com aprovação mas também com numerosas críticas. As críticas se dirigiram à atitude antimetódica de Gadamer e sua pretensão universalista. Jürgen Habermas criticou a falta de reflexão sobre os limites da compreensão, quando a comunicação é sistematicamente perturbada.

---

[11] GADAMER, H.-G. *Wahrheit und Methode*. In *Gesammelte Werke*, 1: *Hermeneutik I*. Tübingen, J. C. B. Mohr [Paul Siebeck] – UTB, 1999. p. 295 [Ed. bras.: *Verdade e método: traços fundamentais de uma hermenêutica fiolosófica*. Petrópolis/RJ – São Paulo, Vozes – Universidade São Francisco, 2003. p. 1] (itálico no original).
[12] *Ibid.*, p. 478 (itálico no original).

Muito criticada foi a confiança idealista e otimista na fusão dos horizontes; ao mesmo tempo foram pedidos critérios claros para estabelecer o que significa "compreensão adequada". De fato, não toda fusão de horizontes, não todo ingresso num contexto tradicional, não toda entrada numa tradição pode ser definida como auspiciosa ou como moralmente sustentável.[13] O projeto de Gadamer entretanto permaneceu até agora, malgrado todas essas objeções, o ponto de partida mais importante para a posterior discussão hermenêutica na filosofia e, como veremos, também na teologia.

A hermenêutica de Paul Ricoeur, ao contrário, não desdenha, diferentemente de Gadamer, o trabalho em conjunto com os diversos métodos que podem a seu modo contribuir para entender o sentido no decorrer do processo de compreensão.[14] Ricoeur considerou por isso a nova discussão sobre os métodos nas ciências do espírito como progresso, o conflito das interpretações como enriquecimento e as contribuições críticas dos mestres da dúvida (Marx, Freud, Nietzsche) como problematizações necessárias das presumidas seguranças subjetivas no processo de compreensão.[15] Compreender e explicar não são para Ricoeur coisas que se contrapõem, mas aliados necessários no caminho que conduz à apreciação mais adequada do homem existente no mundo. A hermenêutica como trabalho científico unido à prática e a hermenêutica como interpretação do horizonte humano dotado de sentido estão para ele estreitamente ligadas. A dialética da compreensão e da explicação, implícita na filosofia hermenêutica de Ricoeur, consegue prosseguir o trabalho desenvolvido por Scheleiermacher a respeito da compreensão de texto. Gadamer considerou os textos como portadores de sentido, mas não conseguiu explicar de modo adequado como esse sentido nasce da colaboração entre composição e recepção. Ricoeur fornece essa explicação por assim dizer num momento seguinte e, ao fazê-lo, sublinha a necessidade da crítica da ideologia tanto em relação ao texto como em relação à compreensão subjetiva do leitor. Ele parte do caráter de obra de um texto, portanto do fato de que o texto pode apresentar-se a seus leitores como obra, isto é, como unidade autônoma dotada de sentido, desvencilhada e livre de suas condições originárias, sendo capaz de mudar a visão de mundo do receptor no processo de recepção. Novas possibilidades de autocompreensão humana se descortinam aos homens que compre-

---

[13] Sobre a crítica levantada à concepção da hermenêutica de Gadamer, cf. JEANROND, W. G. *Text und Interpretation als Kategorien theologischen Denkens*. Tübingen, J. C. B. Mohr [Paul Siebeck], 1986. p. 27-41.
[14] Sobre a discussão da hermenêutica de Paul Ricoeur, cf. JEANROND, W. *Text und Interpretation...*, p. 41-46; ID. *Theological Hermeneutics...*, p. 70-77 [trad. it., *L'ermeneutica teologica. Sviluppo e significato*, cit., p. 120-133].
[15] Sobre a relação entre Gadamer e Ricoeur e sobre a exposição das respectivas tradições hermenêuticas que estão por trás da obra dos dois filósofos, cf. GRONDIN, J. *Von Heidegger zu Gadamer: Unterwegs zur Hermeneutik*. Darmstadt, Wissenschaftliche Buchgesellschaft, 2001. p. 138-148.

endem. Ricoeur compartilha a idéia de Gadamer a respeito da eficácia histórica do texto, mas localiza a eficácia estética de uma obra também levando em conta dados materiais concretos (lingüísticos) e sua necessidade de explicação no processo de recepção. Desse modo ele desidealiza de certo modo a hermenêutica de Gadamer e desromantiza a colocação de Schleiermacher.

Ricoeur persegue durante muitos anos e através de numerosas publicações o dinamismo das possibilidades que abrem o mundo no processo de interpretação, mas permanece sempre consciente do caráter aproximativo de qualquer compreensão. Nenhuma compreensão humana poderá jamais despir-se completamente da própria ingenuidade; por esse motivo, Ricoeur distingue diversos planos da ingenuidade interpretativa. A *refiguração* indica a experiência de nova visão do mundo que se abre ao intérprete no ato da interpretação.[16]

Ricoeur repetidas vezes chamou a atenção também para as possibilidades hermenêuticas que se descortinam na interpretação de textos religiosos e assim naturalmente contribuiu para provocar a acolhida pela teologia de suas teorias hermenêuticas. Além disso, insistiu continuamente nas metamorfoses da compreensão subjetiva e por fim a examinou com grande precisão em seu livro *O si-mesmo como um outro*,[17] em que retomou tanto o debate ontológico de Heidegger sobre a escolha autêntica da existência como indiretamente também a tentativa hermenêutica de Schleiermacher de compreender o outro em sua alteridade, agora porém em discussão direta com Emmanuel Lévinas.

Numa visão de conjunto do desenvolvimento da hermenêutica filosófica no século XX, desenvolvimento que naturalmente pudemos aqui descrever apenas em grandes linhas, reconheceremos três características estruturais de qualquer ato de interpretação: compreender, explicar e interpretar. Qualquer compreensão aproximativa de um texto ocorre em passos análogos mediados pela linguagem, os quais sempre precisam da explicação que pode ser fornecida pelas diversas estratégias metódicas que estão à disposição do intérprete iluminista. Tanto as várias etapas da ingenuidade hermenêutica como ainda os diversos processos de explicação ocorrem dentro de um mais amplo horizonte interpretativo, no qual podem continuamente descortinar-se possibilidades de autocompreensão humana e também novas possibilidades do ser-no-mundo, e precisamente no confronto crítico e autocrítico construtivo com o outro que precisa em primeiro lugar ser respeitado como outro.

---

[16] Sobre a relação entre *configuração* e *refiguração* na hermenêutica de Ricoeur, cf. *Temps et récit*, 3: *Le temps raconté* Paris, Seuil, 1985. p. 9-14 [Ed. bras.: *Tempo e narrativa*. Campinas/SP, Papirus, 1997. t. III].
[17] RICOEUR, P. *O si-mesmo como um outro*. Campinas/SP, Papirus, 1991.

2. DESENVOLVIMENTOS TEOLÓGICOS

Como então reagiu a teologia do século XX a essas evoluções do pensamento hermenêutico? Podemos distinguir diversas etapas do interesse explícito pelo pensamento hermenêutico na teologia. Ao fazê-lo devemos porém ter sempre presente o fato de que mesmo o desenvolvimento da hermenêutica filosófica está intimamente ligado à história da interpretação cristã da Bíblia. Dito em termos mais precisos, a hermenêutica filosófica deve em parte sua existência à tradição da interpretação judaica e cristã da Bíblia. Desde Dilthey com muita certeza é possível distinguir o trabalho filosófico do trabalho teológico desenvolvido em torno da hermenêutica, mas nunca é possível separá-los completamente. Os inumeráveis pontos de contato diretos e indiretos dos cultores da hermenêutica filosófica — como Heidegger, Gadamer, Ricoeur, Habermas, Gianni Vattimo, Jacques Derrida, Richard Kearney e outros — com o pensamento teológico são provas claras disso.

Diante da estreita relação entre hermenêutica filosófica e hermenêutica teológica na "época hermenêutica da razão"[18] (Jean Greisch), teólogos cristãos isolados manifestam entretanto continuamente seu temor de serem limitados e heterodeterminados pela hermenêutica filosófica em sua atividade interpretativa teológica, enquanto outros teólogos aclamam decidida e favoravelmente a nova fecundação que se opera entre hermenêutica cristã tradicional e hermenêutica filosófica atual. Ao primeiro grupo pertence Karl Barth, ao segundo Rudolf Bultmann.[19] Embora ambos criticassem uma interpretação da Bíblia de tipo puramente histórico-crítico, no entanto suas concepções hermenêuticas são marcadamente diversas. Barth reivindicava que a interpretação teológica da Bíblia fosse fechada em si mesma, devendo submeter-se à palavra de Deus e sendo caracterizada pela observação, pela reflexão e pela apropriação. A palavra de Deus deve apoderar-se do intérprete e não ser dominada por ele. Ao contrário, Bultmann participou ativamente do discurso hermenêutico e quis contribuir para esclarecer as condições da compreensão teológica na era moderna. Por conseguinte, rejeitou uma exegese isenta de prejulgamentos e enfatizou a estrutura circular da compreensão humana que valeria obviamente também para a interpretação da Bíblia.

A hermenêutica de Barth pode ser denominada hermenêutica da revelação, a de Bultmann hermenêutica da significação. As diferenças existentes entre a hermenêutica alexandrina e a antioquena refloram claramente por-

---

[18] Cf. GREISCH, J. *L'Âge herméneutique de la raison*. Paris, Cerf, 1985.
[19] Sobre o debate hermenêutico entre Barth e Bultmann e também sobre a hermenêutica dos dois teólogos, cf. JEANROND, W. *Theological Hermeneutics*..., p. 127-148 [trad. it. cit., 213-249].

tanto também no século XX. Na esteira da tradição de Alexandria, Barth e seus seguidores neobarthianos e pós-liberais reivindicam que na interpretação da Bíblia se parta claramente de um ponto teológico, enquanto Bultmann está interessado em uma interpretação que desejaria explicar os signos lingüísticos diante de um horizonte iluminista de compreensão. No entanto sua hermenêutica ainda não presta suficientemente atenção à mediação lingüística de todos os signos no processo de interpretação, como insistentemente fez observar Ricoeur.[20]

Os representantes da chamada *nova hermenêutica* — Gerhard Ebeling, Ernst Fuchs e outros — estavam muito interessados, diferentemente de Barth, no discurso hermenêutico contemporâneo, sobretudo na filosofia da linguagem do último Heidegger. Mas antes de tudo importava-lhes examinar a via de acesso à palavra de Deus que desde a Reforma fora considerada como a via adequada. Por isso a hermenêutica para Ebeling ficou sendo em última análise auxílio para pôr a seguro as idéias protestantes na crise atual da fé mais do que atividade em si necessária para o trabalho teológico, atividade que permitiria ao teólogo refletir de modo adequado com outros cientistas sobre as possibilidades, sobre os limites e sobre os distúrbios da compreensão humana. Portanto a nova hermenêutica foi no fundo, apesar de algumas aberturas à hermenêutica da significação, uma hermenêutica da revelação.

Com a abordagem de David Tracy, teólogo de Chicago, constituiu-se nova relação recíproca entre hermenêutica teológica e hermenêutica filosófica, diferentemente da teologia da escola pós-liberal de Yale (George Lindbeck, Hans Frei e outros), a qual foi influenciada pela hermenêutica eclesial da revelação de Barth e que considerava como desejáveis quando muito alguns empréstimos *ad hoc* obtidos dos modelos filosóficos de pensamento. Como já havia feito Ebeling, também Tracy reconhece que nossa cultura ocidental encontra-se em crise de interpretação, intimando-nos a refletir de novo sobre a própria atividade interpretativa. Depois, porém, diferentemente de Ebeling e dos colegas de Yale, ele chega à seguinte conclusão: "*Intepretation seems a minor matter, but it is not. Every time we act, deliberate, judge, understand, or even experience, we are interpreting. To understand at all is to interpret*" [A interpretação parece questão de importância secundária, mas não o é. Sempre que agimos, deliberamos, julgamos, compreendemos ou até experenciamos, estamos interpretando. Compreender equivale sempre a interpretar].[21] A colocação de Tracy segue subs-

---

[20] RICOEUR, P. *Préface à Bultmann*. In RICOEUR, P. *Le conflit des interprétations:* essais d'herméneutique. Paris, Seuil, 1969. p. 373-392 [Ed. bras.: *O conflito das interpretações*: ensaios de hermenêutica. Porto, Rés Editora, s. d.].
[21] TRACY, D. *Plurality and ambiguity: hermeneutics, religion, hope.* San Francisco, Harper & Row, 1987. p. 9.

tancialmente as indicações de Gadamer e de Ricoeur. Em particular, ela faz fecundamente sua a exortação de Ricoeur dirigida a Bultmann para que não se feche muito rapidamente o arco hermenêutico, mas que se percorra a longa e tortuosa via que passa através da multiplicidade das expressões humanas. Tracy reivindica que entre o leitor e o texto haja uma espécie de diálogo aberto que é sustentado pela capacidade analógica do leitor e que realmente só ocorre quando estamos dispostos a colocar-nos pessoalmente em jogo.[22]

Desse raciocínio brota a necessidade de que se deva confrontar, por um lado, com o fenômeno do outro, e por outro, com a linguagem. No diálogo hermenêutico não se trata de transformar a alteridade e a diversidade em igualdade e semelhança, mas fazer de modo que o outro e o diverso tornem-se possíveis. Só então se pode chegar, no diálogo, à verdade. Podemos dizer que Tracy ruma vagarosamente, com a ajuda de uma mais sutil hermenêutica da significação, para uma hermenêutica da revelação, que porém deve ser sempre necessariamente estruturada de modo pluralístico. Portanto o sujeito-que-compreende permanece aberto à manifestação do outro, mesmo do outro presente nele próprio, e logo aberto à mudança.

Para a teologia, esse reconhecimento da hermenêutica significa que ela deve esclarecer também publicamente suas pretensões quanto à verdade, as quais resultam de seu processo interpretativo publicamente efetuado de modo responsável. Aqui tanto a estraneidade quanto a familiaridade são categorias essenciais da interpretação teológica que edifica sobre o pensamento analógico. Finalidade da interpretação não é portanto, como em Gadamer, a inserção numa tradição não iluminística — nesse caso, na tradição cristã —, mas o de tirar continuamente da tradição cristã novas possibilidades do ser-no-mundo.

Fim último de toda interpretação é a tentativa de avizinhamento ao estranho. Mas essa abertura construtiva é possível somente porque, na base do familiar, o estranho aparece justamente como tal e porque no decorrer do confronto com ele o familiar pode tornar-se estranho.

O perigo de uma hermenêutica da revelação de curto fôlego, como a de Barth, Fuchs, Ebeling, Lindbeck e Frei, a qual evita a complexidade da hermenêutica da significação, está no fato de que o outro é muito rapidamente enquadrado e reduzido, uma vez que o evento lingüístico complexo foi precipitadamente qualificado de modo teológico. Se, ao contrário, se opuserem a semelhantes reduções, restabelecendo-se continuamente a tensão existente entre estraneidade e familiaridade na interpretação teológica, serão oferecidas talvez novas e inesperadas experiências hermenêuticas que podem ser comparáveis, pela sua respectiva intensidade, às de Lutero e

---

[22] *Ibid.*, p. 20ss.

Calvino, mas que, exatamente por serem nossas próprias experiências da percepção da realidade de Deus mediante o texto e a tradição, podem ser diversas das dos Padres da igreja.

No fim do século XX, a necessidade do pensamento hermenêutico também na teologia tornara-se clara para todos os contemporâneos que pensam. Com Claude Geffré, a situação de partida pode ser de agora em diante retomada desta maneira: "A teologia tende a compreender-se não simplesmente como discurso sobre Deus, mas como discurso que reflete sobre a linguagem sobre Deus, discurso sobre linguagem que fala humanamente de Deus. [...] Não acontece saber direto da realidade fora da linguagem, e a linguagem é sempre interpretação.[23]

III. Áreas problemáticas da teologia frente ao desafio da hermenêutica

A crescente consciência hermenêutica na teologia influencia de múltiplos modos o trabalho teológico. Em primeiro lugar, daí provêm novas vias de acesso ao texto bíblico; em segundo lugar, muda a concepção do sujeito-que-compreende e da igreja como comunidade interpretativa; e, em terceiro lugar, desenvolve-se nova relação entre teologia e filosofia. As colocações pós-modernas em discussão a respeito da constituição do sentido, da estrutura do sujeito e da estrutura do discurso deixam seus rastros também na teologia. Nas páginas que seguem procurarei examinar brevemente algumas importantes áreas problemáticas quanto à hermenêutica, das quais a teologia deveria também ocupar-se no novo século.

1. O CONHECIMENTO NA HISTORICIDADE RADICAL DO SUJEITO HERMENÊUTICO

Diante do texto a interpretar, diante do mundo a compreender, diante da tradição da fé cuja verdade é preciso desvelar, não há nenhum sujeito seguro que possa realizar de maneira pura e simples todas essas operações. O sujeito "não é o portador do *a priori* kantiano, mas o herdeiro de linguagem histórico-finita que torna possível e condiciona seu acesso a si próprio e ao mundo".[24] A conclusão sobre a debilitação histórica do sujei-

---

[23] GEFFRÉ, C. *Croire et interpréter. Le tournant herméneutique de la théologie.* Paris, Cerf, 2001. p. 14 [trad. it., *Credere e interpretare.* La svolta ermeneutica della teologia, Queriniana, Brescia, 2002, p. 14].
[24] VATTIMO, G. *Jenseits der Interpretation: die Bedeutung der Hermeneutik für die Philosophie.* Frankfurt/M.- New York, Édition Pandora 36 – Campus Verlag, 1997. p. 24 [Ed. bras.: *Para além da interpretação: o significado da hermenêutica para a filosofia.* Rio de Janeiro, Tempo Brasileiro, 1999].

to não significa entretanto para a relação entre teologia e hermenêutica uma desventura, mas sim nova possibilidade de orientação do sujeito interpretante e da comunidade interpretante. Ambos estão agora livres da racionalidade modernista e de seu forte conceito do ser e podem dedicar-se a uma interpretação nova e amante do risco.[25] Nesse trabalho contudo eles não estão sós, mas interpretam a tradição e o mundo sempre no horizonte da herança da tradição.[26] Esse confronto com a herança da tradição não se refere naturalmente apenas à interpretação da Bíblia; aqui porém, por motivos de necessária brevidade, devemos ilustrá-lo com o exemplo da interpretação da Bíblia.

2. O PLURALISMO DO TEXTO DA BÍBLIA E DA INTERPRETAÇÃO BÍBLICA

A recepção teológica da Bíblia, a qual sempre deveu ocupar-se da relação existente entre texto e interpretação, mostra desde o início uma estrutura pluralística. A interpretação do significado de Jesus Cristo para a fé em Deus levou, por exemplo, a quatro evangelhos e a formulações lingüísticas adicionais no Novo Testamento, e também a sempre novas interpretações. Não só o anúncio da fé em Cristo — já nos próprios textos bíblicos — é em si pluralista, mas também qualquer interpretação desses textos. Hoje já não é possível fazer alguma teologia digna de crédito, se se ignora esse fato. Uma vez que qualquer interpretação de tipos complexos de textos pode levar só e sempre a avizinhar-se deles aproximativamente no decorrer da recepção, portanto a novas e quando muito superiores ingenuidades, nenhuma interpretação dos textos bíblicos pode pretender ser definitiva.

Os textos bíblicos não oferecem apenas uma espécie de documentação religiosa em formulações textuais diversas, mas colocam seus ouvintes e leitores também diante de uma série de discursos teológicos que se apresentam por sua vez em vários gêneros textuais, como em narrativas, formas de oração, genealogias, textos sapienciais, formas apocalípticas etc. Nos diversos gêneros textuais fala-se continuamente da revelação de Deus na história de Israel, na igreja de Cristo e no mundo, reflete-se de modo novo sobre a relação entre Deus e os homens, e experimentam-se conceitos adequados de Deus e modelos de ação. Esse pluralismo teológico caracteriza a recepção da Bíblia; por isso nela nunca vem à luz uma teologia "pura", mas

---

[25] Sobre a hermenêutica de Vattimo e sua importância para a teologia, cf. também SIGURDSON, O. *Hungerns väg: om Gud, kyrka och mångfald*. Lund, Arcus, 2000. p. 86-100. Cf. também VATTIMO, G. *Belief*. Stanford, Stanford University Press, 1999 [original it., *Credere di Credere*, Garzanti, Milano 1996].
[26] Cf. JEANROND, W. "Tradition in spite of tradition". In *Theological hermeneutics...*, p. 177-180 [trad. it. cit., p. 300-306].

sempre uma teologia no horizonte de multiplicidade de formas comunicativas e receptivas, horizonte que é só insuficientemente caracterizado com adjetivos como religioso, literário, cultural, cosmológico, jurídico, social, político, comunicativo, intertextual e escatológico.

A teologia bíblica, isto é, aquele trabalho intelectual que ajuda os leitores interessados no texto bíblico a conhecer o potencial teológico da Bíblia, é portanto necessariamente pluralística.[27] Isso não significa entretanto que seja arbitrária. Qualquer interpretação dos textos bíblicos deve antes deixar-se sempre avaliar com base no próprio texto que porém é só e sempre acessível através de leitura crítica e autocrítica.

Uma teologia bíblica crítica, examinando determinado texto bíblico, desejaria descobrir a multiplicidade dos discursos teológicos que operam nele. Para esse fim, ela tem porém necessidade antes de tudo de conceito claro do texto. Qualquer compreensão de um texto deve reconhecer e pôr às claras as estratégias comunicativas e textuais que operam nele, a fim de chegar desse modo a conhecer o tipo específico de texto. Os textos bíblicos não se deixam reduzir à verdade proposicional, mas estimulam o leitor com sua complexidade a construir modos de leitura e estratégias de leitura complexas e adequadas. Justamente por isso Paul Ricoeur alerta para aquelas interpretações dos textos bíblicos que procuram despir o texto de sua especificidade literária a fim de descobrir por assim dizer atrás dele determinadas verdades válidas.[28] A interpretação teológica de um texto deve sempre passar pelo trabalho desenvolvido em torno do texto e não sobrevoar por cima dele. E isso significa por sua vez que qualquer forma de teologia bíblica deve reconhecer e pôr em ação a dialética existente entre texto e interpretação, a fim de poder levar em conta tanto especificidades do texto como especificidades da interpretação.

As idéias acima ocorrem obviamente também na tradição das reflexões patrísticas e medievais sobre a relação entre interpretação gramatical e interpretação teológica, entretanto elas complementam essas reflexões com a visão clara da estrutura pluralística da interpretação teológica da Bíblia e do condicionamento histórico de qualquer interpretação.

3. HERMENÊUTICA CONTEXTUAL E INTERCUTURAL

O contexto do pensamento teológico mudou de maneira decisiva nas últimas décadas. Nasceram teologias contextuais, porque as teologias uni-

---

[27] Cf. ainda: JEANROND, W. G. *Criteria for new biblical theologies*. In *Journal of religion*, n. 76, p. 233-249, 1996.
[28] Cf. RICOEUR, P. *Essays on biblical intepretation*. Philadelphia, Fortress, 1980. p. 91. Cf. também JEANROND, W. G. *Pluralismo biblico e teologico*. In *Concilium*, n. 1, p. 146-160, 2002.

versais já não bastavam.²⁹ As teologias não contextuais diziam sempre menos aos homens, uma vez que cresceu a compreensão da dialética entre contextualidade e universalidade. Não podemos aqui deter-nos nas diversas dimensões da globalização em curso. Devemos porém lembrar a interação existente entre forças globalizantes e homogeneizantes e a nova ênfase em horizontes particulares em nosso mundo.³⁰ Nesse campo carregado de tensão nascem novas teologias com novos horizontes hermenêuticos, como demonstram os exemplos da teologia feminista e da teologia da libertação.

A *teologia feminista* apresentara-se inicialmente com perspectiva emancipadora universal, com apelo homogêneo à natureza particular da experiência das mulheres numa igreja e numa sociedade deformada pelo patriarcado, e também com apelo à legitimação divina de nova relação entre os sexos. Essa teologia de tipo universalístico foi depois claramente criticada à luz de vários contextos e objetou-se, por exemplo, que ela seria em primeiro lugar teologia de mulheres brancas e que esse horizonte ocidental de vida não teria nenhuma sensibilidade com as experiências feitas, pelas mulheres afro-americanas, hispano-americanas e do Pacífico asiático, com o racismo branco.

Nos últimos anos aliás pôs-se sempre mais em dúvida não só o apelo universalístico a uma experiência comum a todas as mulheres, mas, ainda na esteira do pensamento pós-moderno, pôs-se em dúvida a concepção do sujeito por parte das mulheres em geral, de modo que argumentos normativos a favor de determinadas posições feministas foram soando sempre mais fracos.³¹ Por outro lado reconheceu-se que, para a emancipação das mulheres na igreja e na sociedade, seria algo deletério se a teologia feminista se deixasse prender a um conceito de sujeito que fosse despido de qualquer insistência na liberdade de ação. Seria verdadeira ironia se o conceito de sujeito fosse como tal posto de lado, quando justamente foi reivindicado com sucesso pelas mulheres.³²

Representantes da *teologia da libertação* têm continuamente chamado a atenção para o fato de que as experiências de pobreza, de opressão, violência, injustiça, humilhação, exploração e marginalização devem entrar no horizonte de compreensão da teologia, especialmente quando são o resultado de estratégias sistemáticas e da destruição ecológica, a fim de que o aspecto do seguimento de Cristo possa ser claramente reconhecido nos vários contextos e levar a um modo responsável de agir. Quanto a isso, discu-

---

[29] Cf. SCHREITER, R. J. *The new catholicity*: theology between the global and the local. Maryknoll, Orbis, 1997. p. 1.
[30] Cf. *ibid.*, p. 12.
[31] Cf. DAVANEY, Sh. G. *Continuing the story, but departing from the text*. In: CHOPP, R. S.; DAVANEY, Sh. G. (eds.). *Horizons in feminist theology: identity, tradition and norms*. Minneapolis, Fortress, 1997. p. 198-214.
[32] Cf. *ibid.*, p. 205-208.

te-se muitas vezes se a essa "opção pelos pobres" deva ser reconhecida ao menos uma prioridade hermenêutica. Fora de discussão, porém, é o apelo a uma escuta mais clara das experiências dolorosas dos outros seres humanos; ignorando-as, não parece possível uma compreensão adequada nem do evangelho cristão, nem da autocompreensão humana.[33]

Ficou pois claro que não é possível fazer *teologia responsável* sem interpretação crítica e autocrítica do respectivo horizonte de compreensão. Não é possível estabelecer uma vez por toda a identidade da fé cristã descuidando do processo hermenêutico, mas essa identidade é sempre o resultado desse processo que se desdobra e continuará a desdobrar-se por muitos caminhos e descaminhos enquanto houver homens que querem experimentar e explicar o mistério divino. Essa complexidade hermenêutica da teologia cristã que é desaprovada pelos fundamentalistas e trocada pelos pós-modernistas radicais por fé arbitrária, esconde ao contrário grande possibilidade para a fé e para a teologia. De um lado, fica realmente evidente que, através das interpretações dos testemunhos da fé, vai delineando-se um perfil claro do seguimento cristão.[34] E por outro lado, torna-se compreensível que esse perfil da existência cristã necessariamente não deve ser sustentado com garantias externas para subsistir, mas deve encontrar continuamente a própria forma graças à energia hermenêutica da comunidade cristã de fé. A compreensão do caráter hermenêutico da teologia cristã pode pois contribuir para a libertação da teologia de todas as cadeias e desse modo encorajá-la novamente a prestar seu serviço à igreja, à opinião pública e à pesquisa acadêmica. Na terminologia de Paul Ricoeur, podemos exprimir esse fato dizendo que a hermenêutica ajuda a teologia a poder conduzir a fé cristã a si própria (*ipse*), sem ter de preocupar-se contínua e neuroticamente em defender simplesmente a continuidade (*idem*) de algo já estabelecido.[35]

4. O MODELO DO DIÁLOGO

Logo em seguida ao apelo de Gadamer ao modelo do diálogo hermenêutico, numerosos hermeneutas ocuparam-se novamente com as possibilidades da compreensão comunitária. Gadamer tinha descri-

---

[33] Cf. a respeito TRACY, D. *Plurality and ambiguity*, p. 104.
[34] Cf. CAHILL, L. S. *Gender and strategies of goodness: the New Testament and ethics*. In *The journal of religion*, n. 80, p. 442-460, 2000.
[35] Sobre a distinção conceitual de Ricoeur entre identidade do *idem* e do *ipse*, cf. RICOEUR, P. *Soi-même comme un autre*, p. 140 [Ed. bras.: *O si-mesmo como um outro*. Campinas/SP, Papirus, 1991].

to a tarefa hermenêutica como "um entrar-em-diálogo com o texto"[36] e tinha enfatizado a lógica da questão e da resposta no confronto com o texto.

> Que determinado texto se torne objeto de interpretação significa já de per si que ele põe uma questão ao intérprete. A interpretação tem pois sempre relação essencial com a questão que é colocada ao intérprete. Compreender um texto significa compreender essa questão. Isso [...] acontece na medida em que o intérprete se constitui o horizonte hermenêutico. Esse horizonte nos aparece agora como o *horizonte da questão* (*Fragehorizont*) no interior do qual se define a direção significativa do texto.[37]

O que Gadamer disse a propósito da interpretação do texto vale obviamente também a propósito da interpretação do horizonte de compreensão de um intérprete e de toda uma comunidade interpretativa. Por isso o diálogo hermenêutico não é só o lugar do confronto do leitor com seu texto, mas ao mesmo tempo o lugar em que qualquer comunidade interpretativa reflete de novo sobre a própria vocação específica e entra no processo interpretativo que a coloca em contato com todos os outros processos interpretativos de nosso mundo. Não é por isso possível deixar de sugerir uma *hermenêutica intercultural* ao pensamento teológico globalmente sensibilizado.[38]

O diálogo hermenêutico — por exemplo, entre as religiões — não leva ao nivelamento das respectivas diferenças, mas antes ao conhecimento das diferenças e, o que se espera, ao respeito recíproco. Qualquer diálogo entre diversos esconde em si o perigo do conflito. E como infelizmente mostra de maneira até muito clara a história dos encontros inter-religiosos, muitos desses conflitos ocorreram de modo violento e cruento. No entanto, essa triste realidade não é argumento contra as possibilidades do diálogo sincero entre representantes de diversos horizontes experienciais religiosos e entre suas diversas interpretações e modos de enfrentar a existência. Não podemos evitar o conflito das interpretações no interior de uma comunidade religiosa ou entre comunidades religiosas, se não procurarmos compreender quem somos e como devemos comportar-nos nesta vida.[39] O modo como devemos comportar-nos com esse conflito entre interpretações diversas é por sua vez questão que será pacificamente discutida só no diálogo em que todos os *partner* se encontram com respeito.

---

[36] GADAMER, H.-G. *Wahrheit und Methode*, p. 374 [Ed.. bras.: *Verdade e método*: traços fundamentais de uma hermenêutica fiolosófica. Petrópolis/RJ – São Paulo, Vozes – Universidade São Francisco, 2003. p. 1. *N.T.: Existe também a parte II: Petrópolis/RJ, Vozes, 2002].
[37] *Ibid.*, p. 375 (itálico no original).
[38] Cf. a respeito SCHREITER, R. J. *The new catholicity...*, p. 28-45.
[39] Cf. TRACY, D. *Plurality and ambiguity...*, p. 114.

Teologia responsável, que é consciente do próprio caráter hermenêutico, não poderá nunca exigir de si própria algo menos do que respeito diante do outro homem, respeito diante da diversidade que quer manifestar-se, respeito diante da mudança e também respeito diante da diversidade radical de Deus que se revelou em nosso horizonte de compreensão e que suscitou em nós humanos o desejo de penetrar mais a fundo no mistério divino.

3
NOVOS DESENVOLVIMENTOS DA TEOLOGIA POLÍTICA
A força crítica do discurso público sobre Deus

EDMUND ARENS

A teologia política constitui um ponto de partida. Para ela confluem iniciativas teológicas, sociais e eclesiais, que se unem entre si até formar material explosivo escatologicamente carregado, eclesiologicamente muito atual e ética e politicamente relevante. A nova teologia política, de que tratamos neste artigo, nasceu na situação efervescente dos anos setenta do século XX. Ela abandona qualquer concepção estática da ordem e introduz na teologia concepção dinâmica da promessa e da mudança. Sua descoberta originária refere-se ao futuro que não representa apenas tema importante da teologia, mas que se torna sua orientação fundamental. Essa nova orientação confere ao discurso sobre Deus perfil decididamente escatológico que lhe agudiza a sensibilidade pela esperança e, conseqüentemente, por mudança devida e efetiva. A teologia política concebe, à luz das coisas que ainda devem sobrevir, todas as condições sociais e eclesiais como condições mutáveis e necessitadas de serem mudadas. Todo *status quo* torna-se por isso objeto de sua crítica, para a qual confluem impulsos iluminísticos e bíblicos até formar uma crítica profética da sociedade. A teologia política põe em confronto a religião bíblica do êxodo, da profecia e da apocalíptica com a moderna religião burguesa, religião esta que se tornou uma questão privada enquanto a dimensão pública e relevância social da fé são deixadas de lado. Um objetivo essencial seu consiste exatamente no fato de pôr às claras, no sentido de desprivatização, a orientação pública e política da fé judaica e cristã, e no fato de superar assim contemporaneamente um discurso sobre Deus existencial e subjetivamente reduzido em favor de um discurso sobre Deus socialmente atento e politicamente vigilante. Trata-se, portanto, também e em particular, da presença política das cristãs e dos cristãos, e ainda de sua participação nos debates e nas lutas sociais pela justiça e pela solidariedade.

A teologia política coloca-se no campo dos esforços por *aggiornamento* como o empreendido pelo concílio Vaticano II. É alimentada pelo diálogo com a teoria crítica, com o marxismo ocidental e com o messianismo judaico, e nasceu para fornecer contribuição teológica à então virulenta crítica em escala mundial da sociedade capitalista e de sua forma de religiosidade. Como projeto e produto dos anos setenta, ela foi desde o início feita alvo das setas da teologia eclesial conservadora. Depois que o otimismo progressista dos novos movimentos sociais e eclesiais atenuou-se, depois da fracassada política real do socialismo (de estado) e depois da vitória do ordenamento capitalista do mundo, ela se vê mais do que nunca exposta à suspeita de ter-se tornada obsoleta e de pertencer, como música teológica de acompanhamento do ano de 1968, ao monte de lixo da história.

Nas páginas seguintes examinaremos seus desenvolvimentos, seus caminhos, seus desafios e suas perspectivas, e o faremos em quatro pontos sucessivos. Antes de tudo, traçaremos um quadro do ponto de partida político-teológico comum. Depois, veremos como os caminhos político-teológicos se ramificaram. Num terceiro ponto, indicaremos algumas discussões que estão sendo feitas e alguns desafios importantes e, para concluir, falaremos do potencial e das perspectivas da teologia política.

I. Ponto de partida comum

O programa da teologia política ganha corpo nos anos setenta nas obras de Johan Baptist Metz, Jürgen Moltmann e Dorothee Sölle. Partindo de bases confessionais e teológicas diversas, esses autores dão início à virada, desde o princípio muito controversa, rumo à teologia consciente do presente e orientada para o futuro que se concebe como teologia crítica em relação à teologia e à sociedade e que, sob presságios escatológicos e futurísticos, vai defender uma percepção profética e crítica da realidade social e eclesial e uma participação também profética e crítica nessa realidade.

A *Teologia do mundo*[1] de Metz torna-se o farol ecumenicamente eficaz de nova orientação teológica que mergulha suas raízes em nova avaliação da história moderna da liberdade e que, remetendo-se criticamente ao Iluminismo, percebe o mundo como história, cuja modelação está confiada à prática humana social. No horizonte escatológico, a orientação moderna ao futuro pode ser entendida como produtiva e ser vista como baseada na fé bíblica na promessa. Sob o primado do futuro delineiam-se os contornos de escatologia produtiva e crítica que diante do novo ainda escondido re-

---

[1] Cf. METZ, J. B. *Zur theologie der Welt*. Mainz – München, 1968 [trad. it., *Sulla teologia del mondo*, Queriniana, Brescia 1969].

clama uma teologia orientada à prática. Para essa teologia, a relação entre teoria e prática, isto é, entre concepção da fé e ação social, torna-se o problema fundamental a que ela se dedica expressamente.

A teologia política, como é expressa na *Teologia do mundo*, é antes de tudo guiada por tríplice intenção crítica. Em primeiro lugar, procura desprivatizar o discurso cristão sobre Deus, o qual nas formas "modernas" de teologia que se sucederam ao Iluminismo apresenta-se primariamente com roupagem transcendental, personalista e existencial. Em segundo lugar, procura formular a mensagem escatológica do cristianismo nas condições sociais atuais; procura também falar de sua potência crítica libertadora para a vida pública, assim como pô-la em prática. Em terceiro lugar, procura nova autocompreensão da igreja como instituição da liberdade sociocrítica da fé, a qual implica a própria tarefa crítica libertadora na sociedade e a favor da sociedade, onde a reserva escatológica deve defender a teologia e a igreja de identificação acrítica com o progresso social.

Jürgen Moltmann, que logo a seguir faz seu o conceito proposto por Metz,[2] introduziu no projeto da teologia política sua *Teologia della speranza*,[3] em que fala do problema do futuro como problema real da teologia e vê a vida cristã que está sob o primado da fé como vida determinada pelo primado da esperança. A teologia da esperança é teologia escatológica com fundamentos e inspiração bíblicos, a qual concebe a mensagem bíblica como mensagem contrária ao mundo da morte. É alimentada pela fé bíblica na promessa que está enraizada na palavra de promessa de Deus e que é universalizada e intensificada na escatologia profética. A promessa bíblica veterotestamentária de qualquer modo não é realizada e superada de modo entusiástico no evangelho, mas é ao contrário confirmada mediante a ressurreição de Jesus pelo Deus da promessa, de modo que também e mesmo o Novo Testamento está no horizonte escatológico do futuro prometido. Por isso para Moltmann "a escatologia cristã é, em seu núcleo essencial, cristologia em perspectiva escatológica".[4] Ela indaga sobre a tendência íntima da ressurreição de Jesus e de seu futuro e entende o que aconteceu com Jesus como o início e a promessa do reino universal de Deus. O futuro de Jesus Cristo é, segundo Moltmann, luminosamente marcado pela promessa da justiça de Deus, da vida que se segue à ressurreição dos mortos e da promessa do reino de Deus como *nova creatio*.[5]

Da promessa brota a crítica do existente, a qual penetra como espi-

---

[2] Cf. MOLTMANN, J. *Umkehr zur Zukunft*. München – Hamburg, 1970. p. 169-187 (especialmente p. 164ss); em merecimento, GIBELLINI, R., *Handbuch der theologie im 20. Jahrhundert*, Regensburg 1995, cap. IX e X [original it., *La teologia del XX secolo*, Queriniana, Brescia 1993, 2ª ed., cap. IX e X, 297-344]; MÜLLER-FAHRENHOLZ, G. *Phantasie für das Reich Gottes. Die Theologie Jürgen Moltmanns*, Güterslohhh 2000.
[3] Cf. MOLTMANN, J. *Theologie der Hoffnung: Untersuchungen zur Begründung und zu den Konsequenzen einer christlichen Eschatologie*. München, 1964 [trad. it., *Teologia della speranza. Ricerche sui fondamenti e sulle implicazioni di una escatologia cristiana*, Queriniana, Brescia 1970].
[4] *Ibid.*, p. 175 [trad. it. cit., p. 197].
[5] *Ibid.*, p. 202 [trad. it. cit., p. 226].

nho na carne de todo presente e ao mesmo tempo o abre ao futuro. A essa crítica corresponde a missão, à *promissio* segue a *missio* que Moltmann apresenta como prática voltada à mudança e inclinada para frente em direção ao "*novum* do futuro que foi prometido".[6] Ela se realiza em apostolado da esperança. A partir do momento em que a tradição cristã é para ele idêntica à missão escatológica, a cristandade vive no horizonte carregado de expectativa do reino de Deus como comunidade salvífica escatológica. Como tal ela não pode olhar só o lado individual da salvação, mas deve interessar-se e comprometer-se com a vida pública, social e política dos homens. A comunidade do êxodo concebe e vive desse modo a religião, contrariamente à sociedade moderna, nem como culto da subjetividade, nem como culto da solidariedade, nem como culto da instituição, mas ao contrário se assenta no seguimento criativo. O que interessa, no que se refere a sua missão, é a "realização da escatológica esperança de justiça, humanização do homem, socialização da humanidade, paz para a criação inteira".[7]

Dorothee Sölle chega à teologia política partindo da hermenêutica existencial de Rudolf Bultmann e confrontando-se com ela, hermenêutica existencial em que se fundem entre si, em seu parecer, o método histórico-crítico, a teologia dialética e a filosofia existencial. Na *Teologia política*[8] ela atribui ao método histórico-crítico uma função emancipadora para a teologia, mas reconhece em sua aplicação exclusiva aos textos do Novo Testamento uma redução que é completada e corrigida com crítica teológico-política da própria pré-compreensão e da própria autocompreensão. Por isso a demitização iniciada por Bultmann deve ser completada com uma crítica da ideologia e ser assim desenvolvida em termos teológico-políticos. Se a adoção da teologia dialética por parte de Bultmann implica o conhecimento da historicidade de qualquer discurso sobre Deus, enquanto ele responde a uma situação concreta, então é precisamente a teologia política a que analisa criticamente as várias situações e adota e concretiza assim a reivindicação da teologia existencial. Enfim, é possível referir-se de maneira teológico-política aos conhecimentos filosófico-existenciais da historicidade e da orientação para o futuro da existência humana acolhidos pela teologia existencial. Ambas são naturalmente formalizadas, referidas aos indivíduos e despolitizadas por Bultmann e por Heidegger. Diante dessa redução existencial, o interesse da teologia política, ao contrário, dirige-se à história real, ao futuro a realizar-se e à vida autêntica de todos os homens.

---

[6] *Ibid.*, p. 277 [trad. it. cit., p. 307].
[7] *Ibid.*, p. 303 [trad. it. cit., p. 337ss].
[8] Cf. SÖLLE, D. *Politische Theologie. Auseinandersetzung mit Rudolf Bultmann.* Stuttgart – Berlin, 1971 [trad. it., *Teologia politica. Discussione con Rudolf Bultmann*, Morcelliana, Brescia 1973].

II. Os caminhos se ramificam

Nos anos setenta vai ficando mais preciso o perfil teológico-fundamental da teologia política de Metz, o que comporta várias distinções e correções com referência as suas considerações precedentes. Metz explicita então a própria concepção como teologia política do sujeito no seio da história e da sociedade, a qual objetiva a possibilidade solidária de todos serem sujeitos. O que lhe está em mente é uma teologia fundamental prática que empreende a legitimação da teologia em se referindo aos sujeitos e as suas práticas, e representando assim a idéia cristã de Deus como idéia prática e política, enquanto ela exatamente assume a possibilidade de todos os homens serem sujeitos. Essa teologia, enquanto hermenêutica prática do cristianismo, coloca no centro o seguimento e reconhece a prática cristã como prática de natureza social e história, insistindo ao mesmo tempo em sua estrutura impregnada de sofrimento. Metz define a fé dos cristãos como "prática implementada na história e na sociedade, prática que se entende como esperança solidária no Deus de Jesus como Deus dos vivos e dos mortos, o qual chama todos a serem sujeitos diante de sua face".[9]

A orientação escatológica da teologia política é então enfatizada em seu sentido apocalíptico, ocorrendo também acentuação da recordação. Como *memória Jesu Christi*, a recordação é sempre contemporaneamente uma *memória passionis*, uma recordação perigosa e libertadora, que rompe o círculo mágico da consciência evolucionística e desperta, contra a história emancipadora caracterizada pelo sucesso, a recordação da história dos sofrimentos dos fracassados e dos exterminados. A fé na ressurreição por obra do Deus dos vivos e dos mortos, mediada pela recordação da paixão, significa então: "Existe sentido sempre válido dos mortos, dos já derrotados e dos esquecidos".[10] A esperança na salvação dos mortos concretiza-se para Metz na espera próxima que quebra o encanto da atemporalidade evolucionística e só assim torna visível o seguimento radical.

Enquanto em *A fé em história e sociedade* os três conceitos — a recordação, a narrativa e a solidariedade — parecem as categorias-guia da teologia fundamental prática de Metz, a partir dos anos oitenta é posteriormente desenvolvido principalmente o primeiro conceito em relação a duas exigências que tocam sensivelmente sua teologia política e se inscrevem nela. Por um lado, Metz insiste incondicionalmente na necessidade de recordar a história dolorosa dos judeus e a história da culpa dos cristãos, não a reprimin-

---

[9] METZ, J. B. *Glaube in Geschichte und Gesellschaft: Studien zu einer praktischen Fundamentaltheologie*. München-Mainz, 1977. p. 70 [Ed. bras.: *A fé em história e sociedade*. São Paulo, Edições Paulinas, 1981].
[10] *Ibid.*, p. 99.

do nem dela se esquecendo custe o que custar, história esta ligada de modo indissolúvel ao nome de "Auschwitz". A teologia política se concebe e se desenvolve então decididamente na presença de Auschwitz. Reconhece nessa catástrofe o fim de qualquer discurso não subjetivo de Deus e de qualquer reconciliação idealista. Além disso, é capaz de não cultivar e exige que não se cultive mais "nenhuma teologia elaborada de tal modo que seja indiferente a Auschwitz".[11] Depois de Auschwitz a teologia deve começar, segundo Metz, da questão da teodicéia como questão da salvação dos injustamente sofredores e conter ao mesmo tempo, frente ao horror incomparável de Auschwitz, um sofrimento por causa de Deus. De outro lado, saltam cada vez mais claramente à vista, num mundo socialmente lacerado e culturalmente policêntrico, o desafio do Terceiro mundo, a história do sofrimento dos dois terços miseráveis do mundo e também a história da culpa do cristianismo europeu colonialista. Diante da "religião burguesa" privatizada, apática e adaptada à Europa pós-iluminística, as iniciativas em curso nas igrejas pobres para chegar a uma igreja mística e política de base são vistas como sinais carregados de esperança de uma promissora "espiritualidade política" e "de um indiviso seguimento".[12]

Como potência que se opõe à difusão de uma amnésia cultural que procura suprimir Auschwitz e não se preocupar com os outros, a teologia política empenha-se em uma cultura anamnésica e luta por uma razão anamnésica, para as quais a recordação consiste antes de tudo na recordação das dores dos outros. O universalismo indelevelmente inscrito no monoteísmo expressa-se antes de tudo numa responsabilidade universal nascida da recordação do sofrimento. De fato, "dar voz ao sofrimento do outro é premissa de toda exigência universalista".[13] A teologia deve afirmar esse universalismo sensível ao sofrimento e guiado pelo *a priori* do sofrimento diante do relativismo culturalista, empenhando-se em uma cultura do reconhecimento dos outros e de sua diversidade.

Jürgen Moltmann chega, partindo da teologia da esperança, à teologia da cruz que concebe como seu reverso e sua concretização, mas que apresenta claro deslocamento de acentos com referência à posição precedente, orientada ao futuro e cheia de esperança. Agora, no centro da atenção estão, à luz da crise de relevância e de identidade da vida e da fé cristã, a paixão e a cruz. Diante do culto religioso da cruz e retomando a mística da cruz, o que agora importa a Moltmann é a comunhão vivida com Cristo feita

---

[11] Metz, J. B. *Jenseits Bürgerlicher Religion: Reden über die Zukunft des Christentums*. Mainz, 1980, p. 42 [Ed. bras.: *Para além de uma religião burguesa*. São Paulo, Edições Paulinas, 1984].
[12] Metz, J. B. *Zum Begriff der neuen politischen Theologie: 1967-1997*. Mainz, 1997, p. 115 [trad. it., *Sul concetto della nuova teologia politica 1967-1997*, Querinianna, Brescia 1998, p. 128]; cf. a respeito Peters, T. R. *Johann Baptist Metz. Theologie des vermissten Gottes*. Mainz, 1998; Ashley, J. M. *Interruptions: mysticism, politics, and theology in the work of Johann Baptist Metz*. Notre Dame/In. 1998.
[13] Metz, J. B. *Zum Begriff der neuen politischen Theologie*, p. 158 [trad. it. cit., p. 172].

de seguimento da cruz. Sua teologia da cruz que introduz a história do sofrimento humano no movimento messiânico e que em Cristo abandonado por Deus, amaldiçoado e crucificado, reconhece e vê sofrer o próprio Deus, é por ele concebida como "teoria crítica de Deus".[14] Através da história do Deus sofredor que se realiza no evento da cruz, os homens são chamados, no seguimento do Crucificado, a corresponder compassivamente ao *pathos* de Deus. Desse modo abrem-se caminhos para a libertação psíquica e política dos círculos viciosos da pobreza, da violência, da alienação, da destruição da natureza, e também da falta de sentido e do abandono por parte de Deus.

Moltmann define a própria posição: teologia política da cruz. Essa teologia "deve libertar o estado da idolatria política e os homens da alienação e da tutela política".[15] Uma e outra coisa lhe parecem impossíveis sem autolibertação da teologia "das necessidades e das pretensões da religião política dominante"[16] e sem correspondentes atitudes de resistência.

Retomando uma teologia da cruz trinitariamente concebida, ele desenvolve uma eclesiologia messiânica que concebe a igreja como comunidade do êxodo e como comunidade da cruz, a qual em virtude da comunhão com o Crucificado tende a uma "fraternidade não dominadora".[17] Como igreja do reino ela torna-se a catalisadora crítica nos processos econômicos, políticos e culturais da vida do mundo. Na virtude do Espírito, a igreja experimenta-se e concebe-se como comunidade messiânica a serviço do reino de Deus, o qual atualiza a história de Jesus Cristo, testemunha-a no próprio ordenamento, na própria figura, na própria prática, e também no próprio estilo de vida messiânico, e desse modo vive e age messianicamente em função do reino futuro, antecipando-o, resistindo, representando-o e dedicando-se.

A partir dos anos oitenta, Moltmann dedica-se principalmente a ensaios sistemáticos sobre a teologia, no quais, em cotejo produtivo com temas teológicos clássicos, dominam pontos de vista de natureza dogmática, em cujos confrontos as reivindicações da teologia política passam mais para segundo plano. Esses últimos, porém, voltam a ganhar grande destaque no volume *Politische Teologie — politische Ethik* [Teologia política — ética política][18] e também na apresentação da metodologia[19] que conclui os ensaios sistemáti-

---

[14] MOLTMANN, J. *Der gekreuzigte Gott: Das Kreuz Christi als Grund und Kritik christlicher Theologie*. München, 1972. p. 71 [trad. it., *Il Dio crocifisso. La croce di Cristo, fondamento e critica della teologia cristiana*, Queriniana, Brescia 1973, p. 88].
[15] *Ibid.*, p. 304 [trad. it. cit., p. 373].
[16] *Ibid.*, p. 298 [trad. it. cit., p. 367].
[17] MOLTMANN, J. *Kirche in der Kraft des Geistes: ein Beitrag zur messianischen Ekklesiologie*. München, 1975. p. 123 [trad. it., *La chiesa nella forza dello spirito. Contributo per una ecclesiologia messianica*, Queriniana, Brescia 1976, p. 146].
[18] Cf. MOLTMANN, J. *Politische Teologie – politische Ethik*. München – Mainz, 1984.
[19] Cf. MOLTMANN, J. *Erfahrungen theologischen Denkens: Wege und Formen christlicher Theologie*. Gütersloh, 1999 [trad. it., *Esperienze di pensiero teologico. Vie e forme della teologia cristiana*, Queriniana, Brescia 2001].

cos. Aí a concepção da teologia política de Moltmann concentra-se em quatro questões. Ele propõe 1) uma crítica teológica da religião política que tende a legitimar o estado, conforma-se com o poder dominante, é propensa a estabilizar a sociedade, e se apresenta seja com roupagem totalitária (C. Schmitt), seja em versão liberal e religioso-civil (R. Bellah, H. Lübbe). Propõe 2) uma hermenêutica política do evangelho e da história da promessa bíblica, cujos potenciais que libertam e impulsos críticos e de resistência ele explica e atualiza em perspectiva messiânica. Faz teologia política 3) em união com a ética política e no interesse da ética política que se inspira na justiça econômica, combate a exploração econômica, compromete-se contra a opressão política, apóia os direitos do homem e a democratização, opõe-se ao racismo e ao sexismo, promove cultura da solidariedade e do recíproco reconhecimento; e 4) trabalha por uma teologia em solidariedade crítica e em proximidade autocrítica com outras colocações de uma teologia libertadora, teologia de que fazem parte em especial, segundo ele, a teologia latino-americana da libertação, a teologia negra dos Estados Unidos, a teologia coreana do *Minjung* e a teologia feminista difundida em todo o mundo.

Posteriormente, o tema do "sofrimento" ocupa espaço significativo em trabalhos de Dorothee Sölle sobre teologia política. Nesses trabalhos, ela critica o "masoquismo cristão" e o "sadismo teológico",[20] que julga encontrar na teologia da cruz de Moltmann, e elabora uma teologia não teística da compaixão. A simpatia manifesta-se antes de tudo na percepção da dor infligida aos outros, de quem é preciso ir ao encontro saindo da impotência da simpatia.[21] Em toda uma série de textos teológico-poéticos, critica a religião autoritária e a teologia dominante que trabalha a seu serviço, e retoma, contra essas, experiências e reflexões sobre religião humanitária não repressiva que encontra de modo especial na mística. Partindo da teologia política chega nos anos setenta a uma teologia feminista da libertação que, diante da religião patriarcal que se inspira no poder e no domínio de Deus, pensa Deus como poder vital criador que liberta e que habilita, a ser experimentado e levado em consideração nas pequenas coisas, nos conflitos e nas atividades cotidianas. Em virtude desse poder vital e dessa força da relação misticamente presente, as mulheres e os homens podem descobrir as condições sociais em que vivem e sofrem, contestá-las e opor-se a elas. Graças à experiência e à celebração de uma transcendência inserida no tecido da vida, eles se tornarão capazes, em sua opinião, de trabalhar a mudança de todas as estruturas sociais injustas, de todos os mecanismos coercitivos e de todas as relações sociais opressivas que destroem a comunhão e a "igualdade das raças, das classes e dos sexos" inscrita na ordem da criação.[22]

---

[20] Cf. SÖLLE, D. *Leiden*. Stuttgart – Berlin, 1973. p. 16-39 [Ed. bras.: *Sofrimento*. Petrópolis, Vozes, 1996].
[21] Cf. SÖLLE, D. *Sympathie: theologisch-politische Traktate*. Stuttgart, 1978.
[22] SÖLLE, D. *Gott Denken: Einführung in die Theologie*. Stuttgart, 1984.

III. Objeções e desafios

A teologia política, desde quando nasceu nos anos sessenta, vê-se colocada diante de inúmeras interpelações e críticas. Primeiro os reptos vieram da parte dos críticos que viam delinear-se nesse projeto uma concepção equivocada, de tipo ideológico e inútil, que representaria "apenas uma variante "dialética" e secularizada da antiga"[23] teologia política que remonta à Antigüidade e que tenderia a uma teologização cristãmente superada das relações políticas e também a uma entronização da política como a instância decisiva para a vida e que dá sentido à vida. Semelhante posição seria fatalmente próxima — mesmo se de modo inconsciente ou sem reconhecer — à teologia política de Carl Schmitt. Além disso, trabalharia em deletéria politização da fé, a qual seria acompanhada por politização e imanentização da escatologia e portanto da salvação cristã. Ao mesmo tempo, aumenta a suspeita de novo integralismo, desta vez da esquerda, que por um lado conteria no mínimo, através da adoção acrítica de modelos interpretativos e argumentativos marxistas, (re)clericalização da política e, por outro lado, socializaria e politizaria a igreja e a transformaria imanentisticamente em partido comprometido na luta política.[24]

De forma contrária à crítica conservadora são expressas as objeções dirigidas pela teologia da libertação à teologia política, objeções que vêem esta última prisioneira das barreiras da modernidade erigidas pelo Iluminismo europeu, condenam sua falta de análise ou análise insatisfatória da situação social em que ela nasceu, das condições de sua produção e do horizonte sócio-histórico em que ela desenvolve a dimensão política do evangelho. Gutiérrez constata assim que os (primeiros) trabalhos de Metz estão significativamente "distantes" dos fermentos revolucionários que se vivem nos países do Terceiro mundo, distância que não "lhes permite colocarem-se em profundidade na situação de dependência, de injustiça e de exploração em que se encontra a maior parte dos homens".[25] À teologia

---

[23] MAIER, H. *"Politishce Theologie"? Einwände eines Laien.* In: PEUKERT, H. (ed.). *Diskussion zur "politischen Theologie"*. Mainz – München, 1969. p. 1-25 (p. 25) [trad. it.: "Teologia politica"? Obiezioni di um laico. In: *Dibattito sulla "teologia politica"*. Brescia, Queriniana, 1971. p. 27-60 (p. 60)].
[24] MAIER, H. *Kritik der politischen Theologie.* Einsiedeln, 1970; SPAEMANN, R. *Theologie, Prophetie, Politik: zur Kritik der politischen Theologie.* In *Wort und Wahrheit*, n. 24, p. 483-495, 1969. Essa crítica, que se repete com termos semelhantes em diversos posicionamentos do magistério com relação à teologia da libertação, tem sem dúvida também contribuído para precisar a teologia política e para esclarecer seu perfil teológico. Cf. as respostas de METZ, J. B. "Politische Theologie' in der Diskussion". In PEUKERT, H. (ed.), *op. cit.*, p. 267-301 [trad. it., *La "teologia politica" in discussione*, in *Dibattio sulla "teologia politica"*, cit., p. 231-276]; ; MOLTMANN, J. *Theologische Kritik der politischen Religion.* In ID. *Politische Theologie – politische Ethik.* München/Mainz, Kaiser/Grünewald, 1984, p. 34-69.
[25] GUTIÉRREZ, G. *Theologie der Befreiung.* Mainz – München, 1973. p. 213. [Ed. bras.: *Teologia da Libertação: perspectivas*. São Paulo, Loyola, 2000].

política européia faltaria o momento decisivo da experiência feita pelos homens oprimidos que lutam para superar sua opressão. A falta de experiência do mundo da opressão repercute conseqüentemente no fato de que a teologia política permaneceria abstrata e não possuiria a necessária concretude. Mais especificamente, essa crítica diz que para a teologia moderna, incluindo aí a política, o "não crente" representaria o desafio primário, enquanto a teologia da libertação partiria do "não homem",[26] isto é, do pobre, do explorado, do marginalizado, e faria assim uma teologia partindo "do reverso da história".[27]

Uma teologia metodológica e gnoseologicamente aprofundada da libertação ressalta além do mais na teologia política uma confusão semântica de formas diversas de linguagem, isto é, de discursos sociais e religiosos, que brotariam de mediação socioanalítica mal articulada. Nela se praticaria um "bilingüismo",[28] que poria sinoticamente uma ao lado da outra duas leituras do real, em vez de ir desenvolvendo o que é da análise social e o que é da teologia e depois conciliá-las dialeticamente. C. Boff, por exemplo, atribui à teologia política um "discurso empirístico" e uma "teoria voluntarística do conhecimento",[29] que fazem dela uma "ideologia pragmatizante".[30] Ao mesmo tempo, ele explica como e até que ponto toda teologia é influenciada pela sua situação e pela sua posição social, e é responsável pelas condições de sua produção.

Nos anos noventa, a teologia política é afrontada especialmente por concepções teológicas, que se entendem pós-liberais. Elas querem libertar a teologia da ligação com as modernas ciências sociais e torná-la capaz de propor uma teoria social originariamente cristã que beba de fontes genuinamente cristãs e que se coloque assim para além da razão secular e se conceba além disso como teologia constitutivamente narrativa e prática. A teologia política permanece, segundo esse ponto de vista, prisioneira da modernidade. Ela é censurada por reduzir, o que quer que ela diga, o conteúdo da redenção a uma concepção quase marxista da libertação. O que lhe estaria em mente seria uma salvação sociológica da religião a preço de completo esvaziamento de seu conteúdo prático concreto. Sobretudo ela excluiria, também nisso semelhante à teologia da libertação, o contexto prático e lingüístico real da salvação e da prática especificamente cristã, isto é, da "sociedade particular que é a igreja".[31] Partindo de concepção genuinamente teológica do cristianis-

---

[26] GUTIÉRREZ, G. *Prassi di liberazione, teologia e annuncio*. In *Concilium*, n. 6, p. 73-97, 1974.
[27] GUTIÉRREZ, G. *Die historische Macht der Armen*. Mainz – München, 1984. p. 125-189. [Ed. bras.: *A força histórica dos pobres*. Petrópolis, Vozes, 1981].
[28] BOFF, C. *Theologie und Praxis: Die erkenntnistheoretischen Grundlagen der Theologie der Befreiung*. Mainz – München, 1983. p. 73s; cf. ibid., p. 71s.
[29] *Ibid.*, p. 306s.
[30] *Ibid.*, p. 312.
[31] MILBANK, J. *Theology and social theory: beyond secular reason*. Oxford – Cambridge/Ma., 1990. p. 245s [Ed. bras.: *Teologia e teoria social: para além da razão secular*. São Paulo, Loyola, 1995].

mo como da "outra cidade", essa posição pós-liberal e pós-secular entende a teologia como ciência social autônoma que narra a "contra-história" da origem eclesial, descreve a "contra-ética" da prática cristã, assim como deixa clara a "contra-ontologia" que está embutida na história cristã.

Esse comunitarismo eclesial que concebe a igreja como a *polis* alternativa decisiva apresenta-se como a alternativa radicalmente ortodoxa com referência à teologia política.[32] Assim Rasmusson propõe, como alternativa radicalmente reformista com relação à teologia política, uma política teológica em base decididamente eclesial, a qual parte das convicções compartilhadas na comunidade de fé e de suas práticas comunitárias. Uma das tensões fundamentais da teologia política provém portanto de acolhida positiva da herança do Iluminismo e também de sua adesão à luta moderna pela liberdade e pela justiça. Diante da teologia da liberdade, de inspiração hegeliana e eurocentricamente concebida, verificada em Moltmann, diante da tensão entre ética eclesial do seguimento e concepção da vida cristã devedora dos ideais da autonomia, e também diante da tensão entre teologia que exalta os direitos e a ética bíblica do seguimento, Rasmusson alinha-se como Hauerwas a favor de política teológica. Essa faz da igreja o lugar primário de nova política, isto é, de política para a manifestação do reino de Deus no seio da sociedade alternativa de uma nova *polis*. Ao contrário de examinar primordialmente a política do mundo, o que segundo a concepção dos comunitaristas eclesiais a teologia política faz, e ao contrário de participar dos conflitos sociais e da luta política, isto é, da luta pelo poder, a política teológica contrapõe-se por uma encarnação simbólica e testemunhal do reino de Deus no seio da comunidade eclesial alternativa que renuncia ao poder e à força, que funda a paz e vive a reconciliação.

Depois que, por um lado, as promessas da modernidade tornaram-se vãs e caíram cada vez mais sob o fogo pós-moderno, e depois que, por outro lado, as opções da teologia da libertação viram diminuir sua capacidade de formar uma comunidade, o que resulta da vertiginosa difusão de comunidades evangélicas, como na América Latina, a orientação, as contraposições e as alianças da teologia política deveriam ser rediscutidas. Depois que o ímpeto revolucionário da teologia da libertação esvaneceu-se e depois que a esperança de mudanças sociais radicais se extinguiu, pelo menos a partir do desmoronamento do socialismo real, e foram varridos pela inexorável modernização capitalista dos países do Terceiro mundo, aparentemente sem alternativa, a limitação comunitarista ao próprio e ao autêntico torna-se mais atraente. A concepção comunitarista pós-moderna

---

[32] Cf. RASMUSSON, A. *The Church as polis: from political theology to theological politics as exemplified by Jürgen Moltmann and Stanley Hauerwas.* Lund, 1994; HAUERWAS, S. *In good company: the Church as polis.* Notre Dame/In., 1995; a respeito, ARENS, E. *Kirchlicher Kommunitarismus. Theologische Revue*, n. 94, p. 487-500, 1998.

de concentração teológica sobre a *communio* eclesial como consciência de contraste e como comunidade de virtude deveria nessa situação abalar efetiva e seriamente a teologia política e obrigá-la a dar respostas com conteúdo preciso, adequadas à situação e promissoras para o futuro.

IV. Perspectivas da teologia política

Diante dos desenvolvimentos sociais que tendem por um lado a uma globalização de tipo econômico e, por outro, a uma individualização e pluralização cultural — o que parece ser acompanhado de perda crescente da relevância do político —, não se pode deixar de indagar sobre o futuro da teologia política. Diante de uma vida pública sempre mais mediatizada e que se torna velozmente sempre mais poderosa, diante da exclusão regional e global de significativas partes da população do discurso social e diante de sua exclusão das relações e dos sistemas solidários sociais, a teologia política deve reposicionar-se. Diante de ciência que se constrói sempre mais sob o *diktat* de imperativos econômicos e de interesses tecnológicos e — por último, mas não menos importante — diante de igreja que oscila entre reconstrutiva adaptação às realidades sociais pluralistas e conformes ao mercado, por um lado, e compartimentalização e auto-afirmação fundamentalista, por outro, a teologia política é chamada a reformular e a orientar de modo novo seus potenciais e perspectivas, suas reivindicações e opções, sob condições e configurações modificadas. Ela pode fazê-lo, em meu ponto de vista, do melhor modo se e na medida em que se concebe como teologia pública da ciência, da igreja e da sociedade. Ela poderia corresponder de modo mais claro ao próprio caráter científico, eclesial e social, e poderia explorar o próprio potencial correspondente, se se concebesse como discurso decididamente público sobre Deus, como projeto crítico consciente da própria situação e dos próprios interesses, como teoria teológica constituída de modo prático e orientado à prática, e também como empreendimento comunicativo que serve à comunicação pública, crítica e prática do evangelho.

A teologia política é *pública*.[33] Ela concebe-se como discurso público sobre Deus que se localiza em três realidades públicas, forma-se e articula-se em relação a elas. As três grandezas de referência relevantes para a teologia pública são em primeiro lugar a ciência, em segundo lugar a igreja, e em terceiro lugar a sociedade.[34]

---

[33] Cf. MOLTMANN, J. *Gott im Projekt der modernen Welt: Beiträge zur öffentlichen Relevanz der Theologie.* Gütersloh, 1997 [trad. it., *Dio nel progetto del mondo moderno. Contributi per una rilevanza pubblica della teologia*, Queriniana, Brescia 1999]; ARENS, E.; HOPING, H. (eds.). *Wieviel Tehologie verträgt die Öffentlichkeit?* Freiburg – Basel – Wien, 2000 (QD 183).
[34] Cf. TRACY, D. *The analogical imagination: Christian theology and the culture of pluralism.* New York, 1981.

A teologia política constitui-se e desenvolve-se como empreendimento institucionalizado em universidades e escolas superiores, disciplinado no quadro da comunidade científica (*scientific community*) e desenvolvido profissionalmente. Semelhante teologia está, por um lado, ligada aos princípios e aos procedimentos da pesquisa e da comunicação científica e deve inspirar-se neles. Conseqüentemente, é obrigada a proceder de modo argumentativo e a estabelecer entendimentos de modo discursivo. No contexto da ciência, no qual a teologia não é mais há muito tempo considerada inquilina óbvia e inconteste, também a teologia política tem necessidade de fornecer-se uma base científica. Prosseguindo no caminho de reflexão sobre os fundamentos, sobre a estrutura e sobre o alcance da formação científica da teoria, da racionalidade e da prática científica, ela tem ao mesmo tempo a possibilidade de propor discurso responsável sobre Deus e também sobre a capacidade desse discurso de desvendar e de mudar a realidade.[35] Na realidade pública da ciência ela afirma ao mesmo tempo, com sua reflexão sobre os fundamentos e seus métodos, o potencial anamnéstico e o potencial inovador crítico do discurso bíblico e cristão sobre Deus.

Contexto irrenunciável da teologia política é a igreja. A teologia em geral e a teologia política em particular é uma atividade comunitária desenvolvida no espaço e no quadro da igreja. É um afazer eclesial, tem seu lugar na igreja, desempenha determinada função eclesial, presta serviço à igreja e está ligada com a realidade pública da igreja, procurando percebê-la não só como realidade pública para ela relevante, mas também analisar criticamente sua capacidade comunicativa e operativa para dentro e para fora, refletir construtivamente sobre ela e melhorá-la. Em minha opinião, a teologia política desempenhará melhor essa tarefa se colocar também a igreja em meio à sociedade civil, se definir seus campos públicos de ação dentro da sociedade civil e se procurar trazer à luz e ampliar suas potencialidades e perspectivas na realidade pública dessa sociedade.[36]

Contexto relevante da reflexão da teologia política é por fim constituído pela sociedade. A teologia política não se deixa limitar por perspectiva intraeclesial. Coloca antes a fé e a comunidade dos crentes na realidade social pública. Desse modo localiza-se em meio aos conflitos sociais que tocam nas questões fundamentais da vida comum na justiça e na solidariedade e também na organização de comunidade justa, solidária e que abranja a todos. Como teologia socialmente interessada e comprometida, a teologia política toma par-

---

[35] Cf. Peukert, H. *Wissenschaftstheorie – Handlungstheorie – Fundamentale Theologie: analysen zu Ansatz und Status theologischer theoriebildung*. Düsseldorf, 1976.
[36] Cf. Grosse Kracht, H.-J. *Kirche in ziviler Gesellschaft: Studien zur Konfliktgeschichte von katholischer Kirche und demokratischer Öffentlichkeit*. Paderborn, 1997; Bedford-Strohm, H. *Gemeinschaft aus kommunikativer Freiheit: sozialer Zusammenhalt in der demokratischen Gesellschaft. Ein theologischer Beitrag*. Gütersloh, 1999.

te nas discussões políticas a respeito da justa divisão dos bens, dos recursos e das possibilidades de vida, a respeito do modo solidário de enfrentar os riscos da vida e a respeito de um futuro, que torne possíveis de modo especial aos marginalizados uma justiça econômica, uma participação e um reconhecimento democráticos baseados em igualdade fundamental. Compromete-se em favor de completa democratização dos processos decisórios políticos e de ampliação das comunicações sociais, de modo que assim também e em especial os marginalizados, os esquecidos e os excluídos encontrem escuta e sejam inseridos. Estabelecida sua reflexão sobre a sociedade e suas intervenções públicas, a teologia política não se dedica apenas à "realidade pública da sociedade assim como ela é dada, mas traz à luz do público aqueles indivíduos que na sociedade são relegados para o segundo plano ou para o privado".[37]

A teologia política é *crítica*. Ela se concebe como teoria crítica e desenvolve-se especialmente em diálogo e em polêmica com a teoria crítica da Escola de Frankfurt.[38] A ela confluem diversas dimensões da crítica, entre as quais sobretudo a crítica da teologia, da igreja, da ciência e a crítica da sociedade. A crítica da teologia por parte da teologia política crítica tem como objeto uma teologia pressupostamente "pura", desinteressada, distante da prática e de tipo contemplativo, que menospreza fundamentalmente o próprio condicionamento e função social e afirma uma independência que vai contra seu real papel legitimador. A teologia política opõe-se ao mesmo tempo a qualquer auto-imunização e auto-exaltação teológica, como as que são praticadas, por exemplo, por parte do comunitarismo eclesial e pela teologia da *communio,* que idealizam a igreja como *polis* constitucionalmente alternativa e separada da realidade pública social. A crítica teológico-política faz fogo de outro lado contra a concepção da individualização teologicamente assimilada que faz dos indivíduos privatizados a instância última da reflexão teológica e da prática religiosa. Além disso, opõe-se à relativização pluralista e ao nivelamento, praticado pela ciência da religião, das pretensões teológicas quanto à verdade. Isso é acompanhado por crítica da auto-suficiência teológico-empírica e comparativa. Contra todo fechamento da igreja em si mesma, por um lado, e contra toda redução da teologia a uma ciência das religiões, por outro, ela é teologicamente guiada pelo interesse em realçar e a afirmar o caráter público das pretensões quanto à verdade e à justiça apresentadas pela fé bíblico-cristã.

A teologia política contém ainda uma crítica à igreja. Ela critica a

---

[37] MOLTMANN, J. *Gott im Projekt der modernen Welt*, p. 226 [trad. it., *Dio nel progetto del mondo moderno*, cit., p. 240].
[38] Cf. PEUKERT, H. *Kommunikatives Handeln, Systeme der Machtsteigerung und die unvollendeten Projekte Aufklärung und Theologie.* In: ARENS, E. (ed.). *Habermas und die Theologie.* Düsseldorf, 1989. p. 39-64 [trad. it. PEUKERT, H. *Agire comunicativo, sistemi di accrescimento del potere, e illuminismo e teologia come progetti incompiuti,* in ARENS, E. (ed.), *Habermas e la teologia,* Queriniana, Brescia 1992, p. 53-85]; SIEBERT, R. *The critical theory of religion: the Franfurt School. From universal pragmatic to political theology.* Berlin – New York – Amsterdam, 1985; ARENS, E.; JOHN, O.; ROTTLÄNDER, P. *Erinnerung, Befreiung, Solidarität*: Benjamin, Marcuse, Habermas und die politische Theologie. Düsseldorf, 1991.

autopercepção ideológica e idealisticamente deformada da igreja e também as estruturas e as práticas eclesiais que são injustas, excomunicatórias e imisericordiosas, e que contrastam assim fortemente contra a própria mensagem do evangelho libertador. Opõe-se a toda auto-exaltação eclesial-comunional e a todo auto-isolamento fundamentalista, assim como rejeita a adaptação liberalista às necessidades de seus membros transformados em clientes. À crítica movida à comercialização de uma igreja reduzida à produção e à distribuição de serviços espirituais, por um lado, corresponde, por outro, a objeção movida à potencialização da igreja no sentido de instituição autoritária da salvação e da graça, exercitando domínio "sagrado".

A crítica à ciência feita pela teologia política tem como objeto, por um lado, qualquer ciência que se apresenta com a pretensão de ser a única válida e, por conseguinte, como ciência incapaz de refletir e intencionalmente ilimitada. Por outro lado, ela opõe-se a concepções e posições científicas que representam variantes do reducionismo cientificista e do naturalismo reducionista que não deixam espaço algum a sujeitos livres, responsáveis e obrigados a responder pelos seus atos. Critica qualquer positivismo que ignora e declara obsoletas as questões ético-políticas da justiça e da solidariedade e opõe-se a um empirismo que menospreza os próprios pressupostos e interesses. Ao mesmo tempo, mostra as aporias de qualquer racionalismo unidimensional que não reflete nem sobre as próprias condições nem sobre os próprios limites. A reflexão e a crítica teológico-política dirigem-se contra qualquer exclusivismo científico que permanece surdo em relação às questões-limites da vida e da ação humana, de modo especial levadas em consideração nas tradições religiosas, e que exclui do discurso científico questões ético-religiosas de fundo da convivência humana.[39] Tudo isso é feito no interesse por ciência autocrítica, comunicativa, que reflete sobre os próprios pressupostos subjetivos e intersubjetivos irrenunciáveis, sobre as próprias intenções práticas e também sobre as próprias implicações e conseqüências ético-políticas e, portanto, no interesse por ciência publicamente relevante e capaz de prestar contas dos próprios atos.

A crítica social praticada pela teologia política tem por objeto sobretudo a modernização e a globalização de tipo capitalista e também seus pressupostos e suas conseqüências sociais. Contém crítica da desigualdade e da injustiça daí resultantes e também do concomitante desconhecimento e exclusão de grupos inteiros da população. Vê com olhos críticos a economização de todos os setores da vida, fruto do capitalismo globalizado, e analisa sua submissão ao primado e ao *diktat* da economia. Contra a institucionalização global de exasperada desigualdade sob o signo de liberalização econômica que não cria condições eqüitativas e iguais possi-

---

[39] Cf. especialmente Peukert, H. *Wissenschaftstheorie – Handlungtheorie – Fundamentale Theologie.*

bilidades e não garante direito de liberdade, a teologia política participa da luta contra a pobreza e contra a marginalização econômica mundial, assim como contra a recusa da participação nos processos políticos. Denuncia a dessolidarização e a desdemocratização, o superpoder mediático assim como o empobrecimento e a destituição culturais, e opta a favor da recordação das vítimas dos processos sociais, da identidade cultural e da participação política de todos, especialmente dos marginalizados e dos excluídos. A crítica teológico-política, formulada da perspectiva da teoria crítica da sociedade em relação ao superpoder e à comercialização global, pode ser ao mesmo tempo concebida como tomada de posição a favor de uma prática humana fundamental que visa a garantir socialmente "possibilidade de vida e de desenvolvimento para todos"[40] e que portanto se compromete no plano da reflexão teológica e da ação prática de apoio em favor de uma igualdade fundamental, de uma participação completa, de uma justiça universal e de uma solidariedade anamnéstica.

A teologia política é *comunicativa*.[41] Ela serve à comunicação do evangelho e ao desenvolvimento de sua força criativo-libertadora, profético-crítica, anamnéstico-solidária, propensa a estabelecer entendimento e reconciliação. Visa a uma prática comunicativa da fé feita de testemunho, de confissão, de celebração e de participação, na qual está enraizada, com a qual está em relação, a que tende, sobre a qual reflete e que procura estimular. Trata-se de uma prática da solidariedade, da justiça e do entendimento recíproco, que toma como modelo a prática comunicativa de Jesus e procura implementá-la de modo solidário e crítico no próprio tempo. Essa implementação cristo-prática ocorre na prática pessoal, comunitária e política do seguimento.

A teologia política de tipo comunicativo concebe a igreja como sociedade naturalmente não idealizada da comunicação, na qual no discurso recíproco se debate e se procura entendimento a respeito da atualização justa e adequada da mensagem bíblica de Deus. Essa teologia política tem, ao mesmo tempo, interesse em dialogar com as outras ciências e procura chegar a entendimento com elas na base do recíproco reconhecimento e da crítica recíproca. Toma parte especialmente nos debates sociais a respeito de ques-

---

[40] PEUKERT, H. *Pädagogik*. In *Lexicon für Theologie und Kirche*. vol. 7, p. 1257-1264 (p. 1263), 1998.

[41] Sobre a diferenciação entre teologia política apocalíptica (Metz), que entre outras coisas está em diálogo com a primeira teoria crítica (Benjamin, Adorno), e teologia política comunicativa (Peukert, Arens, Grosse Kracht e outros), que é desenvolvida predominantemente no discurso com a teoria da ação comunicativa de Habermas, cf. ARENS, E. Interruptions: critical theory and political theology between modernity and postmodernity. In: BATSTONE, D.; MENDIETA, E., LORENTZEN, L. A.; HOPKINS, D. N. (eds.). *Liberations theologies, postmodernity, and the Americas*. London – New York, 1997. p. 222-242; a respeito, ARENS, E. *Christopraxis: Grundzüge theologischer Handlungstheorie*. Freiburg – Basel – Wien, 1991; MANCINI, R. *Comunicazione come ecumene: il significato antropologico e teologico dell'etica comunicativa*. Brescia, Queriniana, 1991.

tões fundamentais da vida e da convivência humana e, ao fazê-lo, é guiada pelo interesse 1) de comunicar publicamente a todos a mensagem bíblica do Deus criador, libertador, justo e solidário. Tarefa que realiza 2) opondo-se à injustiça e à exploração, ao racismo e ao sexismo, e ao desprezo dos direitos humanos elementares quanto à liberdade e à participação na sociedade e na igreja. E isso acontece 3) com a palavra consoladora da promessa bíblica, com a mensagem da libertação da opressão e da culpa a ser dirigida de modo cada vez mais correto, com a promessa do reino de Deus feita a todos os homens, em especial aos pobres, aos marginalizados e aos excluídos. Esse discurso comunicativo sobre Deus é feito aí onde o evangelho da esperança é soletrado de maneira contextual, prática, crítica e comunicativa. A teologia política comunicativa procura trazer à luz, sempre visando a um entendimento, as perspectivas que lhe são propostas pela história bíblica de Deus com seu povo afligido e ao mesmo tempo eleito dos judeus, pela história da vida e da paixão de Jesus, e pela história de vida de Deus com todos os homens, e que lhe são impostas como tarefa. Aliás, trata-se sobretudo das perspectivas e dos potenciais da crítica profética, da memória salvadora, do seguimento criativo e da promessa que descortina um futuro.

4
SITUAÇÃO E TAREFAS
DA TEOLOGIA DA LIBERTAÇÃO

GUSTAVO GUTIÉRREZ

A questão que me foi proposta refere-se ao futuro da teologia da libertação. Antes de refletir sobre o tema, devemos fazer duas considerações.

As tentativas de inteligência da fé, que chamamos teologia, estão estritamente ligadas às perguntas que vêm da vida e aos desafios que a comunidade cristã enfrenta em seu testemunho do Reino. Sendo assim, a teologia liga-se ao momento histórico e ao mundo cultural em que essas perguntas afloram (eis por que, rigorosamente falando, dizer que uma teologia é "contextual" vem a ser tautológico, de um modo ou de outro toda teologia o é). Esse é um dos elementos que a definem como função eclesial. Certamente nas teologias há elementos permanentes que provêm da mensagem cristã sobre a qual operam, mas sua atualidade depende predominantemente da capacidade de interpretar o mundo em que a fé é vivida em determinadas circunstâncias e em determinada época. A conseqüência é clara: em sua vertente mutável, as teologias nascem em contexto preciso, contribuem (ou deveriam fazê-lo) à vida de fé dos crentes e ao papel de evangelização da igreja, mas os acentos, as categorias, os termos e os enfoques perdem pouco a pouco sua incisividade na medida em que a situação que lhe deu origem já não é a mesma. O que dizemos da historicidade de toda teologia, inclusive das de maior envergadura ao longo da história do cristianismo, vale também, obviamente, para um esforço como o da teologia da libertação. A teologia mergulha sempre as próprias raízes na densidade histórica do presente da fé.[1]

---

[1] Por isso, àqueles que estranhamente se perguntam se a teologia da libertação mantém sua atualidade depois dos acontecimentos simbolizados pela queda do muro de Berlim (fato sem dúvida de enorme importância para o cenário internacional), seria preciso lembrar que o ponto de partida histórico dessa reflexão não foi a situação dos países da Europa do Leste. Foi, e certamente continua a ser, a desumana pobreza de nosso continente e a leitura que fazemos dela à luz da fé. Estado de coisas e teologia que, quanto ao essencial, têm pouco que ver com o desmoronamento do socialismo real.

Isso nos leva à segunda observação. Importante não é indagar-se sobre o futuro de uma teologia como tal mas sobre a atualidade e as conseqüências dos grandes temas da revelação cristã que ela conseguiu recordar e colocar na consciência dos crentes. No caso da inteligência da fé numa ótica libertadora, tratar-se-ia de pontos como o processo de libertação — com todas as dimensões que isso comporta — dos pobres da América Latina, a presença do evangelho e dos cristãos nesse percurso e, de modo todo especial, a opção preferencial pelo pobre proposta e estudada nesse tipo de reflexão teológica. Situações e temas que estão em contínua evolução. Isso é o que na verdade conta.

Provavelmente um bom modo de tratar do futuro de uma perspectiva teológica poderia ser o de confrontá-la com outras orientações teológicas atuais, submeter a novo exame seu propósito e seus eixos fundamentais em relação ao momento presente e, conseqüentemente, lançar o olhar sobre as tarefas que tem à frente. De fato, o futuro não chega, constitui-se; fazemo-lo com nossas mãos e nossas esperanças, nossos fracassos e nossos projetos, nossa obstinação e nossa sensibilidade para com o novo. Isso é o que nos propomos apresentar esquematicamente, nas páginas seguintes, em três momentos.

I. Três grandes reptos à fé em nossa época

Convocando o concílio, João XXIII perguntava e se perguntava como dizer hoje o que os cristãos pedem diariamente: "Venha teu Reino". Colocando-se a caminho para encontrar resposta a essa pergunta, ele recuperou significativo tema bíblico: a necessidade de saber discernir os sinais dos tempos, isto é, prestar atenção ao devir da história e em sentido mais amplo ao mundo em que vivemos nossa fé, sendo sensíveis a seus apelos impugnativos e enriquecedores ao mesmo tempo. E, conseqüentemente, alheios aos medos, às condenações apodícticas e à cerração dos que o próprio papa definia como "profetas de desgraças", postura que tanto agrada àqueles que se erguem como salvadores dos males da época.

Nessa ordem de idéias podemos dizer, sem nenhuma pretensão de exaustividade e deixando de lado nuanças importantes, que a fé cristã e o anúncio do evangelho enfrentam hoje três grandes reptos: o do mundo moderno e o da chamada pós-modernidade; a pobreza dos dois terços da humanidade; o pluralismo religioso e o conseqüente diálogo inter-religioso. Os três reptos — que enumeramos em ordem cronológica — apresentam reclamos de grande relevância para a vida cristã e para o papel da igreja. Ao mesmo tempo todos os três fornecem elementos e categorias que dão a possibilidade de empreender novas pistas na compreensão e no aprofundamento da mensagem cristã. É de grande importância levar em conta esse dúplice aspecto de uma mesma realidade. O trabalho teológico consistirá em olhar diretamente na face esses questionamentos que se apresentam como sinais dos tempos e, simultaneamente, discernir neles, à luz da fé, o novo âmbito hermenêutico que se lhe oferece para pensar a fé e para um dizer de Deus que fala às pessoas de nosso tempo.

Ao segundo desses desafios dedicaremos a maior parte destas páginas. Vejamos rapidamente o primeiro e o terceiro.

1. O MUNDO MODERNO (E PÓS-MODERNO)

Com raízes nos séculos XV e XVI, a mentalidade que começará a configurar-se como moderna tem profundas conseqüências na vida das igrejas cristãs a partir do século XVIII. Suas características são: a afirmação do indivíduo como ponto de partida da atividade econômica, da convivência social e do conhecimento humano; a razão crítica que não aceita a não ser o que foi submetido a seu exame e a seu juízo; e o direito à liberdade nos diversos âmbitos. É isso que Kant chamava o estado adulto da humanidade. Daí a desconfiança do espírito moderno nos confrontos com a autoridade, seja no plano social, seja no religioso. A fé cristã, vizinha da superstição e de tom autoritário, estaria — segundo esse pensamento — destinada a desaparecer e, no melhor dos casos, a ser relegada ao âmbito privado. Assim a sociedade entra em acelerado processo de secularização e provoca na fé cristã a perda do peso social e da influência sobre as pessoas, os quais em outros tempos ela possuía.[2] As vicissitudes desse conflito que envolveu sobretudo os cristãos da Europa são conhecidas assim como o são os passos andados e desandados nas respostas provocadas por diversas disputas com a igreja. Para não falar dos desacertos, temores, ousadias e sofrimentos que por esses motivos foram vividos.

O Vaticano II, tomando distância dos que viam no mundo moderno apenas um terrível momento destinado a passar e diante do qual só cabia resistir firmemente até que fosse aplacada a tempestade, procurou e conseguiu responder a muitos desses questionamentos (naturalmente, não sem dificuldades iniciais). Há, porém, ainda muito trabalho para fazer diante dessa situação; é claro que nesse tema estamos diante de uma história de longa duração.[3]

---

[2] Um dos fatores de ponta desse processo foi, como sabemos, o pensamento científico. O tema adquiriu nova urgência com o desenvolvimento de vertentes da ciência, como por exemplo a biogenética, os quais colocam graves questões à visão cristã da vida.
[3] Cf. sobre esse tema a interessante *Storia del Concilio Vaticano II* (Bologna, Il Mulino, 1995-2001), que está sendo publicada em várias línguas, dirigida por Giuseppe Alberigo [Ed. bras.: *O catolicismo rumo à nova era: o anúncio e a preparação do Vaticano II, janeiro de 1959 a outubro de 1962*. Petrópolis, Vozes, 1996. (História do Concílio Vaticano II, 1); *A Formação da consciência conciliar: o primeiro período e a primeira interseção* (outubro de 1962 a setembro de 1963). Petrópolis, Vozes, 2000. (História do Concílio Vaticano II, 2)].

A tarefa tornou-se mais complexa nos últimos tempos que por comodidade foram definidos como época pós-moderna.[4] Apresentando-se como dura crítica à modernidade, acusada entre outras coisas de pender facilmente ao totalitarismo (fascismo, nazismo, stalinismo), em contradição com sua fervorosa reivindicação da liberdade e de confinar-se em concepção estrita e essencialmente instrumental da razão, o enfoque pós-moderno exaspera o individualismo que já marcava o mundo moderno. Resultado de tudo isso será uma atitude um tanto desiludida frente às possibilidades de mudar o que antes se pensava que não ia bem em nossas sociedades. Outro resultado será a desconfiança diante de convicções firmes em qualquer campo da ação e do conhecimento humanos, surge então posição cética que relativiza o conhecimento da verdade. Segundo essa posição, cada um possui a própria verdade e, por isso, tudo vale. Essa posição é sem dúvida um dos motivos do desinteresse pela esfera social e política que registramos em nossos dias. Ela traz também, evidentemente, contribuições importantes. Será preciso estar atento, por exemplo, no que pode significar — com todas as suas ambivalências políticas — a valorização da diversidade cultural ou étnica.

Se a pós-modernidade é rejeição da modernidade ou sua mais refinada continuação não muda a essência do que aqui nos interessa. O conjunto constitui grande repto à consciência cristã. Certamente o tempo fez surgirem valiosas reflexões teológicas que pegaram o touro pelos chifres. Longe de rejeição inspirada no medo, não só enfrentaram — com liberdade evangélica e fidelidade à mensagem de Jesus — as interpelações do mundo moderno e seus reflexos, como também mostraram tudo o que ela poderia trazer para revelar alcances da fé aos quais não fôramos sensíveis no passado ou que, por uma razão ou outra, tinham se eclipsado.

2. O PLURALISMO RELIGIOSO

A pluralidade de religiões é, como sabemos, fato milenar na humanidade. Tanto as religiões maiores e mais conhecidas como as menos difundidas não são de ontem. No passado, sua existência levantava alguns problemas práticos e dava lugar a reflexões sobre a perspectiva salvífica da incumbência missionária das igrejas cristãs, mas nas últimas décadas sua presença tornou-se questionamento de grande importância para a fé cristã. Todos os estudiosos do tema são unânimes em afirmar que a teologia das religiões

---

[4] Cf. GUTIÉRREZ, G. ¿Donde dormirán los pobres? In El rostro de Dios en la historia. Lima, Universidad Católica – Ibc – CEP, 1996. p. 9-69 [Ed. bras.: Onde dormirão os pobres? São Paulo, Paulus, 1998].

é muito recente e avança em terreno hirto de obstáculos. Na igreja há hoje grande debate a respeito. O problema é certamente delicado: a respeito foram escritos textos do magistério e estudos teológicos de grande fôlego.[5] Como no caso do mundo moderno, mas por razões diversas, a existência de alguns bilhões de seres humanos que encontram nessas religiões sua relação com Deus, ou com um Absoluto, ou com um profundo sentido de suas existências, questiona a teologia cristã em alguns de seus pontos essenciais. Ao mesmo tempo, como acontece com a modernidade, oferece-lhe elementos e possibilidade para voltar-se a si própria e submeter a nova análise o sentido e os efeitos atuais da salvação em Jesus Cristo.

É um território novo e exigente.[6] Nele, a tentação de fechar-se em si e aferrar-se a opções que se consideram certas é grande. Por isso são particularmente bem-vindos gestos audazes como o de João Paulo II que alguns anos atrás convocou para Assis um encontro com os representantes das grandes religiões da humanidade para orar pela paz no mundo. De fato, teologia das religiões não pode ser feita sem prática de diálogo inter-religioso, diálogo que hoje está apenas dando seus primeiros passos. A teologia é sempre ato segundo. Muitos estão comprometidos empenhados nesse esforço e aqui também, e provavelmente com maior urgência do que no desafio precedente, há trabalho enorme para fazer.

A mentalidade moderna é o fruto de significativas mudanças no campo do conhecimento humano e na vida social ocorridas fundamentalmente na Europa ocidental, quando esta já tinha pego a estrada rumo a um nível de vida que lhe permitiria tomar distância do resto dos países do planeta. Ao contrário, os portadores da interpelação que provém do pluralismo religioso encontram-se entre as nações mais pobres da humanidade. Provavelmente isso é um dos motivos que fez com que, como lembramos, a tomada de consciência dos questionamentos que vêm delas tenha sido apresentada só em época recente nas igrejas cristãs, exatamente no momento em que esses povos começavam a fazer ouvir a própria voz nos diversos campos da convivência internacional. Isso faz com que a resposta aos questionamentos apresentados sobretudo pela Ásia, e também pela África e em menor medida pela América Latina, não possa distinguir a dimensão religiosa da situação de pobreza. Dúplice aspecto cheio de conseqüências para o discurso sobre a fé que vem dessas latitudes.

Essa última observação leva-nos a aprofundar a questão do repto da pobreza, a qual tínhamos reservado para a segunda parte e por razões óbvias nos interessa particularmente.

---

[5] Cf. por exemplo Dupuis, J. *Vers une théologie chrétienne du pluralisme religieux*. Paris, Cerf, 1997 [Ed. bras.: *Rumo a uma teologia cristã do pluralismo religioso*. São Paulo, Paulinas, 1999].
[6] Para uma breve apresentação de conjunto, cf. Fédou, M. *Les religions selon la foi chrétienne*. Paris, Cerf, 1996.

II. Uma inumana e antievangélica pobreza

As interpelações à fé cristã provenientes do pluralismo religioso e da pobreza nascem fora do mundo norte-atlântico. Aqueles que as carregam sobre seus ombros são os povos pobres da humanidade, há pouco o dissemos a respeito das religiões, e é o caso evidentemente da pobreza. Essa última problemática impôs-se com força à reflexão teológica inicialmente na América Latina, continente habitado por população *pobre e crente* ao mesmo tempo, como dizemos há décadas no contexto da teologia da libertação. Trata-se daqueles que vivem a própria fé em contexto de pobreza, o que traz como conseqüência que cada uma dessas condições deixa a própria marca na outra. Viver e pensar a fé cristã é, portanto, algo que não se pode realizar fora da consciência da situação de empobrecimento e de marginalização na qual essas pessoas se encontram.

1. RELER A MENSAGEM

As conferências episcopais latino-americanas de Medellín (1968) e Puebla (1979) denunciaram a pobreza presente no continente como "inumana" e "antievangélica". Mas, infelizmente, sabemos que se trata de realidade de abrangência universal. Pouco a pouco os pobres do mundo assumiram consciência sempre mais clara de sua condição. Uma série de fatos históricos ocorridos entre os anos 50 e 60 (descolonização, novas nações, movimentos populares, melhor conhecimento das causas da pobreza etc.) tornaram *presentes*, por todo o planeta, aqueles que sempre estiveram *ausentes* da história da humanidade ou, para sermos mais precisos, invisíveis por causa de um modo de fazer a história em que um setor desta, o mundo ocidental, apresentava-se como vencedor em todos os campos. É o acontecimento histórico que foi chamado de "a irrupção do pobre". Certamente não se trata de acontecimento acabado, mas de acontecimento em pleno processo e que continua a colocar novas e pertinentes perguntas. Na América Latina e no Caribe esse fato foi, e é, particularmente significativo para a reflexão teológica.

A pobreza é, como o pluralismo religioso da humanidade, um estado de coisa que vem de muito longe. No passado ela propiciou sem dúvida admiráveis gestos de serviço para com os pobres e os abandonados. Mas hoje o conhecimento de sua oprimente abrangência, a diferença sempre maior e mais profunda entre os estratos ricos e pobres na sociedade e o modo que temos de aproximar-nos dela fazem com que somente na segunda metade do século que apenas acabou se tenha começado a perceber realmente tudo isso como desafio a nossa compreensão da fé. Embora não totalmente, porque não faltam aqueles para os quais a pobreza se limita a ser obstinadamente problema de ordem social e econômica. Não é isso o significado bíblico dessa condição nem foi a intuição de João XXIII quando, às vésperas do concílio, punha a igreja diante da pobreza do mundo ("os países subdesenvolvidos") e afirmava que ela devia ser "a igreja de todos e sobretudo a igreja dos pobres". Sugeria dessa maneira um modo exigente de conceber a igreja e sua tarefa no mundo contemporâneo.

A mensagem do papa João foi escutada e aprofundada ulteriormente na América Latina e no Caribe. A condição de continente pobre e ao mesmo tempo cristão, mencionada acima, tornava-o particularmente sensível à profundidade teológica da interpelação procedente da pobreza. Perspectiva a que, em circunstâncias diversas, tinham dado início nessas terras no século XVI figuras como Bartolomé de Las Casas e o índio peruano Guamán Poma com sua defesa das populações indígenas do continente, mas que ainda hoje está longe de ser entendida por todos. Disso procedem as dificuldades que ainda temos para mostrar o significado das afirmações fundamentais da teologia da libertação e da conferência episcopal de Medellín que incidem justo, e levando em conta a situação atual, nesse enfoque.

Não obstante isso, a igreja da América Latina e do Caribe, e logo as de outros continentes pobres, mostrou até onde chegam as demandas que provêm da condição de pobreza e de marginalização de tantos seres humanos. O problema enfrenta ainda alguns obstáculos para ser considerado em toda a sua profundidade: problema de vida cristã e de reflexão teológica. Isso acontece menos, é importante realçá-lo, com o desafio — que hoje chega à consciência teológica da igreja cronologicamente depois do desafio da pobreza — que surge do papel das religiões da humanidade no plano salvífico do Deus da revelação cristã. No caso do pluralismo religioso, embora não faltem os recalcitrantes, o caráter teológico é percebido, compreende-se, mais rapidamente. Sublinhar o aspecto teológico das questões que a pobreza humana traz consigo não significa absolutamente deixar de levar em conta que ela e a injustiça social possuem inevitável e constitutiva dimensão socioeconômica. É evidente que assim seja. Mas a atenção que deve ser conferida a elas não vem só de atenção aos problemas sociais e políticos. A pobreza, assim como a conhecemos hoje, lança questionamento radical e englobante à consciência humana e ao modo de perceber a fé cristã. Ela estrutura um campo hermenêutico que nos leva a uma releitura da mensagem bíblica e do caminho a empreender como discípulos de Jesus. Isso é algo que dever ser sublinhado se quisermos entender o sentido de uma teologia como a da libertação.

2. UM EIXO DE VIDA CRISTÃ

O que acabamos de dizer é enunciado de modo claro na conhecida expressão "opção preferencial pelos pobres". A frase surgiu nas comunidades cristãs e nas reflexões teológicas da América Latina no tempo entre Medellín e Puebla, e esta última conferência a acolheu e a fez abundantemente conhecida. Sua raízes encontram-se nas experiências de solidariedade para com os pobres e na conseqüente compreensão do sentido da pobreza na Bíblia, as quais abriram caminho no início dos anos sessenta e foram expressas — quanto ao essencial — já em Medellín. A expressão está hoje presente no magistério de João Paulo II e no de muitos episcopados da igreja universal, como também em textos de muitas confissões cristãs. A opção preferencial pelo pobre constitui eixo fundamental no anúncio do evangelho que, utilizando a conhecida metáfora bíblica, chamamos comumente tarefa pastoral. E também o é no campo da espiritualidade, isto é, no seguir os passos de Jesus. E portanto é igualmente eixo no referente à inteligência da fé, a qual acontece a partir dessas duas dimensões da vida cristã. O conjunto, essa tríplice dimensão, é o que lhe confere força e valor.

Acabamos de evocar a pequena história de uma percepção que se manifesta na fórmula lembrada. Entretanto, é claro que ela, no fundo, tem como objetivo ajudar-nos a ver como hoje colocamos em foco um dado importantíssimo da revelação bíblica que de um modo ou de outro esteve sempre presente no universo cristão: o amor de Deus por todos e sobretudo pelos mais abandonados. Mas acontece hoje que estamos em condições de perceber com a máxima clareza desejada que a pobreza, a injustiça e a marginalização de pessoas e grupos humanos não são acontecimentos fatais, mas têm causa humana e social. Além disso, estamos assustados com a magnitude dessa realidade, e com o crescimento das distâncias, nesse aspecto, entre as nações no mundo e entre as pessoas dentro de cada país. Isso muda a perspectiva sobre a pobreza e nos impele a examinar sob nova luz as responsabilidades dos pobres e dos maltratados. E é-nos dada a possibilidade de ir diretamente àquilo que é fundamental do ponto de vista teológico: situarmo-nos no coração do anúncio do Reino, manifestação do amor gratuito do Deus de Jesus Cristo.

A compreensão que se manifesta na fórmula "opção preferencial pelo pobre" é o que de mais essencial se tem na contribuição da vida da igreja na América Latina e da teologia da libertação à igreja universal. A questão colocada no início destas páginas sobre o futuro desta reflexão deve levar em conta a relação fatual e contemporânea com tudo o que essa opção significa. Essa perspectiva não é obviamente algo exclusivo dessa teologia. A exigência e o significado do gesto para com o pobre no acolhimento do dom do Reino fazem parte da mensagem cristã. Trata-se de discurso sobre a fé que nos permite simplesmente uma recordação e uma releitura nas condições atuais, com toda a novidade que elas nos revelam, de algo que de um ou de outro modo — com insistências mas com parênteses — encontrou sempre um lugar ao longo do caminho histórico do povo de Deus. É importante sublinhar não para diminuir a contribuição dessa teologia que liga seu destino ao significado bíblico da solidariedade para com o pobre, mas para delinear devidamente o âmbito em que ela se dá enquanto continuidade e ruptura com reflexões precedentes. E sobretudo com a experiência cristã e com os caminhos tomados para dar testemunho do Reino.

Como nos dois casos já tratados, interessa-nos aqui enfatizar que no próprio desafio proveniente da pobreza abrem-se perspectivas que nos permitem continuar a tirar "o novo e o velho" do tesouro da mensagem cristã. O discernimento a partir da fé deve ser nesse caso lúcido. Mas para isso é necessário vencer a obstinação em ver na pobreza do mundo atual *apenas* problema social, o que significaria negligenciar o que esse doloroso sinal dos tempos pode dizer-nos. Tudo se resume na convicção de que é necessário ver a história partindo do reverso, isto é, partindo das suas vítimas. A cruz de Cristo ilumina essa visão e nos faz compreendê-la como a passagem à vitória definitiva da vida do Ressuscitado.

III. Tarefas atuais

Assinalemos alguns espaços em que se movem certas tarefas que a reflexão teológica, de que nos ocupamos, têm à frente. Certamente haveria muitas outras coisas para dizer e precisões para fazer, mas não encontram espaço nestas páginas. Esperamos tratá-las detalhadamente num trabalho de grande fôlego que está em preparação.[7]

1. COMPLEXIDADE DO MUNDO DO POBRE

Desde o princípio na teologia da libertação estiveram presentes as diversas dimensões da pobreza. Para dizer em outras palavras — como o faz a Bíblia — ficou-se atento a não restringir a pobreza a seu aspecto, certamente de fundamental importância, econômico.[8] Isso levou à afirmação de que o

---

[7] Teremos então a possibilidade de apresentar referências bibliográficas sobre esses temas que no momento deixamos de lado. Cf. entretanto as que se encontram em *Onde dormirão os pobres?*
[8] Isso vem expresso com fórmulas que se encontram já nos primeiros escritos dessa teologia. Fazendo referência ao pobre, falo em várias ocasiões de "povos, raças e classes sociais" (*Teología de la liberación*. Lima, CEP, 1971. p. 226 – cf. também p. 251 e 255 [Ed. bras.: *Teologia da Libertação*: perspectivas. São Paulo, Loyola, 2000]) e de "as classes populares exploradas, as culturas oprimidas, as raças discriminadas" (*Praxis de liberación y fé cristiana*. In *Signos de liberación*. Lima, CEP, 1973. p. 65 [Ed. bras. In: *A força histórica dos pobres*. Petrópolis, Vozes, 1981. p. 57-107]). Expressões análogas encontram-se em *Revelación y anuncio de Dios en la historia*. In *Páginas*. Lima, março 1976. p. 32, 36, 38 [Ed. bras. In *ibid.*, p. 13-38]. Analogamente se afirma que "a mulher dessas classes é duplamente explorada, marginalizada e desprezada" (*Teología desde el reverso de la historia*. Lima, CEP, 1977, p. 34, nota 36 [Ed. bras. In *ibid.*, p. 243-313] e *La fuerza historica de los pobres*. In: *Signos de lucha y esperanza*. Lima CEP, 1978. p. 173 [Ed. bras. In *ibid.*, p. 108-150]).

pobre é o "insignificante", aquele que é considerado como "não pessoa", alguém a quem não é reconhecida a plenitude dos direitos enquanto ser humano. Pessoas sem peso social ou individual que pouco contam na sociedade e na igreja. Assim são vistos, ou mais exatamente não vistos, porque são antes invisíveis enquanto excluídos no mundo de hoje. Os motivos de tudo isso são diversos: sem dúvida as carências de natureza econômica, mas também a cor da pele, o fato de ser mulher, de fazer parte de cultura desprezada (ou ainda considerada interessante só pelo seu exotismo, o que vem a dar no mesmo). A pobreza é realmente problema complexo e multifacetado; falando há décadas dos "direitos dos pobres" (cf., por exemplo, Medellín, *Paz*, n. 22) fazíamos referência a esse conjunto de dimensões da pobreza.

Uma segunda perspectiva presente também desde os primeiros passos foi a de ver o pobre como "o outro" de uma sociedade que se constitui à margem ou contra seus direitos mais elementares, estranha a sua vida e a seus valores. Dessa maneira, a história lida a partir desse outro (partindo, por exemplo, da mulher) transforma-se em outra história. Não obstante isso, reler a história poderia parecer exercício meramente intelectual se não se compreende que significa ainda refazê-la. Nessa ordem de idéias é firme a convicção, não obstante todos os limites e os obstáculos que conhecemos, sobretudo em nossos dias, de que os próprios pobres devem encarregar-se de seu destino. A respeito, retomar o curso dessas preocupações no campo da história — desde o momento em que um homem e teólogo como Las Casas se propunha a ver as coisas "como se fosse índio" — é um rico filão ainda a ser muito explorado. O primeiro a fazê-lo, e com consciência de causa, foi o índio peruano Guamán Poma. Somente libertando nosso olhar de inércias, preconceitos, categorias acolhidas acriticamente, poderemos descobrir o outro.

Portanto não é suficiente ter consciência dessa complexidade, é necessário aprofundá-la, entrar no detalhe da diversidade e perceber sua força interpelante. Não é também suficiente tomar conhecimento da condição de outro do pobre (assim como o entendemos), ela deve ser estudada mais detalhadamente e considerada em toda a sua realidade desafiante. Encontramo-nos nesse processo, graças sobretudo aos compromissos concretos assumidos no e a partir do mundo da pobreza, marcada entre nós sobretudo — já assinalamos isso — pela vivência, de um modo ou de outro, da fé cristã. A reflexão teológica nutre-se dessa experiência cotidiana que já há algumas décadas e contemporaneamente a enriquece.

Essa inquietude foi aprofundada nos últimos anos. Valiosos trabalhos permitiram penetrar de maneira particularmente fecunda em alguns aspectos fundamentais da complexidade mencionada. De fato, nessa pista se encontram hoje vários esforços de pensar a fé a partir da situação secular de marginalização e espoliação dos vários povos indígenas de nosso continente e da população negra, incorporada com violência em nossa história faz séculos. De vários modos temos sido testemunhas neste tempo da contundência que a voz desses povos adquire, da riqueza cultural e humana com que eles são capazes de contribuir, assim como dos aspectos da mensagem cristã que nos permitem ver em toda a sua verdade. A isso se acrescenta o diálogo com outras concepções religiosas, as que conseguiram sobreviver à destruição dos séculos passados, hoje em minoria — e, não obstante isso, igualmente respeitáveis porque nelas temos homens comprometidos —, mas que, sem nenhuma pretensão de reconstituição artificial, estão presentes com seu patrimônio cultural e religioso.

As reflexões teológicas provenientes desses universos são particularmente exigentes e novas. Como o são as provenientes da inumana e, conseqüentemente, inaceitável condição da mulher em nossa sociedade, sobretudo a que pertence aos estratos sociais e étnicos que há pouco lembramos. Nesse campo assistimos também a ricas e novas perspectivas teológicas levadas adiante sobretudo pelas mulheres, mas que importam a nós e questionam a todos. Um dos campos mais férteis é o da leitura bíblica a partir da condição feminina, mas obviamente há muitos outros que também ampliam nosso horizonte de compreensão da fé cristã.

Ademais não se trata, pode ser oportuno observar, da defesa de antigas culturas cristalizadas no tempo ou da proposta de projetos arcaicos que o devir histórico teria tornado obsoletos, como alguns se inclinam a pensar. A cultura é criação permanente, é elaborada todos os dias. Vemos isso de diversas maneiras em nossas cidades. Estas são nos níveis mais populares um cadinho de raças e culturas. Mas, ao mesmo tempo, são lugares cruéis de distâncias crescentes entre os diversos setores sociais que as habitam. Ambas as coisas vivem nas cidades de um continente em acelerada urbanização. Esse universo *in fieri*, que em grande parte arrasta e transforma os valores das culturas tradicionais, condiciona a experiência vivida da fé e o anúncio do Reino. Constitui, portanto, ponto de partida histórico para reflexão de ordem teológica.

Não obstante isso, o acento que assume legitimamente o discurso sobre a fé, de acordo com a vertente do mundo do pobre que privilegia, não deve fazer perder de vista a globalidade do que é colocado em questão na condição de todos os pobres. Nem deve negligenciar o terreno comum de onde partem e onde discorrem nossas falas e nossas reflexões: o dos insignificantes, o de sua libertação integral e o da Boa nova de Jesus dirigida preferentemente a todos eles. De fato, deve ser evitado totalmente que a necessária e urgente atenção aos sofrimentos e às esperanças dos pobres dê lugar a ineficazes buscas de reservas teológicas privadas. Estas seriam fonte de exclusividades e desconfianças que em última análise debilitam — posto que se trate quanto ao essencial de perspectivas convergentes e complementares — a luta diária dos despossuídos pela vida, pela justiça e por fazer respeitar seus valores culturais e religiosos. Também pelo seu direito de serem iguais e diversos ao mesmo tempo.

A complexidade do universo do pobre e a perspectiva do outro percebidas inicialmente, como já lembramos, estão hoje mais bem delineadas com todas as dificuldades e com toda a problematicidade, mas também com suas promessas. Não temos a pretensão de colocar sob uma mesma etiqueta todas as correntes teológicas que provêm dessa situação; nesse campo também a diversidade é importante. Mas os evidentes laços históricos entre elas, assim como o comum horizonte do complexo mundo do pobre em que elas se situam, permite-nos vê-las como fecundas manifestações das tarefas atuais da reflexão teológica a partir dos desideratos do continente. Trata-se de canteiros abertos.

2. GLOBALIZAÇÃO E POBREZA

Não estamos com os pobres se não estamos contra a pobreza, dizia Paul Ricoeur muitos anos atrás; quer dizer, se não rejeitamos a condição que oprime parte tão importante da humanidade. Não se trata de rejeição meramente emotiva, é necessário conhecer as razões da pobreza no aspecto social, econômico e cultural. Isso exige instrumentos de análise que nos são oferecidos pelas ciências humanas; mas, como todo pensamento científico, elas trabalham com hipóteses que nos dão a possibilidade de compreender a realidade que procuram explicar, o que vale dizer que são chamadas a mudanças diante de fenômenos novos. É o que acontece hoje diante da hegemônica presença do neoliberalismo que chega agora trazido nos ombros de uma economia sempre mais autônoma da política (e, antes ainda, da ética), graças ao fato que se conhece com o termo um pouco bárbaro de globalização.

A situação assim designada, como sabemos, vem do mundo da informação, mas repercute forte no campo econômico e social e em outros campos da atividade humana. Entretanto a palavra é enganosa porque faz pensar que nos orientamos rumo a um mundo único, quando de fato, e no momento atual, acarreta inelutavelmente uma contraparte: a exclusão de parte da humanidade do circuito econômico e dos chamados benefícios da cultura contemporânea. Assimetria que se torna cada vez mais pronunciada. Milhões de pessoas são assim transformadas em objetos inúteis ou descartáveis após o uso. Trata-se daqueles que ficaram fora do campo do conhecimento, elemento decisivo da economia de nossos dias e o eixo mais importante de acumulação de capital. Convém notar que essa polarização é conseqüência da maneira como estamos vivendo hoje a globalização; ela constitui fato que não deve necessariamente tomar o rumo atual de crescente desigualdade. E, sabemos disso, sem igualdade não há justiça. Sabemos disso, mas o problema assume nos dias de hoje urgência sempre maior.[9]

---

[9] Cf. a respeito das perspicazes disquisições de Bobbio, N. *Destra e sinistra: ragioni e significati di una distinzione politica*. Roma, Donzelli, 1994 [*Direita e esquerda: razões e significados de uma distinção política*. São Paulo, Ed. da UNESP, 1995].

O neoliberalismo econômico postula mercado sem limites, chamado a regular-se mediante meios próprios, e submete qualquer solidariedade social nesse campo a dura crítica, acusando-a não só de ser ineficaz com relação à pobreza, mas até de ser uma das causas dela. Que nesse campo tenha havido abusos é claro e reconhecido, mas aqui estamos diante de uma rejeição de princípio que deixa na intempérie os mais frágeis da sociedade. Um dos corolários desse pensamento, e entre os mais dolorosos e agudos, é aquele da dívida externa que mantém com as mãos atadas e oprimem as nações pobres. Dívida que cresceu de maneira espetacular, entre outros motivos, por causa das taxas de juros manipuladas pelos próprios credores. O pedido de seu cancelamento é um dos pontos mais concretos e interessantes da convocação feita por João Paulo II para celebrar um jubileu, no sentido bíblico do termo, no ano 2000.

Essa desumanização da economia — começada há tempo e que tende a transformar tudo, inclusive as pessoas, em mercadoria — foi denunciada por uma reflexão teológica que mostra o caráter idolátrico, no sentido bíblico do termo, desse fato. Mas as circunstâncias hodiernas não só tornaram mais incitante esse assinalamento, como também oferecem novos elementos de aprofundamento. Por outro lado, assistimos hoje a uma estranha tentativa de justificação teológica do neoliberalismo econômico que, por exemplo, compara as corporações multinacionais ao Servo de Yahweh, por todos vilipendiado e atacado, enquanto delas viriam a justiça e a salvação. Para não falar da chamada teologia da prosperidade que certamente tem vínculos muito estreitos com a posição que acabamos de citar. Tudo isso às vezes levou a postular certo paralelismo entre cristianismo e doutrina liberal. Sem negar suas intuições, cabe perguntar-se sobre o alcance de uma operação que nos recorda aquela que, em extremo oposto, foi feita anos atrás para refutar o marxismo, tido também como uma espécie de "religião" que ademais seguiria, ponto a ponto, a mensagem cristã (pecado original e propriedade privada, necessidade de redentor e proletariado etc.). Nossa observação, é claro, não tira em nada a necessidade de crítica radical às idéias dominantes hoje no campo da economia. Ao contrário.

Impõe-se uma reflexão teológica a partir dos pobres, preferidos por Deus. Ela deve levar em consideração a própria autonomia da disciplina econômica e ao mesmo tempo ter presente sua relação com o conjunto da vida dos seres humanos; o que supõe, antes de tudo, levar em consideração uma exigência ética. De modo semelhante, evitando entrar no jogo das posições que mencionamos há pouco, não se deverá perder de vista que a rejeição mais firme das posições neoliberais acontece a partir das contradições de uma economia que esquece cinicamente e, aos poucos, de maneira suicida o ser humano. De modo especial, aqueles que não têm defesas nesse campo; isto é, hoje, a maior parte da humanidade. Trata-se de questão ética no sentido mais amplo do termo, a qual pretende entrar nos perversos mecanismos que distorcem a partir de dentro a atividade humana que chamamos economia. Estão sendo feitos valiosos esforços de reflexão teológica nesse sentido entre nós.

Nessa linha, a da globalização e da pobreza, devemos situar também as perspectivas abertas pelas correntes ecológicas diante da destruição, igualmente suicida, da natureza. Elas tornaram-nos mais sensíveis a todas as dimensões do dom da vida e ajudaram-nos a ampliar o horizonte da solidariedade social que deve abranger um respeitoso laço com a natureza. O problema não se refere apenas aos países desenvolvidos, cujas indústrias causam tantos danos ao habitat natural da humanidade, mas sim a todos, inclusive os países mais pobres. É impossível hoje refletir teologicamente sobre o problema da pobreza sem levar em conta essa realidade.

3. APROFUNDAMENTO DA ESPIRITUALIDADE

Se os pontos precedentes estiveram de um modo ou de outro presentes ou esboçados desde os primeiros passos da teologia da libertação, sem negar obviamente a peculiaridade e a criatividade do trabalho a que assistimos nos últimos anos, o da espiritualidade ocupou sempre posto de destaque. Além da importância do problema para todo cristão, com isso se joga o destino do tipo de teologia que postulamos. De fato, profunda convicção que sempre nos acompanhou, e para a qual o trabalho de M.-D. Chenu nos ajudou enormemente, é de que por trás de qualquer inteligência da fé há um modo de seguir a Jesus.[10] A espiritualidade, assim designamos hoje o que nos evangelhos é reconhecido como o seguimento de Jesus Cristo, constitui a coluna vertebral do discurso sobre a fé. É ela que confere a esta seu significado mais profundo e seu valor. Isso é um dos pontos centrais da compreensão da teologia como reflexão sobre a prática, a qual constitui justamente o núcleo do discipulado. Suas duas grandes e constitutivas dimensões, a oração e o compromisso histórico, constituem o que no evangelho de Mateus é chamado de fazer "a vontade do Pai", em oposição a um simples dizer "Senhor, Senhor" (7,21). Ganha assim sentido a afirmação de que "nossa metodologia é nossa espiritualidade".[11] Ambas constituem estradas rumo a Deus e é necessário avançar nelas.

Em tempos recentes tivemos abundante produção na linha de espiritualidade da libertação. O motivo é simples: a experiência espiritual do povo pobre do continente, no contexto de processo histórico que se caracteriza por êxitos e reveses, cresceu em maturidade. Esse interesse não

---

[10] Cf. seu famoso trabalho: CHENU, M. D. *Une école de théologie: Le Saulchoir*. Le Saulchoir, 1937 [trad. it., *Le saulchoir. Una scuolo di teologia*, Marietti, Casale Monferrato 1982].
[11] *La fuerza historica de los pobres*. In *Signos de lucha y esperanza*, p. 176 [trad. bras.: A força histórica dos pobres. In: *A força histórica dos pobres*. Petrópolis, Vozes, 1981. p. 108-150].

constitui absolutamente posição de recuo diante das escolhas de natureza social que mantemos em todo o seu valor enquanto expressão da solidariedade para com os pobres e oprimidos. Aqueles que pensam isso parecem desconhecer a radicalidade que procede do ir ao fundo das coisas, lá onde se entrelaçam diariamente amor a Deus e amor ao próximo. Nessa profundeza coloca-se a espiritualidade. Longe de ser fuga aos desafios do presente, ela confere firmeza e durabilidade às escolhas a que acabamos de aludir. Tinha razão Rilke quando afirmava que Deus se encontra em nossas raízes. E jamais acabamos de aprofundá-las.

Bem no coração da opção preferencial pelo pobre há um elemento espiritual de experiência do amor gratuito de Deus. A rejeição da injustiça e da opressão que ela implica está ancorada em nossa fé no Deus da vida. Não surpreende, portanto, que essa opção tenha sido selada pelo sangue daqueles, como afirmava dom Romero, que morreram com o "o sinal do martírio". Além do caso do próprio arcebispo de San Salvador, essa é a situação sofrida por muitos cristãos num continente que entretanto se pretende cristão. Não podemos menosprezar esse cruel paradoxo numa reflexão sobre a espiritualidade na América Latina. Realmente, a experiência existencial da cruz marca de muitos modos a vida cotidiana dos cristãos do continente e do Peru.[12]

Nessa ordem de idéias é de fundamental importância o itinerário de um povo que vive a própria fé e mantém a própria esperança no contexto de vida cotidiana feita de pobreza e de marginalização, mas também de projetos e de maior consciência dos próprios direitos. Os pobres da América Latina empreenderam o caminho da afirmação da própria dignidade humana e da própria condição de filhas e filhos de Deus. Nesse caminhar, dá-se um encontro com o Senhor, crucificado e ressuscitado. Estar atenta a essa experiência espiritual, recolher as versões orais e os escritos em que ela é narrada, torna-se tarefa primordial da reflexão teológica que se faz entre nós. Beber no próprio poço — denominávamos esse momento, usando expressão de Bernardo de Claraval. Suas águas permitiram-nos ver a medida da inculturação da fé cristã nos povos pobres, mas protagonistas de cultura e de caminho histórico diversos dos que temos no mundo norte-atlântico.

O que acabamos de dizer é conseqüência de constatação já lembrada: o povo latino-americano é, em sua maioria, ao mesmo tempo pobre e crente. No contexto de uma situação que o exclui e o maltrata, e da qual procuram libertar-se, os pobres crêem no Deus da vida. Como diziam em nome dos pobres do Peru (mais de um milhão dos quais se encontravam lá presentes) nossos amigos Victor (hoje falecido) e Irene Chero a João Paulo II durante

---

[12] Cf. sobre esses temas os valiosos trabalhos de Jon Sobrino [N. T.: há diversas obras suas traduzidas para o português].

sua visita ao país (1985): "Com o coração despedaçado pela dor, vemos que nossas esposas vivem a gravidez na tuberculose, nossas crianças morrem, nossos filhos crescem fracos e sem futuro", e acrescentavam: "Mas, não obstante tudo isso, cremos no Deus da vida". Trata-se de contexto, ou melhor, de realidade vital que uma reflexão sobre a fé não pode evitar. Deve, pelo contrário, nutrir-se dela. Continuamente.

Uma palavra para concluir. Se bem que, como é natural, tenhamos posto o acento sobre a interpelação que vem do mundo da pobreza, estamos longe de pensar que as outras duas problemáticas não nos comprometem na América Latina e no Caribe. A reflexão teológica do mundo cristão deve enfrentar os três reptos mencionados e também mostrar suas relações mútuas. Apenas as citamos nestas páginas, mas estamos convictos da importância e da fecundidade de estabelecer essa trama.

Por isso seria necessário evitar a tentação de compartimentalização que consistiria em relacionar cada desafio a alguns continentes. O da modernidade ao mundo ocidental, o da pobreza à América Latina e à África, e o que vem do pluralismo religioso à Ásia. Seria solução fácil e indiferente aos cruzamentos e aos contatos que ocorrem hoje entre os diversos povos e culturas, assim como à rapidez da informação a que assistimos e que dá lugar à aproximação que experimentam pessoas geograficamente distantes.

Naturalmente há ênfases típicas segundo as diversas áreas da humanidade. Mas só isso, acentos. Atualmente somos chamados a uma tarefa teológica que empreenda novas rotas e mantenha com mão firme tanto a particularidade quanto a universalidade da situação em que vivemos. Essa tarefa não poderá ser realizada sem grande sensibilidade para com as diversas interpelações mencionadas e com respeitoso e aberto diálogo que assuma como ponto de partida histórico as condições de vida — em todos os níveis — dos seres humanos e de sua dignidade, em especial os pobres e os excluídos. Eles são, para os cristãos, reveladores da presença do Deus de Jesus Cristo em nosso meio.

Encontramo-nos diante de tarefa estimulante e promissora em que a teologia da libertação tem muito que fazer e, sobretudo, que aprender.

5

TENDÊNCIAS ATUAIS
DA TEOLOGIA AFRICANA

Sylvain Kalamba Nsapo

Nota introdutória[1]

Uma das expressões da consciência teológica africana encontra-se, desde 1956, em célebre obra coletiva: *Des prêtes noirs s'interrogent*.[2]

Nesse mesmo ano, tinha havido em Accra, Gana, uma reunião organizada por iniciativa protestante com o tema: "África e cristianismo".

Notemos além disso a intensa atividade da Sociedade Africana de Cultura (SAC) e de seu fundador Aloune Diop, obejtivando a promoção de pensamento religioso e teológico africano. A SAC organizou em 1959 um encontro de filósofos e de teólogos africanos por ocasião do II Congresso de escritores e artistas negros ocorrido em Roma. Em 1963, publicou a obra *Personnalité africaine et catholicisme* (Paris, Présence Africaine), em que foram apresentadas reflexões para o concílio Vaticano II.

É mérito da SAC ter organizado também colóquios sobre o pensamento religioso africano: colóquio Abidjan, em 1961, sobre religiões africanas; colóquio de Cotonou, em 1970, sobre religiões africanas como fonte de valores de civilização; encontro de Abidjan, em 1978, sobre o tema da civilização negra e da igreja católica.

Da parte protestante, deve-se recordar a celebração, em 1969, de um encontro ecumênico sobre o tema: "Por uma teologia africana".

Em maio de 1974, em Lusaka, Zâmbia, houve a III Assembléia da Conferên-

---

[1] Este artigo tem a ambição de completar, no plano africano, o panorama não menos interessante apresentado por Gibellini, R. *Théologie du Tiers Monde*. In *Panorama de la théologie au XXè siècle*. Paris, Cerf, 1994 [Ed. bras.: *A teologia do século XX*. São Paulo, Loyola, 1998].

[2] Vários. *Des prêtes noirs s'interrogent*. Paris, Présence Africaine, [1956?].

cia das Igrejas de toda a África (CETA), durante a qual foi pedida uma moratória às igrejas africanas quanto à ajuda ultramarina em pessoas e dinheiro.

Em outubro do mesmo ano os bispos africanos e malgaxes presentes no IV Sínodo mundial sobre a evangelização do mundo contemporâneo pronunciaram-se a favor de uma teologia da inculturação e consideraram superada certa teologia africana da adaptação.

Na história da teologia africana, é importante notar em especial que na faculdade de teologia católica de Kinshasa (fundada em 1957) deu-se início em 1959 um debate de princípio sobre a possibilidade de uma teologia africana.

O ano de 1976 viu a criação, em Dar-es-Salaam (Tanzânia), da Associação ecumênica dos teólogos do Terceiro mundo (sigla inglesa: EATWOT).

Em 1977, por ocasião da II conferência da EATWOT em Accra, Gana, sobre o tema "A teologia e o compromisso dos cristãos na África de hoje", despontou uma nova instituição teológica: trata-se da Associação ecumênica dos teólogos africanos (sigla francesa: AOTA).

Em 1983, pela primeira vez, a expressão "teologia africana" é utilizada num discurso pontifício (João Paulo II).

Outras datas marcantes da atividade da AOTA:
1980: Yaoundé. Tema: "Palavra de Deus e linguagem dos homens".
1984: Nairobi. Tema: "A unidade do gênero humano e a comunidade dos crentes".
1988: Kinshasa. III Assembléia geral sobre "A inculturação e o diálogo ecumênico na África de hoje".

Colóquios:
1983: Yaoundé: "A teologia negra e a libertação na África do Sul".
1984: Yaoundé: encontro com alguns teólogos europeus sobre o tema "A missão da igreja hoje".
1985: Cairo: "A espiritualidade e a libertação na África".
1986: Kinshasa. Segunda consulta sobre o concílio africano (a primeira ocorrera por ocasião do colóquio de Abidjan em 1977).
1987: Cairo. "A Bíblia e a África".

De resto, na história do pensamento teológico africano é preciso colocar em destaque os anos 1994 e 2000. Certamente estamos bem distantes de qualquer pretensão de exaustividade.

1994: Assembléia especial, para a África, do sínodo dos bispos. Entre os benefícios desse sínodo, salientamos a consagração oficial do modelo da igreja-família.

2000: (Bruxelas, Instituto internacional *Lumen Vitae*): colóquio sobre "Teologia africana: situação atual e perspectivas", por iniciativa da Mission Belgique e da ASBL. Centro de educação e de reflexão para o desenvolvimento da comunidade africana (sigla francesa: CERDA).

Como se pode ver, a pesquisa teológica africana traz uma data e inscreve-se numa história. Neste trabalho, na primeira parte, indicaremos suas tendências (a teologia da adaptação ou das esperas, as teologias africanas da interculturação, da libertação e da reconstrução) e, numa segunda, examinaremos as questões de método no mundo teológico subsaariano.

I. Tendências da teologia africana

1. A TEOLOGIA DA ADAPTAÇÃO DIANTE DO DESAFIO DA INCULTURAÇÃO

O debate principal dos anos 1958-1960 refere-se à possibilidade ou não de uma teologia africana.[3] A questão colocada era a da possibilidade de existência de uma teologia africana. Segundo Tshibangu Tshishiku, então estudante de teologia, é possível elaborar teologia de cor africana que seja original. Por sua vez, A. Vanneste sustenta que a obra coletiva *Des prêtres noirs s'interrogent* não põe ainda "em termos claros e precisos" a questão da teologia africana. É esse o motivo pelo qual por vezes se considera como ponto de partida de uma "tomada de consciência formal e explícita do problema"[4] o debate sobre essa teologia, iniciado em janeiro de 1960 dentro da Faculdade de teologia da universidade Lovanium de Kinshasa. Vanneste é favorável a certa africanização da teologia, especialmente no plano catequético ou pastoral. Distingue claramente esse nível de africanização da teologia em sentido estrito, cujo alcance é universal.[5] Esse debate de princípio foi sem dúvida longo. Um de seus protagonistas, dom Tshibangu Tshishiku, declarou que ele foi encerrado graças ao trabalho de Bimwenyi sobre "o discurso teológico negro-africano".[6] É interessante estar atento à apreciação que o autor desse livro faz sobre o debate a fim de avaliar o sentido dos conceitos de adaptação, de africanização e de inculturação,

---

[3] Cf. N'Soki, K. *Genèse de l'expression théologie africaine.* In *Telema*, n. 4, p. 43-57, out.-dez. 1979.
[4] Vanneste, A. *Où en est le problème de la théologie africaine.* In *Cultures et développement*, n. 1, v. 6, p. 153, 1974.
[5] Cf. Tshibangu, T.; Vanneste, A. *Débat sur la théologie africaine.* In *Revue du clergé africain*, n. 4, t. 15, p. 333-352, jul. 1960. Além disso, Mukuna, M. *Genèse et évolution de la théologie africaine.* In *Théologie africaine: bilan et prospectives. Acte de la dix-septième semaine théologique de Kinshasa* (2-8 abr. 1989). Kinshasa, Facultés Catholiques de Kinshasa, 1989.
[6] Cf. o prefácio de monsenhor Tshibangu Tshishiku à obra de Bimwenyi, K. O. *Discours théologique négro-africain.* Paris, Présence Africaine, 1981. p. 10.

cujos prolongamentos não deixam sombra de dúvida no quadro da evolução histórica da teologia africana. Bimwenyi coloca essa discussão teológica na linha da adaptação ou da africanização, que, ele reconhece, "representava então grande progresso quanto à *tabula rasa* dos primeiros tempos".[7]

Mas o que ele discute é seu horizonte: nele, todo esforço consiste em "adaptar" "uma teologia já constituída em outro lugar"[8] ou em fazer a "tradução" da teologia.[9] A expressão "espera"* coincide com essa visão das coisas. Tshibangu recorre a ela em 1960 por ver nas crenças religiosas africanas certo número de instituições e de conceitos assimiláveis às "esperas" teológicas, as quais poderiam ser purificadas para tornar possível a formulação da realidade teológica.[10] Vanneste já tinha falado das "esperas" da revelação pouco depois da fundação da faculdade de teologia em 1957, em Kinshasa, Congo. No debate havido, tornava-se claro para ele que essa teologia das "esperas" não devia reivindicar estatuto científico universal, ao apelar à sabedoria popular.[11] Pôde ser dito que essa era uma lógica da transplantação e da prática do "princípio da escolha, de "filtragem" das instituições correntes "aceitáveis", mais do que vê-las como "totalidade".[12]

Dessa maneira, os teólogos da adaptação esperam de boa-fé realizar "o encontro da igreja, assim como ela evoluiu historicamente no contexto ocidental, com a realidade africana" e "adaptar da forma melhor possível as

---

[7] Bimwenyi, K. O. *Ibid.*, p. 271.
[8] *Ibid.*, p. 273.
[9] "Traduzir a teologia" é expressão no mínimo infeliz. Com qual teologia é preciso extenuar-se para traduzi-la em outras línguas? Além disso, a inculturação não é problema de tradução, mas de encarnação (cf. Luneau, R. *Paroles et silences du Synode africain (1989-1995)*. Paris, Karthala, 1997. p. 51).
* N.T. "Espera": conjunto de pedras ou tijolos que ressaem na extremidade de uma parede para neles amarrar-se outra parede" (*Dicionário Houaiss da língua portuguesa*). Para distinguir de seu conceito comum, será usada entre aspas.
[10] Cf. Bimwenyi, K. O. *Ibid.*, p. 274.
[11] Cf. *ibid.*
[12] Bureau, R. *Les missions en question: la conversion des cultures*. In *Christus*, n. 34, t. 9, p. 248-262. Um africanista observa que "a problemática teológica da adaptação ou da africanização apóia-se na teoria das 'esperas', isto é, sobre a escolha dos 'valores' considerados tais em função de critérios não internos às culturas africanas, mas católicos e tradicionais" (Maurier, H. "Situation de l'Église catholique au Zaïre". In *Lumen vitae*, n. 2, t. 28, p. 249, 1973). Por sua vez, V. Neckebrouck enfatiza, em termos neutros, que o método de adaptação parte do princípio segundo o qual o cristianismo vindo do Ocidente "só podia ser ocidental em suas formas de expressão, em seus símbolos, em suas instituições, em sua teologia, em sua espiritualidade" (Neckebrouck, V. *La tierce Église devant le problème de la culture*. In *Immense. Nouvelle revue de science missionnaire*, p. 44, 1987).

práticas dessa igreja à vida sociocultural das populações africanas".¹³ V. Mulago, M. F. Lufuluabo e A. Kagame são, a título de informação, os representantes dessa orientação. É preciso indagar-se se o direcionamento de pesquisa de um C. Nyamiti é por vezes diferente, na medida em que propõe à teologia africana construir-se seguindo o caminho apologético, o caminho pedagógico e o caminho comparativo.

O caminho apologético seria destinado ao exame das "distorções da verdade nos vários sistemas de pensamento" e das "influências das filosofias e das religiões não cristãs, objetivando a defesa do cristianismo, em especial do catolicismo, contra o racionalismo". O caminho pedagógico consistiria em expor "a doutrina cristã com o auxílio da filosofia e de outras ciências procurando resolver os problemas que perturbam o coração humano". O caminho comparativo visaria a colocar em confronto as "verdades particulares da revelação". Segundo o teólogo da Tanzânia, C. Nyamiti, a etnologia assume aqui papel análogo ao da filosofia como rainha das ciências.¹⁴

Entretanto se pode levantar pelo menos uma questão. A partir de que esquema de pensamento as filosofias e as religiões não cristãs seriam purificadas de suas insuficiências? A resposta não é talvez conhecida por

---

¹³ NGINDU, M. *Les nouvelles théologies africaines: entre l'héritage européen et les cultures africaines*. In *Inculturation et dialogue oecuménique: a propos de la IIIe Assemblée Général de l'Association Oecuménique des Théologiens Africains* (AOTA), (Kinshasa, 10-16 dez. 1988), *et du Festival populaire à la paroisse de Tshikapa Kele Budikadidi* (26-31 dez. 1988). Kananga/Congo, Paroisse Universitaire St. Marc, 1989. p. 44.
Por sua vez, monsenhor Thils se pergunta: "Que se queria adaptar? O cristianismo no que ele tem de essencial ou o cristianismo na condição latino-germânica que o caracteriza em nossas regiões? Adaptar pode ter significado adaptar ao melhor das possibilidades locais a mensagem revelada assim como ela se desenvolveu na Europa, com a influência do direito romano, dos costumes germânicos ou de outros" (THILS, G. *Syncrétisme ou catholicité?* Tournai, Casterman, 1967. p. 112).
Mudimbe sabe que tropicalizando, "adapta"-se ao "ambiente dos trópicos", "mas não [...] se modifica em profundidade" (cf. *Le christianisme vu par un africain*. In *Religions africaines et christianisme. Colloque international de Kinshasa* [9-14 jan. 1978]. Numéro spécial *CRA*, v. 11, n. 21-22, jan.-jul. 1977. Kinshasa, Faculté de Théologie Catholique de Kinshasa, 1979. p. 175).
¹⁴ Cf. MUSUVAHO, P. *La théologie africaine face au syncrétisme: essai d'une théologie africaine non-syncrétiste*. Ottignies – Louvain-la-Neuve, Nouvelles Rationalités africaines, 1990. p. 49.
O que é digno de nota é o fato de que o termo "adaptação" aparece de novo em outro escrito de C. Nyamiti: "Continua sendo verdade que o futuro da satisfação da igreja africana e o completo esplendor de sua teologia exigem adaptação muito mais autêntica e profunda do que aquela que foi realizada até hoje" (cf. *Vues sur la théologie africaine*. In *Théologies du Tiers-Monde: du conformisme à l'indépendance. Le Colloque de Dar-es-Salaam et ses prolongements*. Paris, L'Harmattan, 1977. p. 135).
Não falta, porém, rigor na exposição de C. Nyamiti (cf. *Christ as our ancestor*. Harare, Mambo Press, 1984). Não convém precipitar-se em considerá-lo teólogo da adaptação. A releitura desse autor permite colocar seu projeto teológico para além daquela adaptação que consiste em pôr em confronto um sistema africano com um sistema ocidental, objetivando encontrar uma correspondência desejada. O teólogo anglófono está empenhado em uma reflexão especulativa que promove um diálogo entre a cultura africana e a teologia escolástica ou ocidental. Uma categoria africana como a do antepassado ocupa amplo espaço no pensamento de Nyamiti.

antecipação, a partir do momento em que se põe como dado básico a idéia de uma filosofia universal e de uma teologia universal? E em que medida a etnologia teria realmente poder de libertação no seio de uma teologia local hoje?[15]

Considerando tudo, o mérito principal da teologia da adaptação é o de ter "revelado a tempo e contratempo o problema da necessária encarnação da mensagem evangélica nas culturas diferentes da européia e de ter exercido influência sobre a "africanização" do pessoal eclesiástico, da catequese, da liturgia, para citar apenas alguns dos campos mais conhecidos".[16] Mas seu defeito mais grave é o concordismo que "consiste em confundir a revelação cristã com os sistemas de pensamento que serviram historicamente para expressá-la".[17]

Distanciando de alguns representantes da teologia africana (Tshibangu Tshishiku, V. Mulago), Bimwenyi está convencido de que agora é o momento de voltar as costas à adaptação, à africanização e às "esperas". À custa de africanizar — diz — pode-se "no máximo chegar a uma 'teologia africanizada'".[18] Mesmo se houve reivindicação de teologia africana cientificamente sólida, o autor de *Discours théologique négro-africain* sustenta que a perspectiva da africanização pesa nesse discurso reivindicativo e "neutraliza", em parte, sua "eficácia real".[19] A eclesiologia africanizada estaria subjacente à pretensão que se esboça atrás da palavra dos pensadores que se propõem a africanizar.

Apesar disso, não se pode prestar homenagem a uma figura da teologia africana? Trata-se do congolês V. Mulago que o camaronês E. Mveng considera "um dos primeiríssimos pioneiros de uma eclesiologia africana". Em 1965, Mulago publicava pelas edições Présence Africaine sua tese intitulada *Un visage africain du christianisme: l'union vitale bantu face a l'unité vitale ecclésiale*. Depois de ter consagrado sua pesquisa à abordagem da união vital junto aos Bashi, aos Banyarwanda e aos Burundi (do Congo, da Ruanda e do Burundi), esse teólogo africano dirige o olhar ao mistério da igreja e afirma que a união vital bantu exprime "de maneira mais viva" o corpo

---

[15] As observações do filósofo africano J. Kinyongo com referência à filosofia de V. Mulago, inspirada na etnologia, não são menos explícitas. Ele acredita que "a filosofia bantu não é e não pode ser especificamente diversa da filosofia ocidental e menos ainda da filosofia escolástica. Ela não pode ser filosofia a não ser na medida em que corresponde a essas filosofias" (KINYONGO, J. *Épiphanies de la philosophie africaine et afro-américaine: esquisse historique du débat sur leur existence et leur essence*. München – Kinshasa – Lubumbashi, Publications Universitaires Africaines, 1989. p. 170).
[16] NGINDU, M. *Les thèmes majeurs de la théologie africaine*. Paris, Harmattan, 1989. p. 421.
[17] *Ibid.*, p. 43.
[18] BIMWENYI, K. O. *Discours théologique...*, p. 279.
[19] *Ibid.*, p. 280.

místico de Cristo.[20] Entretanto, K. A. Losigo está consciente do caráter piramidal da eclesiologia de V. Mulago, cuja visão da igreja é expressa, mediante "símbolos hierárquicos", nestes termos:[21] aquele que dá a vida tem a precedência social. O pai de família, mediante o qual é comunicada a vida recebida dos antepassados e de Deus, junto aos Bantu, é vitalmente investido de superioridade hierárquica. Na igreja, o sacerdote assume esse papel de pai de família no campo espiritual e sobrenatural. Em sua relação com a família paroquial, transmite a vida e os meios vitais sobrenaturais e une os membros dessa nova família ao bispo e ao papa.[22] O *mwami*, isto é, o rei que recebeu o mandato dos antepassados e de Deus, detém autoridade suprema. É o centro da unidade de todas as famílias e de todos os clãs. Dentro da igreja, o pontífice romano assume analogicamente o ofício de rei e *mwami* de maneira muito forte.[23] Ele é "o centro personificado da unidade" da igreja. Representa o Filho de Deus. Em tudo isso está clara a preocupação constante de comparar a concepção hierárquica bantu com uma eclesiologia piramidal.[24]

Os bispos da África e de Madagascar podiam fazer algo melhor que não rechaçar essa orientação? De qualquer modo, nova abordagem da missão

---

[20] Cf. MVENG, E. *Un visage africain du christianisme: pour une ecclésiologie africane*. In *Combats pour un christianisme africain: mélanges en l'honneur du prof. V. Mulago*. Kinshasa, Faculté de Théologie Catholique, 1981. p 133 (Bibliothèque du Centre d'Études des Religions Africaines, 6). A obra de V. Mulago, publicada em 1965, tem um capítulo preliminar que dedica algumas linhas ao princípio da adaptação (cf. *Un visage africain du christianisme: l'union vitale bantu face à l'unité vitale ecclésiale*. Paris, Présence Africaine, 1965. p. 26-34). A partir desse ponto de vista, o teólogo congolês resume nestes termos a tarefa do "teólogo missionário": "Conservar em sua pureza a doutrina tradicional da igreja e sua formulação dogmática e teológica; 'utilizar o que foi aprovado no passado em outras terras' e não ter medo de 'reconhecer a superioridade de certos elementos com coloração de ocidentalismo'; trabalhar na assimilação das contribuições culturais do povo que ele evangeliza para produzir formas novas adaptadas às diversas populações" (*ibid.*, p. 28). Não se pode acreditar que a teoria da adaptação serve de fio condutor para a teologia de V. Mulago? Quando ele vê na sabedoria dos Bantu "uma providencial espera para a doutrina do mistério da igreja", a questão que levantamos encontra resposta (*ibid.*, p. 158). Outro elemento de resposta o temos nas linhas em que o autor fala do pacto de sangue que lhe parece ser "a melhor espera da doutrina eucarística" (*ibid.*, p. 215). A teologia da adaptação ou das "esperas" está expressa também quando examina o problema de purificar os elementos da união vital bantu antes de introduzi-los na *Catholica* (cf. *ibid.*, p. 222). Procurando descobrir na solidariedade ou na união vital bantu o equivalente às causas profundas dos seres (causa material e forma, causa eficiente, causa final), Mulago não faz outra coisa a não ser esclarecer suas escolhas filosóficas e teológicas (cf. *ibid.*, p. 149-152).
[21] Cf. LOSIGO, K. A. *Perspectives ecclésiologiques en Afrique noire francophone: pour une théologie de l'Èglise locale à la lumière du Synode de 1974*. Roma, Pontificia Università Gregoriana, 1991. p. 96.
[22] Cf. MULAGO, V. *Un visage africain du christianisme: l'union vitale bantu face à l'unité vitale ecclésiale*. Paris, Présence Africaine, 1965. p. 201.
[23] Cf. *ibid.*, p. 203.
[24] Alguns observadores param nesse nível de percepção quando se trata de examinar o tema da igreja-família.

os leva a considerar "totalmente ultrapassada certa teologia da adaptação" em favor de uma teologia da encarnação. As igrejas africanas e malgaxes não podem eximir-se dessa exigência fundamental. Admitindo efetivamente o pluralismo teológico na unidade da fé, elas devem encorajar, com todos os meios, a pesquisa teológica africana.

Refletindo sobre a vida consagrada na África, Bimwenyi continua acreditando que o procedimento de adaptação merece ser mandado de volta a seus limites. Aponta nos textos do concílio "recorrente ambigüidade" quando se fala da introdução da vida religiosa "desde o período da implantação da igreja". Convidando alguns institutos a trabalharem na implantação da "riquíssima tradição de sua ordem", "conservando os elementos da instituição monástica", o concílio pede a esses institutos e a outros ainda que "busquem autêntica adaptação às condições locais".[25] O que está em pauta é a transplantação ou a implantação das tradições que são próprias a essa ou aquela ordem ou instituto, mediante esforço de adaptação às condições locais.[26] Mas, segundo Bimwenyi, é preciso antes seguir outra estrada, diferente daquela da história de um carisma "já dado e organizado em outro lugar", em seguida transferido para outras áreas culturais ou territoriais de missão, mediante "autêntica adaptação".[27] A outra ótica é a da inculturação que aparece como o advento de "nova criação" em todos os planos.[28] Como enfatiza um episcopado da África central, do qual o próprio Bimwenyi já foi secretário-geral, trata-se do nascimento de uma igreja que não "ora com liturgia importada e imposta de fora", não vive segundo uma moral e normas jurídicas vindas de outros países e não pensa a própria fé "apenas" com sistemas filosóficos e teológicos elaborados por outras comunidades.[29] Certamente é em sua nova experiência de vida religiosa (Congregação da Santíssima Trindade) que Bimwenyi espera dar o melhor exemplo do modelo da inculturação, sendo esta uma perspectiva fundamental e um objetivo essencial da experiência monástica da qual é co-fundador. A partir de sua igreja local, essa Congregação assume para si algumas tarefas fundamentais compatíveis com a própria dinâmica da inculturação: "adorar a Santa Tríade", "manter à distância a morte" através da oração que é também "tarefa de libertação", realizar trabalho mediante o qual se possa contribuir

---

[25] BIMWENYI, K. O. *Congrégation de la Sainte Trinité et exigences d'inculturation.* In *Vie monastique et inculturation à la lumière des traditions et situations africaines.* Actes du Colloque international. (Kinshasa, 19-25 fev. 1989). Kinshasa, Archidiocèse de Kinshasa – Aide intermonastères, 1989. p. 158.
[26] Cf. *ibid.*
[27] Cf. *ibid.*, p. 161.
[28] Cf. *ibid.*
[29] MUKENG'A, K. *Collaboration entre les Églises locales.* In *Églises locales en dialogue: insondables et imprévisibles voies de l'avenir* (Symposium de Maria Laac, 31 out. – 5 nov. 1982). Kinshasa, Éd. du Sécretariat de la CEZ, 1984. p. 35.

com a "promoção integral do homem" e com o "enquadramento logístico das comunidades aldeãs dos arredores".³⁰ Outra tarefa refere-se à "libertação epistemológica", sem a qual não se poderiam evitar "confusões de linguagem" entre inculturação e adaptação. A isso se acrescentam a informação e o domínio das tradições africanas.³¹ É sob essa condição que se torna possível o surgimento de uma igreja africana, mas não africanizada.

Essa concepção não parece corresponder à da inculturação da vida consagrada conhecida na África e da qual são João da Cruz, santa Teresinha do Menino Jesus, santa Teresa d'Ávila,³² santa Clara e outros reclamariam a paternidade ou maternidade espiritual. Não só isso. Pacto de sangue, simbolismo da palma (que significa a doação total a Deus), bênção dos pais, veneração dos antepassados são outros tantos momentos privilegiados por meio dos quais é explicada às vezes a importância simbólica e teológica dos "ritos inculturados" da consagração religiosa. Daí a questão de saber se o sentido da inculturação é sempre unívoco.

2. OS IMPERATIVOS DA INCULTURAÇÃO

Outros teólogos não cessam de saudar a teologia da inculturação e consideram o enfoque da adaptação superado ou pelo menos a exigir revisão que a redimensione. Entretanto essa realidade da "adaptação" marcou a vida da igreja a partir da Instrução da Sagrada Congregação para a propagação da fé, endereçada em 1659 aos vigários apostólicos a caminho dos reinos chineses do Tonchino e da Cochinchina, até o Vaticano II.³³ No entanto, a inculturação se distingue da "simples adaptação". Ela vai além daquele tipo de adaptação do qual Mveng diz que "considera a mensagem evangélica e a igreja como blocos inseridos na ganga intocável de sua formulação ocidental" e que é preciso "procurar torná-las acessíveis aos não ocidentais".³⁴

---

³⁰ *Ibid.*, p. 164-169.
³¹ Cf. *ibid.*, p. 170.
³² Não é supérfluo ouvir dizer que "Teresa de Ávila é fenômeno de cultura". Essa santa recapitula "as correntes literárias, as escolas de espiritualidade, a fusão das culturas e das raças que caracterizam a Espanha do século XVI" (MVENG, E. *Spiritualité africaine et spiritualité chrétienne*. In *L'Afrique et ses formes de vie spirituelle*. Actes du deuxième Colloque international. Kinshasa, 21-27 fév. 1983. *Numéro spécial Cahiers des Religions Africaines*, n. 47, v. 24, jan.-jul 1990]. Kinshasa, Facultés Catholiques, 1990. 2ª ed. rev. e cor., p. 274).
³³ Cf. MVENG, E. *L'Afrique dans l'Église: paroles d'un croyant*. Paris, L'Harmattan, 1985. p. 93 [trad. it.: *Identità africana e cristianesimo*. Torino, SEI, 1990. p. 87]. A Instrução dava diretivas quanto ao respeito dos costumes dos povos, quanto à formação do clero local e pedia aos missionários para que não acirrassem o próprio nacionalismo em detrimento da fé.
³⁴ *Ibid.*, p. 100. Outro pensador africano que acredita que a inculturação vai além da adaptação é QUENUM, A. *Critique des Lineamenta*. In *Le Églises africaines face aux défis actuels. Actes du spécial colloque présynodal.* (Abidjan, 15-17 dez. 1992). In *Revue de l'Institut Catholique de l'Afrique de l'Ouest (RICAO)*. n. 5-6, p. 55, 1993.

A inculturação parte das realidades mais do que das teorias. Não se limita à explicitação de uma doutrina feita apenas para tirar dela novas aplicações. Ela se deixa interpelar pela experiência de fé vivida hoje.[35] Não se insiste o bastante: as igrejas da África são assim chamadas a voltar a dar ao procedimento indutivo toda a atenção dada à prática histórica e cultural para que seus esforços de evangelização tenham sucesso em profundidade, esforços para cuja aplicação Mveng indica alguns lugares.

De fato, é preciso haver homens de Deus enraizados nas tradições de seus povos. As instituições, como a do direito eclesiástico, devem ser repensadas em função da vida das comunidades autóctones. Essas questões inserem-se no campo da pastoral que abrange toda a vida da igreja (a liturgia, a arte sacra, a família, a educação etc.). Há também a inculturação da vida espiritual e das estruturas. A propósito das estruturas a criar (cf. os institutos religiosos), é importante que elas tenham origem na realidade da África e sejam o lugar da prática de política de presença e de participação em todas as instâncias de escolha e de decisão na África. Eis os imperativos da realidade africana: "as independências", "a busca da unidade nacional e continental", "a pobreza estrutural e antropológica da África, suas riquezas e suas potencialidades humanas e naturais".[36] A inculturação da igreja procurará inserir-se em todos esses setores da realidade continental. Ela deve ser projeto global e "o único e grave problema que se coloca a nossa igreja africana".[37]

O pensamento teológico de Pénoukou obedece às exigências dessa inculturação na medida em que a realidade da África é levada a sério. À primeira vista não se poderia justificar isso quando o teólogo beninense afirma que "inculturar a fé significa inserir a mensagem cristã numa cultura" e corresponde ao esforço concreto de evangelização das tradições e de conversão das mentalidades em relação a Jesus Cristo.[38] No fundo, o projeto de inculturação não se expressa em termos de "procura do paraíso perdido" através de "escavações arqueológicas". Não é como idealização da tradição africana que existiria em "estado puro", tanto é verdade que o homem africano está ele próprio colocado diante de transformações profundas.[39] Para Pénoukou, tudo isso significa que qualquer projeto de inculturação deve levar em consideração as situações concretas. É importante indagar-se sobre o impacto real da tradição africana sobre a vida atual. "Que mudanças

---

[35] Cf. BOUCHARD, J. C. *Méthodologie de l'inculturation.* In CHEZA, M.; DERROITTE, H.; LUNEAU, R. (Ed.). *Les évêques d'Afrique parlent: 1969-1991: documents pour le synode africain.* Paris, Bayard Editions – Centurion, 1991, p. 152-153.
[36] MVENG, E. *L'Afrique dans l'Église...*, p. 106-115 [trad. it., *Identità africana e cristianesimo,* cit. p. 104s.].
[37] PÉNOUKOU, E.-J. *Églises d'Afrique: propositions pour l'avenir.* Paris, Karthala, 1984. p. 43 [trad. it., *Chiese d'África. Prospettive per l'avvenire,* Dehoniane, Bologna 1987, 49].
[38] *Ibid* [trad. it. cit.]. É necessário se perguntar se Pénoukou distingue entre a inculturação da Palavra e a inculturação da fé.
[39] Cf. *ibid.*, p. 55 [trad. it. cit., p. 63].

sofre essa tradição frente à evolução de um mundo sempre mais tecnológico e secularizado? Que visão do homem, da vida familiar e social, da educação dos jovens, da relação com Deus etc. apresentam-se hoje sobre o fundo das mentalidades ditas tradicionais? Outras tantas questões que interessam à vida de fé e que o esforço de africanização do cristianismo não poderia deixar de lado.[40]

A inculturação, entretanto, não se limita à evangelização das culturas. É essa, pelo menos, a convicção de alguns teólogos africanos que não se limitaram a simples declarações de princípio, mas refletiram concretamente sobre a contribuição das tradições locais à descoberta de aspectos inéditos do evangelho e do mistério da igreja.

a. Inculturação em cristologia

Por causa de suas comunidades de fé, a abordagem desses teólogos levou a atribuir a Cristo o título de antepassado ou de proto-antepassado, de herói, de curandeiro, de mestre de iniciação, de nutriz (cf. o papel da mãe de todos os viventes) e outros.[41] É preciso ter presente que os intelectuais cristãos da África insistem no fato de que Cristo se coloca para além de todos os modelos. Eles no fundo fazem a reorganização temática da reflexão de suas comunidades eclesiais sobre sua adesão a Jesus Cristo. A experiência da figura do herói diz muito. A partir de uma amostra de trezentos e tantos nomes atribuídos a Cristo pelos cristãos Luba (Congo) em suas liturgias, L. Museka conseguiu chegar a uma metáfora abrangente que é a de Cristo herói.

b. Inculturação litúrgica

A missa camaronesa e a criatividade litúrgica junto aos Igbo da Nigéria podem muito bem figurar no registro da própria inculturação litúrgica, se se mostram ser procedimento não fechado e não saturado daquilo que será eventualmente "o rezar autêntico africano".[42] Tudo

---

[40] *Ibid.* [Trad. it. cit.].
[41] Cf. Bujo, B. *La célébration eucharistique et son incarnation dans la conception négro-africaine: pour une ecclésiologie renouvelée.* In: Dimandja Eluy'a Kondo – Mbonyinkebe Sebahire D. (eds.) *Théologie et culture* (Mélanges offerts à Mgr. Alfred Vanneste). Ottingnies – Louvain – la-Neuve, Noraf, 1988. p. 83. Ver ainda: Museka, L. *La nomination africaine de Jésus-christ: quelle christologie?* Kananga, Ed. De l'Archidiocèse, 1988; Kabasélé, F.; Doré, J.; Luneau, R. *Chemins de la christologie africaine.* Paris, Desclée, 1986 [Trad. it., *Cristologia africana*, Paoline, Cinisello B. 1987]. Okure, T. Leadership in the New Testament. *Nigerian journal of theology*, n. 1/5, p. 85-86, 1990.
[42] Cf. Abega, P. *La liturgie camerounaise.* CRA. v. 20-21, n. 39-42, p. 515-522, 1986-1987; cf. também Uzukwu, E. *Liturgical creativity in Igbo christian communities.* CRA, v. 20-21, n. 39-42, p. 523-534, 1986-1987.

isso refere-se também ao rito congolês, que J. Ukpong (Nigéria) considera como a melhor ilustração da inculturação na África.⁴³ Não se deixou de perguntar sobre esse rito e sobre sua nova denominação (Missal romano para as dioceses do Zaire). A esse respeito é preciso indagar-se sobre as invocações dos antepassados que acontecem no fim da invocação dos santos. É como se se recordassem os antepassados, esses "santos desconhecidos", que seriam antecipadamente salvos em Cristo sem tê-lo encontrado.⁴⁴ Outra versão do rito congolês invoca os antepassados antes dos santos. E intencionalmente: "No início de qualquer empreendimento, de qualquer ação importante, verifica-se a invocação deles na linha da comunhão vital. E, acrescentando os santos após os antepassados, destaca-se que os membros 'extraclânicos' se associaram a nossa comunhão vital, em nova rede, 'graças ao sangue de Cristo', mas essa nova rede da 'comunhão vital' não suprime a primeira rede, a da mediação ancestral".⁴⁵ Essa invocação dos antepassados implica uma eclesiologia que leva em conta a estrutura familiar. Ela não se opõe à mediação de Cristo.⁴⁶

Quanto às matérias eucarísticas, a África cristã busca seu caminho em nome da lógica da encarnação e da recusa da dependência econômica contrária à vontade do Criador.⁴⁷ A seu modo, dom A. T. Sanon já tinha expresso as implicações da questão: "Todos os outros pães, todos os outros rituais de refeição no mundo são talvez indignos do pão eucarístico?

---

⁴³ Cf. Ukpong, J. *The emergency of african theologies*. In *Theological studies*, n. 3, p. 501-536, 1984.
⁴⁴ Kabasélé, F. *Pâques zaïroises*. In: Kabasélé, F.; Doré, J.; Luneau, R. et al. *Pâques africaines d'aujourd'hui*. Paris, Desclée, 1989, p. 24. O autor não está de acordo com Bujo, que fala dos antepassados como santos desconhecidos (cf. Bujo, B. *Nos ancêtres, ces saints inconnus*. In *Bulletin de théologie africaine*, v. 1, n. 2, p. 165-178, 1979.
⁴⁵ Kabasélé, F. *Pâques zaïroises...*, op. cit., p. 24.
⁴⁶ Id. *Le christianisme et l'Afrique: une chance réciproque*. Paris, Karthala, 1993. p. 86. Consultar também Tengan, E. B. *House of God: church-as-family from an african perspective*. Leuven, Acco, 1997. p. 34.
⁴⁷ Em 1970, W. de Mahieu, antropólogo belga, defende as matérias eucarísticas locais, fruto da vida concreta dos africanos, as quais o próprio Cristo consagra com sua presença (cf. Mahieu, W. de. *Anthropologie et théologie africaine*. In *Revue du clergé africain*, t. 25, n. 4, p. 384, jul. 1970). E Luneau não compreende como no lugar de papa de milho ou de arroz, frutos da terra e do trabalho dos fiéis, sejam apresentados no ofertório produtos estranhos à cultura deles (cf. Luneau, R. *Une eucharistie sans pain et sans vin?* In *Spiritus*, t. 13, n. 48, p. 7, fev. 1972). J.-M. Ela aborda essa problemática em relação à dependência econômica da África. Ele deplora a situação de um continente que celebra a eucaristia e a salvação em contexto de dominação, no qual Cristo não se encarna na vida das culturas dependentes da cultura ocidental (cf. Ela, J.-M. *Le cri de l'homme*

Como aceitar diante do Senhor a humanidade cultural desses irmãos na fé cuja hospitalidade rejeitamos?"[48]

c. *Eclesiologia africana*

Defende-se a denominação africana do mistério da igreja-família ou da igreja-fraternidade.[49] A propósito da igreja-família, é preciso dizer mais. A iniciativa das igrejas africanas no campo da inculturação explica a formulação, em termos de "família integral", do mistério eclesial, cuja expressão não pode ser exaurida por uma única cultura. As intuições das comunidades locais, assumidas por seus pastores e pensadores, colocam-se nessa perspectiva da inculturação, que permite redescobrir a realidade eclesial

---

africain: questions aux églises africaines. Paris, L'Harmattan, 1980. p. 13 [Trad. it., *Il grido dell'[uomo africano. Domande ai cristiani e alle chiese dell'Africa*, Harmattan, Torino 2001]. Também outros autores defendem as matérias eucarísticas locais: Uzukwu, E. *Food and drink in Africa, and the Christian eucharist: an inquiry into the use of african symbols in the eucharistic celebration*. In *Bulletin de théologie africaine*, v. 1, n. 2, p. 171-187, 1980; Kabaselé, F. *L'inculturation sacramentelle au Zaïre*. In *Lumen vitae*, n. 42, p. 75-84, 1987; Mampila, A. *Une eucharistie sans pain ni vin? Une question théologique*. In *Revue africaine de théologie*, v. 8, n. 15, p. 17-32, 1984. Segundo esse teólogo devem ser os fiéis os atores da ação eucarística, cujo "caráter de ação simbólica" (e não o pão e o vinho) "garante a conformidade das eucaristias atuais com a Ceia de Jesus" (*ibid.*, p. 30, 32); Buetubela, B. *Le produit de la vigne et le vin nouveau. Analyse exégétique de Mc 14,25*. In *Revue africaine de théologie*, v. 8, n. 15, pp. 5-16, 1984. O autor desse artigo é explícito: "Qualquer elemento humano capaz de exprimir o caráter de banquete contido no vinho pode servir como matéria-prima para a simbólica do vinho novo. Em nenhuma parte é dito que o pão de trigo e o vinho de uva sejam a única maneira de significar a relação nova que une o homem a Deus. A fidelidade à realidade da Encarnação de Cristo não é absolutização da materialidade dos elementos culturais utilizados por Jesus" (*ibid.*, p. 16). Ponto de vista não favorável: Adoukonou, B. *L'eucharistie: une approche africaine du débat interculturel*. In *Communio*, n. 3, p. 65-78, 1985. Esse teólogo insiste no caráter sacrifical da refeição eucarística, "o qual não autoriza a tomar qualquer pão nem, conseqüentemente, outros produtos em substituição, dependendo dos contextos culturais" (*ibid.*, p. 79). Ele se insurge contra as teses centradas sobre a economia (cf. Ela), em favor de argumentação teológica (cf. *ibid.*, p. 79). A. Vanneste e D. Nothomb são também contrários à mudança das matérias eucarísticas.
[48] Citado em *Les évêques d'Afrique parlent...*, p. 159.
[49] Cf. Bujo, B. *L'apport africain à une conception de l'Église*. In *Sources*, n. 6, p. 252-254, nov.-dez. 1985. Dois relatórios do cardeal H. Thiandoum ao sínodo africano de 1994 em Cheza, M. (ed.). *Le synode africain: histoire et textes*. Paris, Karthala, 1996; Dabire, J.-M. *Église-famille de Dieu*. In *Foi, culture et evangelisation à l'aube du 3ͤ millénaire (Abidjan, abr. 1996)*. In *Revue de l'Institut catholique d'Afrique de l'Ouest*, n. 14-15, p. 81-119, 1996; Roamba, B. *Pour une ecclésiologie de l'Église-famille de Dieu: génèse théologique et pastorale de l'expression Église-famille de Dieu au Burkina-Fasso*. In *Telema*, n. 1-1, p. 43-68, 1997; *Église-famille. Église-fraternité: perspectives post-synodales* (Actes de la XXᵉ semaine théologique de Kishasa, 26 nov.-2 dez. 1995). Kinshasa, Facultés Catholiques de Kinshasa, 1997.

como família e ao mesmo tempo "ligar essa igreja às concepções mais autênticas das populações locais", "colocar em relevo suas exigências de vida comunitária, tornando ao mesmo tempo significativa a transcendência evangélica que é e deve ser a originalidade da 'família de Deus' com respeito à família humana".[50]

A tarefa a que são chamados a exercer os teólogos africanos é a de elaborar uma teologia da igreja-família "com todas as riquezas contidas nesse modelo" e a de mostrar sua "complementaridade com as outras imagens da igreja (por exemplo, a de 'igreja povo de Deus')".[51]

Dito isso, agora é preciso voltar a atenção também para aquilo que um teólogo africano chama de "para além da inculturação".

3. "PARA ALÉM DA INCULTURAÇÃO"

Segundo F. Kabasélé, pesquisas bíblicas limitam-se na maioria das vezes a comentários africanos da Bíblia. "Estuda-se a exegese de um texto segundo os critérios estabelecidos pelos especialistas, depois se observa atentamente o contexto africano; e procura-se situar a mensagem nesse contexto."[52] É o tipo dos trabalhos publicados por P. Poucouta[53] ou por J. e P. Levison,[54] para citar apenas os mais recentes. Isso se manifestou também no esforço da tradução de textos bíblicos em línguas africanas, tomando emprestados gêneros literários africanos (cf. os Salmos da savana, traduzidos no Leste africano pelos Padres Brancos). Mas, na opinião de F. Kabasélé, com tudo isso estamos no estádio da inculturação.

Sua intuição é de que uma leitura africana da Bíblia judaica e cristã deve levar à descoberta da revelação de Deus aos povos da África. E prossegue: "A edição em 1973 de uma Bíblia negra por parte de homens de letras ocidentais e não de teólogos já tinha dado

---

[50] ZOUNGRANA, P. *La vie de l'Église en Afrique*, in *Fidélité et Renouveau* n. 10, p. 10-11, jan. 1978.
[51] Cf. a proposição n. 8 do sínodo africano [trad. it. no periódico *Il Regno-documenti*, n. 11, p. 334s, 1994].
[52] KABASÉLÉ, F. *Au-delà de l'inculturation* (conferência ocorrida em 30 de junho de 2000 no colóquio de Bruxelas [*Lumen Vitae*]. In *Théologie africaine: état des lieux* (inédito); ILUNGA MUYA, J. *Lo stato attuale della teologia africana: un colloquio organizzato da Lumen Vitae* (30 jul. 2000), in *Ad gentes*, n. 5/1, p. 102-105, 2001.
[53] POUCOUTA, P. *Lettres aux Églises d'Afrique*. Paris, Karthala, 1996.
[54] LEVISON, P. P.; LEVISON, J. R. (eds.). *Return to Babel*. Louisville/Kentucky, Westminster John Knox Press, 1999.

a entender que os preceitos e as imagens da Bíblia cristã encontravam-se nas tradições místicas dos povos Bantu da África central.[55] Mas tratava-se ainda de uma preocupação de fazer comparação. Era preciso ir à frente nesse sentido para descobrir as fontes da Revelação junto a nossos povos [...]. Os passos mais importantes que foram dados nessa perspectiva encontram-se no lecionário de Cikapa-Kele, no qual as fábulas e os contos africanos foram apresentados e recitados no momento da liturgia da palavra durante as celebrações eucarísticas. Certamente o contexto em que essas narrativas africanas são apresentadas é a liturgia cristã e o conto africano aparece apenas em último lugar em apoio à palavra de Deus tirada da Bíblia cristã. Mas isso já é enorme progresso. É preciso destacar o fato de que Deus falou a nossos antepassados através dos contos e fábulas, através das palavras fortes e benéficas (quando o dizer corresponde ao fazer), através de todas as palavras que reforçam a vida, que restabelecem a harmonia no universo, que levam a vida do homem a sua plenitude. São essas palavras que a gente designa, em língua luba, como as palavras do Tiakani, termo que quer dizer harmonia e plenitude de vida. O estudo dos ritos de harmonização das crianças, dos ritos de passagem, dos círculos iniciáticos das diversas atividades profissionais de transformação no universo é capaz de fazer-nos ainda avançar nesse desvelamento da revelação de Deus a nossos povos".[56]

4. INCULTURAÇÃO OU LIBERTAÇÃO?[57]

a. Crítica da teologia da inculturação

Alguns críticos da teologia africana consideram que a obra de vários teólogos africanos não leva em conta temáticas sociopolíticas e econômicas da vida cotidiana. Prova disso é a comparação que se pode censurar no teólogo queniano J. Mbiti entre a teologia negra da América do Norte, cons-

---

[55] FOURCHE, T. A.; MORLIGHEM, H. *Une Bible noire*. Bruxelles, Éd. Max Arnold, 1973.
[56] KABASÉLÉ, F. *Au-delà l'inculturation*.
[57] Ainda que exista historicamente uma teologia sul-africana da libertação, aqui a atenção está voltada especialmente para o debate de idéias que opôs, sobretudo na África central, os teólogos da inculturação e os teólogos da libertação. Dirigimos o olhar também para a África anglófona. Prova disso é a reflexão de um pensador metodista queniano que vê a teologia africana como teologia da libertação que ganha impulso a partir da situação existencial dos povos africanos (cf. NTHAMBURI, Z. *African theology as a theology of liberation*. In *Afer*, v. 22, n. 4, p. 232-233, 1984).

tituída a partir da opressão, e a teologia africana que ao contrário provém da "alegria de experimentar a fé cristã".[58] Mbiti considera que o campo da exploração da teologia africana é mais vasto: "Além de todos os temas clássicos, esta trata de temáticas como o cristianismo e o Islã, a relação entre o cristianismo e a cultura africana, a renovação litúrgica, a penetração da fé cristã em ambiente africano etc.".[59] O leitor das publicações teológicas africanas só pode confirmar amplamente essas afirmações de J. Mbiti. Ele entenderá o desconforto de um Lufuta (Congo) que se tornou sensível ao problema do compromisso social a ponto de fazer suas estas palavras de um estudante africano: "[...] se Deus nos fala mais através de nossos costumes antigos que através do drama dos refugiados africanos que são mais de quatro milhões hoje no mundo, então seu Deus não me interessa".[60]

Com o passar do tempo, essas críticas dirigidas à corrente teológica da inculturação multiplicaram-se. Seria de se admirar, se se admite que as teorias da identidade cultural se nutrem das ideologias da autenticidade utilizada para fins ditatoriais na África subsaariana? De qualquer modo, tornou-se banal ouvir dizer que uma teologia se mostra apolítica de tanto tirar suas energias do cultural, enquanto a injustiça e a violação dos direitos do homem colocam todo um continente à beira da morte. Isso se observa na inculturação, cujos desvios J.-M. Ela aponta "lá onde o mundo está se esfacelando".[61] Quando alguém resume a obra teológica no "culto do passado" e no louvor às virtudes da negritude ou da autenticidade, está se separando da vida de um povo marginalizado.[62] Se a corrente da inculturação contribuiu para o reconhecimento das diferenças, Ela afirma que sem razão se perde tempo indefinidamente em cima de um debate clássico para responder às aspirações africa-

---

[58] Cf. Mbiti, J. *Point de vue africain sur la théologie noire américaine*, in *Lumière et vie*, t. 23, n. 120, p. 90, nov.-dez. 1974. Desmond Tutu teve de reagir contra Mbiti. Ele defendeu uma teologia africana que assuma problemas sociais e políticos de todo o continente subsaariano. Outras testemunhas da teologia sul-africana: Mofokeng, T. A. *The Crucified among the Crossbearers: towards a black christology*. Kampen, Kok, 1983. Maluleke, T. S. *Black and African theology after Apartheid and after the Cold War: an emerging paradigm*, in *Exchange*, n. 29/3, p. 193-212, 2000.
[59] *Ibid*.
[60] Cf. o texto impresso no dorso da contracapa de diversos números da *Select*, a revista dos dominicanos do Congo-Kinshasa.
[61] Cf. Ela, J.-M. *Ma foi d'africain*. Paris, Karthala, 1985, p. 207 [trad. it., *La mia fede di africano*, Dehoniane, Bologna 1987, p. 228]. C. Geffré ataca, também ele, esse respeito às culturas, o qual se torna álibi diante das tarefas urgentes de libertação na África. Segundo ele, a igreja pode tornar-se a aliada objetiva do *status quo* e das situações sociopolíticas injustas (cf. Geffré, C. *Mission et inculturation*, in *Spiritus*, t. 28, n. 109, p. 423, dez. 1987).
[62] Neckebrouck expõe o ponto de vista dos conselheiros benévolos que se perguntam "o que de todo esse complexo tradicional hoje permanece vivo e significativo". Ao invés de comprazer-se com as virtudes do passado ancestral, é melhor preparar-se para abordar as questões atuais do Terceiro mundo em plena mudança (Neckebrouck, V. *La Tierce Église devant le problème de la culture*, p. 64-65).

nas de hoje.⁶³ É tempo de repensar a igreja da África, levando em consideração a condição concreta dos homens e das mulheres,⁶⁴ com a qual se identifica Jesus Cristo. As comunidades locais não podem renovar-se, se não se indagam sobre o que elas proclamam e realizam em um contexto de lutas e de esperanças de libertação.⁶⁵ É esse o caminho de uma eclesiologia libertadora.

A publicação de Kä Mana, filósofo e teólogo protestante (Congo), parece prolongar essa crítica da chamada teologia culturalista. Ele chama de culturalistas as idéias que são dominadas pela intenção de edificar o desenvolvimento da África em cima dos valores culturais.⁶⁶ É essa a orientação da teologia culturalista que, numa África no mais profundo de sua crise, separa-se das questões urgentes para buscar modelos no passado africano.⁶⁷ Em *Christ d'Afrique*, Kä Mana justifica o estado atual dessa teologia através de uma escrita, se não incisiva, pelo menos provocadora.⁶⁸ Ele está aberto à teologia da libertação. Mas sua verdadeira proposta conceitual chama-se "teologia da reconstrução". Essa teologia precisa de "lucidez exigente na análise dos problemas" e de "orientação prática da reflexão". Exige, ademais, articulação de "seus princípios teóricos sob perspectivas de inovação eclesiológica", capazes de abrir o africano à inteligência do que está em jogo atualmente.⁶⁹ Será assim possível compreender que "os modelos não são dados em algum lugar, devem ser inventados", levando em conta as aspirações africanas e a conformidade delas com o evangelho.⁷⁰ O pensamento teológico de Kä Mana quer ser síntese da libertação, da identidade e

---

⁶³ Cf. ELA, J.-M. *Ma foi d'africain*, p. 207-211 [trad. it., *La mia fede di africano*, cit. p. 228-233]; MESSI METOGO, E. *Théologie africaine et ethnophilosophie*, 1985; Id. *Dieu peut-il mourir en Afrique?: Essai sur l'indifférence religieuse et l'incroyance en Afrique noire*. Paris – Yaoundé, Karthala – Presses l'UCAC, 1997. p. 201; cf. ainda: MBEMBE, A. *Afriques indociles: christianisme, pouvoir et État en société postcoloniale*. Paris, Karthala, 1988. Esse politicólogo camaronês considera que "o discurso das teologias da identidade e da diferença vive na ilusão de que 'é assim desde sempre', de que 'isso vale em todo lugar', uma vez que 'o pequeno bosque não chamuscou'. Esse discurso toma como 'eternas', 'naturais', relações significantes plásticas, reversíveis, contextuais, que acima de tudo são um constructo na história" (p. 56). Seja como for, uma eclesiologia libertadora deveria evitar fazer declarações verbais, mas promover antes experiências que situem a igreja africana para lá de modelos contingentes (cf. KULU KABAMBA, O. *Dénaïvisation*, p. 75).
⁶⁴ ODUYOYE, A. *Daughters of Anowa: African women and patriarchy*. Maryknoll, Orbis Book, 1995, p. 25-35; ID. *Feminist theology in an African perspective*. In: GIBELLINI, R. *Paths of african theology*. p. 166-181 [original it., *Donna nera. La teologia femminista in una prospettiva africana*, in GIBELLINI, R. (ed.), Percosi di teologia africana, Queriniana, Brescia 1994, p. 263-290].
⁶⁵ Cf. ELA, J.-M. *Le cri de l'homme africain...*, p. 165s. [trad. it., *Il grito dell'uomo africano. Domande ai cristiani e alle Chiese dell'Africa*, cit.].
⁶⁶ Cf. KÄ MANA. *Christ d'Afrique: enjeux éthiques de la foi africaine en Jésus-Christ*. Paris – Nairobi – Yaoundé – Lomé, Karthala – CE – TA – CLE – HAHO, 1994. p. 209.
⁶⁷ Cf. *ibid.*, p. 210.
⁶⁸ Cf. *ibid.*, p. 34.
⁶⁹ Id. *Théologie africaine pour temps de crise: christianisme et reconstruction de l'Afrique*. Paris, Karthala, 1993, p. 113-114.
⁷⁰ *Ibid.*, p. 114.

da reconstrução em função das exigências do humano, fecundadas pela força do evangelho.[71]
Mas esse pensamento, segundo J.-M. Ela, falha no plano da análise sociológica. Como se pode reconstruir edifício desmoronado, quando as forças do mercado mantêm relações de força só a seu favor? O recurso ao evangelho impede, talvez, de fazer leitura sociológica e política dos problemas africanos? De qualquer modo, a situação da África legitima a pertinência da teologia da libertação.[72]
E não basta ainda. Censura-se Kä Mana por não ter consciência da origem do tema da reconstrução e da crítica que esta merece. A reconstrução adotada pela Conferência das igrejas de toda a África (CETA) parte da idéia de que o discurso da libertação é justificado no contexto das independências africanas e do *apartheid*. Ora, essas realidades desapareceram. É tempo de reconstrução. A questão, porém, que se coloca é saber se não é verdade que a África vive nova versão do tráfico e sofre portanto da escravidão. A libertação está superada, perguntam-se os críticos de Kä Mana?

---

[71] Cf. *ibid.*, p. 199. Cf. também KÄ MANA. *La nouvelle évangélisation en Afrique*. Paris, Karthala, 2000. Essa obra remete à raiz da teologia da reconstrução: GETUI, M. N.; OBENG, E. A. (eds.). *Theology of reconstruction: exploratory essays*. Nairobi, Acton Publishers, 1999.
[72] Cf. ELA, J.-M. *Cours d'initiation à la théologie africaine*. Louvain-la-Neuve, 1996-1997 (inédito). Para o nigeriano E. Uzukwu, Kä Mana deve saber que se pode reconstruir a partir do passado da África posto em evidência "pelos *Negro spirituals*, pelas Igrejas independentes, pelas teologias da adaptação, da encarnação ou da inculturação, pelas teologias da libertação ou pelas teologias negras, assim como por todos os estudos históricos sobre o passado africano". Também os testemunhos dos mártires da Uganda, da vida do cardeal Malula, de Nelson Mandela, podem revelar uma "centelha da reconstrução da África" (UZUKWU, E. *La théologie africaine: a propos de deux livres de Kä Mana* [*Théologie africaine pour les temps de crise: christianisme et reconstruction de l'Afrique*; *Christ d'Afrique: enjeux éthiques de la foi africaine en Jésus-Christ*], in *Spiritus*, t. 35, n. 136. set. 1994, p. 362. Um jovem recensor fica espantado com o "estilo jornalístico" e as "informações baseadas em conversa fiada" de *Christ d'Afrique* (leia-se a recensão de TSHISUNGU TSHISUNGU. *A propos de Christ d'Afrique*, in *Arc-en-ciel*, n. 36, 1994-1995, p. 104). Todas essas críticas, em nossa opinião, tem como pano de fundo o questionamento das reprovações de Kä Mana quanto às teorias da identidade cultural. Quando F. Kabasélé reflete sobre os estudos do pastor protestante Kä Mana, entende que este último está familiarizado com o culto protestante marcado pela leitura e pelo comentário da Bíblia. O protestantismo na África não desenvolveu muito as pesquisas em matéria de inculturação. Assim se explicam as dificuldades de Kä Mana, a partir da visão de um liturgista africano. F. Kabasélé aconselha a não banalizar a introdução da dança e do tambor no culto. É ato revolucionário com relação a uma espiritualidade dualista em que a oração ignora o corpo. E ainda: numa civilização em que "toda a vida é levada pelo ritmo", "o negro-africano crê que o mundo é criado por Deus num certo ritmo". Tudo é vivido "em harmonia com o ritmo de Deus". Eis o que representa principalmente o papel da dança: dançar a alegria, dançar a dor ("danças fúnebres nas regiões da África do Oeste e da África central"), dançar o amor, a cólera, o ódio, o repouso ou dançar o trabalho ("numerosas são as canções e os ritmos que acompanham os trabalhos coletivos e também certos trabalhos individuais"), dançar a oração, tudo isso é de interesse capital com relação a um contexto em que os instrumentos africanos eram considerados como "suspeitos de paganismo" (KABASÉLÉ, F. *Le christianisme et l'Afrique*, p. 82-83).

b. Libertação / inculturação

Parece que a teologia da libertação merece ainda grande atenção. É essa, pelo menos, a convicção do tanzaniano L. Magesa que se inspira criticamente na realidade cultural e política da *ujamaa* (a família).[73] A *ujamaa* encarna a recusa da luta de classe como motora da história e atesta a desconfiança em relação ao capitalismo considerado em suas dimensões menos favoráveis: "Crescimento limitado aos setores de exportação, divisão internacional do trabalho a favor dos países industrializados, impossibilidade de impedir o nascimento das classes etc.". Essa concepção tanzaniana da família quer também fundar a prática política sobre "os valores tradicionais das sociedades baseadas na estirpe".[74] Essas idéias-força do socialismo tanzaniano inspiram a teologia da libertação na Tanzânia e se diferenciam das teorias rebeldes aos valores do passado.

A teologia da libertação desenvolvida na Tanzânia empenha-se também em pensar a defesa dos direitos do homem e em convidar as igrejas locais a promoverem o espírito democrático. Seus seguidores recusam-se em dar sua caução a relações entre Roma e África que seriam marcadas pela dominação e pelo imperialismo.[75] A bem da verdade, L. Magesa acredita poder edificar a teologia da libertação em cima dessas asserções conhecidas. Diferentemente de certa tendência francófona da libertação, ele não pretende pôr fora do jogo o passado cultural africano, mas trata-se, para ele, de assumi-lo de maneira rigorosamente crítica e com discernimento. O fato é que há espaço para discurso libertador que não descuide porém da inculturação.[76] Magesa aprofunda idéias marcadas pela dialética da inculturação e da libertação. Dessa forma, ele abre espaço à objeção contra os julgamentos categóricos de personalidades da teologia da libertação sobre os quais um teólogo congolês faz algumas observações, cujo conteúdo é este: "É dar prova de uma grande miopia, seja teológica e cultural, seja sociológica e política, não se dar conta da força de libertação e de desalienação de um discurso teológico fortemente inculturado. Isso, é óbvio, assinala um lugar central ao ser-no-mundo africano em sua abordagem

---

[73] Cf. MAGESA, L. *Towards a theology of liberation for Tanzania*. In: FASHOLÉ-LUKE, E.; GRAY, R.; HASTINGS, A.; TASIE, G. (eds.). *Christianity in independent Africa*. London, Rex Collings, 1978, p. 506.
[74] MBONIMPA, M. *Idéologies de l'indépendance africaine*. Paris, L'Harmattan, 1989, p. 189.
[75] Cf. MAGESA, L. *Human rights in the Church in Africa*. In: MUGAMBI, J. N. K.; MAGESA, L. (eds.). *The Church in African Christianity: innovative essays in ecclesiology*. Nairobi, Initiatives Ltd., 1990, p. 89-97. Cf. também MAGESA, L.; NTHAMBURI, Z. (eds.). *Democracy and reconciliation: a challenge for African Christianity*. Nairobi, Acton Publishers, 1999; GITAU, A. K. *The environmental crisis: a challenge for African Christianity*. Nairobi, Acton Publishers, 2000.
[76] Cf. MAGESA, L. *Pour une mission inculturée: l'Église en Afrique orientale*, in *Spiritus*, t. 30, n. 116, p. 272-275, set. 1989. O autor leva em consideração tanto a inculturação como a justiça social.

da tradição cristã e oferece, com isso, critérios endógenos de discernimento na acolhida das contribuições externas e, ao mesmo tempo, nos compromissos libertadores que são assumidos".[77] O autor dessas linhas gostaria que se tirasse a lição dos insucessos conhecidos há décadas de projetos de desenvolvimento do Terceiro mundo, "concebidos sem integração da dimensão cultural, filosófica, simbólica e religiosa do povo a 'se desenvolver'".[78]

Refletindo bem, dir-se-ia que a inculturação torna-se, segundo M.-J. Agossou (Benin), "a arma libertadora", "a única" que determinará a emancipação do africano, "restituindo-lhe a personalidade, ao mesmo tempo em que abre caminhos à universalidade e a um futuro conscientemente preparado e aceito".[79] Esse teólogo do Benin está muito preocupado com a personalidade cultural africana. Estabelece distinção entre os latino-americanos, no passado mais interessados no político e no econômico, e os africanos que sofrem pelo "não reconhecimento da humanidade negra".[80] Com isso, chegamos ao tema da pobreza antropológica que Mveng introduziu em seu pensamento teológico e que lhe parece seja a chave de compreensão da história das sociedades africanas. Esse pensador camaronês diz que a situação do africano não é redutível ao problema dos direitos do homem. Ele gosta de falar de toda uma humanidade que foi pura e simplesmente negada.[81] No continente africano, a pobreza não é apenas problema socioeconômico. É toda a "condição humana em sua raiz profunda que foi degenerada, traumatizada, empobrecida. A pobreza africana é pobreza antropológica", cuja "multíplice expressão" concretiza-se nos planos político, econômico, sociológico, cultural e espiritual.[82]

Em termos teológicos, a pobreza antropológica é concebida como "a negação do homem segundo o evangelho, criado à imagem de Deus, irmão de Jesus Cristo, filho de Deus encarnado".[83] Cristo não legitima a realidade do aniquilamento antropológico, mas restaura a humanidade em sua grandeza.[84] Ainda uma vez mais é preciso reconhecer que a inculturação e a libertação caminham juntas e são indissociáveis.

---

[77] Museka, L. *La nomination africaine de Jésus-Christ*, p. 371. Cf. também Kangudie, K. *Inculturation et libération en théologie africaine*. In: *Théologie africaine: bilan et perspectives*, p. 209; Okolo, Ch. B. *Liberation theology in African Church*, in *BTA*, v. 4, n. 8, p. 174-187, jul.-dez. 1982.
[78] Museka, L. *La nomination africaine de Jésus-Christ*, p. 371.
[79] Agossou, M.-J. *Christianisme africain: une fraternité au-delà de l'ethnie*. Paris, Karthala, 1987, p. 124.
[80] *Ibid.*, p. 122. O tema do aniquilamento não é estranho ao pensamento de G. Gutiérrez. Hoje, a América Latina defende a relação entre a inculturação e a libertação (cf. Boff, L. *La nouvelle évangélisation: perspectives des opprimés*. Paris, Cerf, 1992 [texto original: *A nova evangelização: perspectivas dos oprimidos*. Fortaleza, Vozes, 1991. 4ª ed.]; IV Conferência Geral do Episcopado Latino-Americano. *Santo Domingo: conclusões: nova evangelização, promoção humana, cultura cristã, Jesus Cristo ontem, hoje e sempre*. São Paulo, Loyola, 1993, 5ª ed.
[81] Cf. Mveng, E. *L'Afrique dans l'Église...*, p. 203 [trad. it., *Identità e cristianesimo*, cit., p. 186s.].
[82] *Ibid.*, p. 210-211 [trad. it. cit., p. 194-195].
[83] Ngindu, M. *Les thèmes majeurs*, p. 104.
[84] Cf. *ibid.*

As tendências teológicas que se deduzem das considerações precedentes apontam, em nosso entender, para o desenvolvimento de um discurso próprio para uma igreja africana em plena vitalidade. Elas são representadas, como vimos, por alguns personagens importantes que seguem determinados meios de abordagem em seu trabalho. Em que consistem esses meios?

II. Epistemologia e método na teologia africana

Por ocasião da reunião ocorrida em Dar-es-Salaam (1976), os teólogos do Terceiro mundo (Ásia, África, América), em um manifesto tornado ponto de referência, declararam: "Rejeitamos como insignificante um tipo acadêmico de teologia separada da ação. Estamos prontos para radical ruptura epistemológica que faça do compromisso o primeiro ato teológico, adotando uma reflexão crítica sobre a prática histórica do Terceiro mundo".[85]

Eles, desse modo, atestam a preocupação de examinar a fundo "o que é vivido ou percebido como a migração fundamental da teologia em direção à 'base', para articular, a partir desse novo promontório, o sentido imanente à experiência".[86]

Depois de ter relativizado, mas sem desprezá-lo, o tipo de inteligibilidade dedutivo, muitos teólogos africanos empenharam-se de um ou de outro modo no caminho da atualização da declaração final do encontro de Dar-es-Salaam. Fazem questão de que a teologia deixe de ser "exercício escolástico, com grande exibição de palavras pedantes e de expressões enigmáticas".[87] O que é certo é que a teologia africana — promovida por "filhos do povo, filhos dos aldeões, dos artesãos, dos empregados ou homens de igreja enraizados em seu território ou na carne viva de sua tribalidade" — quer ser "teologia do povo" que "ilustra a experiência das comunidades cristãs vivas da África".[88]

Dito isso, é preciso acrescentar alguma palavra sobre a orientação metodológica dos teólogos africanos. A inteligência africana do dado revelado conserva um sentido pertinente, se se articula tendo como pano de fundo o processo de revelação enquanto processo de comunicação entre Deus que se revela e os homens histórica e culturalmente situados. O trabalho de interpretação não se mostra facultativo. Exegetas e teólogos estão conscientes disso.

---

[85] BIMWENYI, K. O. *Dépassements: à l'origine de l'Association oecuménique des théologiens du Tiers-Monde*, in *Bulletin de théologie africaine*, v. II, n. 3, p. 46, 1980.
[86] *Ibid*, p. 46.
[87] MVENG, E. *Éditorial*, in *Bulletin de théologie africaine*, v. I, n. 1, p. 6, 1979.
[88] ID. *La teologia africana della liberazione*, in *Concilium*, n. 5, p. 37, 1988.

a. Metodologia de exegetas africanos

Interrogando-se sobre a legitimidade de interpretação da Escritura, o exegeta africano aponta o problema metodológico. A questão, colocada num trabalho acadêmico por M. R. Mugaruka, vem a calhar: há abordagem negro-africana da Bíblia?[89] A hermenêutica está entre as disciplinas necessárias ao desenvolvimento do estudo científico da Bíblia.[90] A investigação de Monsengwo Pasinya, o primeiro africano doutor em exegese, servirá de ilustração para confirmar nossa afirmação.

Reconhece sem dúvida que essa ciência da interpretação, aparentemente nova, permaneceu por muito tempo "apanágio da exegese bíblica". Tinha o objetivo de proceder à interpretação das Escrituras em três etapas: "A noemática, isto é, a definição e a doutrina dos sentidos escriturísticos; a heurística ou as técnicas do sentido; e a proforística ou a expressão do sentido assim encontrado e definido".[91] Historicamente, a hermenêutica marcou, entre outras, as reflexões dos Padres e dos medievais a respeito dos quatro (ou três) sentidos da Escritura. Eles visavam a "fixar as regras de justa interpretação das Escrituras".[92]

Entre os Padres, há três casos que podem valer como exemplos ilustrativos. Orígenes interessa-se pela determinação das regras da hermenêutica, definindo e aplicando os três sentidos: corporal, psíquico e espiritual.[93] São Jerônimo expõe as três regras de interpretação ou os três sentidos da Escritura: o sentido histórico, tropológico e espiritual. Sua tendência, porém, é para interpretação "literalista".[94] Santo Agostinho expõe três "técnicas do sentido" e da "expressão do sentido assim encontrado".[95] Santo Tomás de Aquino pesquisa a definição das regras de heurística dos quatro sentidos e da relação desses sentidos entre si. Preocupa-se também com o peso de cada um dos quatro sentidos no contexto de uma argumentação teológica.[96]

---

[89] Retomamos o título da dissertação para a licença em teologia apresentada por M. R. Mugaruka à faculdade de teologia da Universidade Católica de Lovaina, em 1983: *Y-a-t-il une approche négro-africaine de la Bible?*
[90] Hermenêutica: do grego *hermenéuein*. O termo significa traduzir, explicar, interpretar. Na mitologia grega, Hermes é o mensageiro divino encarregado de anunciar, de fazer entender o pensamento dos deuses. "É-lhe atribuída a invenção dos meios de comunicação cultural, especialmente da linguagem e da escrita" (cf. o texto de apresentação do artigo: MONSENGWO, P. *Le problème herméneutique*, in *Telema*, n. 2, p. 149, 1975).
[91] MONSENGWO, P. *Interprétation africaine de la Bible: racine herméneutique*, in *Revue africaine de théologie*, n. 2, p. 149, 1977.
[92] *Ibid.*
[93] Cf. *ibid.*
[94] Cf. *ibid.*
[95] *Ibid.*, p. 150.
[96] Cf. *ibid.*

Enfim, a Reforma protestante destaca o princípio da *sola Scriptura*, enquanto os concílios de Trento, Vaticano I e Vaticano II invocam a tradição da igreja para extrair "a interpretação autêntica das Escrituras".[97]

Monsengwo Pasinya termina esse esboço histórico com a exegese rabínica, reconhecendo seu interesse do ponto de vista da hermenêutica.[98] Faz questão de precisar que a hermenêutica feita até o século XVII é bíblica: "A arte de interpretar é totalmente dirigida para os textos e questões bíblicos".[99] Mas essa "hermenêutica sacra" obedece a impulsos que não diferenciam de fato dos da hermenêutica da época contemporânea. O contexto do advento do período das Luzes dá início a um estudo elaborado da problemática filosófica da hermenêutica. A exegese não pode recusar em interessar-se pela maneira como se desenvolve esse pensamento.

F. Schleiermacher, W. Dilthey, M. Heidegger, H.-G. Gadamer, P. Ricoeur: são esses os personagens que desempenharam papel preponderante no aprofundamento da dimensão filosófica da hermenêutica.[100] Pode ser suficiente retomar P. Ricoeur para dar-se conta do alcance da ciência da interpretação tanto na exegese como na teologia.

Como constata Monsengwo, esse filósofo francês terá esclarecido suficientemente sobre a implicação da hermenêutica, insistindo no "sentido multíplice" ou no símbolo como "estrutura de significado na qual um sentido estrito, primário, literal, designa ademais outro sentido indireto, secundário, figurado que não pode ser apreendido a não ser por meio do primeiro".[101] O significado multíplice não significa aceitação do subjetivismo e portanto da desordem. A interpretação não é deixada ao capricho de quem interpreta. A tradição desempenha papel importante. Interpretando, não se parte do nada, mas parte-se "para explicitar, prolongar e assim manter viva a própria tradição em que se está inserido".[102]

Assim, o contexto ocupa lugar especial — função de escolha —, permitindo "construir frases unívocas com palavras multívocas". A ambigüidade

---

[97] *Ibid.*
[98] Cf. *ibid.*
[99] *Ibid.*, p. 150.
[100] Cf. *ibid.*, p. 151. Insistimos no nome de Schleiermacher a propósito do nascimento da hermenêutica. Escrevendo suas *Lezioni sull'ermeneutica e la critica* [Ed. bras.: *Hermenêutica*: arte e técnica da interpretação. Petrópolis, Vozes, 2000. 2ª ed.], "Schleiermacher tinha antes de tudo em vista as necessidades muito concretas de seus estudantes de teologia, envolvidos com os problemas de interpretação específicos que sua prática da exegese levantava. Eis por que essa hermenêutica que lança as bases de uma teoria transcendental da compreensão traz entretanto como subtítulo 'Com aplicações particulares ao Novo Testamento'" (cf. Greisch, J. *L'âge herméneutique de la raison*. Paris, Cerf, 1985. p. 8; grifado no texto).
[101] Monsengwo, P. *Interprétation africaine de la Bible: racine herméneutique*, in *Revue africaine de théologie*, n. 2, p. 154, 1977.
[102] *Ibid.*

está criada quando o contexto perde seu papel de filtro.[103] Ricoeur deixa a entender além disso "que cada interpretação se propõe a superar um afastamento, uma distância entre a época cultural passada, ao qual pertence o texto, e o próprio intérprete. Superando essa distância, tornando-se contemporânea do texto, a exegese pode apropriar-se do sentido".[104]

Em resposta a essas reflexões filosóficas, P. Ricoeur pode ser honrado — em campo cristão — com o título de hermeneuta juntamente com o de exegeta. Ele esclarece assim a relação hermenêutica na questão das Escrituras: o Novo Testamento dá a interpretação do Antigo Testamento. O que assim se manifesta também é a "decifração de nossa existência segundo a conformidade com Cristo". Por fim, o Novo Testamento exige ser lido como conjunto de "textos que já são eles mesmos interpretação".[105]

Segundo o que diz Monsengwo, bom número de exegetas adota essas conclusões. Mas suas reservas pessoais referem-se ao fato de que P. Ricoeur não leva em consideração "o período anterior ao texto definitivo, aquele durante o qual, graças a uma contribuição conjugada de excessos de sentido, o texto e a mensagem tomam pouco a pouco a forma que têm hoje".[106] Não só isso. O importante para nós é examinar as evoluções relativas às novas compreensões da Bíblia. A escrita exige a interpretação. Trata-se de uma interpretação "necessariamente filosófica e portanto sociocultural e existencial" dos textos da Bíblia. É nesse nível que encontra espaço "uma interpretação africana da mensagem bíblica, sendo esta apenas aplicação, conseqüência e variante da interpretação existencial".[107]

Acrescentemos uma idéia que nunca repetiremos o bastante: hoje, uma leitura africana da Bíblia corresponderia ao que desejavam os participantes do Colóquio teológico de Accra, conscientes da inscrição em primeira linha da Bíblia e da herança cristã entre as fontes da teologia africana. Seu texto é límpido a propósito da Bíblia: "A Bíblia é a fonte fundamental da teologia africana porque é o testemunho primordial da revelação de Deus em Jesus

---

[103] Cf. *ibid.*, p. 155.
[104] *Ibid.*, p. 157. O autor remete à nota 47 de seu artigo.
[105] *Ibid.*, p. 157. O autor inspira-se em R. Bultmann e em P. Ricoeur.
[106] *Ibid.*, p. 163.
[107] *Ibid.* 164. Recentemente o autor salientou ainda: "A partir do momento em que se estabelece clara distinção entre a exegese e a hermenêutica (a exegese, apresentando o sentido real e histórico graças à descoberta dos diversos estratos da palavra; a hermenêutica, a descoberta do excesso de sentido que o texto bíblico comporta; e a semiótica, o exame do texto como é constituído em si próprio, fazendo abstração das referências históricas), somente se pode chegar à necessidade de interpretação existencial do texto bíblico, porque a Palavra de Deus é vida. Essa descoberta do excesso de sentido e essa interpretação existencial são fatalmente funções da própria cultura da exegese e do usuário de suas investigações. Admitamos se apliquem a todos as mesmas regras de interpretação existencial: há lugar para uma diversidade de abordagens e de inteligências do texto, levadas em conta as exigências epistemológicas próprias de cada cultura" (IWELE, G. *Mgr. Monsengwo: acteur et témoin de l'histoire*. Louvain-la Neuve, Duculot, 1995, p. 77).

Cristo. Nenhuma teologia pode conservar a própria identidade cristã prescindindo da Escritura. A Bíblia de fato não é simples obra histórica do povo de Israel. Através de releitura dessa Escritura no contexto social de nosso povo em luta pela realização de sua humanidade, Deus no fala no coração de nossa situação tormentosa. Essa palavra divina não é proposta abstrata, mas evento em nossas vidas, evento que nos obriga a continuar a luta por nossa plena humanidade".[108]

Além da contribuição de Monsengwo Pasinya, à qual foi consagrada mais de um página, trabalhos lúcidos e corajosos, artigos de revistas, temas e idéias manifestam movimento cuja amplitude, no que se refere à interpretação contextual da Bíblia, com certeza vai crescendo.[109]

A partir de agora não é mais útil ao exegeta africano chafurdar-se numa espécie de exegese técnica pouco aberta à apropriação da mensagem por parte da comunidade dos crentes. Senão seu discurso perderá credibilidade. Por que não dizer o mesmo do especialista africano em teologia fundamental?

b. A adaptação como orientação teológica

Parece-nos oportuno remeter o leitor ao que foi dito sobre a teologia da adaptação para apreender a implicação metodológica. O que não nos impede de dizer uma palavra a esse respeito, fazendo referência uma vez mais a V. Mulago. Nesse autor existe a preocupação constante em comparar concepção bantu com eclesiologia piramidal, em recuperar os dados da antropologia africana dentro de um modelo histórico de igreja erigido como absoluto.

Rejeitando certa teologia da adaptação ou aquela que insiste na busca de elementos africanos "compatíveis" com o cristianismo (esperas), os bispos africanos e malgaxes quiseram, por sua vez, fazer uma escolha histórica a favor de uma teologia africana que integre as aspirações fundamentais de seus povos. A teologia da encarnação, à qual dão sua preferência, é a que se insere no quadro da teologia africana considerada crítica.

---

[108] *Libération ou adaptation?: la théologie africaine s'interroge* (Actes du Colloque d'Accra). Paris, L'Harmattan, 1979, p. 229-230.
[109] Ressalvamos que nossa citação é incompleta: MONSENGWO, P. *Le problème herméneutique*, in *Telema*, n. 2, 1975. *Christianisme et identité africaine* (Actes du premier congrès des biblistes africains, 26-30 dez. 1979). Kinshasa, Faculté de Théologie Catholique, 1980; *Les Actes des apôtres et les jeunes Églises* (é o tema do segundo congresso dos biblistas africanos, ocorrido em Ibadan, Nigéria, de 31 jul. a 3 ago. 1984); KABASÉLÉ, M. A. *Figures bibliques dans les Negro Spirituals: un exemple de lecture contextuelle de la Bible*, in *Revue africaine de théologie*, v. 18, n. 35, p. 83-102, 1994.
Cf. também WILLE, W. *Popular Bible interpretation* in Uganda. *African ecclesiastical review*, n. 15, p. 227-236, 1973; WEST, G. *Biblical hermeneutics of liberation: modes of reading the Bible in the south African context*. Maryknoll/New York, Orbis Book, 1995. 2. ed., p. 200.

c. *Discurso metodológico da teologia da inculturação e da libertação*

Segundo a opinião dos pesquisadores do Instituto Católico da África Ocidental, trata-se de evitar polvilhar com considerações cristológicas os dados culturais estudados antes em si mesmos. "Quando se trata teologicamente de um fato cultural — na perspectiva da inculturação e partindo da encarnação —, não serve para nada fazer concordância, confronto, justaposição entre o fato revelado e o fato cultural. Entre Deus e o homem não há concordância nem justaposição e menos ainda confronto, e sim essencialmente encontro. [...] Então se verifica duplo movimento: a Palavra de Deus abre o fato cultural a todo o seu significado verdadeiro, autêntico e último, e o fato cultural torna-se nova grade de interpretação, de compreensão do dado revelado, e portanto a possibilidade de novo sentido da Palavra, cujo sentido não é exaurido por nenhuma interpretação. [...] Por um lado, o dado revelado casa com o sentido profundo, o princípio vital, o espírito do fato cultural, elimina suas escórias, distorções e o conduz a seu último significado. E se, eventualmente, o fato cultural contiver perversões, o evangelho retifica a partir da orientação primitiva fundamental desse fato. Aquilo que aparece como a negatividade de um fato cultural não pode, com efeito, constituir sistematicamente o critério e a razão de sua recusa: deve ser, ao contrário, o ponto de partida de compreensão mais profunda de seu sentido e também da abertura da Escritura a uma nova dimensão do sentido até então insuspeitado. Essa procura teimosa, obstinada pelo sentido até o coração da negatividade (aparente) não é recusa de conversão, mas sim exigência de conversão profunda e conseqüência do objetivo do Evento crístico, que veio salvar o que estava perdido (Mt 9,11-13). Por outro lado, o fato cultural, através de e em seu significado, torna-se lugar de compreensão nova do dado revelado. Graças à particularidade e à originalidade de suas preocupações, o fato cultural torna-se ainda ocasião e lugar de descoberta de nova dimensão de sentido do dado revelado. Assim, do velho se extrai o novo, porque o sentido da Palavra de Deus é inexaurível, e ilimitada é a procura de sentido que habita o coração, o espírito, as tradições e as culturas do homem".[110] Eis uma orientação que nomes importantes consideram que respeita ao mesmo tempo "os dados culturais, as situações particulares das igrejas locais e a preocupação de um dado evangélico realmente universal".[111]

---

[110] DANET, H.; SAMBOU, E. SINSIN, J. *Méthodologie en science théologique*. Abidjan, Faculté de Théologie ICAO, 1997, citado por DANER, H.; MESSI METOGO, E. *Le devenir de la théologie catholique en Afrique francophone depuis Vatican II*, in *Transversalités*, n. 68, Institut Catholique de Paris, p. 108, out.-dez. 1998.
[111] *Ibid.*

As igrejas da África são assim chamadas a adotar lições de prudência e de rigor. Sabem também que é importante voltar a dar ao procedimento indutivo toda a atenção atribuída à prática e à realidade histórica de seus povos. Testemunha disso é E.-J. Pénoukou que do ponto de vista cristológico opta por um caminho que consiste em "recensear os estudos contemporâneos sobre Jesus Cristo, os tratamentos teológicos que são outros tantos esforços para reler, em função dos sinais dos tempos, os dados cristológicos de base". Semelhante modo de proceder confirma, em sua opinião, "a necessidade de tratar a questão cristológica em função dos sinais dos tempos africanos, isto é, em referência às expectativas e às exigências de nossas culturas".[112]

Em sua contribuição aos *Chemins de la christologie africaine*, Pénoukou propõe um tratamento cristológico que "procuraria partir de dado antropológico fundamental que fosse característico de várias sociedades da África", e que percebe e concebe o conjunto da realidade como "incessante passagem de vida à morte e de morte à vida".[113] Trata-se depois de proceder a confrontação desse dado antropológico de vida/morte/vida com o Evento da morte e da ressurreição de Jesus Cristo. O que ajuda a "elaborar modelos capazes de determinar, segundo uma linguagem original, a identidade de Cristo para cristãos africanos".[114]

O que resulta de tudo isso é a redescoberta de Cristo — em nome da fé, segundo a visão Ewe-Mina do homem e da história — como *Medium* orgânico, como o ser-aí-com que realiza uma solidariedade ontológica de Criador com suas criaturas como relação radical. Assim, Cristo aparece como aquele que é "capaz de assumir real e totalmente todas as intuições religiosas e elaborações culturais características de nossas sociedades da África. Não mais se adaptando (termo infeliz!), mas apreendendo-as em seus significados profundos, para conduzi-las à maturidade no amor de Deus trinitário".[115]

Resta saber se os colegas de Pénoukou do Instituto Católico da África Ocidental estão satisfeitos com seu modo de proceder. Não só isso. De nossa parte, julgamos que a leitura das linhas acima abre os olhos para o sentido daquilo que se dá a ler como o ponto de partida real da reflexão teológica africana. Mas em tudo isso não há nada de comum com certa absolutização do vivido a ponto de colocar na sombra o Cristo pascal cuja iniciativa histórica é primária. A recensão dos trabalhos teológicos produzidos pelos pensadores africanos não autoriza a considerar que a experiência da base seja o único dado suscetível de fundar em termos de razão um

---

[112] PÉNOUKOU, E.-J. *Christologie au village*. In: KABASÉLÉ, F.; DORÉ, J.; LUNEAU, R. *Chemins de la christologie africaine*. Paris, Desclée, 1986, p. 64 [trad. it., *Cristologia al villaggio*, in KABASÉLÉ, F.; DORÉ, J.; LUNEAU, Cristologia africana, Paoline, Cinisello B. 1987, p. 64].
[113] *Ibid.*, p. 73 [trad. it. cit, p. 64].
[114] *Ibid.*, p. 74 [trad. it. cit., p. 64].
[115] *Ibid.*, p. 106 [trad. it. cit., p. 94].

discurso sobre a fé. Sempre mais assistimos à valorização de um elo dialético entre indução e dedução. De modo que uma e outra "devem articular-se numa expressão dialética que dê espaço, no mesmo movimento, ao vivido da fé na comunidade (que brota do acontecimento fundante do evangelho) e às práticas hodiernas portadoras de sentido".[116]

Em tudo isso está expressa a idéia de uma teologia hermenêutica "indissociável de uma dialética incessante entre teoria e prática" e acostumada a abordar a verdade das coisas da fé "não como dado simplesmente já pronto", mas como "dado que se faz e no qual podem acontecer novas figuras".[117] Os teólogos africanos estão resolutamente implicados nesse rumo.

Tshibangu Tshishiku ensina que, entre os diversos tipos de ciência, a teologia é "um saber antes de tudo e formalmente de tipo interpretativo".[118]

Por conseguinte, a ciência teológica "é inevitavelmente levada a pôr em prática, em seu esforço de compreensão, princípios de interpretação que ela deve necessariamente tomar emprestado do ambiente cultural no qual ela se move".[119]

Quando Bimwenyi evoca a compreensão do homem africano em relação a si próprio, a sua história e à totalidade, ao mesmo tempo faz observar que "essa compreensão, com os desenvolvimentos que ela possa ter, é, epistemologicamente, mediação necessária para uma inteligência africana da mensagem cristã".[120] O fato é que aqui está implicada a hermenêutica.

J.-M. Ela é um daqueles que utilizou a dimensão hermenêutica na pesquisa teológica. Que *Ma foi d'africain* seja testemunho eloqüente disso é inquestionável. A. Mbembe diz com finura em seu prefácio a essa obra de Ela: seu "discurso [...] sobre Deus leva muito em conta a prática histórica do homem africano, isto é, sua capacidade de criar novos significados e novas interpretações da mensagem cristã".[121]

O leitor assíduo do teólogo camaronês sem dúvida descobre outra coisa bem diferente de uma teologia neutra e não implicada. Basta tentar uma leitura continuada de *Ma foi d'africain* para dar-se conta da preocupação constante de pôr em confronto o evangelho com os desafios africanos e de dizer Deus de maneira pertinente aos povos africanos. O que parece evi-

---

[116] Prefácio de M.-D. Chenu ao livro de CHENU, B. *Théologies chrétiennes des tiers mondes: latinoaméricaine, noire américaine, noire sud-africaine, africaine, asiatique.* Paris, Le Centurion, 1987, p. 8 [trad. it., *Teologie cristiane dei terzi mondi. Teologia latino-americana, teologia nera americana, teologia nera sudafricana, teologia africana, teologia asiatica*, Queriniana, Brescia 1988, p. 10].
[117] GESCHÉ, A. *Théologie dogmatique.* In: LAURET, B.; REFOULÉ, Fr. (eds.). *Initiation à la pratique de la théologie* I. Paris, Cerf, 1983. p. 273. [Ed. bras.: *Iniciação à prática da teologia*: t. 1: introdução. São Paulo, Loyola, 1992].
[118] TSHIBANGU, T. *La théologie africaine...*, p. 67.
[119] Posfácio de G. Ladrière ao livro de TSHIBANGU, T. *La théologie comme science au XX siècle.* Kinshasa, 1980. p. 243.
[120] BIMWENYI, K. O. *Discours théologique...*, p. 383 (grifado no texto).
[121] Cf. ELA, J.-M. *Ma foi d'africain...*, p. 8 [trad. it., Dehoniane, Bologna 1987, p. 6].

dente é que a África e o evangelho se defrontam num contexto em que "fazer teologia não significa mais entregar-se a um exercício de escola, mas empreender uma aventura espiritual".[122]

Eis por que Ela sonha com uma "teologia sob a árvore", a qual seria "elaborada num fraterno ombro a ombro, lá onde os cristãos partilham a sorte de aldeãos que procuram pegar nas mãos a responsabilidade de seu futuro e a transformação de sua condição de vida".[123] Prossegue: "Essa teologia talvez não se servirá do vocabulário dos sábios e dos filósofos. Para revelar-se ao homem, Deus por acaso não falou a linguagem dos aldeãos e dos pastores? Devemos reencontrar a dimensão oral da teologia, a qual não é certamente menos importante que as sumas e os grandes tratados teológicos. A teologia cristã deve ser 'libertada' de sistema cultural em que se tem muitas vezes a impressão que o Verbo se tenha feito texto".[124]

E ainda: "A teologia africana tem necessidade de aprofundar aquelas técnicas que fazem parte de qualquer teologia; mas tem também necessidade de deixar-se interrogar por todas as teologias que são elaboradas a partir da solidariedade para com os homens, em continentes e grupos que lutam pelo advento de um mundo novo".[125]

Esses discursos pertencem propriamente a um processo metodológico capaz de enriquecer-se com o conflito das hermenêuticas numa África intimada a fazer brotar dia após dia "o significado atual da palavra de Deus e do desígnio de salvação a partir da compreensão histórica que o africano tem de si próprio e do mundo".[126]

Não é tudo. O congolês M. Malu Nyimi coloca-se também no sulco hermenêutico. Nessa linha de idéias, ele traz ao conhecimento de seus leitores que "metodologicamente a inteligência da posição e do dinamismo da fé, da igreja e da teologia passa pelo paradigma de inversão cultural".[127]

A opção hermenêutica torna-se efetivamente decisiva em teologia africana. Os defensores dessa orientação batalham pelo advento de novas figuras do evangelho e pela aparição de uma verdade aberta a um futuro inédito. Voltam as costas à linguagem da repetição estéril, aparentemente garantida por uma estadia tranqüila numa metafísica abstrata e fixista.

---

[122] *Ibid.*, p. 216 [trad. it. cit., p. 240].
[123] *Ibid.*, p. 217 [trad. it. cit., p. 240s].
[124] *Ibid.* [trad. it. cit., p. 241].
[125] *Ibid.* [trad. it. cit.].
[126] *Ibid.*, 202 [trad. it. cit., p. 223].
[127] MALU, N. M. *Inversion culturelle et déplacement de la pratique chrétienne: préface à une théologie périphérique*. Kampen, Uitgeverij Kok, 1993, p. 7. Na mesma página, Malu Nyimi define a inversão cultural como "o espaço dinâmico do emergir de um sujeito humano até aquele momento marginal e do advento de uma sociedade justa".

Desse ponto de vista, Metena M'nteba apressa-se em questionar o fato de continuarem a "repetir à porfia fórmulas que, na maior parte dos casos, permanecem incompreensíveis e geram outros equívocos".[128]

Eis um modo entre outros de convidar, parece, a extrair lições frutíferas daquilo que, sobretudo em cristologia, revela-se pertinente: um fundo palestinense é reconhecido em certos títulos cristológicos (por exemplo, At 3,13-26: a referência a Jesus como "servo" e "profeta" a exemplo de Moisés), enquanto se reconhece um fundo helenista pagão em outros títulos cristológicos, por exemplo, o de "salvador".[129]

Compreende-se então como alguns teólogos africanos estabelecem ao pensamento discursivo de suas igrejas o objetivo que consiste em "correr o risco da interpretação, isto é, aceitar passar de linguagem simplesmente repetitiva a linguagem interpretativa". Em sua opinião, "essa tarefa de interpretação [...] não provém de desejo patológico de tornar-se singular, mas sim da exigência mesma da *fides quaerens intellectum* e da conjugação em regime cristão da *lex orandi* e da *lex credendi*".[130]

A inteligência hermenêutica assim entendida é a da apropriação do texto. Lendo P. Ricoeur, apreende-se o sentido da apropriação: "aquilo de que me aproprio é uma proposição de mundo, não escondida *atrás* do texto como uma espécie de intenção oculta, mas diante dele, como aquilo que a obra desvenda, descobre e revela. Por conseguinte, compreender significa *compreender-se diante do texto*".[131] Não se trata de compreensão puramente intelectual do texto, mas sim de "realizar nova possibilidade de existência" e de "fazer existir um mundo novo". Assim, "o compreender hermenêutico desemboca [...] em prática social e em prática política".[132] Tanto mais que "interpretar é agir, e agir é interpretar", sendo a interpretação uma "dimensão fundamental da ação".[133]

Não sabemos se, colocado no centro da abordagem hermenêutica, o camaronês Messi Metogo acusaria seus colegas teólogos de utilizarem de preferência o método concordista. Aquele método que, segundo Metogo, "exaure as próprias forças descobrindo as correspondências entre as categorias bíblicas e teológicas tiradas de seu contexto e os supostos valores africanos".[134]

---

[128] METENA M'NTEBA. *L'inculturazione nella "terza chiesa": Pentecoste di Dio o rivincita delle culture?*, in *Concilium*, n. 1, 1992, p. 205s.
[129] Cf. UKPONG, J. Una revisione critica dei Lineamenta sul sinodo speciale africano, in *Concilium*, n. 1, p. 113, nota 3, 1992.
[130] SANTEDI, K. Dogme et inculturation, in *Revue africaine de théologie*, v. 18, n. 35, p. 76 (grifado no texto), abr. 1994.
[131] RICOEUR, P. *La tâche de l'herméneutique*, in *Exegesis*. Neuchâtel, Delachaux et Niestlé, 1975, p. 214.
[132] RICOEUR, P. Nommer Dieu, in *Études théologiques et religieuses*, n. 52, p. 489-508, 1977.
[133] MALHERBE, J.-F. La connaissance de la foi. In: LAURET, B.; REFOULÉ, FR. (Ed.). *Initiation à la pratique de la théologie*: introduction. Paris, Cerf, 1982, p. 89 [Ed. bras.: *Iniciação à prática da teologia*: t. 1: introdução. São Paulo, Loyola, 1992].
[134] MESSI METOGO, E. *Problèmes de méthode en théologie africaine*, in *Select*, n. 2, p. 37, 1985.

De qualquer modo, é a censura que Metogo dirige a Bimwenyi e a muitos outros teólogos africanos sobre os quais o jovem teólogo camaronês pensa que se esforçam em "encontrar correspondências entre o catecismo escolástico e as tradições africanas que estão desaparecendo".[135]

Que se pode pensar dessa crítica, se o próprio Bimwenyi acusa a teologia da adaptação de querer ""tropicalizar" um sistema "germânico-latino" já definido" e de ter como resultado o fato de "deixar nas mãos dos fiéis africanos alguns elementos esparsos de seu universo cultural e religioso desvanecido"?[136]

Uma outra leitura da obra de Bimwenyi o situa pelo contrário, como já dissemos, no sulco hermenêutico e reconhece sua preocupação de "fazer teologia africana compreensiva e explicativa, teologia em que as realidades africanas não são apenas descritas, mas integradas em conjunto conceitual mais vasto que permite uma retomada crítica dos fatos fundamentais da Revelação cristã, conforme o ensinamento explícito do concílio Vaticano II, sobretudo em seu decreto missionário *Ad gentes*".[137]

Ainda algumas palavras sobre as questões de método, levando em conta nossas próprias preocupações nesse campo. Temos o hábito de falar do conceito interpretativo da história por razões essencialmente metodológicas. Em tudo isso se encontra expresso o desejo de atingir uma fase de maturação teológica referente aos trabalhos de eclesiologia africana não ainda suficientemente abertos à crítica da realidade e à leitura da história. A confrontação das metáforas eclesiais com a história impede de cair na armadilha de uma concepção idealística da igreja, a respeito da qual se nota que, no final das contas, ela não se realiza em lugar nenhum. Essa confrontação leva a reconhecer que a igreja-família reveste, na realidade, um caráter provisório e interino. Em outras palavras, ela testemunha de maneira limitada o advento do Reino. Não é o Reino. Eis o que implica a reserva escatológica.

Numa obra no prelo, intitulada *Théologie africaine: problèmes de méthodes: enjeux et suggestions*, fizemos também aos teólogos africanos a seguinte recomendação: hoje, mais que nunca, oferece-se um lugar teológico para uma África em obrigação de dar nova configuração metodológica a sua inteligência da fé: o Egito faraônico e a Núbia. Esse lugar constitui para nós condição de possibilidade da compreensão da Bíblia e do cristianismo na medida em que é hermeneuticamente inaceitável não levar em consideração a contextualidade ou o antetexto, isto é, a cultura-mãe de quem se

---

[135] Messi Metogo, E. *Théologie africaine et ethnophilosophie: problèmes de méthode en théologie africaine*. Paris, L'Harmattan, 1985, p. 65.
[136] Bimwenyi, K. O. *Discours théologique...*, p. 182. Cf. todo o segundo capítulo do livro.
[137] Ngindu, M.; Bimwenyi, K. *Tradition et modernisme en Afrique: quelques réflexions théologiques sur le problème de l'inculturation*, in *Cahiers des religions africaines*, números especiais 39-40, p. 381, 1986.

nutre a antologia dos textos bíblicos. Para compreender o essencial de nosso discurso, o teólogo africano é convidado a estabelecer uma relação permanente entre os estudos de historiografia africana ou de arqueologia e sua prática cotidiana da reflexão sobre Deus. Caso contrário, ele se fecha dentro de uma espécie de teologia metafísica e de propaganda religiosa sem saída.

Conclusão

Hoje na África vão se delineando correntes teológicas. Na verdade, a eclesiologia de uma igreja-família representa tendência dominante da qual poderá resultar uma verdadeira contribuição da teologia africana para toda a igreja.

Vista desse modo, a teologia africana está a caminho e participa do emergir de imenso movimento planetário da consciência africana: o pan-africanismo, a Unidade africana e o Renascimento africano que estão mais que nunca na pauta das atividades científicas, políticas e culturais dos africanos no continente e na Diáspora.

No futuro, é importante que ela se desenvolva mais sobre esse fundo da consciência histórica, do futuro cultural e político africano. Trata-se de uma tarefa árdua e trabalhosa que permitiria aspirar ao essencial ao invés de perder-se em debates quanto à escolha entre a inculturação e a libertação. O africano digno desse nome sabe que a restauração da consciência histórica e cultural depende dos fundamentos do renascimento africano e não é uma simples caiação.

É preciso também que, amanhã, a teologia africana sinta a necessidade de levantar a questão da "recepção" de seu discurso. Quando os cristãos de Kinshasa deixam cair o chapéu e o enxota-moscas (sinais de um chefe) durante a celebração do rito africano, é o caso de perguntar-se sobre o processo de apropriação desses símbolos. É tempo de refletir sobre esse ponto. Aqui se toca no que está em jogo na reflexão sobre o modo como são aceitas as idéias do teólogo africano nas comunidades cristãs. É com essa condição que será possível não cair na armadilha de um discurso encantatório.

6
JUNTOS RUMO AO REINO
Teologia asiática emergente

MICHAEL AMALADOSS

Como reflexão sobre a fé cristã no contexto da Ásia, pode-se fazer remontar as origens de uma teologia asiática ao século XVII, com Mateus Ricci na China e Roberto de Nobili na Índia. Eles distinguiam entre cultura e religião e consideravam que na Ásia, quando se quer pregar a religião cristã, devem-se respeitar as culturas locais, seus símbolos e suas práticas sociais. Hoje, olhando para trás, cremos que não foram suficientemente críticos com relação à ordem social feudal das sociedades asiáticas, com suas discriminações e opressões. Entretanto, provenientes de uma Europa feudal, não consideravam isso contrastante com a fé cristã. Empenharam-se muito em traduzir com o máximo esmero possível a doutrina cristã nas línguas locais, enquanto sua atitude para com as outras religiões era negativa.[1] É interessante notar que em muitos aspectos essas atitudes continuam a marcar ainda hoje as igrejas cristãs na Ásia. No âmbito popular essas atitudes provocaram o surgimento de grupos que do ponto de vista social e cultural eram indianos, enquanto sua prática religiosa era cristã. Assim se desenvolveu florescente religiosidade popular que de vários modos, muitas vezes à margem da igreja oficial, integrava as doutrinas e as práticas desta na cultura e na religião deles.

Nas últimas décadas do século XIX e no princípio do século XX, vemos surgir na Índia um duplo movimento que envolveu cristãos e hindus. Os hindus viam em Jesus um líder moral, um homem que tinha realizado em si a unidade com o divino e com Deus e tinha vindo a nós em sua forma humana como *Avatar*, encarnação divina. Muitos hindus eram atraídos por Jesus e se

---

[1] AMALADASS, A.; CLOONEY, F. X. *Preaching wisdom to the Wise: three treatises by Roberto de Nobili*. St. Louis, The Institute of Jesuit Sources, 2000; CRONIN, V. *The wise man from the West*. New York, Doubleday, 1957 [trad. it., *Il saggio dell'Occidente (1552-1610)*, Bompiani, Milano 1965].

declaravam seus discípulos sem propor-se a aderir a uma das igrejas que, pelo contrário, criticavam por haverem "ocidentalizado", isto é, aprisionado em instituição européia exclusiva, o Jesus oriental. Artistas e ativistas sociais sofreram o fascínio dessa figura divina sofredora, mas alguns desses, tornados cristãos, acabaram por afastar-se das igrejas. Por outro lado, muitas vezes os cristãos apresentavam o cristianismo como a realização da busca e das aspirações do hinduísmo. Outros ainda procuraram dar significado a Jesus no contexto indiano, atribuindo-lhe nomes indianos como *Guru*, mestre. Por volta do fim desse período foram fundados os *ashram*, centros cristãos onde Jesus era apresentado como o mediador da experiência de Deus mais do que como simples ativista social ou mestre de doutrina.[2]

Havia portanto o desejo de apresentar Jesus como a realização da busca religiosa indiana, tentando porém fazê-lo no contexto religioso e cultural indiano.

I. Um momento de transição

A metade do século XX foi um período de transição. Do ponto de vista cultural e político, muitos países asiáticos tornaram-se independentes da colonização estrangeira e houve busca da identidade nacional e cultural. Excetuando as Filipinas, os cristãos se descobriam pois como pequenas minorias que se esforçavam para demonstrar sua identidade nacional. O concílio Vaticano II introduz uma nova dupla consciência. Por um lado, a igreja universal tornou-se consciente de si como comunhão de igrejas locais; a criação de liturgias locais começa a introduzir línguas locais; são fundadas as conferências nacionais e regionais de bispos; começa a ganhar forma uma teologia da igreja local. O Congresso internacional sobre a missão que ocorreu em Manilha (1979) declarava que toda igreja local é responsável pela missão em seu território e é co-responsável com as outras igrejas locais pela missão em outros territórios. Por outro lado, a igreja afirma a liberdade religiosa e certa autonomia no campo secular e abre-se ao diálogo com as outras religiões e com o mundo secular. Quase no mesmo período surge na América Latina o movimento da teologia da libertação que inspira várias teologias da libertação na Ásia. O mais importante é que ela introduz novo método de teologizar que parte da experiência e do contexto. Nascem daí as teologias contextuais.[3]

---

[2] Mera lista de nomes não seria de interesse para o leitor não indiano. Nem mesmo tenho espaço suficiente para apresentação mais aprofundada desse período. Além disso, os escritos de cada autor não são facilmente acessíveis. Remeto pois o leitor a algumas apresentações históricas para maiores detalhes. Cf. BOYD, R. H. S. *An introduction to Indian Christian theology*. Madras, The Christian Literature Society, 1975.

[3] Cf. AMALADOSS, M. *From experience to theology*, in *Vidyajyoti journal of theological reflection*, n. 61, p. 372-385, 1997.

As teologias contextuais não são ainda plenamente aceitas na igreja. A primeira tarefa das teologias asiáticas é por isso de defenderem seu direito de existir e de serem reconhecidas e respeitadas. No âmbito oficial, afirma-se que a teologia católica, como a igreja, é universal. Interpreta-se essa afirmação no sentido de que ela é a mesma em qualquer lugar, pode ser traduzida em várias línguas e pode ser adaptada a situações e culturas diversas. Dever-se-ia portanto falar de teologia católica na Ásia ao contrário de teologia asiática, assim como se deveria pensar numa "igreja na Ásia" ao contrário de igrejas asiáticas. Nega-se a possibilidade de verdadeiro pluralismo de teologias. Por outro lado, os teólogos europeus às vezes consideram as teologias asiáticas — assim como as teologias da libertação — teologias puramente pastorais e não sistemáticas. As teologias contextuais nascem em um contexto experimental. Sua reflexão é ajudada por análise tanto social e cultural quanto filosófica. O diálogo acontece mais com as ciências humanas do que com as filosofias. Em todo caso, as tradições asiáticas não fazem distinção clara entre filosofia e teologia, se bem que os teólogos hindus e budistas possam conduzir uma reflexão igualmente rigorosa como os teólogos homólogos cristãos na Europa. Símbolo e narrativa são considerados tão importantes como os conceitos. Os símbolos provocam o pensamento e a reflexão hermenêutica pode ser tão sistemática como a argumentação lógica dedutiva.[4] Veremos nas páginas seguintes de que modo as teologias asiáticas propõem e aprofundam as questões sistemáticas.[5] As teologias contextuais tendem também elas a ser pluralistas.

II. O contexto asiático

O contexto em que se desenvolveram as teologias asiáticas é um contexto dialético, em que o evangelho de Jesus encontra as realidades da Ásia. O diálogo evangélico é pois o horizonte das teologias asiáticas. O contexto asiático é caracterizado pelos pobres, pelas ricas culturas e pelas grandes religiões da Ásia. A atenção a esse contexto fornece o pano de fundo necessário para compreender os vários problemas teológicos da Ásia.

---

[4] Cf. D'SA, F. *A hermeneutic of theological language: the relationship between reality, language, history and faith*, in *Third millennium*, n. 3, p. 6-23, 2000.
[5] Para uma visão geral, cf. WILFRED, F. *Beyond settled foundations: the journey of Indian theology*. Madras, University of Madras, 1993. Para o contexto asiático mais amplo, cf. SUGIRTHARAJA, R. S. (ed.). *Frontiers in Asian theology*. Maryknoll, Orbis, 1994; ELWOOD, D. J. (ed.). *Asian Christian theology emerging trends*. Philadelphia, The Westminster Press, 1980; ENGLAND, J. C. *Living theology in Asia*. London, SCM, 1981. Podem-se completar essas visões gerais com WING-HUNG L., *Chinese theology in construction*. Pasadena, William Carey Library, 1983; FURUYA, Y. (ed.). *A history of Japanese theology*. Grand Rapids, W. B. Eerdmans, 1997.

Muitos países da Ásia possuem massas de pobres. Isso em parte é o resultado do colonialismo político ocorrido e do ininterrupto colonialismo econômico, muitas vezes sustentado pela elite local para seu próprio interesse. Até nos países em via de desenvolvimento a distância entre ricos e pobres está aumentando. A globalização baseada no capitalismo do mercado livre não faz outra coisa que tornar ainda pior a situação dos países pobres. Dado que a pobreza econômica vem freqüentemente junto com a falta de poder político — mesmo nas chamadas democracias — e com a marginalização social, os pobres são oprimidos e tornam-se objeto de forças anônimas. Os pobres estão entretanto cada vez mais conscientes de sua situação e estão surgindo em todas as partes movimentos pela autonomia e pela libertação. Isso faz brotar numerosas teologias da libertação.

A Ásia é um continente onde está presente grande variedade de culturas, dominada por duas culturas milenares altamente desenvolvidas: a chinesa e a indiana. Essas culturas resistiram ao impacto das culturas européias no período colonial e sobreviverão à arremetida da modernidade científica e tecnológica, mas adaptando-se. Na prática há em toda a Ásia um renascimento cultural como instrumento para descobrir e afirmar a própria identidade. A globalização dos bens de consumo e dos serviços levará antes ao fortalecimento dessas identidades, na medida em que se aprende o uso dos modernos meios de comunicação para exprimir-se e entrar em contato com os outros. Essa busca de identidade desafiará por muito tempo de modo positivo qualquer tentativa de impor a uniformidade por parte de forças hegemônicas estrangeiras ou locais, mesmo quando são reforçadas por zelo religioso.

A Ásia foi o berço de todas as grandes religiões, inclusive do cristianismo. Comparadas às religiões da Ásia ocidental — como o cristianismo, o islamismo —, as religiões da Ásia oriental — como o hinduísmo e o budismo — são tolerantes e acomodatícias. Mas hoje todas as religiões tornaram-se fonte de conflito por causa do fundamentalismo e do abuso da religião por parte das forças políticas. Na Ásia o fundamentalismo religioso foi reação seja ao agnosticismo secularizante da modernidade seja ao ateísmo materialista do marxismo. Por outro lado, em atmosfera de competição econômica e política, as pessoas encontram na religião um laço positivo capaz de uni-las em sua luta. Depois de ter nascido na Ásia, o cristianismo cresceu na Europa e retornou à Ásia como religião "estrangeira", amplamente dependente de centros estrangeiros — no que se refere à ideologia teológica e espiritual, ao apoio econômico e ao controle político —, com pretensão à hegemonia mundial entendida como seu direito em nome de Cristo. Hoje a abordagem dialógica é vista com desconfiança, se não com hostilidade.

É nesse contexto que se desenvolveram as teologias asiáticas; são obras de pequenos grupos de cristãos comprometidos e de teólogos, muitas vezes com a compreensão e o apoio, ao menos tácito, dos dirigentes. Nas páginas seguintes delinearei as novas tendências emergentes da reflexão teológica. Não há grandes escolas nem publicações muito conhecidas; há mais artigos que livros. O inglês permanece a língua de ligação, se bem que distorça necessariamente uma teologia autenticamente asiática. Os poucos escritos existentes em línguas asiáticas têm infelizmente circulação limitada a seus contextos particulares. Considero que para dar-se conta do impacto crescente das teologias asiáticas seja mais útil uma apresentação temática do que por autores, embora as notas de rodapé farão referência aos autores mais importantes. Vou referir-me em especial ao cenário católico, se bem que o contexto asiático tenda a ser mais ecumênico.

III. Missão e diálogo profético

Não é exagerado dizer que as teologias contextuais asiáticas são essencialmente missiológicas. São marcadas pela situação de minoria dos cristãos na maior parte dos países asiáticos e pelo esforço de dar testemunho de sua experiência cristã de maneira significativa e eficaz. Mas a própria missão é entendida de modo novo. Em 1974 o encontro dos bispos da Ásia na assembléia geral de Taipei falava da evangelização como diálogo do evangelho com a realidade da Ásia, isto é, com a multidão dos pobres, as ricas culturas e as grandes religiões.[6] Isso significa por um lado que a própria proclamação é entendida em sentido dialógico. Quem opõe conceitualmente proclamação e diálogo parece não compreender que uma proclamação que leve a sério o outro a quem se proclama só pode ser dialógica; de modo análogo, um diálogo em que se testemunha seriamente a própria fé só pode ser de proclamação. A proclamação não é atividade unilateral, unidirecional. A área do diálogo é ampliada de modo que inclua não apenas as outras religiões mas também os pobres e as várias culturas. O perigo de que essa ampliação do diálogo pudesse conduzir a enfraquecimento da missão levou os teólogos asiáticos a precisarem melhor o cerne da missão entendendo-a como profecia.[7] A missão de Jesus é o apelo à conversão em vista do Reino. É necessário prestar atenção às necessidades dos pobres. A missão, porém, irá levar-nos a identificar as causas — as pessoas e/ou as estruturas — que tornam esses seres humanos pobres, instigando-os à mudança. Procurar viver e exprimir a fé cristã na própria cultura é um direito, embora isso seja hoje obstaculizado de várias manei-

---

[6] ROSALES, G.; ARÉVALO, C. G. (eds.). *For all the peoples of Asia I*. Manila, Claretian, 1997. p. 14-16. Esse volume e o de EILERS, F.-J. (ed.). *For all the peoples of Asia II*. Manila, Claretian, 1997, são coletâneas de declarações oficiais dos bispos da Ásia no decorrer de mais de 25 anos.
[7] MALADIES, M. *Mission as prophecy*. In: SCHERER J. A.; BEVANS, S. B. (eds.). *New directions in mission and evangelization 2*. Maryknoll, Orbis, p. 64-72, 1994.

ras pelos ambientes oficiais da igreja. É quando se colocam em questão os elementos de uma cultura marcada pelas exclusões e pelo pecado (como o sistema das castas na Índia ou a opressão das mulheres em qualquer parte do mundo), objetivando uma mudança em vista do Reino, que sim é cultura evangelizadora. O diálogo inter-religioso pode ajudar o recíproco conhecimento e o recíproco enriquecimento, mas é dimensão da evangelização apenas quando convida todas as religiões a voltarem-se a Deus, abandonando as várias idolatrias que foram institucionalizadas em seu nome. Um dos pólos do diálogo profético é o evangelho de Jesus. No decorrer desse diálogo as pessoas podem sentir-se chamadas a tornar-se discípulas de Jesus e a aderir a uma comunidade cristã, inspiradas pelo Espírito; não para entrar no porto seguro da salvação, mas para assumir o compromisso de seguir Jesus em sua missão profética no mundo. Essa visão da missão pode ser compreendida de modo adequado somente no contexto de mudança no relacionamento da igreja com outras religiões.

IV. Diálogo como colaboração

Uma das características fundamentais das teologias asiáticas emergentes é sua abordagem positiva com referência às outras religiões. O concílio Vaticano II falou de Deus como origem comum e fim de todos os povos e defendeu a liberdade política de seguir qualquer religião segundo o ditame da própria consciência. Essa atitude com referência às outras religiões se limitava porém a ver nelas os bons e santos elementos das "sementes da Palavra". O documento pós-sinodal *Evangelii nuntiandi* (1975) [*Exortação apostólica* Evangelii nuntiandi *do Sumo Pontífice Paulo VI ao episcopado, ao clero, aos fiéis de toda a Igreja sobre a evangelização no mundo contemporâneo*. São Paulo, Paulinas, 1997. 13ª ed.] via nelas o esforço humano de chegar a Deus, ao qual a revelação de Deus em Jesus dava resposta. Mas, já em sua primeira assembléia geral, os bispos da Ásia "aceitavam [as outras religiões] como elementos significativos e positivos na economia do desígnio de salvação de Deus" e reconheciam que "Deus tinha atraído a si nossos povos por meio delas".[8] Os teólogos asiáticos falam dos

> frutos do Espírito que sentimos nas vidas dos crentes de outras religiões: sentido do sagrado, compromisso em perseguir a plenitude da vida, sede de auto-realização, gosto pela oração e pelo compromisso, desejo da renúncia, luta pela justiça, tremenda vontade pela bondade humana fundamental, envolvimento no serviço,

---

[8] *For all the peoples of Asia I*, p. 14-15.

total abandono a Deus, e apego ao transcendente nos símbolos, nos ritos e na própria vida, embora a fraqueza e o pecado humano não estejam ausentes.[9]

Essa avaliação positiva foi endossada mais tarde por João Paulo II quando convidou os chefes das outras religiões a irem a Assis (outubro de 1986) para rezarem pela paz no mundo. Os comentadores destacaram que esse convite dava a entender que os crentes das outras religiões podiam rezar a Deus e que suas preces eram eficazes. Esse é modo simbólico e prático de reconhecer a legitimização de outras religiões. Mais tarde, em 1991, em sua encíclica *Redemptoris missio* (n. 28) [*Carta encíclica* Redemptoris missio *do Sumo Pontífice João Paulo II sobre a validade permanente do mandato missionário*. São Paulo, Paulinas, 2003. 6ª ed.], João Paulo II admite que o Espírito de Deus está presente e ativo nas outras religiões. Uma vez que o encontro divino-humano é sempre salvífico e uma vez que a salvação não é oferecida por Deus, em partes, os teólogos asiáticos concluem daí que as outras religiões facilitam o encontro salvífico divino-humano.

Há todavia diferença de opiniões sobre o papel das outras religiões no plano de salvação de Deus. Alguns dizem que toda salvação está de modo misterioso relacionada com Cristo e com a igreja e pensam que todas as outras religiões tencionam encontrar sua realização em Cristo e no cristianismo. Os teólogos asiáticos consideram entretanto que a maioria da humanidade vive e morre sem fé direta em Jesus e sem nenhum laço com a igreja. O mistério de Deus, Pai, Palavra e Espírito está certamente ativo em todo ser humano, mas isso não implica necessariamente uma relação com a igreja visível e institucional. Pressupor um mistério-igreja que inclua todos os que são salvos não nos ajuda muito quando falamos da igreja e das outras religiões no âmbito histórico e humano. Mistério puramente implícito não explica nada, ainda que possa satisfazer à exigência lógica de uma declaração que afirma: "Não há salvação fora da igreja". Essa afirmação não leva a sério a possibilidade de que os membros de outras religiões que foram salvos recebam a graça salvífica de Deus através de símbolos e rituais da própria religião. É através destes que eles encontram Deus, e esse encontro não é infecundo.[10]

A avaliação positiva das outras religiões se estende também às várias estruturas em que se exprimem. Deus pode falar através das escrituras delas; estas podem ter mensagem também para nós, especialmente quando estamos comprometidos no diálogo com essas religiões e lemos juntos suas

---

[9] *Theses on interreligious dialogue*. In: GNANAPIRAGASAM, J.; WILFRED, F. (eds.). *Being church in Asia I*. Manila, Claretian, 1994. p. 13.
[10] Para uma boa visão geral e para a história da teologia das religiões na Índia, cf. KUTTIANIMATTATHIL, J. *Practice and theology of interreligious dialogue*. Bangalore, Kristu Jyoti College, 1995.

e nossas escrituras.¹¹ De modo análogo, o Espírito pode estar presente em seus rituais e símbolos e, em certas condições, é possível que também nós participemos disso.¹² As outras religiões podem ter desenvolvido técnicas especiais de meditação como o ioga e o zen que também nós podemos achar úteis. Aceitar que outra religião facilite para outras pessoas a relação divino-humana não significa que me seja acessível da mesma maneira; ela assume pleno significado apenas no contexto daquela relação e pode ter significado para mim apenas no contexto de diálogo com os outros. Em última análise, o que valorizamos não são as outras religiões e suas instituições enquanto tais, mas são as outras pessoas e a relação com Deus que se exprime no símbolo e nas instituições das outras religiões. No processo dessa auto-expressão podem mesclar-se limites e elementos de pecado. Isso é verdadeiro também para as instituições da igreja. Por isso é preciso o discernimento; mas o que queremos afirmar é a liberdade de Deus de auto-revelar-se e a liberdade humana de responder a Deus.

Ninguém que tenha algum conhecimento das religiões da Ásia, como o hinduísmo e o budismo, pode ver no cristianismo sua realização. Pode-se talvez ver no cristianismo a realização do judaísmo, se bem que os judeus contestariam isso. Eles estavam na mesma linha de desenvolvimento histórico. Hinduísmo e budismo podem ser vistos em relação entre si porque têm origem no mesmo contexto religioso-cultural. Mas é difícil considerar em relação entre si o hinduísmo e o cristianismo, vendo-os respectivamente como preparação e como realização. É mais correto considerá-los religiões diversas. A diferença se deve seja à liberdade de Deus que pode manifestar aspectos diversos do mesmo Deus, seja à liberdade dos grupos humanos cuja resposta ocorre no próprio contexto existencial e cultural. A diferença não exclui entretanto a relação. Uma vez que Deus é uno e é a origem comum e o fim comum de todos os povos, podemos pensar numa comunidade que os leve a uma convergência ao longo da história. Isso é inspirado pelo Espírito de Deus e realiza-se através de ativo diálogo entre os seres humanos. A própria convergência poderá ser escatológica. Os teólogos asiáticos propõem novo paradigma para compreender o plano de Deus no mundo.

> Segundo o novo paradigma, a própria criação é a autocomunicação de Deus que une todos os povos mediante a Palavra e o Espírito, de vários modos, em vários tempos e através de diversas religiões. O constante encontro divino-humano é salvífico. Entretanto, o desígnio de Deus não é simplesmente o de salvar cada alma, mas sim de reunir todas as coisas, no céu e na terra. Deus está elaborando esse projeto na história através de vários sábios e profetas. Jesus, a Palavra encar-

---

[11] AMALORPAVADASS, D. S. (ed.). *Research seminar on non-biblical scriptures.* Bangalore, NBCLC, 1974.
[12] PUTHANANGADY, P. (ed.). *Sharing worship.* Bangalore, NBCLC, 1988.

nada, tem papel específico nessa história da salvação. A missão de Jesus está a serviço da missão de Deus, não a substitui. Assumindo a forma da *kenosis*, ela colabora com outras auto-revelações do divino em outras religiões, enquanto a missão de Deus vai em direção a sua realização final. Como discípulos de Jesus devemos dar testemunho do *Abba* e de seu reino de liberdade, de comunhão, de justiça e de amor.[13]

O diálogo inter-religioso não é pois opcional, mas é parte integrante de nossa missão. O objetivo de nossa missão é edificar o Reino de Deus e a igreja como seu símbolo e sua serva. Nossa missão está a serviço da missão de Deus mediante a Palavra e o Espírito em suas várias automanifestações. É aqui que as outras religiões encontram seu lugar. Por vezes se considera ainda o diálogo simplesmente como preparação à missão entendida como proclamação que leva a instituir a igreja. Na Ásia, ao contrário, o diálogo é parte da vida da igreja. Segundo os teólogos asiáticos:

> Nas sociedades multirreligiosas da Ásia em via de desenvolvimento, as quais lutam pela libertação e pela plenitude de vida, todas as religiões são chamadas a oferecer fundamento moral e religioso comum e complementar a essa luta e a ser força para o crescimento e para a comunhão, ao contrário de ser fonte de alienação e de conflito. Elas podem fazer isso apenas através do diálogo e da colaboração.[14]

Infelizmente hoje na Ásia as religiões estão por toda a parte em conflito. As forças do fundamentalismo religioso e o uso político da religião levam a choques violentos. Ainda antes de começar a dialogar devemos empenhar-nos em resolver os conflitos; mas isso não é problema teológico.

O reconhecimento da legitimidade das outras religiões no plano da salvação de Deus coloca inevitavelmente em discussão as pretensões absolutas e exclusivas da igreja. Ainda não foram suficientemente elaboradas as conseqüências que isso tem para a eclesiologia; e entretanto a visão da igreja como símbolo e serva do Reino de Deus não é nova, é outro modo de dizer que a igreja é sacramento. Os sacramentos são com certeza meios de graça, mas não têm a pretensão à exclusividade. Nem são símbolos mágicos. São eficazes apenas enquanto sinais da presença e da ação do Espírito de Deus. Tivemos no passado, infelizmente, a tendência a absolutizar e a isolar os símbolos, negando até a possibilidade de outros símbolos. A luta de Jesus e da igreja pelo reino de Deus não é em primeiro lugar contra as outras religiões, mas contra Satanás e contra Mammon enquanto poderes estruturais e pessoais do

---

[13] MALIPURATHU, T.; STANISLAUS, L. (eds.). *A vision of mission in the new millennium*. Mumbai, St. Paul's, 2000. p. 203.
[14] *Theses on interreligious dialogue*, op. cit., p. 9-10.

mal. Quando a igreja foi simplesmente identificada com o reino de Deus, as outras religiões eram vistas então como "reino de Satanás". A experiência dos outros crentes ajuda-nos a sairmos dessa mentalidade.

A igreja não pode pois arvorar-se em critério para julgar todas as outras religiões. Jesus é a Verdade encarnada. A igreja é chamada e enviada por Jesus, mas não possui Jesus. É peregrina e aprofunda gradualmente a própria experiência de Deus. Está também sujeita às limitações e às fragilidades humanas de seus membros. No processo do diálogo deveremos pois fiar-nos nos "frutos do Espírito" de que fala Paulo aos Gálatas (cf. 5,22-23). Podemos ainda pensar no princípio de não-contradição, embora deva ser aplicado com cuidado; um papel também pode desempenhar o espírito de conaturalidade que pode assumir a forma de *sensus fidelium*, tomando *fideles* em sentido amplo de modo que inclua também outros crentes. No diálogo inter-religioso podemos pois não apenas ensinar, mas também aprender dos outros e sermos enriquecidos por eles. Termos como "último" e "final" referentes à revelação devem ser entendidos em sentido escatológico. A plenitude de Cristo de que fala Paulo aos Efésios e aos Colossenses está ainda no futuro escatológico (Ef 1,10; Cl 1,19-20; cf. também 1Cor 15,28).

Alguns podem sentir-se chamados a experimentar a Deus em mais de uma tradição religiosa; há quem afirme ser cristão-hindu ou budista-cristão.[15] Gostaria de evocar aqui o exemplo de Henri Le Saux. Era monge cristão que foi fiel aos Salmos e à eucaristia até o dia de sua morte, mas que ao mesmo tempo se sentia atraído pela experiência hindu da *advaita*, ou não-dualidade. Ele afirma tê-la experimentado e ficou tomado de grande tensão por muitos anos porque não conseguia reconciliar as duas experiências. Creio que tenha superado essa tensão nos últimos meses antes de sua morte, aceitando-as simplesmente como duas experiências diversas do divino.[16] Outros, como Raimon Panikkar, não parecem provar de modo nenhum essa tensão e consideram complementares as várias religiões.[17] Enfim, é questão de integração pessoal e são possíveis vários modos para atingi-la.

V. Jesus, o Salvador

Pode parecer que os teólogos asiáticos relativizem a igreja, mas não relativizam Jesus como Salvador e tentam compreender o mistério de Jesus

---

[15] Cf. Gira, D.; Scheur, J. (eds.). Vivre de plusieurs religions: promesse ou ilusion? Paris, L'Atelier, 2000.
[16] Le Saux, H. La montée au fond du coeur. O.E.I.L, Paris, 1986 [trad. it., *Diario spirituale di un monaco cristiano-samnyasin hindu (1948-1973)*, Mondadori, Milano 2002].
[17] Panikkar, R. *The intrareligious dialogue*. New York, Paulist Press, 1978 [trad. it., *Il dialogo intrareligioso*, Cittadella, Assisi 1988]; *The cosmotheandric experience: Emerging religious consciousness*. Maryknoll, Orbis, 1993.

no contexto da presença e da ação de Deus nas outras religiões.¹⁸ Alguns pensam que haja muitos salvadores; outros dizem que há um só salvador, conhecido porém sob diversos nomes nas diversas tradições religiosas. Ambas as respostas são inadequadas. Depende em parte de como é entendido o próprio processo da salvação.

A abordagem tradicional de como Jesus salva é um *a priori*. São três as teorias principais. Alguns dizem que, quando a Palavra se encarna em Jesus, ela une-se à humanidade de tal modo que a humanidade inteira participa do mistério pascal da salvação de Cristo. Outros consideram que Jesus com sua paixão e morte tenha satisfeito por todos os pecados de todos os seres humanos. Outros ainda acham que a humanidade que pecou através da desobediência do primeiro Adão é agora solidária com o segundo Adão (Jesus) em sua total obediência ao Pai. Todos são pois radicalmente redimidos, embora essa redenção se transmita às pessoas de vários modos. Da parte de quem é salvo é necessária ao menos uma fé implícita no mistério salvífico de Jesus.

Não é fácil pregar essa doutrina aos membros de outras religiões sem subestimar uma experiência religiosa que não faça referência a Jesus; ela representa uma forte cristologia que em Jesus vê simplesmente Deus.

A salvação, como sugeri acima, é um projeto cósmico que abrange toda a história humana. É o projeto de reunir todas as coisas. Deus realiza seu projeto através da Palavra e do Espírito. É Deus que salva a cada um, mas na história, historicamente. A Palavra torna-se humana em Jesus que leva o plano de Deus a sua realização. Ele torna visível a constante ação de salvação de Deus, torna-se seu símbolo e seu servo — sacramento — em seu mistério pascal. Todos são chamados a participar desse mistério, embora concretamente essa participação possa acontecer de vários modos e em várias religiões. Ao mesmo tempo Jesus suscita na história um movimento social que colabora com a missão do próprio Deus no mundo.

Quando dizemos que Jesus é o único salvador, somos inclinados a ver o divino em Jesus; mas na história o homem Jesus e a igreja, que é a comunidade de seus discípulos, desempenham papel específico que não exclui as outras religiões. Jesus precedeu-nos, mostrando-nos um exemplo de amor que se dá até a morte. Mesmo quem não conhece Jesus pode participar de seu mistério, fazendo o que ele fez (cf. Mt 25). Isso implica uma radical secularização da vida, na qual todas as religiões, suas doutrinas, seus ritos tornam-se relativos. O que é importante é amar a Deus no outro, estando pronto a dar a própria vida. Essa ausência de egoísmo conduz à paz, ao amor e à comunhão. Mestres espirituais como Anthony

---

¹⁸ Cf. D'LIMA, E.; GONSALVES, M. (eds.). *What does Jesus Christ mean?* Bangalore, The Indian Theological Association, 1999; AMALADOSS, M. *Jésus Christ, le seul Sauveur, et la mission*, in *Spiritus*, n. 41, p. 148-157, 2000.

D'Mello, no ensinamento deles, examinaram a fundo esse aspecto.[19] Também muitos cristãos praticaram com proveito métodos asiáticos de concentração como o ioga e o zen.

Hoje não podemos pensar na história sem Jesus e sem a igreja; o papel deles é entretanto um papel de solidariedade, símbolo e serviço, não de monopólio. O Jesus humano escolheu uma vida kenótica (de esvaziamento de si) de serviço, ao contrário de poder. Os asiáticos não se sentem bem diante de imagens tradicionais como a de "Jesus, o Rei" que talvez tenha impelido os missionários à conquista da Ásia por Cristo. Preferem dar testemunho de Jesus como o libertador dos pobres e dos oprimidos, Jesus, o Sábio, o Profeta escatológico, o Servo.[20]

VI. Teologias asiáticas da libertação

As teologias asiáticas da libertação devem sua inspiração às teologias latino-americanas da libertação. Três delas foram elaboradas de modo bastante sistemático: a teologia *minjung* [do povo oprimido] na Coréia, a teologia da luta nas Filipinas e a teologia *dalit* [os sem-casta] na Índia. Essas teologias nascem da luta e da reflexão de povos econômica e politicamente marginalizados e oprimidos. Duas delas tem características específicas asiáticas.

A teologia *minjung* da Coréia tem caráter fortemente ecumênico; reconhece toda a história do povo coreano, também na era pré-cristã, como história da salvação e considera suas lutas como movimentos de libertação nos quais Deus agiu. Nesse contexto analisa-se o potencial de libertação de alguns dos rituais xamânicos e das danças mascaradas que pertencem à cultura e à religiosidade popular. Sua crítica está dirigida tanto às utopias capitalistas quanto às comunistas, e sua visão da libertação é mais escatológica que histórica.[21]

A teologia filipina da luta procurou tomar distância dos movimentos comunistas. É conhecida pelos modos como se exprime na cultura religiosa popular, através de narrativa da paixão de Jesus, de liturgias, de danças, de música. Papel importante foi desempenhado pelas comunidades cristãs de base que suscitaram duas revoluções não violentas, em que foram depostos presidentes do país. Nesse processo surgiram também seus limites: a liberta-

---

[19] D'MELLO, A. *The song of the bird*. Anand, Gujarat Sahitya Prakash, 1982.
[20] SUGIRTHARAJAH, R. S. *The Asian faces of Jesus*. Maryknoll, Orbis, 1993; PHAN, P. *Jesus Christ with an Asian face*, in *Theological studies*, n. 57, p. 399-430, 1996; AMALADOSS, M. *The Asian faces of the Good News*, in *Mission today*, n. 2, pp. 166-172, 2000.
[21] COMMISSION ON THEOLOGICAL CONCERNS OF THE CHRISTIAN CONFERENCE OF ASIA (ed.). *Minjung theology: people as subjects of history*. Maryknoll, Orbis, 1983.

ção política e o restabelecimento da democracia formal não levam o povo a uma verdadeira igualdade econômica nem a um verdadeiro poder político.[22]

A teologia *dalit* reconhece um elo vivo com outros movimentos de libertação que têm origem em outras religiões e também em grupos políticos. Contém forte acento cristológico e reconhece em Jesus um *dalit* que foi marginalizado e recusado pelo seu povo e morreu fora das portas da cidade. Passa a ocorrer progressivo aprofundamento dessa perspectiva cristológica: primeiro se vê em Jesus um companheiro no sofrimento — Deus que partilha nossos sofrimentos; depois toma-se consciência de que Jesus ajuda-nos a transformarmo-nos de sujeitos sofredores passivos em agentes ativos, assumindo o sofrimento como sinal e instrumento dessa luta; por fim, há um movimento para descobrir os aspectos redentores desse sofrimento, os quais podem estender-se também ao opressor.[23]

Os teólogos asiáticos redescobriram a dimensão inter-religiosa da teologia da libertação. O século XX suscitou teologias da libertação no hinduísmo, no budismo e no islamismo. Algumas dessas, como o movimento de libertação sociopolítico de *Mahatma Gandhi*, enraizado no evangelho e no *Bhagavad Gita* [poema filosófico-religioso indiano, III-II a.C. Ed. bras.: *Bhagavad Gita*: canção do divino mestre. São Paulo, Companhia das Letras, 2001], são mais antigas que as teologias latino-americanas da libertação. Pessoas de religião diversa podem pois lutar juntas pela libertação e o diálogo inter-religioso pode ser portador de libertação do ponto de vista econômico e sociopolítico. Esse diálogo de ação pode ser também o contexto de formas mais aprofundadas de diálogo no âmbito religioso.[24]

Aloysius Pieris do Sri Lanka descobriu um elo ainda mais profundo entre libertação e religiões da Ásia. Os povos asiáticos são profundamente religiosos e qualquer movimento de libertação na Ásia deve levar em devida conta sua religiosidade. Na Ásia há um íntimo elo entre religiosidade e pobreza; deve-se lutar contra uma pobreza imposta e opressiva, mas a pobreza voluntária é um valor reconhecido por todas as religiões da Ásia, inclusive o cristianismo. Pode-se dizer que o espírito de pobreza — ausência de egoísmo e ser livre do apego às coisas materiais — é condição necessária para libertar-se da pobreza imposta. A "pobreza religiosa" torna-se instrumento necessário para combater a "pobreza econômica". Pieris afirma além disso que enquanto todas as teologias asiáticas (inclusive o cristianismo) enfatizam a necessidade de *ser* pobre, apenas o cristianismo destaca a necessidade de optar *pelos* pobres e de lutar com eles. O Deus bíblico faz pacto especial com os pobres. Essa distinção específica entre cristianismo e

---

[22] FERNANDES, S. E. *Towards a theology of struggle*. Maryknoll, Orbis, 1994.
[23] MASSEY, J. (ed.). *Indigenous peoples — dalits: dalit issues in today's theological debate*. Delhi, ISPCK, 1994.
[24] AMALADOSS, M. *Life in freedom*: liberation theologies from Asia. Maryknoll, Orbis, 1997.

as outras religiões pode não ser verdadeira nas lutas concretas de libertação, nas quais estão envolvidos também membros de outras religiões.[25]

VII. Para além da inculturação

O concílio Vaticano II afirmou que a igreja universal é uma comunhão de igrejas locais. Essa comunhão apóia-se no princípio da colegialidade em todos os níveis. É incentivada a unidade na fé e o pluralismo em suas expressões; incentiva-se a igreja a tornar-se africana, indiana, chinesa etc., e enfatiza-se que a Palavra de Deus, como se encarnou na cultura judaica da Palestina, assim deve hoje encarnar-se nas várias culturas que encontra. Esse processo é chamado processo de inculturação.

Hoje, os teólogos asiáticos vêem com desconfiança essa imagem da encarnação. É um belo princípio teológico, mas não oferece um retrato verdadeiro do que acontece efetivamente quando o evangelho encontra uma cultura. O missionário, a missionária, ao proclamar o evangelho, procura traduzi-lo da melhor forma possível na língua e na cultura local. As pessoas que escutam a Boa notícia reagem em termos da própria língua e da própria cultura e exprimem essa resposta em seu estilo de vida, em seus rituais e suas celebrações, em sua reflexão espiritual e teológica. É nessa auto-expressão de uma comunidade local de pessoas que brota a igreja local, na qual a Palavra de Deus está novamente enraizada. As pessoas são os agentes desse processo e elas precisam de certa autonomia para fazer isso. Em suas interpretações autoritárias, a inculturação ao contrário é vista como processo do alto; seu modelo é o da tradução e da adaptação de um evangelho preexistente, e não a resposta criativa que ele suscita da parte das pessoas. Esse processo é claramente controlado pela autoridade central.[26]

O evangelho é a automanifestação de Deus na história e especialmente em Jesus. Em toda época e circunstância devemos voltar às fontes para redescobrir o evangelho. Ele deve ser oportunamente reinterpretado segundo as transformações das situações. As culturas nas quais o evangelho foi expresso pela primeira vez tem certa prioridade, mas não são normativas para as gerações sucessivas: não se deve tornar-se semita a fim de tornar-se cristão. Paulo resolveu esse problema a propósito da admissão dos gentios na igreja. Hoje se tenta prescrever como normativa não só a cultura semítica, mas também a grega e romana, nas quais o evangelho encontrou expressão nos primeiros séculos da igreja. Para dizer de maneira simples, já não se

---

[25] PIERIS, A. *An Asian theology of liberation*. Maryknoll, Orbis, 1998 [trad. it., *Una teologia asiatica di liberazione*, Cittadella, Assisi 1990]; *God's Reign for God's Poor*, Tulana, Kelaniya 1988.
[26] AMALADOSS, M. *Beyond incluturation*. Delhi, Vidyajyoti/ISPCK, 1988 [trad. it., *Oltre l'inculturazione. Unità e pluralità delle Chiese*, EMI, Bologna 2000].

espera que rezemos em latim, podemos rezar em chinês ou em híndi, mas não temos o direito de escrever nossas orações em nossa própria língua, no contexto de nossas culturas e das situações contemporâneas. Podemos usar apenas as orações traduzidas do original latino. Os teólogos asiáticos não estão dispostos a aceitar princípios como os que acentuam a uniformidade e a centralização. Os bispos da Ásia não são capazes de afirmar a própria autonomia.

Não admira então que as igrejas da Ásia sejam vistas como "estrangeiras" por outras pessoas. Essa "estrangeirice" cultural é ulteriormente reforçada pela dependência econômica e política. Um evangelho "estrangeiro" perde sua relevância profética. A igreja não é então a comunidade local, mas mecanismo institucional tendo no centro o padre que continua a produzir uma graça eslava através dos sacramentos. Por sorte o controle central chega apenas aos ambientes oficiais. Nas margens, as pessoas criaram florescente religiosidade popular em torno de Maria e dos santos. As festas religiosas populares juntam a fé às necessidades locais das pessoas; a elite espiritual interage com técnicas asiáticas de oração como o Yoga e o Zen e as pratica;[27] os ativistas sentem-se inspirados pelo evangelho em empenhar-se nas lutas de libertação; os teólogos continuam a refletir sobre as questões atuais colocadas pelo seu contexto de vida, ignorando as advertências oficias que tentam limitar sua ação. Mas então temos problemas de igrejas paralelas coexistindo com dificuldade. Pode não estar distante o tempo em que a desafeição popular presente na Europa em relação à igreja faça seu aparecimento também na Ásia.

VIII. Uma cultura evangelizadora

Desde os tempos de Ricci e de Nobili, uma fácil distinção entre religião e cultura fez com que a igreja se concentrasse na doutrina, nas leis e nos rituais das religiões, adaptando-se facilmente às culturas existentes e às estruturas políticas, muitas vezes de forma acrítica. A igreja não se encarregava de problemas como as estruturas sociais feudais, a exploração e a opressão coloniais, as estruturas socioculturais discriminatórias ou opressivas como o sistema de casta, a discriminação das mulheres, a destruição da natureza etc. Hoje estamos tomando consciência de que quando o evangelho encontra uma cultura deve também instigar essa cultura à conversão, à luz dos valores do Reino. Produzir mudança cultural é entretanto processo muito árduo e é necessário colaborar com outros crentes e com todas as pessoas de boa vontade, levando a sério os vários movimentos populares.

---

[27] JOHNSTON, W. *"Arise, my love...": mysticism for a new era*. Maryknoll, Orbis, 2000.

Nesse esforço não é de muita ajuda a pretensão da igreja de pôr-se em bases morais superiores, ignorando a própria história. Os movimentos de secularização são mais contra a igreja e mais anticlericais do que contra Deus.[28]

Os teólogos asiáticos não dedicaram muito tempo na elaboração de uma teologia confiável da igreja local. Penso que essa seja uma grave carência. Essa teologia tem a tarefa de centrar-se nos direitos e nas responsabilidades das pessoas na igreja enquanto agentes primários de sua missão. Deve-se redescobrir a colegialidade em todos os níveis. A autoridade — entendida não como poder mas como serviço — não deve ser considerada mero princípio espiritual, mas deve ter fins de tipo organizativo. Deveremos analisar o papel do Espírito na igreja e no mundo e tomar distância de estrutura excessivamente hierárquica e cristocêntrica. A igreja tornar-se-á então um movimento popular em diálogo constante com outros movimentos populares, religiosos e não religiosos.

Conclusão

A Ásia (Sul, Sudeste e Leste) é um continente rico e diversificado. Graças à existência da Federação da Conferência dos bispos da Ásia, ela foi adquirindo uma voz comum teológica, representada pelo seu Office of Theological Concerns, formado por grupo de bispos e teólogos que se encontram regularmente e publicam documentos sobre vários problemas teológicos. A comunhão teológica que emerge daí esconde entretanto rica diversidade de culturas e de situações. Temos aqui um exemplo de comunhão no pluralismo que é de tipo experiencial. O fato de que isso seja obtido graças à língua "estrangeira", como o inglês, tem seu sentido. É o símbolo da abertura asiática às igrejas em qualquer lugar, na África, na América e na Europa, com as quais a Ásia está pronta a estabelecer relação de comunhão.

O caráter específico das teologias asiáticas continuará a aguçar-se por duas razões. Graças ao budismo e ao ioga, por um lado, e à visão chinesa da harmonia e ao ideal indiano da plenitude de vida, por outro. A abordagem asiática da reflexão teológica é diversa daquela da Europa, baseada na racionalidade e na dicotomia da cultura greco-romana (entre Deus e o mundo, entre o humano e a natureza, entre o espírito e o corpo). Além disso, as religiões da Ásia são menos institucionais. Penso ter chegado o tempo de reconhecer e respeitar a diferença. A verdade não deve ser confundida com

---

[28] KAPPEN, S. *Tradition, modernity, counter-culture: an Asian perspective*. Bangalore, Visthar, 1994.

suas expressões e nenhuma formulação deve ser considerada normativa. O concílio Vaticano II aceitou a "hierarquia das verdades". Hoje podemos aceitar que "a verdade experimentada e expressa pode ser plural". A verdade, como relação entre comunicadores, pode ser pluralística. Por esse motivo, não se trata de afirmação relativística. O fácil irenismo que procura denominador comum ou afirma que tudo é igual deve dar lugar a um sadio pluralismo que possa ser estimulante e enriquecedor para todos.

Em segundo lugar, o encontro experiencial com as outras religiões constitui desafio para toda a estrutura teológica baseada nas pretensões exclusivísticas do cristianismo. Isso tem para nós, na Ásia, importância imediata, mas não é sem interesse para a Europa onde o cristianismo já é, na prática, uma religião de minoria. As diferenciações internas entre cristãos nominais podem ser mais radicais na Europa do que as diferenças de caráter inter-religioso na Ásia, especialmente quando se refere à vida e à prática. A solução está em não impor uniformidade autodefensiva, mas em celebrar a diferença e o pluralismo como elementos de enriquecimento, especialmente quando todos colaboram na construção da comunidade humana. O pluralismo que celebramos é o resultado da interação entre liberdade de Deus e liberdade dos homens. Isso faz do diálogo em todos os níveis um modo de vida.

7
NA ENCRUZILHADA DAS ESTRADAS
Teologia feminista no início do século XXI

Elizabeth Green

Passaram-se mais de quarenta anos desde quando Valerie Saiving Goldstein começou um ensaio dedicado à condição humana, escrevendo: "Estudo teologia, sou também uma mulher".[1] Desse modo, era colocado no centro da mesa da teologia a questão da identidade de gênero e nascia a teologia feminista. A partir desse momento, para a teologia feminista a conjugação da reflexão teológica com intuições, análises e problemáticas provenientes do movimento das mulheres registrou crescimento exponencial. Não mais ligada a alguns poucos nomes agora conhecidos também na Itália (como Rosemary Radford Ruether, Mary Daly, Elizabeth Johnson), a teologia feminista difundiu-se, sobretudo no mundo anglo-saxão, em quase todas as faculdades teológicas, influenciando três gerações de estudantes. Segundo alguns, de fato, a teologia feminista é o movimento teológico mais duradouro do fim do século XX e a produção nesse campo é tão vasta que manter-se atualizado/atualizada torna-se quase impossível.[2]

Um pouco como a divina sabedoria que chama da encruzilhada das estradas, a teologia feminista se coloca no cruzamento de três diversas realidades: as universidade, as igrejas, o movimento das mulheres. Sobretudo

---

[1] Goldstein, V. S. *The human situation: a feminine view*, in *Journal of religion*, n. 40, p. 110-112, 1960. Cf. Plaskow, J. *Teologia maschile e esperienza femminile*. In: Hunt, M.; Gibellini, R. (eds.). *La sfida del femminismo alla teologia*. Brescia, Queriniana, 1980. p. 100-125.
[2] Para uma visão geral da situação atual da teologia feminista, cf. o importante volume de Chopp, R. S.; Davaney, Sh. G. (eds.). *Horizons in feminist theology: identity, tradition, and norms*. Minneapolis, 1997; e Fiorenza, E. Sch. *Sharing her word: feminist biblical interpretation in context*. Edinburgh, 1998. Para introdução à gênese, metodologia e conteúdos da teologia feminista: Gibellini, R. *A teologia do século XX*. São Paulo, Loyola, 1998. cap. XXIV; Green, E. *Teologia femminista*. Torino, Claudiana, 1998 e Carr, A. *Grazia che trasforma*. Brescia, Queriniana, 1991 e as bibliografias aí relacionadas.

(mas não só) no Ocidente, as faculdades universitárias contribuíram com o desenvolvimento da teologia feminista através dos programas dos *Women's studies*— estudos sobre a mulheres — criando o espaço necessário às estudiosas para aprofundarem e transmitirem a própria pesquisa em diálogo com colegas da comunidade acadêmica. Entretanto, uma vez que as universidades são instituições bem enraizadas na ordem sócio-simbólica patriarcal, sua influência no desenvolvimento da teologia feminista é ambígua. Por isso Elisabeth Schüssler Fiorenza utilizou a noção de "residente estrangeira" para descrever a posição da teóloga feminista dentro da universidade, enquanto instituição masculina, mas fora dela no que se refere à língua, experiência, cultura e história.[3]

Embora, como teremos ocasião de ver, a maior parte das igrejas tenha estado pouco inclinada a incorporar no próprio pensamento e prática pastoral as descobertas da teologia feminista, o CEC (Conselho ecumênico das igrejas, reunião mundial das igrejas ortodoxas, anglicanas e protestantes, da qual a igreja católica participa como observadora) procurou promover as várias reivindicações do movimento das mulheres. Através da Década ecumênica de solidariedade das igrejas com as mulheres (1988-1998), o CEC encorajou várias ações para melhorar a posição das mulheres na sociedade, a participação das mulheres em todos os níveis decisórios das igrejas e também a pesquisa teológico-feminista.[4]

Melhorar concretamente as condições de vida das mulheres no âmbito global sempre foi o objetivo do feminismo. Desde o início, de fato, a teologia feminista como teologia da libertação foi entendida como parceira do movimento das mulheres para pôr fim aos abusos e às discriminações estruturais de que as mulheres são objeto tanto na igreja como na sociedade. Por esse motivo a teologia feminista não só pôs no centro da própria reflexão crítica a construção teológica da mulher como corpo dócil, mas ainda os recursos de resistência e de luta provenientes da própria tradição cristã entram também em diálogo com a crescente produção filosófica feminista.

Se os pressupostos da teologia feminista influenciaram todos os setores do pensamento teológico como os estudos bíblicos, a história da igreja e a pastoral, nesse ensaio concentrarei minha atenção nas elaborações ocorridas principalmente no âmbito da teologia sistemática, limitando-me na maior parte a obras disponíveis em língua inglesa. Objetivo do ensaio não é tanto dar visão geral da atual produção teológico-feminista, quanto, concentrando-me no sujeito mulher e na questão de Deus, pôr em evidência o debate em curso em torno de alguns nós metodológicos e conceituais destinados a marcar o futuro da teologia feminista no século XXI.

---

[3] Fiorenza, E. Sch. *But she said: feminist practices of biblical interpretation Beacon*, 1992, p. 185.
[4] Cf. Gnanadason, A. *Una chiesa in solidarietà con le donne: utopia o simbolo di fedeltà*, in *Concilium*. n. 1, p. 114-123, 1996.

I. O sujeito mulher

A teologia feminista, como indicam as palavras citadas pouco antes, incorpora na reflexão teológica a consciência de ser mulher, assumindo a "experiência das mulheres" como ponto de partida. Inspirando-se nas idéias típicas da segunda onda do feminismo como a comum identidade feminina e a sororidade de todas as mulheres, a teologia feminista elevava a categoria de gênero acima de qualquer outra determinação do sujeito. Foram as mulheres provenientes do mundo dos Dois terços e também as teólogas das minorias estadunidenses (hispânicas, asiáticas e afro-americanas) que desmascararam a "experiência das mulheres" como construção que anulava as diferenças entre mulheres (de origem étnica, de classe, de idade) em nome de uma suposta identidade feminina. Em outras palavras, a teologia feminista foi acusada de ter reproduzido através de uma lógica do idêntico os mesmos erros da teologia masculina. Se — como havia sustentado Saiving Goldstein — esta excluíra as mulheres de suas reflexões, universalizando uma perspectiva masculina e declarando-a objetiva e neutra, a teologia feminista universalizara uma visão parcial (mulheres brancas e abastadas do Primeiro mundo) da experiência feminina. A partir da carta aberta dirigida a Mary Daly pela feminista afro-americana Audrey Lourde e do fato de as teólogas da Associação Ecumênica de Teólogos do Terceiro Mundo (Ecumenical Association of Third World Theologians — EATWOT) terem assumido a própria pertença de gênero (tanto em relação aos colegas da EATWOT, quanto em relação às teólogas do Primeiro mundo), não se pode mais falar de teologia feminista como fenômeno monolítico. Dos anos oitenta em diante será preciso falar de teologias feministas no plural.[5]

Se, num primeiro momento, a diferença sexual servira para constituir ponto de partida feminino em contraposição a perspectiva masculina, agora adquirem importância as diferenças entre as próprias mulheres. O desafio teórico passa a ser o de dar espaço às diferenças entre mulheres sem perder de vista a identidade de gênero. As teólogas feministas responderam a esse desafio de modos diversos. Elizabeth Johnson, por exemplo, fez uso das constantes antropológicas desenvolvidas por Schillebeeckx como "a corporeidade, e portanto o sexo e a raça; a relação com a terra, com as outras pessoas e os agrupamentos sociais; a posição econômica, política e cultural".[6] Entretanto parece que a análise fenomenológica da experiência

---

[5] Lourde, A. *An open letter to Mary Daly*, in *Sister outsider*. New York, 1984. p. 66-71; Fabella, V.; Oduyoye, M. A. (ed.). *With passion and compassion: third world women doing theology*. Maryknoll, 1988; Mananzan, M. J. et al. (ed.). *Women resisting violence: a spirituality for life*. Maryknoll, 1996.
[6] Johnson, E. A. *Colei che è: il mistero di Dio nel discorso teologico femminista*. Brescia, Queriniana, 1999. p. 311.

feminina adotada por Johnson não consegue captar essas diferenças. Além disso, a própria Johnson coloca em questão a centralidade da "experiência das mulheres" para a teologia feminista, afirmando que "é sinal de miopia considerar sempre e em todo lugar a sexualidade mais fundamental para a concreta existência histórica do que qualquer outra constante".[7]

Elisabeth Schüssler Fiorenza debate-se com o problema das diferenças entre mulheres, substituindo o conceito de patriarcado com a noção de *kyriarquia*, entendida como "complexa pirâmide social formada por graus diversos de dominação e subordinação".[8] Enquanto o conceito de patriarcado corria o risco de reforçar uma simples oposição entre homens e mulheres, o conceito de kyriarquia quer tornar claro que "não todos os homens dominam e exploram todas as mulheres sem nenhuma diferença e [...] que a elite dos homens ocidentais euro-americanos instruídos e abastados organizou a exploração das mulheres e de outras "não-pessoas" e tirou proveito disso".[9] Se esse modelo consegue tornar visível o conluio de algumas mulheres em sistemas de opressão, isso termina, porém, por suprimir a diferença entre mulheres e homens (outras "não-pessoas").

Podemos então ver como o esforço realizado pelas teólogas de levar em conta muitas diferenças, e que são reais, entre as mulheres acaba por enfraquecer a noção de mulher (e experiência das mulheres), da qual partira a teologia feminista, colocando em dúvida a identidade de gênero como chave de abóbada do próprio projeto teológico-feminista. Outras elaborações dentro da teoria feminista tornam ainda mais instável o sujeito mulher. Devido a novos estudos de gênero que surgem na esteira da distinção entre "sexo" e "gênero", arrefece o impulso político proveniente dos estudos feministas; indagando sobre a construção simbólica da masculinidade, eis que entram de novo em cena os interesses dos homens. Além disso, a noção de identidade sexual múltipla e instável que surgiu na filosofia feminista dá lugar a outras formas de pensamento não mais estritamente ligadas ao sujeito mulher, como é o caso da *queer theory* — teoria homossexual — com a qual teólogos e teólogas começam a fazer interlocução.[10] Enfim, é preciso dizer que até há pouco tempo teologia e filosofia feministas foram avançando, ignorando-se reciprocamente. Se, por um lado, as teólogas feministas

---

[7] *Ibid*. Para a crítica das tendências universalizantes de Johnson, JONES, S. *Women's experience between a rock and a hard place*. In: CHOPP, R. S.; DAVANEY, SH. G. (eds.). *Horizons in feminist theology...*, p. 105-125.
[8] FIORENZA, E. SCH. *Gesù, figlio di Miriam, profeta di Sophia: questioni critiche di cristologia femminista*. Torino, Claudiana, 1996, p. 28. O conceito de kyriarquia está desenvolvido em *But she Said*, op. cit. p. 105-125.
[9] *Gesù, figlio di Miriam...*, p. 28.
[10] Cf. CAVARERO, A.; RESTAINO, F. *Le filosofie femministe*. Torino, Paravia, 1999. p. 91-99. Para o debate teológico, indicamos a revista *Theology and sexuality*, publicada pela Sheffield Academic Press.

se apresentaram aos debates no campo filosófico apenas tardiamente, por outro lado, a filosofia interessou-se apenas raramente pela religião. Não surpreende, pois, se algumas teólogas feministas olhem as mais recentes elaborações teóricas com certa desconfiança. Não será por que a adoção de um paradigma pós-moderno significa capitular-se ao pensamento masculino e renegar as lutas das mulheres? É a preocupação de teólogas não só da primeira geração como Mary Daly e Catherine Keller, mas também de algumas das mais jovens como Emily R. Neill.[11] Resumindo, podemos dizer que o sujeito mulher tornou-se o protagonista problemático da teologia feminista! Assim Linda Hogan se pergunta: "Como se pode continuar a propor uma pauta feminista para a teologia baseada na experiência e na prática das mulheres, se os termos "mulheres" e "experiências das mulheres" já são obsoletos?"[12]

O feminismo nasce graças ao paradigma moderno do sujeito "autofundado, autocentrado e autoconsciente".[13] O feminismo da igualdade, como outros movimentos de emancipação, procurou simplesmente estender essa noção do sujeito (aparentemente neutra, mas na realidade tendente para o masculino) às mulheres. Logo se descobriu, porém, que essa noção era pensada a partir da exclusão das mulheres e, portanto, nunca poderia contê-la. Em outras palavras, se no início as mulheres tinham se libertado apropriando-se da noção do sujeito forte, elas acabavam por enfraquecer o conceito que tinha permitido a emancipação delas. Rosi Braidotti exprime bem o dilema: "Uma das questões centrais é como se pode sustentar, por um lado, a perda do paradigma clássico de subjetividade e, por outro lado, a especificidade de um sujeito feminino alternativo".[14]

Utilizando a mesma lógica, a teologia feminista tinha procurado simplesmente estender a noção da *imago dei* às mulheres, para poder inseri-las (sem muito problema) na "estrutura fundamental da teologia cristã clássica" (as palavras são de Ruether).[15] Todavia, uma vez constatadas as diferenças entre as mulheres, não só o princípio crítico da "plena humanidade" feminina (anverso da *imago dei*) tornava-se problemático, como também a pró-

---

[11] DALY, M. *Quintessence*: realizing the archaic future. London, 1999, p. 134-144. KELLER, C. *On relation and essence in feminsit theology*. In: CHOPP, R. S.; DAVANEY, SH. G. (eds.). *Horizons in feminist theology...*, p. 54s; NEILL, E. R. *Horizons in feminist theology or reinventing the wheel*, in *Journal of feminist studies in religion*, n. 15, p. 102-110, 1999. A relação entre teologia e teoria feminista é discutida na coletânea britânica SAWYER, D. F.; COLLIER, D. M. (eds.). *Is there a future for feminist theology?* Sheffield, 1999.
[12] HOGAN, L. *From women's experience to feminist theology*. Sheffield, 1995, p. 60.
[13] Cf. CAVARERO, A.; RESTAINO, F. *Le filosofie femministe...*, p. 135.
[14] BRAIDOTTI, R. *Nomadic subjects*. New York, 1994, p 161.
[15] RUETHER, R. *Sexisme and God-talk*. London, 1983, p. 19. Para a discussão, cf. os ensaios de Linell Cady e Mary McClintock Fulkerson, in: CHOPP, R. S.; DAVANEY, SH. G. (eds.). *Horizons in feminist theology...*

pria noção de *imago dei* que parecia implicar de qualquer modo outra exclusão.

Para resolver esses problemas algumas teólogas assumiram como ponto de partida de sua reflexão as posições excluídas, à margem da sociedade dominante. Ada Maria Isasi-Días, por exemplo, representante da teologia *mujerista* (elaborada por mulheres estadunidenses de origem hispânica), utiliza a antropologia cultural para indagar do modo como "as práticas culturais e os discursos religiosos" constituíram as variadas identidades das mulheres hispânicas norte-americanas.[16] A teóloga mulherista (ou melhor, afro-americana), Delores Williams, utiliza ao contrário o testemunho literário da escravidão dos negros na América para interpretar a experiência das mulheres afro-americanas em termo de maternidade e papéis substitutivos.[17] Também teólogas como Mercy Amba Oduyoye utiliza a variada tradição narrativa das mulheres africanas para abordar a experiência das mulheres na África de hoje, enquanto Kwok Pui-lan adota o construcionismo social para analisar as experiências das mulheres na Ásia. As teólogas provenientes do mundo dos Dois terços insistem nas diversas realidades sociais e simbólicas das mulheres posicionadas no cruzamento de múltiplas opressões (colonialistas, militaristas, capitalistas).[18] Essa diversidade de posições (que poderiam multiplicar-se ao infinito) coloca-nos diante do problema que percorre todo o pensamento feminista de hoje: por um lado, o risco do essencialismo e, por outro, o espetro do relativismo.

A única solução é, segundo teólogas como Kwok Pui-lan ou Grace Jantzen, sair da lógica do *aut-aut*, reconhecendo (como indica a noção de *kyriarquia*) que as mulheres estão envolvidas em algumas formas de opressão, enquanto são vítimas de outras. Não há um único centro de opressão, mas sim uma matriz de diversas formas de domínio. Só assim as intuições e as descobertas provenientes das diversas margens podem tornar-se recursos para desestabilizar a ordem simbólica em toda a sua complexidade. A proposta de Jantzen, na verdade, é de criar uma ordem simbólica a partir do que a filosofia e a teologia ocidentais, ambas, excluíram e reprimiram, ou seja, a natalidade. Inspirando-se no pensamento de Hannah Arendt e Adriana Cavarero, Jantzen mostra como a centralidade da morte no pensamento quer filosófico, quer teológico do Ocidente apóia-se na exclusão do materno e do material. Uma teologia que pusesse no centro de seu imaginário não a morte, mas sim o nascimento, veria a ação divina não tanto em termos de

---

[16] JONES, S., *op. cit.*, p. 49. Cf. ISASI-DÍAZ, A. M. *En la lucha: elaborating a mujerista theology.* Minneapolis, 1993; *Mujerista theology.* Maryknoll, 1996.
[17] WILLIAMS, D. *Sisters in the wilderness.* Maryknoll, 1993.
[18] KWOK PUI-LAN. *Introducing Asian women's theology.* Sheffield, 2000; e ODUYOYE, M. A. *Introducing African women's theology.* Sheffield, 2001. Cf. COPELAND, M. SH.; FIORENZA, E. SCH. *Teologie femministe nei diversi contesti*, in *Concilium*, n. 1, 1996.

salvação (da morte), quanto de florescimento da vida. Essa insistência sobre a vida abundante como sinal da presença divina caracteriza também as teologias feministas elaboradas nos vários contextos de sobrevivência no Sul do mundo. Conforme mostra a reflexão de teólogas como Oduyoye ou Porcile Santiso, por exemplo, esse pensamento tem condições de resgatar a corporeidade, a materialidade e a relacionalidade da existência, todos temas caros à teologia feminista.[19]

Como mostrou a teóloga argentina Marcella Althaus-Reid, recorrer às margens tem conseqüências importantes para todo o pensamento teológico. Se as margens só o são em relação ao centro, colocar as diversas margens no centro do próprio pensamento significa mexer com a própria construção do centro. Não se trata mais, como nas teologias da libertação, de dar nome a um Deus que do centro se solidariza com "as margens", mas sim de descobrir "se nas margens da igreja e da teologia encontram-se lugares não autorizados da divindade".[20] Somente abordando o discurso sobre Deus, poderá quebrar a construção da realidade em termos de centro/periferia e superar a economia binária em que a teologia feminista corre o risco de ficar refreada.

II. O discurso sobre Deus

Em 1972 Mary Daly fez uma crítica cerrada à figura de Deus Pai, crítica que perdeu bem pouco de sua atualidade. Para Daly, Deus Pai era a base de uma sociedade (e de uma igreja) que oprimia as mulheres, funcionando de diversos modos para mistificar as relações injustas entre os gêneros.[21] A crítica dirigida pela teologia feminista à figura de Deus Pai é fundamentalmente uma crítica teológica. Em primeiro lugar, julga a figura de Deus Pai idólatra, enquanto eleva acima de qualquer outra uma representação parcial e humana de Deus, divinizando-a. Em segundo lugar, a teologia feminista considera a imagem de Deus Pai irrelevante, enquanto não respeita a experiência da metade da humanidade, ou seja, das mulheres. Enfim, a figura de Deus Pai é considerada imoral, porque legitima teologicamente múltiplos sistemas de opressão.

À luz dessa crítica, as teólogas feministas fizeram enorme trabalho de desconstrução dos textos fundantes do cristianismo. Indo à procura de um "passado utilizável" (a frase é de Letyy Russel), desenvolveram estratégias

---

[19] ODUYOYE, M. A., op. cit., e SANTISO, M. T. P. *La donna spazio di salvezza*. Bologna, Dehoniane, 1994.
[20] ALTHAUS-REID, M. *L'esodo divino di Dio*, in *Concilium*, n. 1, p. 45, 2001.
[21] DALY, M. *Al di là di Dio Padre*. Roma, Editori Riuniti, 1990, p. 19-31.

hermenêuticas para elaborar uma teologia que respondesse assim às aspirações das mulheres, mas também que fosse fiel à comunidade cristã.[22] As teologias feministas abraçaram vários campos da teologia, da cristologia, da antropologia, da eclesiologia, da mariologia, da escatologia, prestando também atenção às questões que de modo especial marcam a experiência feminina (a violência em todas as suas formas, a corporeidade, a hospitalidade, a sexualidade, o ministério feminino e a salvaguarda da criação). No centro desses esforços construtivos permanece, porém, a questão de Deus. Para Daly, a crítica à figura de Deus Pai marcou seu adeus à igreja. No decorrer do tempo, outras teólogas, como Daphne Hampson, não conseguindo conciliar compromisso feminista com fé cristã, seguiram seu exemplo, dando lugar a outras formas de reflexão teológica.[23] Outras mulheres ainda, não sem dificuldades e sofrimentos, escolheram aceitar o desafio e, permanecendo na igreja, ir "para além de Deus Pai".

Na raiz da crítica feminista à figura de Deus Pai estão a questão da linguagem teológica e o modo como ela funciona. A distância que separa Deus de nossas construções lingüísticas dá às teologias feministas a possibilidade de experimentar outros modo de dizer Deus. A teóloga protestante Sallie McFague, por exemplo, escolhe a metáfora, para construir teologia trinitária em diálogo contínuo com a tradição cristã, em termos de Deus mãe, Deus amigo/a, Deus amante. Elizabeth Johnson, ao contrário, utiliza a linguagem analógica da tradição católica para elaborar uma doutrina do "Aquele que é", inspirando-se sobretudo na figura feminina da divina sabedoria.[24]

A partir dos trabalhos de estudiosas como Claudia Camp e Silvia Schroer, a figura da sabedoria divina tem sido fonte de inspiração para as teólogas à procura de imagens femininas de Deus enraizadas na tradição cristã. Através da figura de *Hokhmah-Sophia* procura-se minar a hegemonia da imagem masculina seja de Deus Pai, seja de Cristo. Em torno dessas propostas, porém, existe grande discussão porque algumas estudiosas consideram que a tradição sapiencial reflete não só a experiência religiosa das mulheres como também os interesses dos homens privilegiados. De qualquer modo, para as teólogas feministas que se colocam na tradição judaica ou cristã, a tradição sapiencial permanece fonte de imagens femininas que, mediadas

---

[22] Russel, L. M. *Teologia femminista*. Brescia, Queriniana, 1977, p. 81. Para uma visão geral da hermenêutica bíblica feminista, indicamos em alemão Schottroff, L.; Schroer, S.; Wacker, M.-T. *Feministische Exegese: Forschungserträge zur Bibel aus der Perspektive von Frauen*. Darmstadt, 1995.
[23] Daly conta sua biografia intelectual em *Outercourse*, Londres, 1993. Cf. também Hampson, D. *After christianity*. London, 1996; e para a discussão, o volume preparado por ela: *Swallowing a fishbone?* London, 1996.
[24] McFague, S. *Modelli di Dio*. Torino, Claudiana, 1998; Johnson, E., op. cit.

por uma hermenêutica feminista, podem desestabilizar metáforas de Deus exclusivamente masculinas.[25]

Para algumas teólogas feministas, o material sapiencial é ainda importante porque constitui ponte para elaborações feitas por quem, julgando o cristianismo irremediavelmente patriarcal, trabalha no campo da tea-logia. As teólogas feministas propõem-se realmente a não reproduzir os limites e as barreiras típicos da teologia masculina, abrindo-se pelo contrário aos diversos discursos da chamada espiritualidade feminista. Nesse movimento variado, teólogas como Carol Christ inspiram-se nas múltiplas manifestações da antiga Deusa para dizer a divindade no feminino. Objetivo dessas elaborações é resgatar o corpo feminino do olhar (masculino) que o tornou profano (fonte de fraqueza, pecado e morte), para poder atribuir às mulheres poder, sabedoria e sacralidade.[26] De fato, como bem realçou a filósofa Luce Irigaray, o "tornar-se mulher" depende das imagens do divino que uma ordem simbólica se dá. Sem horizonte de transcendência constituído por um divino feminino, as mulheres permanecem privadas da própria subjetividade. Jantzen, construindo em cima de intuições de L. Irigaray, propõe-nos não só um divino feminino, mas também um divino em devir e, principalmente, um divino corporizado.[27]

Segundo a análise feminista (e também de filósofos como Derrida), a figura de Deus Pai funda as oposições binárias na base tanto do pensamento, quanto da sociedade ocidental. Como o pensamento feminista nunca cansa de repetir, essa economia (em que "os dois termos não são postos no mesmo plano, um frente ao outro, mas sim são estruturados segundo uma ordem hierárquica de subordinação e exclusão")[28] é sexuada. Desde suas primeiras obras, a teologia feminista trabalhou muito na análise das oposições que atravessam a reflexão teológica: Deus/mundo, Alma/corpo, História/natureza, Bem/mal, Macho/ fêmea etc. Já que subverter um só termo das oposições corrói todo o sistema de significação, as teólogas feministas, dizendo Deus no feminino, constroem em termos diversos também a relação que acontece entre Deus e o mundo.

---

[25] CAMP, C. *Wisdom and the feminine in the Book of Proverbs*. Scheffield, 1985; _____. *Wise, strange and holy*. Scheffield, 2000; SCHROER, S. *Die Weisheit hat ihr Haus gebaut*. Mainz, 1996. A figura de *Sophia* inspira os últimos trabalhos de Elisabeth Schüssler Fiorenza, como *Gesù, figlio di Miriam*... e *Sharing her Word*... Para a discussão atual, AQUINO, M. P.; FIORENZA, E. SCH. (eds.). *Nel potere della Sapienza: spiritualità femministe di lotta*, in *Concilium*, n. 5, 2000.
[26] CHRIST, C. *Rebirth of Goddess*. New York, 1998; RAPHAEL, M. *Thealogy and embodiment*. Scheffield, 1996.
[27] JANTZEN, G. *Becoming divine: towards a feminist philosophy of religion*. Manchester, 1998. Cf. IRIGARAY, L. *Sessi e genealogie*. Milano, La Tartaruga, 1989, p. 67-86. Sobre o pensamento de Irigaray e a teologia feminista, indicamos BAIOCCO, M. G. *Divenire divine*. Assisi, Cittadella, 1998, p. 76-83; e sobre o resgate da corporeidade na ótica cristã, MOLTMANN-WENDEL, E. *Il mio corpo sono io*. Brescia, Queriniana, 1996.
[28] CAVARERO, A.; RESTAINO, F. *Le filosofie femministe*..., p. 115.

O paralelismo entre opressão das mulheres e exploração da natureza foi uma constante do pensamento teológico ecofeminista elaborado por estudiosas como Rosemary Radford Ruether. Segundo Ruether, a causa de ambos os fenômenos deve ser identificada na oposição entre corpo e espírito, junto com o desejo (masculino) de fugir do primeiro para apegar-se ao segundo.[29] Para teólogas como Dorothee Sölle e Sallie McFague, essa oposição manifesta-se no cristianismo através da oposição estabelecida entre Deus criador (espírito) e mundo criado (corpo). Mcfague indica as "três deficiências" desse modelo de Deus: "Deus é distante do mundo, tem relações só com o mundo humano e governa este mundo através do domínio e da benevolência".[30] A relação entre Deus e o mundo deve, pois, ser pensada de modo diverso; mas como? Aqui e ali, McFague propõe a imagem do mundo como corpo de Deus, considerando a presença de Deus seja como "imanência universal", seja como "transcendência mundana". Também Elizabeth Johnson reconfigura a relação entre Deus e mundo utilizando o panenteísmo para mediar entre teísmo (propenso ao masculino), por um lado, e panteísmo (propenso ao feminino), por outro. Para Jantzen, ao contrário, essas mediações não são factíveis; é preciso minar na raiz as próprias oposições binárias, adotando uma visão panteísta. Jantzen opina que a oposição ao panteísmo provém do medo masculino de perder a própria identidade. Assim, segunda ela, a necessidade masculina de estabelecer e conservar limites está na base da economia binária do Ocidente. Imaginar, portanto, a relação entre o divino e o mundo em termos de panteísmo mina na raiz as oposições da atual ordem simbólica, permitindo-nos dar valor à mutualidade, à corporeidade, à diversidade e à materialidade.[31]

Podemos ver como, indagando-se sobre a figura de Deus Pai, as teologias feministas, prescindindo de suas diversas posições com referência à tradição cristã (dentro dela, nos limites ou fora do atual espectro teológico), terminam por colocar em questão a ordem tanto social quanto eclesial que depende daquela figura. Não é para surpreender-se pois se, não obstante a produção teológico-feminista cada vez mais crescente, ela tenha dificuldade em modificar o posicionamento teórico e prático das igrejas.

Pelo menos a Década ecumênica de solidariedade das igrejas para com as mulheres conseguiu fazer com que as igrejas ouvissem a voz das mulheres, favorecendo em alguns casos (no campo da liturgia ou dos ministérios, por exemplo) certas modificações às atuais estruturas de exclusão. Entretanto, quando a voz das mulheres se permitiu dizer Deus no feminino, não

---

[29] RUETHER, R. R. *Per una teologia della liberazione, della donna, del corpo, della natura.* Brescia, Queriniana, 1976; *Gaia e Dio: una teologia ecofemminista per la guarigione della terra.* Brescia, Queriniana, 1995.
[30] Op. cit., p. 96s. Cf. SÖLLE, D. *Per lavorare e amare.* Torino, Claudiana, 1990.
[31] McFAGUE, S. Op. cit., p. 250s; *The body of God*: an ecological theology. London, 1993; JOHNSON, E. op. cit., p. 445s; JANTZEN, G., op. cit, p. 266-272.

faltaram as reações negativas e até francamente persecutórias. Mary Hunt explica a represália contra as propostas das teologias feministas ocorridas por ocasião da conferência estadunidense *Re-imagining* (promovida em 1993 na esteira da Década) nestes termos: "A rixa teológica sobre *Sophia* foi provocada para mascarar uma luta de poder entre o uso hegemônico de uma linguagem machista para exprimir o divino e os símbolos e as imagens mais inclusivas que se encontram nas Escrituras cristãs".[32]

De fato, se a teologia cristã sempre insistiu sobre a diferença que existe entre a realidade divina e suas representações lingüísticas de modo que Deus não seja nem macho nem fêmea, é difícil compreender "toda a confusão que provoca a idéia de que Deus seja imaginado em termos femininos ou que se dirija a Deus como a uma 'senhora'".[33] Desse modo, alguns teólogos continuam a agarrar-se a teses insustentáveis para insistir na essencial masculinidade de Deus, como o bispo anglicano que declarou que na tradição cristã Deus é "divindade masculina relativamente sem gênero"![34] Para muitas teólogas feministas, a insistência até as últimas na paternidade de Deus (na teologia, na liturgia e na pastoral) é apenas o chamado "golpe de misericórdia" do patriarcado, e mostra que a verdadeira questão em jogo não é tanto a ortodoxia teológica quanto a hegemonia do poder masculino nas igrejas.

Que a teologia feminista nos convida a ir além do modo estabelecido de pensar o cristianismo e portanto também além da ordem simbólica ocidental é confirmado por algumas teólogas que estão navegando em fronteiras de diversas ordens simbólicas. Para teólogas como Kwok Pui-lan, Chung Hyun Kyung ou Mercy Amba Oduyoye, o problema da teologia feminista não é constituído principalmente pela figura de Deus Pai. Vivendo em culturas que aceitam sem problemas imagens femininas do divino ou cujas palavras para dizer Deus não têm conotações de gênero, as mulheres encontram dificuldade de dizer Deus a partir da própria sexuação. O verdadeiro problema para teólogas cristãs em continentes como a Ásia, onde os/as crentes cristãos são apenas pequena minoria dentro de um cenário religioso pluralista é o exclusivismo cristão. O mesmo problema é enfrentado pelas teólogas africanas, cuja cultura tradicional de respeito, acolhida e hospitalidade barra o exclusivismo religioso propugnado pelo cristianismo. Unindo perspectiva feminista a hermenêutica pós-colonialista, as teólogas da Ásia mostram como o monoteísmo cristão tem sido instrumento para o processo de colonização. Para elas, a ordem do próprio fundamento, como vimos quanto ao pensamento ocidental, mostra-se não tanto na masculinidade do pensamento cristão quanto na natureza exclusiva e excludente

---

[32] Hunt, M. La ritorsione alla conferenza *"Re-imagining"*. *Concilium*, n. 1, p. 81, 1996.
[33] McFague, S. *Modelli di Dio...*, p. 134.
[34] Jantzen, G., op. cit., p. 65.

de sua divindade. A tentativa delas, sem renunciar a uma sensibilidade feminista, de transpor o cristianismo para cosmovisões não dualistas poderia abrir outras pistas de pesquisa para a teologia feminista.[35]

Se parte da teologia feminista ocidental não consegue, segundo as denúncias da teóloga judia Judith Plaskow e da estudiosa budista Rita Gross, superar a tendência exclusivista do cristianismo (e poderia certamente aprender do diálogo inter-religioso levado adiante por mulheres em outros contextos religiosos), outras teólogas ocidentais, ao contrário, põem em evidência a ligação entre monoteísmo e machismo.[36] Não só Jantzen, como vimos, aspira a uma noção da divindade que saiba captar a diversidade mas, escrevendo a propósito das controvérsias em torno das imagens femininas de Deus, Laurel Schneider acredita que o desafio da teologia feminista é teorizar um divino "sem limites, mas expresso temporariamente em múltiplas formas" ou conceitualizar "múltiplas realidades sacras sem perder uma qualidade de ordem e de unidade".[37] Vimos que nessa linha se move também Althaus-Reid que afirma: "O Deus marginal pode também encorajar a deslealdade das pessoas para com os ideais de 'unicidade' a favor de uma compreensão da pluralidade".[38]

Parece que o círculo se fecha. Para a teologia feminista o declínio do sujeito forte (fruto também do movimento das mulheres) arrastou consigo o Deus exclusivo e excludente da ordem simbólica masculina para dar lugar (dado o estreito corolário entre antropologia e teologia) a um deus de identidade múltipla, dito também no feminino. Um Deus marginal, não estranho à tradição cristã, capaz de abrir horizontes de liberdade ao devir das mulheres.

Em certo sentido pois podemos dizer que as teologias feministas são protagonistas e ao mesmo tempo vítimas da mudança de paradigma, para cujo início elas próprias contribuíram. Terá razão então quem sustenta que a teologia feminista está destinada a desaparecer?[39] Poderíamos responder que sim, na medida em que as questões postas à mesa da teologia feminista encontrassem morada fixa no fazer teologia por parte de homens e mulheres. No mínimo isso significaria que teologias e igrejas estariam dando ouvidos e levando a sério as objeções dirigidas à ordem eclesial-teológica do Ocidente cristão por parte das teologias feministas. Significaria que teologias e igrejas estariam começando a transformar o próprio pensamento e es-

---

[35] Kwok Pui-Lan, op. cit., p. 59-62, 66-76, 90s.
[36] Plaskow, J. Anti-Judaism in feminist Christian interpretation. In: Fiorenza, E. Sch. *Searching the Scriptures I*. London, 1993, p. 117-129; Gross, R. Feminist theology as theology of religions. *Feminist theology*, n. 26, p. 83-101, 2001.
[37] Schneider, L. C. *Re-imagining the divine*. Cleveland, 1998. p. 173.
[38] *Op. cit.*, 47.
[39] Page, R. *Humanas feminist theology a viable long-term future?*. In: Sawyer, D. F.; Collier, D. M. (eds.). *Is there a future for feminist theology*. Sheffield, 1999, p. 193s.

truturas, levando em conta as experiências das mulheres. Significaria, além disso, que os teólogos estariam refletindo de modo crítico sobre as próprias parcialidades, sexuadas ou não, assumindo-as como ponto de partida das próprias elaborações teológicas. Uma vez que não são muitos os sinais de que igrejas e teólogos estejam se movimentando nessa direção, uma vez que as forças de conservação do poder se renovam continuamente (em direta oposição ao princípio kenótico cristão), uma vez que em âmbito global a vida das mulheres continua a ser marcada por múltiplas formas de opressão antigas e novas, a finalidade da teologia feminista não foi ainda atingida. No início do século XXI, a teologia feminista, situada na encruzilhada das estradas, tem ainda razão de existir.

8
TRANSFORMAÇÕES RECENTES E PERSPECTIVAS DE FUTURO NA ÉTICA TEOLÓGICA

Marciano Vidal

Nesta exposição, proponho-me a dois objetivos complementares: por um lado, fazer um *balanço* da situação da ética teológica ou teologia moral dentro do catolicismo; por outro lado, oferecer uma *prospectiva* dessa disciplina teológica para as primeiras décadas do século XXI. Para fazer o balanço, tomo como ponto de referência a renovação teológico-moral iniciada no concílio Vaticano II e desenvolvida nos 35 anos subseqüentes a esse grande acontecimento eclesial. A prospectiva que apresento depende de minha peculiar maneira de ver o presente da reflexão teológico-moral, isto é, da percepção que tenho das aquisições que devem ser consolidadas e das limitações que devem ser superadas. O leitor compreenderá que o balanço deve ser, por força da necessária brevidade, limitado ao mais essencial, e que a prospectiva deve-se manter dentro das exigências que correspondem ao gênero literário prospectivo.

I. Transformações recentes

Pelo fato de situar este balanço da ética teológica a partir do concílio Vaticano II, não pretendo menosprezar o trabalho de renovação realizado nos anos precedentes: pela "escola de Tubinga" do século XIX (J. M. Sailer, J. B. Hirscher) e pelos seus continuadores durante a primeira metade do século XX (F. Tillmann, J. Mausbach, O. Schilling, Th. Steinbüchel); pelas propostas inovadoras durante as duas décadas que precederam o Vaticano II (G. Thils, J. Leclercq, E. Mersch, G. Gilleman, O. Lottin, J. Fuchs, B. Häring).

Há estudos que de forma geral[1] refletem o desenrolar da teologia moral antes do Vaticano II e outros que apresentam em particular alguns autores concretos.[2]

1. O CONCÍLIO VATICANO II E A RENOVAÇÃO DA TEOLOGIA MORAL[3]

a. Significado geral

O sínodo extraordinário dos bispos, celebrado vinte anos após o encerramento do concílio Vaticano II (1962-1965), avaliou esse evento eclesial como "imensa graça" de Deus ao século XX. "Nós todos, bispos dos ritos orientais e do rito latino, compartilhamos unanimemente, em ação de graças, a convicção de que o concílio Vaticano II é dom de Deus à igreja e ao mundo. [...] ao fim desta reunião, o sínodo agradece, do íntimo do coração, a Deus Pai, por meio de seu Filho, no Espírito Santo, a grande graça deste século que foi o concílio Vaticano II".[4]

O papa João Paulo II, em balanço abertamente positivo do significado do Vaticano II,[5] disse que nesse concílio "enorme riqueza de conteúdos e *novo tom, antes desconhecido*, constituem quase um anúncio de tempos novos".[6]

Para a teologia moral, o concílio Vaticano II representa o apoio e a garantia oficial dos esforços de renovação realizados durante o século XX. Ao mesmo tempo, marca o início oficial de uma nova orientação na moral católica, sendo que algumas dessas possibilidades foram desenvolvidas na etapa pós-conciliar, enquanto muitas outras potencialidades futuras devem ser ainda descobertas.

---

[1] Cf., entre outros, VERMEERSCH, A. *Soixante ans de théologie morale*, in *NRT*, n. 56, p. 863-889, 1929; O'CALLAGHAN, D. F. *A hundred years* (1864-1964) *of moral theology*, in *Irish ecclesiastical review*, n. 102, p. 236-249, 1964.
[2] Estudei a obra moral de B. Häring antes do Vaticano II, principalmente a partir de seus dois grandes livros pré-conciliares (*Il sacro e il bene: rapporti tra etica e religione*. Brescia, Morcellinana, 1968; e *A lei de Cristo*: teologia moral. São Paulo, Herder, 1966. 3 v.): VIDAL, M. *Un renovador de la moral católica: Bernard Häring* (1912-1998). Madrid, 1999, p. 15-83 [*Bernard Häring: um renovador da moral católica*. Aparecida/SP, Santuário/Paulus, 1999]; sobre G. Gilleman: CASERI, R. *Il principio della carità in teologia moral: dal contributo di G. Gilleman a una via di riproposta*. Milano, Glossa, 1995.
[3] DELHAYE, Ph. *L'apporto del Vaticano II alla teologia morale*. *Concilium*, n. 5, p. 81-91, 1972.
[4] SÍNODO EXTRAORDINÁRIO. Mensaje al pueblo de Dios, I y V. *Ecclesia*, n. 2249, p. 12 e 13, 14 e 21 de dez. de 1985.
[5] Carta apostólica *Tertio millennio adveniente*... São Paulo, Paulinas, 1996. n. 18-20.
[6] *Ibid.*, n. 20.

O significado geral do concílio Vaticano II para a teologia moral concretiza-se nestes dois aspectos:
— promove a orientação da reflexão teológico-moral rumo a novas zonas da renovação eclesial;
— e, como conseqüência do precedente, sela o abandono do modelo casuístico no qual se vinham forjando a vida e a reflexão dos católicos desde o concílio de Trento.

b. A teologia moral no desenrolar do concílio

Entre os esquemas da fase preparatória do concílio, havia um dedicado à moral, intitulado *De ordine morali*.[7] Foi preparado pelos moralistas romanos Hürth, Guillon e Lio. Seu conteúdo era de cunho evidentemente conservador. Sua forma seguia a metodologia condenatória: condenação de "erros atuais" na ordem moral. A exposição da doutrina e a condenação de erros no fim de cada tema agrupavam-se em vários capítulos:
— O fundamento da ordem moral. A consciência cristã
— O subjetivismo e o relativismo ético
— A dignidade natural e sobrenatural da pessoa humana
— O pecado
— A castidade e a pureza cristã

Esse esquema foi rejeitado em seu conjunto, mas não foi substituído por outro que acolhesse as referências à renovação da teologia moral. Esse fato explica as vicissitudes às quais se viu submetida a moral durante o desenrolar do concílio.

Retomando o fio do documento pré-conciliar, Delhaye expõe nestes termos a história da moral durante os trabalhos do concílio: "A maioria conciliar de novembro de 1962 não aceita esse texto que naufragará com o conjunto dos esquemas das comissões preparatórias. Mas por que não é substituído por um texto novo? Podem-se indicar várias razões. A história do concílio mostra que os grandes textos adotados pelo Vaticano II devem-se aos esforços teológicos que o precederam. É o caso da liturgia, da eclesiologia e da exegese. Em suma, o movimento pela renovação moral foi relativamente eliminado [*sic*]. Por outro lado, no concílio há poucos moralistas. Os bispos especialistas em teologia ensinaram principalmente o dogma e a exegese. A escolha dos peritos eliminou quase completamente os poucos moralistas favoráveis às tendências novas que se tinham delineado nas comissões preparatórias. Será necessário tempo para que sejam nomeados

---

[7] *Acta et documenta concilio Oecumenico Vaticano II apparando*. Series II. Praeparatoria. Volumen III. Pars I. Vaticano, 1969, n. 24-53.

alguns deles. Quase imediatamente a disponibilidade deles será absorvida pela preparação da constituição *Gaudium et spes*. As conseqüências desses fatos serão paradoxalmente felizes. A antiga moral casuística praticamente desaparece. Pretender-se-á conseguir uma expressão nova dos imperativos da fé em consonância com a Escritura, com o dogma, com a vida da igreja, numa palavra, restabelecendo as relações que os partidários da renovação moral apenas ousaram sonhar".[8]

c. A teologia moral no resultado final do concílio

À vista dos documentos conciliares, que traz o concílio Vaticano II à moral? A resposta a essa pergunta pode ser diversa, conforme o ângulo em que se coloque para avaliar o concílio.

Por um lado, é certo que o concílio Vaticano II não pode ser considerado como concílio de moral:[9] as contribuições concretas e as avaliações morais dos problemas não são freqüentes em seus documentos. A causa disso deve ser procurada no fato de que o concílio não foi um momento de eclosão de coisas novas, mas antes a maturação ou a consolidação de aspirações e realidades que já existiam na igreja. Ora, a renovação da moral na etapa anterior ao concílio Vaticano II não era de tal magnitude e de tal profundidade que exigisse demasiada atenção. A culpa, pois, não é do concílio, mas sim da situação imatura em que se encontravam os estudos de moral dentro da igreja.

Todavia, também é verdade que o concílio deu grandes contribuições à renovação da moral.[10] O espírito geral do concílio é ambiente que aceita e até exige a renovação da moral. Além disso, muitos documentos conciliares, ainda que diretamente não sejam documentos de índole moral, dão contribuições válidas nesse campo. Isso fica claro com:

— a importância da *Lumen gentium* para a compreensão de uma moral de cunho eclesial;

— a importância da *Dei Verbum* no que se refere a uma fundamentação bíblica moral;

---

[8] Delhaye, Ph., op. cit., p. 83.
[9] O teólogo Congar, no III Congresso internacional do apostolado dos leigos, ocorrido em Roma (1967), fazendo uma espécie de balanço do Vaticano II, afirmava a deficiência ou ausência do tema moral no concílio que, segundo a interpretação do teólogo citado, não se caracteriza como concílio de renovação da teologia moral (*El llamamiento de Dios*, in *Ecclesia*, n. 37, II, p. 1947, 1967).
[10] Essa é a avaliação que fez B. Häring, para quem o concílio marcou uma nova época para a teologia moral, afirmando ao mesmo tempo que não há nenhum documento conciliar que não possa ser aduzido para formar a moral desta nova época. (*Moraltheologie Unterwegs. Studia moralia*, n. 4, p. 8-9, 1966).

— a importância da *Sacrosanctum concilium* com relação ao tom mistérico e sacramental de todo comportamento cristão.

Diz L. Vereecke que o concílio, além de dar diretivas metodológicas (OT, n. 16; DH, n. 14), "tentou ensaios de moral: um, para uma moral da caridade integral, em LG, nn. 39-42; e outro na GS, onde, superando uma ética individualista, são dados os princípios fundamentais de uma moral social em âmbito mundial".[11]

De fato, onde mais aparece a dimensão moral do concílio é na constituição pastoral *Gaudium et spes*, em que se abordam temas concretos e decisivos da vida e do comportamento dos cristãos.

A ética familiar e a ética social foram as que mais se beneficiaram, e de modo até quase exclusivo, das contribuições conciliares. Com efeito, a constituição *Gaudium et spes*, que é o documento conciliar de matiz mais diretamente ética, é um tratado de ética social concreta. Segundo a justa apreciação de Ph. Delhaye: "A segunda parte da constituição *Gaudium et spes* é verdadeiro 'tratado de valores', porque se ocupa da vida familiar, cultural, econômica, social política, internacional. Desse modo, os clássicos tratados *De matrimonio* e *De iustitia* são substituídos com vantagem. Já que não podemos entrar em explicação detalhada, atentemos para a mudança de perspectiva. A obsessão de descobrir e medir pecados desapareceu. Já não se apresentam apenas os valores morais, mas sim, junto com eles, encontram-se os valores intelectuais, afetivos, sociais; em resumo: os valores humanos e culturais. O enfoque já não é individualista, mas comunitário: tem-se a convicção de que é necessário passar por uma série de reformas estruturais para tornar possível a aplicação dos imperativos morais. Vislumbra-se uma nova colaboração entre a teologia e as ciências humanas. Já não se tem a finalidade de constituir bloco homogêneo no campo do direito natural, mas de distinguir duas classes de contribuição diferentes. A vida familiar, a cultura, a vida política constituem realidades autônomas humanas que têm seu fundamento próprio. O papel da moral cristã consiste em trazer o enfoque da fé, o dinamismo da caridade, a força da graça cristã no interior dos próprios fatos para extrair melhor seu sentido profundo e oferecer-lhes a possibilidade de se superarem".[12]

d. Balanço: a opção decisiva e inequívoca do concílio pela renovação da teologia moral

Há um texto conciliar em que de forma expressa se fala do *aggiornamento* da teologia moral. Referimo-nos ao seguinte parágrafo do número 16 do de-

---

[11] VEREECKE, L. Historia (de la Teología Moral). In: *Nuevo diccionario de teología moral*. Madrid, 1992, p. 841 [trad. it., *Storia della teologia morale*, in COMPAGNONI, F. – PIANA, G. – PRIVITERA, S. (eds.), Nuovo dizionario di teologia morale, Paoline, Ciniselo B. 1990, p. 1336].
[12] DELHAYE, Ph., op. cit., p. 91.

creto OT: "Tenha-se especial cuidado em aperfeiçoar a teologia moral, cuja exposição científica, nutrida em maior intensidade pela doutrina da Sagrada Escritura, deverá mostrar a excelência da vocação dos fiéis em Cristo e sua obrigação de produzirem frutos na caridade para a vida do mundo".

Trata-se de autêntica exortação, um *votum*, do concílio para que se ponha *especial* empenho em renovar a teologia moral.[13] Essa ênfase tem de ser interpretada a partir da situação desfavorável em que se encontrava. Há, pois, mandato expresso do concílio no que se refere a promover a renovação da moral. Essa exortação "é a culminância de todos os esforços realizados até o presente para renovar a teologia moral, e significa, sem dúvida alguma, o começo de uma nova época".[14]

Nesse sentido foi comentado o *votum* do concílio a favor da renovação da moral. Destacaram-se os traços que o concílio pede para a moral:

— caráter científico ("exposição científica");
— especificidade cristã ("nutrida em maior intensidade pela doutrina da Sagrada Escritura");
— orientação positiva e de perfeição ("deverá mostrar a excelência da vocação");
— caráter eclesial ("dos fiéis em Cristo");
— unificada na caridade e aberta ao mundo ("sua obrigação de produzir frutos na caridade para a vida do mundo").

Com o concílio Vaticano II não se termina o trabalho de renovação da teologia moral. É, antes, a partir dele que começa a intensificar-se. É o que procurarei expor no próximo item.

2. A TEOLOGIA MORAL DEPOIS DO CONCÍLIO VATICANO II

A moral católica, na segunda metade do século XX, conheceu transformação tão decisiva que marca o final de uma época e o começo de outra. Por um lado, a reflexão teológico-moral, assim como a vida moral dos crentes, desprende-se do *modelo casuístico* em que se vinham forjando a vida e a teologia desde o concílio de Trento. Por outro lado, diversos fatores convergentes propiciam a configuração de *novo modelo* teológico-moral para pensar e viver a partir dele a dimensão ética da fé cristã.

É conhecida a história da moral casuística, em sua gênese e em seu

---

[13] Para o comentário desse *votum* do concílio, cf. Fuchs, J. *Theologia moralis perficienda: votum concilii Vaticani II*, in *Periodica*, n. 55, p. 499-548, 1966; Häring, B. *Theologia moralis speciali cura perficienda. Seminarium*, n. 6, p. 358-363, 1966.

[14] Häring, B. *La ley de Cristo*, v. 1, p. 76 [*A lei de Cristo*: teologia moral. São Paulo, Herder, 1966].

desenvolvimento.¹⁵ Também são conhecidas as limitações que trazia em seu interior e que, ao serem reconhecidas como tais, provocaram o fim desse paradigma. De fato, na segunda metade do século XX assistiu-se ao abandono e desaparecimento de uma forma de entender e de viver a moral que dominara durante mais de três séculos na igreja.

É preciso salientar de novo que antes do concílio Vaticano II já existiam muitas e variadas propostas de renovação moral.¹⁶ No entanto, é o evento eclesial do Vaticano II que decide a orientação de renovação que tomou a moral católica no último terço do século XX. Com essa opção, a teologia moral enfrenta o começo do terceiro milênio da era cristã.

Assim, pois, o acontecimento eclesial do concílio Vaticano II marca o fim da moral casuística ou pós-tridentina e o começo de um novo paradigma. Essa mudança teve ar de vitória para uns e de derrota para outros, a que Ph. Delhaye dá o nome de "guerra dos trinta anos" entre os partidários da moral casuística e os que pretendiam introduzir alento novo na teologia moral católica.¹⁷

A seguir aludo aos dados mais representativos da etapa pós-conciliar.

a. Aprofundamento na renovação

A história da teologia moral conheceu diversos paradigmas e várias formulações no intento de apresentar o compromisso moral dos crentes. Cada um desses modelos da teologia moral pretendeu ser fiel, ao mesmo tempo, à mensagem evangélica e à situação variável de cada época. Pertencem a essa história da reflexão teológico-moral os paradigmas: *patrístico, escolástico* e *casuístico*.

A partir das orientações consagradas ou suscitadas pelo concílio Vaticano II delineou-se um novo modelo de reflexão teológico-moral e, conseqüentemente, uma nova apresentação da teologia moral. Esse paradigma também pretende recolher a genuína originalidade do Evangelho e adaptar-se à nova situação do homem atual. À falta de denominação mais precisa, dá-se o qualificativo de *moral renovada* ao modelo da teologia moral surgido em torno do Vaticano II. Com essa expressão alude-se ao programa conciliar de *aggiornamento* ou atualização e a seus resultados no campo da reflexão teológico-moral.

---

¹⁵ Quanto ao desenvolvimento, cf. VIDAL, M. *Etapa casuística*. In *Nueva moral fundamental*. Bilbao, 2000, p. 447-478, com bibliografia [Ed. bras.: *Nova moral fundamental: o lar teológico da ética*. Aparecida/SP. Santuário/Paulinas, 2003].
¹⁶ Cf. VIDAL, M., op. cit., p. 479-510.
¹⁷ DELHAYE, Ph. *L'utilisation des textes du Vatican II en théologie moral*, in *Revue théologique de Louvain*, n. 2, p. 422, 1971.

Não é questão nesse momento de fazer um apanhado detalhado e exaustivo das publicações, dos problemas, das orientações e dos resultados que foram surgindo na etapa pós-conciliar em relação à teologia moral. Para isso remeto aos balanços aparecidos de modo escalonado desde o fim do Vaticano II.[18]

Na presente exposição prefiro seguir uma metodologia de caráter mais global. Em primeiro lugar são apresentados os fatores pessoais e institucionais mais relevantes, mediante os quais se realizou a renovação teológico-moral; em segundo lugar, analisam-se alguns aspectos mais decisivos da renovação moral pós-conciliar: recuperação da identidade teológica, diálogo fecundo com a modernidade e adaptação do edifício teológico-moral.

b. Os fatores pessoais e institucionais mais relevantes

É impossível anotar todos os autores e todos os fatores que, de uma ou de outra maneira, contribuíram para a renovação da teologia moral.[19] Atrevo-me, não obstante, a apresentar uma série de dados que, em seu conjunto, ajudam a formar uma idéia do desenvolvimento da teologia moral nas últimas décadas.

— Da parte das *instâncias oficiais*, insiste-se em uma adequada renovação da teologia moral.[20]

---

[18] Anoto alguns deles: *Studia moralia*, n. 18, 1980, monografia sobre a situação da reflexão teológico-moral em cinco países (Alemanha, França, Itália, Estados Unidos, Canadá); AUBERT, J. M. *Morale*, in: *Catholicisme*, 1981, v. VII, p. 691-727; CURRAN, Ch. E. *Théologie moral aux États-Unis: une analyse des vingts dernières années*, in *Le supplément*, n. 155, p. 95-116, 1985; ZIEGLER, J. G. *Die deutschsprächige Moraltheologie*, in *Studia moralia*, n. 24, pp. 319-343, 1986; MCCORMICK, R. A. *Moral theology 1940-1989: an overview*, in *Theological studies*, n. 50, p. 3-24, 1989; FURGER, F. *Christlich-theologische Ethik – angefragt und in Frage gestellt*, in *Theologie der Gegenwart*, n. 39, p. 145-152, 209-234, 291-307, 1996; n. 40, p. 54-77, 1997; DINECHIN, O. de. *Catholicisme contemporain: la réflexion morale dans le catholicisme contemporain*. In: CANTOSPERBER, M. (ed.). *Dictionnaire d'étique et de philosophie morale*. Paris, 1996, p. 222-227; VÁRIOS. *La teologia morale in Europa occidentale*, in *Rivista di teologia morale*, n. 116, p. 465-494, 1997; HONECKER, M. *Themen und Tendenzen der Ethik*, in *Theologische Rundschau*, n. 47, p. 1-72, 1982; n. 48, p. 349-382, 1983; n 56, p. 54-97, 1991; n. 63, p. 75-113, 1998; KEENAN, J. F.; KOPFENSTEINER, T. R. *Moral theology out of Western Europe*, in *Theological Studies*, n. 59, p. 107-135, 1998; CURRAN, Ch. E.; MCCORMICK, R. A. (eds.). *The historical development of fundamental moral theology in the United States*. New York, 1999. Verdadeiro arsenal de dados encontra-se nos boletins anuais da revista *Theological studies*; os boletins de 1965 a 1980 estão publicados num livro: MCCORMICK, R. A. *Notes on moral theology*. Washington, 1981.

[19] Para se ter conhecimento bastante completo das pessoas e das instituições que vieram influenciando na orientação da teologia moral, recomendo a bibliografia que cada ano é publicada na revista *Moralia*, fascículo 1. *Panorama da teologia moral* (Bibliografia e boletins. Congressos. Pessoas e instituições. Situação da reflexão teológico-moral).

[20] *De teologiae moralis institutione in sacerdotali formatione*, in *Seminarium*, n. 23, p. 475-806, 1971; CONGREGACIÓN PARA LA EDUCACIÓN CATÓLICA. *La formación teológica de los futuros sacerdotes*. Roma, 1976, p. 95-01. cf. DELAYE, PH. *Les récents directives pontificales concernant l'enseignement de la théologie morale*, in *Revue théologique de Louvain*, n. 7, p. 456-468, 1976.

— Nos *centros de ensinamento teológico* sopram ares novos para a moral. A partir dos ordenamentos das *Normae quaedam*, na maior parte das faculdades de teologia estabelecem-se ciclos de "licenciatura especializada" em moral. Sobressaem os Institutos Superiores dedicados exclusivamente à pesquisa e ensino da teologia moral (Academia Alfonsiana, Roma; Instituto Superior de Ciências Morais, Madrid).

— Nos anos seguintes ao concílio Vaticano II notam-se sintomas de uma discreta euforia entre os moralistas. Surgem *associações de moralistas*: francófonos (ATEM, desde 1966); italianos (ATISM, desde 1966); espanhóis (ATME, desde 1968); os de língua alemã integram-se na *Societas ethica*, de caráter interconfessional, desde 1964; no âmbito anglo-saxão (*Society for the Study of Christian Ethics*); na América Latina (*Asociación latinoamericana de Teología Moral*, desde 1987) etc.

— Celebram-se *congressos e semanas*. As apresentações aí feitas dão origem a publicações de notável interesse.

— Aparecem revistas dedicadas exclusivamente ao tema moral: *Rivista di teologia morale* (Bologna, Dehoniane); *Moralia* (Madrid, Instituto Superior de Ciencias Morales); *Studia moralia* (Roma, Academia alfonsiana); *Le supplément: revue d'étique et de théologie morale* (Paris, Cerf); *Zeitschrift für evangelische Ethik* (Gütersloh, Gerd Mohn); *Studies in Christian ethics* (Edinburgh, T. T. Clark).[21]

— dignos de menção são os trabalhos da *Comissão teológica internacional*, através da subcomissão de moral (*Subcomissio de rebus moralibus*).[22]

— Sem menosprezar muitos os outros moralistas das gerações seguintes, convém destacar um pequeno grupo de teólogos moralistas que pertenceram à geração do Vaticano II e cujo trabalho serviu não só de orientação mas também de estímulo para prosseguir no espírito do concílio. Esses são (limitando a lista aos falecidos e aos que já cumpriram seu trabalho teológi-

---

[21] Várias dessas revistas, por ocasião de determinados aniversários, fizeram balanço de sua produção no campo da teologia moral: *Rivista de teologia morale*, n. 1000, 1993: *Venticinquesimo* (1969-1993); *Moralia*, n. 70-71, 1996 (VIDAL, M.; FERRERO, F. *25 años de reflexión moral, 1970-1995*: *ibid.*, p. 141-174); *Le supplément: revue d'étique et de théologie morale*, n. 200, 1997: 50 anos, 1947-1997 (MATHON, G. *L'évolution de la théologie morale dans l'espace francophone d'après la revue "Le supplément"*, 1947-1996: ibid., n. 203, p. 5-46, 1997.
[22] Ver o apanhado que fez desses trabalhos PH. DELHAYE na introdução do livro *Morale et Ancien Testament* (Louvain, 1976), p. 1-12. A publicação em castelhano dos documentos da CTI: *Documentos*: 1969-1996 (edição preparada por Pozo, C. Madrid, BAC, 1998). Deve-se destacar o documento "La moral cristiana y sus normas" (1974), in *Documentos*, p. 83-116 [trad. it., *Principi di morale cristiana, in Enchiridion Vaticanum 5*, Dehoniane, Bologna 1979, p. 612s].

co): D. Capone, B. Häring, J. Fuchs, F. Böckle, R. A. McCormick, T. Goffi, A. Auer.[23]

Entre as publicações destacam-se: os novos *manuais*, onde se oferece a síntese do saber teológico-moral; livros de *recopilação de estudos esparsos*, em que se dão a conhecer autores novos e em que se remoçam autores veteranos; *dicionários* que, a exemplo de enciclopédias, recolhem o conteúdo básico do saber teológico-moral; *obras coletivas*, onde se evidenciam o esforço comum e a convergência de mentalidades.[24] Entre essas obras coletivas devem-se destacar os *livros-homenagem* que foram dedicados a moralistas representativos dessa etapa recente da teologia moral; esses livros oferecem ampla "galeria de retratos" de moralistas assim como valioso apanhado de reflexão teológico-moral.[25]

---

[23] Ver a apresentação de algumas figuras da moral católica pós-conciliar em NETHÖFEL, W. *Moraltebologie nach dem Konzil*: Personnen, Programme, Positionen. Göttingen, 1987. Concretamente:
— Sobre D. Capone: DOLDI, M. *L'uomo è persona in Cristo nel pensiero di Domenico Capone*, in *Rassegna di teologia*, n. 39, p. 525-547, 1998.
— Sobre B. Häring: VIDAL, M. *Bernard Häring: um renovador da moral católica*. Aparecida/SP, Santuário/Paulus, 1999; MATHON, G. *Un demi-siècle d'histoire de la théologie morale catholique: le père Bernhard Häring*, in *Esprit et vie*, n. 109, p. 121-140, 1999; MAJORANO, S. *Bernard Häring: la teologia rinnovata dalla cristologia*, in *Rassegna di teologia*, n. 41, p. 517-536, 2000.
— Sobre J. Fuchs: ABIGNENTE, D. *Decisione morale del credente: il pensiero di Josef Fuchs*. Casale Monferrato, Piemme, 1987; KEENAN, J. F. *Josef Fuchs and the question of moral objectivity in roman catholic ethical reasoning*, in *Religious studies review*, n. 24, p. 253-258, 1998.
— Sobre F. Böckle: BONDOLFI, A. *Franz Böckle: biblista per indole, moralista per caso*, in *Il regno/ Attualità*, n. 16, p. 548, 1991; GÓMEZ MIER, V. *Rememoración de Franz Böckle (1921-1991)*. *Moralia*, n. 23, p. 493-512, 2000; TRENTIN, G. *La funzione pubblica dell'etica teologica: a dieci anni della morte di F. Böckle* (1921-1999), in *Rivista di teologia morale*, n. 33, p. 387-393, 2001.
— Sobre R. A. McCormick: IKECHUKWU OZODOR, P. *Richard A. McCormick and the renewal of moral theology*. Notre Dame, 1995; CURRAN, CH. E. *Notes on Richard A. McCormick*, in *Theological studies*, n. 61, p. 533-542, 2000.
— Sobre T. Goffi: LORENZETTI, L. *Tullo Goffi: dare un'anima alla morale*. Bologna, Dehoniane, 2000; BRESCIANI, C. (ed.). *Tullo Goffi*. Brescia, Morcelliana, 2001.
— Sobre A. Auer: CARLOTI, P. *Storicità e morale: un'indagine nel pensiero di Alfons Auer*. Roma, LAS, 1989.
[24] Ver as referências bibliográficas em VIDAL, M. *Moral de actitudes*: I – moral fundamental. Madrid, 1990. 9 ed., p. 155-159 [Ed. bras.: *Moral de opção fundamental e de atitudes*. São Paulo, Paulus, 1999].
[25] Cito alguns desses "retratos", pondo entre parênteses o nome do diretor ou dos diretores e o ano de publicação do livro-homenagem: *R. Egenter* (J. Gründel, F. Ruch, V. Eid, 1972); *K. Hörmann* (G. Virt, 1975); *B. Häring* (H. Boolaars, R. Tremblay, 1977; J. Römelt, B. Hidber, 1992); *J. Fuchs* (K. Demmer, B. Schüller, 1977); *F. Böckle* (G. W. Hunold, W. Korff, 1986); *D. Capone* (M. Nalepa, T. Kennedy, 1987); *S. O'Riordan* (R. Gallagher, B. McCoventry, 1989); *J. De La Torre* (L. Álvarez, M. Vidal, 1993); *L. Vereecke* (R. Tremblay, D. Billy, 1991); *L. Janssens* (J. A. Selling, 1988); *A. Auer* (H. Weber, D. Mieth, 1980); *R. A. McCormick* (Ch. E. Curran, 1990); *J. C. Ziegler* (K.-H. Kleber, J. Piegsa, 1988; J. Piegsa, 1998); *S. Pinckaers* (C.-J. Pinto de Oliveira, 1991); *R. Simon* (R. Bélanger, S. Pourde, 1992); *W. Ernst* (K. Demmer, K.-H. Ducke, 1992); *K. Demmer* (F. Fuger, 1991); *H. Rotter* (J. Römelt, 1992); *X. Thévenot* (G. Médevielle, J. Doré, 1998): *G. Mattai* (A. Autiero, 1984); *C.-J. Pinto de Oliveira* (A. Holdereger, R. Imach, R. Suárez, 1987); *St. H. Pfürtner* (A. Bondoldi, W. Heierle, D. Mieth, 1983); *J. Piegsa* (H. Dobiosch, 1990).

O balanço do pós-concílio é francamente positivo no que concerne à reflexão teológico-moral. Do começo ao final do século XX verificou-se uma transformação decisiva na "autocompreensão" da tarefa teológico-moral.[26] No início do novo milênio da era cristã, a teologia moral católica oferece panorama de notáveis ganhos, de decidido progressismo e de canais abertos por onde seguir adiante.

c. *Áreas mais decisivas da renovação moral*

1) Recuperação da identidade teológica perdida

A apresentação da teologia moral, nos anos anteriores ao concílio, sofria de déficit de caracterização teológica. Embora viesse se auto-intitulando, havia séculos, com o pomposo título de *theologia moralis*, no entanto a realidade oferecida não alcançava as cotas exigidas para pertencer ao saber estritamente teológico. A chamada teologia moral:
— reduzia-se com freqüência a prontuários, mais ou menos desenvolvidos, de casos morais;
— encontrava-se desvinculada da síntese teológica geral, chegando a situar-se como parte distinta da *dogmática*;
— organizava-se segundo os postulados metodológicos do direito, seguindo o processo de crescente juridização.

Um dos principais empenhos da renovação moral pós-conciliar consistiu em devolver a identidade teológica à moral. O concílio expressou o desejo de que se tivesse "especial cuidado em aperfeiçoar a teologia moral" e que para isso se conseguisse uma "exposição científica".[27] Mas recentemente a Sagrada Congregação para a Educação Católica formulou a necessidade de clarificar o "estatuto epistemológico" da teologia moral.[28]

De acordo com essas orientações, a reflexão teológico-moral pretendeu, por um lado, constituir-se em autêntico saber ético, com todas as exigências de criticidade teórica e com todas as garantias de plausibilidade sociocultural. Por outro lado, busca a identidade cristã de seu objeto e a genuína razão teológica de seu discurso.

A configuração da ética teológica não deve conduzir a sua ruptura com todo o conjunto do saber teológico. Embora não se lhe podem negar peculiaridades de método e de conteúdo, a ética teológica partilha com o resto

---

[26] Cf. BLACK, P., KEENAN, J. *The evolving self-understanding of the moral theologian: 1900-2000*, in *Studia moralia*, n. 39, p. 291-327, 2001. Ver também BORGONOVO, G. *L'avventura della teologia morale nel secolo XX*, in *Rivista teologica di Lugano*, n. 5, p. 79-102, 2000.
[27] *Optatum totius*, n. 16.
[28] *La formación teológica del futuro sacerdote*. Vaticano, 1976. n. 96.

de todos os tratados teológicos as mesmas "fontes", o mesmo "canal" histórico e as mesmas exigências metodológicas e temáticas.

Essa vinculação com o conjunto do saber teológico postula não só destacar as conexões da moral com as restantes áreas teológicas, mas também articular um saber de autêntica interdisciplinaridade teológica. Se a ética teológica não pode ter credibilidade científica sem trabalhar interdisciplinarmente com as bases racionais da ética, tampouco pode pretender a validação teológica se não joga inserida na equipe do saber teológico.

Onde se conseguiu com maior êxito a identidade teológica da moral foi na relação mais estreita com a Sagrada Escritura e na dependência do magistério eclesiástico. Resta bastante trabalho para fazer no referente a sua conexão com a tradição da igreja e com as diversas tradições teológicas, assim como no que se refere a sua vinculação com toda a síntese teológica (dogmática, espiritualidade, pastoral).

2) Diálogo fecundo com a modernidade

O que define uma época na história da teologia moral é o macromodelo de que esta se serve para formular o conteúdo da moral cristã. O progressivo, e atualmente definitivo, abandono do modelo casuístico implicou a busca de outro modelo alternativo.

Pois bem, a variação do macromodelo teológico-moral provém da necessidade de adaptar o discurso moral à nova situação interna da teologia e às distintas situações da realidade sócio-histórica. A variação ou crise da ética teológica pode ser definida como intento de *ajuste* tanto interno (reajuste teológico) como externo (resposta ao desafio da modernidade).

No item anterior me referi ao reajuste interno, formulando-o em termos de identidade teológica da reflexão teológico-moral. Agora vou reportar-me ao reajuste externo, isto é, à resposta diante do desafio da modernidade.

A modernidade, em sua dupla vertente de situação de vida e de saber crítico, converteu-se em juiz insubornável da plausibilidade do discurso teológico-moral. No intento de responder ao desafio da modernidade, a ética teológica conseguiu elevar as cotas de sua criticidade interna e de sua plausibilidade externa. O balanço do diálogo da ética cristã com a modernidade oferece elementos positivos, entre os quais é preciso destacar os seguintes:

— A teologia moral tem aceito o diálogo com as correntes de pensamento próximas às colocações humanistas da existência pessoal: vitalismo (Bergson, Ortega y Gasset); ética dos valores (Hartmann, Scheler); existencialismo (Sartre); personalismo (Buber, Mounier); filosofia reflexiva (Levinas, Ricoeur) etc. Desse diálogo, a ética teológica tem saído significativamente revitalizada.

— Poucas tendências filosóficas produziram tantos estudos sobre a ética no século XX como a filosofia analítica. Pois bem, faz alguns anos que a ética teológica procurou "assimilar" as contribuições da ética analítica, mantendo com ela uma confrontação crítica. Os âmbitos em que mais se manifesta essa influência são a linguagem moral, a das normas e a dos juízos morais.

— Onde se constata, porém, maior e melhor reação da ética teológica diante do desafio da modernidade é na acolhida da filosofia da razão prática de Kant. Não é em vão que sobre o discurso ético atual se projetam de maneira decisiva as sombras de Hume e Kant. O primeiro com a permanente advertência sobre o perigo da "falácia naturalista" e o segundo com a exigência da "autonomia" para toda ética que pretenda ser crítica. Se bem que o tema da falácia naturalista não tenha recebido muita atenção por parte dos moralistas, em compensação a exigência crítica da autonomia constitui o pilar sobre o qual pretende apoiar-se a ética teológica.

3) Adaptação do edifício teológico-moral

A recuperação da identidade teológica e o diálogo com a modernidade trouxeram à teologia moral as duas forças básicas com as quais realizou a adaptação de seu próprio edifício. A renovação pós-conciliar foi orientada pelos dois focos luminosos mencionados: a luz proveniente da perspectiva bíblico-teológica e a iluminação nascida dos saberes antropológicos.

Nas últimas décadas, em coerência com as orientações do concílio Vaticano II, os teólogos moralistas trabalharam com especial preocupação pelo *aggiornamento* da teologia moral. Foi imenso o trabalho de limpeza, consolidação e ampliação do edifício. Eliminaram-se aderências espúrias, buscou-se a identidade teológica perdida, recuperou-se criticamente a modernidade esquecida, colocaram-se os fundamentos do estatuto epistemológico do saber teológico-moral, revisaram-se os quadros conceituais e as categorias morais, ampliaram-se os horizontes de interesse com a abertura às preocupações atuais da humanidade, ganhou-se em criticidade e plausibilidade mediante o diálogo com os saberes humanos. Os próprios conteúdos concretos da moralidade cristã, organizados em diversos tratados de ética teológica setorial (bioética, moral sexual, moral conjugal e familiar, moral social), tiveram notável revisão.

É impossível analisar aqui todos os trabalhos de adaptação que têm de prosseguir no edifício da teologia moral. Remetemos aos manuais de teologia moral que foram aparecendo nas últimas décadas e que recolhem com suficiente amplitude as adaptações do edifício teológico-moral.

d. Balanço: "Refundação" da teologia moral

Estando no início do terceiro milênio, devemos avaliar o século XX, sobretudo sua segunda metade, como época de ouro para a teologia moral.

"Se excetuarmos a escolástica do século XIII e os teólogos do século XVI, é difícil encontrar época em que o estudo da moral tenha sido realizado com tanto espírito inovador com o nobre desejo de dar resposta à grave crise moral de nosso tempo."[29]

Como resultado dos estudos realizados no último terço do século XX pode-se falar de mudança de paradigma, de revolução epistemológica e até de refundação no campo do discurso teológico-moral. A afirmação da refundação da teologia moral é a conclusão a que chega V. Gómez Mier, depois de minucioso e original estudo sobre a mudança de matriz disciplinar nos manuais de moral publicados após o concílio Vaticano II.[30]

Talvez seja nos novos manuais de teologia moral onde melhor se note a mudança de paradigma. "É fato que os velhos *manuais* de teologia moral estão superados, de forma que os novos livros de texto se distinguem claramente da exposição e estilo literário deles."[31] As mudanças metodológicas e temáticas efetuadas a partir da renovação teológico-moral na segunda metade do século XX obrigam a que "a exposição da teologia moral deva colocar-se em outro nível que o encontrado nos *manuais* clássicos".[32]

Dirigi três projetos de pesquisa — convertidos em outras tantas teses de doutorado — sobre os manuais de teologia moral da etapa pós-conciliar. Um sobre a manualística moral pós-conciliar em seu conjunto,[33] o segundo sobre os manuais de moral social[34] e o terceiro sobre os manuais de moral fundamental.[35] Creio que os três estudos, projetados sobre uma amostra amplamente significativa e realizados com grande seriedade metodológica, demonstram que a situação epistemológica da atual teologia moral católica indica uma variação na matriz disciplinar e, conseqüentemente, uma mudança de paradigma.

É grande o trabalho realizado para adaptar a teologia moral às condições do tempo presente. Os esforços deram resultado. A situação do discurso teológico-moral goza de boa saúde, como se pode comprovar em *introduções* disponíveis sobre o estado da moral católica.[36]

---

[29] FERNÁNDEZ, A. *La reforma de la teología moral: medio siglo de historia.* Burgos, 1997. p. 19.
[30] GÓMEZ MIER, V. *La refundación de la moral católica: el cambio de matriz disciplinar después del concilio Vaticano II.* Estella, 1995 [trad. it., *La rifondazione della morale cattolica. Il cambiamento della matrice disciplinare dopo il Concilio Vaticano II,* Dehoniane, Bologna 2001. De parecer distinto e contrário ao de V. Gómez Mier é A. BONONDI (*Modelli di teologia morale nel ventesimo secolo,* in *Teologia,* n. 24, p. 89-138, 206-243, 1999) que, depois de ter analisado – de forma sumária e com amostra bastante reduzida – quatro modelos de teologia moral, chega à conclusão de que as novas colocações teológico-morais ainda estão situadas dentro do paradigma neo-escolástico (p. 239).
[31] FERNÁNDEZ, A, op. cit., p. 65.
[32] *Ibid.*, p. 231.
[33] É o de V. GÓMEZ MIER citado na nota 30.
[34] QUEREJAZU, J. *La moral social y el concilio Vaticano II: génesis, instancias y cristalizaciones de la teología moral social postvaticana.* Vitória, 1993.
[35] PODGA, F. *La moral fundamental postconciliar.* Madrid, Universidad Pontificia Comillas, 1999.
[36] CAHILL, L. S.; CHILDRESS, J. F. (ed.). *Christian ethics: problems and prospects.* Cleveland, 1996; HOOSE, B. (ed.). *Christian ethics: an introduction.* London, 1999. 2ª ed.; CURRAN, Ch. E. *The catholic moral tradition today: a synthesis.* Washington, 1999.

No entanto, a situação presente não é uma estação final. Pode ser que estejamos assistindo ao "fim de uma época". Diante de nós abre-se o futuro com promessas e com desafios. A moral tem de ser parte de um projeto cristão para esse futuro.[37]

II. Perspectivas de futuro

Se é difícil fazer balanços objetivos e completos, mais difícil ainda, para não dizer impossível, é antecipar o futuro mediante prospectivas livres de subjetivismo e carregadas de realismo histórico. No entanto, o duplo olhar, para o passado e para o futuro, constitui uma necessidade para entender e realizar o presente.[38]

Neste segundo item proponho-me a oferecer uma prospectiva sobre as urgências da Igreja no campo da moral no presente e no futuro próximo. Mais do que adivinhação ou leitura do futuro, as reflexões seguintes pretendem ser expressão daqueles traços que eu desejaria para a teologia moral das próximas décadas.

A atitude que adoto para olhar o futuro é a de quem procura enraizar-se em uma tradição viva que se opõe tanto à "fossilização", que eterniza a morte, como ao "rupturismo", que nega a identidade histórica. Olho o futuro da teologia moral do ponto de vista da "tradição em transição", como diz um moralista americano,[39] ou com a dupla atitude, de "fidelidade" e de "liberdade", como fez o grande moralista católico do século passado, Bernhard Häring.[40]

Concentro as urgências em torno de três aspectos: o retorno às fontes tanto evangélicas como teológicas; as mudanças na metodologia da proposta moral; a orientação dos conteúdos.

---

[37] Cf. VALADIER, P. *Un christianisme de l'avenir*. Paris, 1999. pp. 92-100; 119-174.
[38] Sobre a prospectiva da teologia moral, cf. CURRAN, Ch. E. *History and contemporary issues: studies in moral theology*. New York, 1996. pp. 252-263 (The future of moral theology); MASÍA, J. *Moral teológica de hoy y de mañana*, in *Estudios eclesiásticos*, n. 72, p. 689-919, 1997; BENNÀSSAR, B. *Una moral al segle XXI*. *Comunicació*, n. 90, p. 119-133, 1998; TAMAYO, J. J. *Cambios históricos y propuestas eticas a las puertas del siglo XXI*. Málaga, 1999; VÁRIOS. *Teologia morale di fine secolo (e di millennio)*, in *Rivista di teologia morale*, n. 32, p. 321-353, 1999.
[39] McCORMICK, R. A. *Theology in the year 2000: tradition in transition*, in *America*, n. 166, p. 312-318, 1992 (ou: *Selecciones de teología*, n. 125, p. 73-80, 1993). Citarei mais adiante esse artigo na tradução castelhana.
[40] Refiro-me ao título e ao espírito de seu manual de ética teológica, *Libertad y fidelidad en Cristo*. Barcelona, 1981-1983. Häring lançou também seu olhar sobre o terceiro milênio da era cristã: *Teologia moral para o terceiro milênio*. São Paulo, Paulinas, 1991; *La ética teológica ante el III milenio del cristianismo*. In: VIDAL, M. (Dir.) *Conceptos fundamentales de ética teológica*. Madrid, 1992, p. 15-30.

1. RETORNO ÀS "FONTES" TANTO EVANGÉLICAS COMO TEOLÓGICAS

Nos últimos séculos, a moral católica perdera o frescor evangélico e a vinculação com as grandes realidades da teologia: Deus, Cristo, Igreja, sacramentos, escatologia. Com bastante freqüência reduzira-se a um casuísmo moral, mais ou menos desenvolvido; a um recurso à lei natural, entendida de forma abstrata ou resumida a processos biológicos; a uma aplicação da normativa eclesiástica, ou a uma exposição do magistério moral da igreja.

É necessário prosseguir no "retorno" às fontes bíblicas e teológicas, iniciado há algumas décadas. Nesse aspecto desejo para a moral católica do futuro estes três traços.

a. "Frescor evangélico" na moral vivida

A renovação promovida e apoiada pelo concílio Vaticano II implicou a ruptura do modelo casuístico de moral católica. Superaram-se o legalismo, a prevalência do preceito, a tendência ao cumprimento do mínimo moral, a síndrome da obediência exterior ou heterônoma. A vida moral dos católicos é apresentada em uma perspectiva positiva; respeita-se a autonomia do sujeito moral; propõe-se uma moral de valores; não se reduz a exigência ética ao mínimo limitado por lei.

Entretanto ainda falta muito para recuperar o frescor genuinamente evangélico da moral cristã. Destaco três tonalidades evangélicas que desejaria para a moral dos católicos do futuro:

— *Resposta alegre*: entender a vida moral como "resposta a alguém que te ama e a quem amas". A categoria da "alegria" tem de substituir as categorias da obrigação, do preceito, da lei.

— *Liberdade com amor*: realizar a exigência moral como caminho de liberdade, liberdade que se enraíza no amor e que culmina em obras de caridade. As categorias morais da Carta aos Romanos e da Carta aos Gálatas movem-se dentro dessa tessitura da liberdade no amor.

— *Singeleza e simplicidade da caridade*: a vida moral cristã tem de vencer a tentação da acumulação normativa e buscar a simplicidade da caridade. Não são as muitas normas o índice de elevação moral cristã (*plurimae leges, pessima respublica*), mas sim o fervor da caridade.

Sonho que, em um futuro próximo, a vida moral dos católicos expresse melhor a alegria da Boa Notícia do amor de Deus revelado em Cristo, a liberdade dos filhos que receberam o Espírito de Deus através do Filho e o fervor da caridade que atua não mediante a acumulação contínua de normas, mas através da entrega total (simples e singela) aos irmãos.

b. Recuperação do "estatuto teológico" na moral formulada

Para o discurso teológico-moral (a chamada "moral formulada"), a renovação do Vaticano II trouxe à moral a recuperação do estatuto teológico. Separada da dogmática desde a segunda metade do século XVI, a moral católica foi perdendo a estrutura epistemológica do saber teológico e configurando-se mais com a forma do saber jurídico ou do receituário prático. O concílio Vaticano II pediu que se voltasse a recuperar seu estatuto teológico.[41] Desse modo, a moral retomou a articulação, na síntese teológica geral, com as exigências e as garantias epistemológicas comuns ao saber teológico.

Entretanto, também nesse aspecto é preciso avançar ainda mais. A teologia moral tem de ser autêntica teologia, ou, se se prefere a outra expressão (em meu modo de ver, melhor), a ética teológica tem de ser autêntica teologia. Isso supõe e requer que o discurso teológico-moral ou ético religioso:

— seja situado no campo de sentido que oferecem os tratados sobre Deus, sobre Cristo, sobre a Igreja, sobre a antropologia cristã;
— e forneça a esses grandes temas a dimensão práxica que eles requerem, a fim de convertê-los em ortopráxis.

Mediante essa mais profunda articulação teológica, a moral católica não só ganhará em plausibilidade interna enquanto saber teológico, mas poderá oferecer a crente e não crentes algo que não apresentam outros projetos éticos: maior horizonte de sentido. As éticas costumam orientar-se em duas direções: na direção da obrigação (dever, justiça) ou da felicidade (utilidade, liberdade).

A ética teológica, assumindo os objetivos da justiça e da felicidade, pode apoiá-los e plenificá-los mediante uma contribuição mais rica de sentido. Mais do que moral da obrigação ou moral da felicidade, a ética teológica propõe uma moral de sentido. Pode fazê-lo porque está articulada no conjunto significativo da síntese teológica cristã.

c. "Redimensionar" a moral dentro do conjunto da fé

Com o neologismo "redimensionar" quero expressar o desejo de que a moral ocupe seu justo lugar dentro do conjunto da fé cristã. As deslocações ou desajustes, tanto por excesso como por defeito, provocam compreensões distorcidas e disfuncionalidades tanto para a fé como para a moral.

Evidentemente, o compromisso da moral constitui uma dimensão ne-

---

[41] *Optatam totius*, n. 16.

cessária da fé; de outra maneira, esta seria algo alienado e alienante. No entanto, a moral não deve ocupar o lugar principal nem, muito menos, todo o campo da existência cristã. Nem o "amoralismo" nem o "moralismo" são articulações corretas da dimensão moral no conjunto da fé e da vida cristã.

A pouca presença — para não dizer a ausência, algumas vezes — da dimensão moral ocorreu no terreno da vida social. A fé não produziu os devidos frutos de compromisso social. Em compensação era abundante, com freqüência de forma excessiva, a moral nas restantes áreas do comportamento dos cristãos. Em relação a essas áreas da vida individual, sexual, conjugal, familiar, religiosa, pode-se dizer que, em época não muito distante, a Igreja católica em seu conjunto sofreu uma "síndrome de moralização": os atos religiosos (crer, rezar, celebrar os sacramentos etc.) foram considerados sob a perspectiva predominante da obrigação moral; sobre os comportamentos individuais e interindividuais ocorreu um acúmulo normativo, às vezes asfixiante.

Alguns observadores da vida da Igreja católica constataram o grande interesse que o atual pontificado teve pelos temas de moral. Não é em vão que João Paulo II é o primeiro papa dos tempos recentes que chega ao pontificado com uma preparação especial e uma vida universitária no campo da ética. Por outro lado, é preciso reconhecer que os questionamentos éticos multiplicaram-se e radicalizaram-se por causa dos avanços científicos-técnicos (que se pense na bioética), por motivo da mudança de valores (que se pense na ética sexual, conjugal e familiar) e como conseqüência das transformações socioeconômicas e políticas (que se pense na moral econômica ou na moral internacional).

Mesmo levando em conta todos esses fatores, compartilho o parecer daqueles que pensam que a preocupação moral — ao menos a referente a determinadas questões de bioética ou de moral sexual e conjugal — é excessiva, se a analisarmos levando em conta o princípio da "hierarquia de verdades", formulado pelo concílio Vaticano II.[42]

Os muitos e bastante concretos temas morais que preocuparam e continuam preocupando a consciência católica não estão, às vezes, no mesmo nível de hierarquização que outros aspectos mais essenciais da fé cristã tal como aparece na Sagrada Escritura. Em todo caso, a Igreja católica não deve dar ao exterior a imagem de ser instituição religiosa preferentemente preocupada com determinados problemas morais.

Para redimensionar a moral dentro do conjunto da fé, a reflexão teológico-moral do futuro tem de decidir-se a repensar estas três orientações que se insinuam entre não poucos moralistas católicos de hoje:

— A moral, em seu sentido estrito, situa-se no terreno das questões

---

[42] *Unitatis redintegratio*, n. 11.

intramundanas. É aí, na realização da história humana, onde se debatem as questões e as soluções de caráter moral.

— As ações propriamente religiosas (crer, rezar, celebrar a eucaristia etc.) não pertencem à ordem moral em seu sentido estrito. Parece-me inadequado continuar mantendo, ou introduzir de novo, na disciplina da moral aspectos da vida cristã que pertencem à teologia fundamental (por exemplo, o ateísmo), à sacramentologia (eucaristia) ou à teologia espiritual (oração).

— A religião, e mais concretamente a fé cristã, constitui um fator decisivo para a vida moral dos crentes e para a própria reflexão teológico-moral, conforme observei no item anterior. Não, porém, como "conteúdo" a ser normatizado pela moral, e sim como horizonte de sentido e como motivação básica para viver e para pensar a dimensão moral cristã.

2. "MUDANÇAS METODOLÓGICAS" NA BUSCA E NA PROPOSTA DA VERDADE MORAL

Não é o momento de voltar a discutir as grandes questões da moral fundamental. Em que se apóia a verdade moral: na "lei natural" ou na "pessoa adequadamente compreendida"? Como conjugar a função moral da "consciência" com o "acatamento à "ordem objetiva" da moral? É o "ato" singularizado o único portador da moralidade ou é necessário contar com as "atitudes" de onde brotam os atos e com a "opção fundamental", em que ganham sentido e unidade tanto as atitudes como os atos? Na determinação moral de uma ação humana, como articular o valor do "objeto" com o significado das "circunstâncias" históricas e biográficas, e com a "intencionalidade" ou finalidade perseguida pelo sujeito? Existe um modo correto de entender e de aceitar no discurso normativo cristão o que parece haver de válido nas propostas do proporcionalismo, do conseqüencialismo e do utilitarismo? Até que pondo é válida e funcional a tese dos "atos intrinsecamente maus", isto é, sempre e em todas as circunstâncias?

A discussão de todos esses questionamentos, avivada por ocasião da publicação do *Catecismo da Igreja católica* (1992) e, sobretudo, da encíclica sobre moral fundamental *Veritatis splendor* (1993), constitui árduo programa de trabalho para os moralistas do presente e do futuro. Não quero retornar a essas questões. Interessa-me muito mais apresentar as mudanças metodológicas que desejaria ver realizadas na moral católica do futuro, mudanças que já são insinuadas por não poucos moralistas do momento atual.

a. Busca partilhada da verdade moral

As grandes questões morais precisam ser discutidas com a participação mais ampla possível de todo o povo de Deus. Os bispos norte-americanos tentaram uma metodologia que, espero, estenda-se a outras comunidades eclesiais: encomendar a especialistas o estudo dos problemas e a proposta de soluções, submetê-las à reflexão da comunidade cristã, proceder através da redação de esboços e projetos sucessivos, até alcançar o grau suficiente de assentimento, abonado além do mais pela intervenção expressa e qualificada dos responsáveis do magistério último da Igreja.

Uma das contribuições da doutrina social da Igreja à reflexão sobre a organização da sociedade foi o princípio da subsidiaridade: o que podem fazer os grupos subalternos não deve ser assumido por autoridades superiores. Esse princípio tem de ser aplicado também à vida eclesial. A reflexão teológico-moral tem de ser uma busca partilhada por todo o povo de Deus. Nunca é demais insistir na necessidade da interdisciplinaridade e da presença de especialistas na hora de analisar os problemas morais do presente e do futuro.

b. Propostas "modestas", com freqüência "plurais" e sempre "a caminho"

Nossa sociedade atual é uma sociedade complexa. A sociedade do futuro o será ainda mais. As questões morais serão também complexas. Pois bem, a questões complexas não se pode responder nem com mediocridade nem com dogmatismos autoritários. Questões complexas exigem respostas complexas.[43]

Sonho com uma moral católica do futuro que saiba responder à complexidade, tanto diacrônica como sincrônica, do humano. Para isso há de ser uma moral:

— *Especializada*: isto é, com o equipamento metodológico e temático que requerem os problemas morais. Somente assim as propostas morais da Igreja poderão ser escutadas — e tomara que seguidas — pela cultura, cada vez mais especializada, do futuro.[44]

— *Pluralista*: é muito difícil dar uma única solução aos questionamentos morais, sobretudo em suas concretudes últimas, em que a razão e a sabedoria humanas têm de intervir de forma decisiva.[45]

— *Culturalmente diversificada*: a moral do futuro deve corresponder a uma teologia que se anuncia como "policêntrica". A catolicidade da moral da Igreja ganhará, se a reflexão teológico-moral souber responder de forma correta ao desafio da inculturação.

— *Modesta*: não será a "arrogância", mas sim a "modéstia" a qualidade da reflexão teológico-moral e a virtude dos moralistas do futuro.[46] Dessa virtude anda muito necessitada a forma de falar dentro da pastoral atual.

---

[43] DEMMER, K. *Komplexe Fragen erfordern komplexe Antworten: Leistungen und Probleme heutiger Moraltheologie*, in *Herder Korrespondenz*, n. 43, p. 176-179, 1989.
[44] McCORMICK, R. A., op. cit., p. 80.
[45] *Ibid.*, p. 79.
[46] GRÜNDEL, J. *Wird die Moraltheologie bescheiden?*, in *Münchener theologische Zeitschrift*, n. 40, p. 145-153, 1989 (ou: *Selecciones de teología*, n. 30, p. 287-295, 1991).

— *A caminho*: é impossível submeter as questões complexas a um "fecho (*lock-in*) teológico".[47] Poucos problemas de moral estão definitivamente fechados. A busca permanente, a provisoriedade criativa e a paciência histórica serão qualidades da reflexão teológico-moral e dos moralistas do futuro.

— *Ecumênica*: a moral do futuro será mais ecumênica do que a atual. Penso em diversos círculos concêntricos de ecumenismo moral: o ecumenismo da razão ética compartilhada por todos e que conforma o ethos da sociedade internacional mediante uma "ética civil planetária";[48] o ecumenismo ético das religiões, no modo como foi proposto e apoiado por H. Küng e outros;[49] o ecumenismo cristão, no qual as perspectivas peculiares de cada confissão não conduzam à exclusão, mas à inclusão, e a descobrir melhor a riqueza incomensurável do sentido que oferece a fé cristã.

Estou convencido de que com essa metodologia os problemas morais candentes hoje na vida da Igreja católica encontrarão solução mais de acordo com a exigência do discernimento moral que o Novo Testamento propõe. De fato, a faculdade decisiva na busca da verdade moral para o cristão não é a razão abstrata que costuma proceder mediante princípios gerais e universais, mas o discernimento da situação histórica ("sinais dos tempos": *Gaudium et spes*, n. 4).

Faz anos que O. Cullmann disse que o verbo discernir é a palavra-chave da moral neotestamentária. Hoje é um lugar-comum na teologia moral sustentar essa afirmação.[50] No entanto, falta ainda deduzir as implicações correspondentes a essa colocação. Confio em que a teologia moral do futuro saiba aplicar essa opção metodológica à análise e à proposta das questões morais.

c. *Distinguir entre "princípios gerais" e "aplicações concretas"*

Outro traço da metodologia moral do futuro tem de ser o de articular uma proposta moral na qual se distingam dois tipos de orientações: os princípios gerais e as aplicações concretas. Nos primeiros haverá maior segurança doutrinal; em compensação, as aplicações concretas não possuirão o mesmo grau de verdade e por isso não pedirão a mesma profundidade e amplitude de assentimento.

A constituição pastoral do concílio Vaticano II *Gaudium et spes* anteci-

---

[47] McCormick, R. A., op. cit., p. 78.
[48] Vidal, M. *A ética civil e a moral cristã*. Aparecida/SP, Santuário, 1998.
[49] Küng, H. *Projeto de ética mundial: uma moral ecumênica em vista da sobrevivência humana*. São Paulo, Paulinas, 1993; Küng, H.; Kuschel, K.-J. *Hacia una ética mundial*. Madrid, 1994 [trad. it., *Per un'etica mondiale. La dichiarazione del Parlamento delle religioni mondiali*, Rizzioli, Milano 1994].
[50] Vidal, M. Discernimento. In: *Dicionário de moral: dicionário de ética teológica*. Aparecida/SP, Santuário, 1999.

pou a análise da sociedade atual como sociedade complexa, ao enfatizar o poder atual da ciência e da técnica (n. 33). Diante dessa situação, a constituição afirma que a Igreja possui, recebidos da Palavra de Deus, "os princípios da ordem religiosa e moral", mas "não tem sempre à mão resposta para cada questão".

Essa metodologia diversificada em princípios gerais e aplicações concretas foi e é utilizada pela Igreja ao expor sua doutrina social. Distinguem-se aí três níveis de força vinculativa:[51]
— princípios de reflexão;
— critérios de juízo;
— diretrizes de ação.

Uno-me ao desejo de alguns moralistas qualificados que pedem uma metodologia similar para o tratamento dos outros problemas morais. Sugeriu-se essa metodologia para o estudo e a proposta da moral sexual;[52] creio que poderia ser utilizada também na bioética e na moral conjugal e familiar. Também aqui sonho que no futuro a teologia moral e o próprio magistério eclesiástico tenham amadurecido essa sugestão e possam oferecer propostas morais em que se diversifiquem os níveis de proximidade com a verdade cristã e os graus de assentimento requerido.

Essa opção metodológica repercutirá tanto em benefício da autonomia e maturidade do cristão, como em benefício do prestígio e da qualificação do magistério eclesiástico e da função teológica.

3. ORIENTAÇÃO DOS "CONTEÚDOS" PARA UM PROJETO DE HUMANIDADE SOLIDÁRIA

A moral católica possui um amplo repertório de conteúdos. Às vezes dá a impressão de um acúmulo tão grande de normatividade moral que a pessoa se sente como que apanhada por uma invisível, porém forte, rede de obrigações, deveres e orientações. A inércia do devir histórico foi sedimentando conteúdos morais e originando esse "acúmulo normativo".

Não seria mal se a teologia moral prosseguisse seu trabalho de poda e de simplificação na frondosidade normativa. Diante do futuro, penso numa moral católica mais simplificada e mais reduzida ao essencial. Isso não significa perda de significação ética nem no âmbito intra-eclesial nem em sua projeção para fora da Igreja.

O objetivo da moral cristã em seus conteúdos tem de ser o de oferecer

---

[51] CONGREGACIÓN PARA LA DOCTRINA DE DA FE. *Libertad cristiana y liberación*, 1986, n. 72 [trad. it., in *Enchiridion Vaticanum* 10, Dehoniane, Bologna 1989, p. 203].
[52] CURRAN, CH. E. *Official catholic social and sexual teaching: a methodological comparison*. In: *Tensions in moral theology*. Notre Dame, 1988. p. 87-109; CALVEZ, J.-Y. *Morale sociale et morale sexuelle*, in Études 378 (1993) p. 641-650.

um serviço de humanidade. Sempre tentou fazê-lo, embora não sempre acertou completamente. Algumas vezes, a moral converteu-se em jugo, carga, seguindo uma orientação que o evangelho não queria. Creio que no terceiro milênio do cristianismo, a moral católica deveria concretizar seu serviço de humanidade em três frentes principais:

— oferecer um serviço de "sentido" para orientar a revolução axiológica que está ocorrendo na humanidade;

— propiciar um "ethos de inclusão solidária" frente às tendências de exclusão egoística da sociedade do final de milênio;

— ajudar a formar uma "consciência moral" adulta e responsável que saiba mover-se entre o ideal exigente e as situações de fragilidade humana e biográfica.

a. A moral cristã como "serviço de sentido"

O mundo dos comportamentos, das valorações e dos valores está passando por uma profunda mudança; até pode-se falar com certa objetividade de uma "revolução" nos costumes morais, na valoração ética e na axiologia moral. A observação imediata constata isso em escala individual, interindividual, grupal e social. As pesquisas realizadas na Europa no âmbito dos valores corroboram a mesma coisa de forma mais científica.

Diante dessa situação de revolução axiológica, é normal que apareça a desorientação moral. Já não servem os modelos antigos. Os novos ainda não se vislumbram. Há crise de sentido que se traduz em perda de orientação.

A moral cristã tem de defrontar-se com as novas formas de vida social (basta pensar nas uniões livres de fato, na convivência entre pessoas homossexuais) e com a nova orientação dos valores (por exemplo, a passagem dos chamados valores fortes ou materiais, como a austeridade ou o trabalho, para os valores chamados fracos ou pós-materiais, como o gozo e o individualismo).

Para essa situação pós-moderna dos valores e das formas de vida, o caminho mais adequado da moral não é o de propor normas ou de apelar sem mais à responsabilidade. O que é preciso de modo peremptório é oferecer sentidos para orientar o rumo da humanidade em profunda transformação.[53]

Mais do que "moral de obrigações" ou "moral de responsabilidade", a moral católica do futuro tem de ser uma moral de sentido. Dar ânimo para continuar avançando; esse é o significado hispânico da "moral": animar,

---

[53] JANS, J. *The role of ethics in a Europe to come: the contribution of catholic moral theology*, in *Bulletin ET*, n. 6, p. 160-165, 1995.

elevar o tom vital. E para avançar bem, dar sentidos que orientem. A moral cristã está suficientemente capacitada para esse trabalho em razão de sua dupla condição:

— por ser moral com ampla e profunda cosmovisão, garantida pelo universo da Palavra de Deus, da qual se origina o ethos cristão;

— por ser moral com larga tradição, em que foi decantando a Sabedoria que não engana e que faz da igreja, para dizer com Paulo VI, uma "especialista em humanidade".

b. Defesa de um "ethos não excludente"

Um dos males maiores de que sofre a humanidade neste final de milênio é a tendência de "excluir o outro": grupos, culturas, religiões, sociedades, nações ou classes sociais. A "cultura da morte" ou "cultura cainítica" manifesta-se não só nos atentados pontuais contra a vida humana nascida ou não nascida, mas também, e sobretudo, na tendência de eliminar ou excluir o "outro".

A moral cristã não pode ficar impassível diante dessa situação; muito menos pode ser complacente com ela. Na tradição judaico-cristã existem suficientes relatos, símbolos e anúncios proféticos que procuram orientar a humanidade à prática da inclusão do outro, seja este estrangeiro, pecador ou até inimigo. Frente às tendências éticas da exclusão sempre esteve presente e operante a sensibilidade bíblica do "ethos da inclusão".[54]

Por outro lado, essa sensibilidade bíblica encontra-se assumida e incorporada no discurso ético de importantes pensadores atuais. Basta recordar o pensamento de P. Ricoeur, para quem a identidade ontológica e ética do "eu" se descobre e se compreende a partir da afirmação do "outro". Mais importante entretanto para o discurso ético da inclusão é a posição de M. Lévinas, para quem a filosofia primeira se converte em ética, e esta se converte em afirmação apaixonada do "outro", entendido como o afastado e o excluído. Nesse discurso ético a partir do "outro" encontra-se uma das fontes da ética teológica da libertação; a outra grande fonte está na "compaixão" bíblica, que se traduz atualmente na opção preferencial pelo pobre.

A moral cristã do futuro, se quiser oferecer um serviço de humanidade, tem de dirigir suas preocupações para a defesa apaixonada do "outro":

— denunciando todas as formas de exclusão, em razão de gênero, de cultura, de raça, de religião, de classe social;

— e propondo caminhos eficazes para incluir no bem comum da humanidade emigrantes, marginalizados, pobres, países subdesenvolvidos, grupos marginalizados etc.

---

[54] McDonagh, E. *God as stranger in ethcis*, in *Bulletin ET*, n. 6, p. 37-43, 1995.

O grande pecado do final de milênio é a tendência da sociedade de gerar formas de exclusão. A grande proposta ética da teologia moral católica tem de ser articular um ethos de inclusão baseado na dignidade humana, partilhada igualmente por todas as pessoas.

c. A consciência moral entre o "ideal" e a "fragilidade"

Segundo o cardeal J. Ratzinger, "no atual debate sobre a natureza própria da moralidade e sobre a modalidade de seu conhecimento, a questão da consciência converteu-se no ponto central da discussão, sobretudo no âmbito da teologia católica".[55] Ele reconhece que existem duas sensibilidades diversas a respeito: uma valoriza mais a ordem objetiva da moralidade; outra dá maior ênfase à ordem subjetiva da consciência moral.

Não se pode negar que as orientações oficiais da Igreja católica inclinam-se hoje bem mais para a sensibilidade objetivista. Creio no entanto que é conveniente temperar a atual marca objetivista de algumas correntes poderosas da teologia moral católica com outras orientações da tradição teológico-moral, igualmente aceitáveis a aceitas pela Igreja. A insistência na ordem objetiva não deveria deixar de reconhecer o papel e a função, também primários, da consciência moral, segundo salientaram as correntes jesuíticas e redentoristas. Ao recordar Santo Afonso Maria de Ligório, paladino da consciência frente ao rigorismo jansenista, surge espontaneamente um necessário e merecido "elogio" à consciência moral.[56]

Sonho que, no futuro, a teologia moral católica seja capaz de apresentar um discurso sobre a consciência moral no qual se articulem adequadamente o pólo objetivo e o pólo subjetivo da vida moral. Nessa apresentação não pode faltar o apelo à consciência moral de um sujeito adulto, como deve ser todo cristão. Nessa consciência adulta e responsável se harmonizarão o respeito à autonomia da pessoa e a consciência de pertinência à comunhão eclesial, em que ganha sentido a função do magistério eclesiástico em moral.

Outro desafio com que se depara o discurso ético-teológico sobre a consciência moral é harmonizar a tendência ao ideal e a aceitação da fragilidade histórica e biográfica da condição humana. A ética em geral e menos ainda a moral cristã não podem cair na tentação de apoucar o ideal. A expressão "moral mínima" ou "moral do mínimo" é pouco feliz e, em suma, serve só para referir-se ao denominador moral partilhado numa sociedade pluralista em que coexistem diversos projetos morais. Não serve para refe-

---

[55] RATZINGER, J. *La Iglesia: una comunidad siempre en camino*. Madrid, 1991. p. 95 [trad. it., *La Chiesa. Una comunità sempre in cammino*, Paoline, Cinisello B. 1991, p. 113].
[56] VALADIER, P. *Elogio da consciência*. São Leopoldo/RS, Unisinos, 1994.

rir-se ao projeto moral de uma pessoa ou de um grupo, principalmente de caráter religioso como é o grupo cristão.

A moral cristã, porém, tem de levar também em conta as situações concretas nas quais se verifica de fato o ideal moral. Tem de contar com as situações — atualmente cada vez mais abundantes — de equívoco ou de fracasso. Tem de levar em conta a condição de crescimento da história e da biografia humanas. Essas realidades têm de entrar no discurso teológico-moral e têm de ser apreciadas na hora de fazer propostas morais. Nenhuma situação pode ficar sem possível solução moral.

A teologia moral católica do futuro deverá fazer um esforço notável para repensar e reformular a função da consciência moral a fim de que nela se articulem a tendência ao ideal e a sensibilidade às situações especiais em que se encontram as pessoas. Essa conciliação dos extremos exigirá pensar uma categoria moral que foi sugerida pela exortação apostólica *Familiaris consortio* (n. 34), de 1981, e que ainda não recebeu a suficiente atenção teórica nem teve as relativas concretizações na prática eclesial. Refiro-me à categoria ética do gradualismo. A vida moral realiza-se de forma gradual e o ideal moral se consegue por etapas e seguindo processos em que se devem levar em conta as situações de fragilidade e fracasso.

A incorporação da categoria do gradualismo ao acervo da sabedoria teológico-moral e à prática da Igreja dará à teologia moral católica do futuro a "tonalidade de ser uma moral da benignidade pastoral, traço que tem seu ideal normativo na prática de Jesus e sua verificação histórica em testemunhos qualificados da história da moral cristã",[57] e cuja necessidade é sentida por muitos na vida da Igreja.

Esses são meus prognósticos e meus desejos a respeito da face que deveria mostrar a moral católica do futuro. Os traços principais dessa face expus em três séries, com três traços cada uma delas. A soma total é de nove traços que procuram reconduzir a moral católica a suas fontes mais genuínas, dar-lhe metodologia mais adequada para buscar e propor a verdade moral, e reorientar os conteúdos e os objetivos da força moral dos católicos nessa virada de milênio.

---

[57] VIDAL, M. *La morale di Sant'Alfonso: dal rigorismo alla benignità*. Roma, Academiae Alphonsianae, 1992.

9
IMAGEM DO HOMEM E DIGNIDADE HUMANA
A perspectiva cristã da bioética

Dietmar Mieth

Aceitar o modelo de uma moral autônoma no contexto cristão, assim como fizeram muitos teólogos moralistas na área de língua alemã (J. Fuchs, A. Auer, F. Böckle e outros), não significa tomar automaticamente uma decisão em favor de uma determinada forma filosófica de pensamento na ética. Mas, fazendo isso, segue-se a idéia de que a fundação do juízo é efetuada com meios filosóficos. À teologia não é assegurada a tarefa de *fundar*, mas de cooperar na *descoberta* e na transmissão dos valores e das obrigações éticas. Além disso, a religião pode dar uma importante contribuição para a *motivação*. Enfim, a maneira religiosa de *comportar-se* com a ética é feita de tal modo que não se pensa que o homem possa salvar-se com sua própria força moral e que ele deve ser respeitado também em sua vulnerabilidade moral.

Também a religião cristã é importante para a *descoberta* dos problemas éticos, para a *sensibilização* para com a moral, para a *motivação* moral e para a *relativização* da moral no julgar os homens. Não é a capacidade moral o ápice do homem, mas, certamente, a necessidade de salvação, o "sentimento da dependência total", como disse Schleiermacher. Felicidade, liberdade e Deus não são, além do mais, só postulados filosóficos, mas são experiências religiosas específicas.

Pressuposto isso, não se deve esperar que no debate biomédico a teologia moral substitua, desvie ou mude argumentos éticos. Ela recorre, portanto, a imagens. No debate sobre a tutela dos embriões os documentos eclesiais sublinham o fato de que o homem seria, desde o início, uma imagem de Deus e, portanto, um portador diante de Deus da dignidade e da personalidade (pessoa e dignidade humanas são equivalentes nos textos eclesiais). Essa doutrina não torna supérflua uma reflexão filosófica, mediante a qual apenas devemos demonstrar qual é a unidade viva na qual pensamos, quando falamos de imagem de Deus. Se tentarmos substituir essa reflexão com um falso biblicismo ou com um falso positivismo doutrinal — o primeiro constitui o perigo protestante, o segundo o perigo católico — daí poderiam seguir aplicações muito arbitrárias. Sobre a linha bíblica, isso significaria, por exemplo, que as palavras do Salmista: "És tu que me tiraste do seio [de minha mãe...], desde o seio de minha mãe és meu Deus" (21,10.11) diriam que somos uma imagem de Deus só do nascimento em diante. Ou ainda, que as palavras do *Salmo* 50,7: "Eis, na culpa fui gerado" diriam que começamos a ser pessoas no momento da concepção. A Bíblia não pode ser diretamente posta em jogo por questões que ela não se punha e das quais não conhecia os pressupostos.[1] Como modelo, em vez disso, pode servir seu modo de se comportar com soluções controversas de problemas.

A religião, também o cristianismo, pode "somente" tornar possível, ampliar e aprofundar o conhecimento ético. A religião é eticamente relevante sem tornar supérflua a argumentação ética operante com meios filosóficos. Isso não diminui nem anula sua importância. As experiências e os conhecimentos religiosos podem, de fato, ser capazes de mudar todo o cenário da ética e, portanto, de influenciar notavelmente o valor posicional dos argumentos éticos.

Podemos ver isso examinando uma experiência religiosa eticamente relevante, por exemplo, a experiência da finitude e da contingência. "Contingência" é um conceito filosófico. Naturalmente, ele está mais distante da religião quando está unido filosoficamente ao "acaso", como acontece nas interpretações pós-modernas. Na filosofia, contingência significa, antes, existência dependente, temporalidade, finitude no sentido de fim através da morte, falibilidade, imperfeição de todo o homem. *Der imperfekte Mensch* (O ser humano imperfeito) é o título de uma exposição feita em 2001 no Hygiene-Museum de Dresden. E exatamente isso entendemos também quando falamos da experiência religiosa da criaturalidade do homem, de seu não ser como Deus. Seja sob o perfil religioso como sob o perfil filosófico o homem perderia o sentido daquilo que constitui sua humanidade, se quisesse avançar para além de sua finitude. A experiência religiosa exprime tudo isso com a narrativa da queda no pecado. A filosofia chama a atenção sobre o fato de que justamente a corporeidade do homem é o lugar experiencial, no qual a finitude e a felicidade são experimentadas como conciliáveis.

A reserva da finitude, seja ela de natureza filosófica sob forma de uma interpretação da experiência histórica feita com o homem, seja ela uma experiência religiosa da criatura necessitada de redenção, não pode ser chamada em causa quando se trata de melhorar as condições da existência humana. Do contrário, o sentimento religioso da dependência sufocaria a tarefa da

---

[1] Isso acontece, por exemplo, no *Catecismo da Igreja Católica*, Paulus, 1992, n. 2258s. e n. 2270s.

criação.² Por outro lado, a experiência da finitude depõe contra falsas euforias e expectativas redentoras como as que são ocasionalmente colocadas na biotécnica, por exemplo na exploração do genoma humano. Esse motivo sustenta, pois, o argumento segundo o qual é necessário verificar a alcançabilidade dos fins proclamados, assim como a liceidade dos meios.

Mas é necessário levar em consideração também um outro motivo teológico depois daquele da semelhança com Deus, do mandamento da diversidade proveniente da criação e da finitude, quer dizer, a necessidade de levar, atentamente, em conta a vulnerabilidade do homem. De maneira análoga à cristã "opção pelos pobres", podemos formular em nosso campo de ação (biotécnica, genética humana) uma opção em favor da prioridade das pessoas vulneráveis (*"vulnerable persons"*). Essa exigência é também encontrada no campo secular. No campo das desvantagens que não caem sob nossa responsabilidade, devemos optar em favor de uma prioridade das pessoas vulneráveis e das pessoas fisicamente (ou também psiquicamente) limitadas.

Em torno daqueles que não estão em condição de representar a si mesmos paira sempre também uma aura de vulnerabilidade, um verniz exterior da borboleta que não se deve tocar. Com essas palavras entendo dizer, metaforicamente, que aqui se trata de sensibilidade. É fácil declamar a sensibilidade. Mas se traz, também, o ônus da prova de que ela não é simples retórica. Por isso, trata-se também de cultivar sentimentos. Um quinto motivo da experiência religiosa eticamente relevante é a aceitação incondicionada do ser humano vivo, que eu chamo responsavelmente à existência. Essa aceitação submetida, certamente, nos casos de conflito, aos limites das possibilidades, e muito dificilmente pode ser imposta de modo jurídico. Religiosamente ela é uma proposta, não uma exigência. Ela brota de uma imagem do amor, do amor materno, também do amor de Deus, cuja realidade oscilante e facilmente deformada foi ancorada na imagem de Deus feita de amor incondicionado pelo homem. Se se dissolve esse ponto de apoio, a imagem vai à deriva sobre as ondas da facultatividade: é válido tudo aquilo que é válido, e válido é também o fato de que nem tudo aquilo que é válido vale.

I. O argumento da dignidade humana: do fundamento jurídico ao antropológico

A dignidade humana é considerada um princípio ético fundamental. Quando se diz que a dignidade do homem é inviolável, pressupõe-se que

---

² Cf. GÖBEL, W. *Der eschatologische Fehlschluss, begründungstheoretische Überlegungen zur Funktion der Gottesherrschaff als Handlungsprinzip*, in A. HOLDEREGGER (ed.), *Fundamente der Theologischen Ethik*, Freiburg i. Ue. – Freibur i. Br. 1994, p. 488-501.

não seja possível, criticamente, ir além do critério constituído por essa dignidade. Esse princípio da dignidade humana é reclamado na ética em muitos lugares e por muitas partes, sem que ao mesmo tempo se esclareça quão grande seja seu alcance ou se sua competência fundamental possa ser razoavelmente revogada em muitos casos particulares.

Um exemplo, a propósito, é a aplicação à tutela dos embriões. A lei alemã sobre a tutela dos embriões (1990) levantou a questão de estabelecer se seres humanos vivos podem ser, já em seu estágio inicial, portadores de dignidade e se a correspondente inviolabilidade e *dignidade* a serem protegidas já cabem, ao lado da indiscutível *necessidade* de proteção, a semelhantes embriões iniciais. Todos os seres humanos vivos, que estão numa continuidade de desenvolvimento em nossa direção e que dispõem já como particulares de um sexo específico, participam dessa dignidade e podem por isso pretender que sua vida seja protegida.

Vejamos, antes de tudo, a abordagem *jurídica* à questão da dignidade humana. O conceito de dignidade humana é estruturalmente *constitutivo* para a constituição, isto é, ele constitui a constituição, e não a constituição histórica como tal constitui a dignidade humana. Não foi o fato, portanto, que nós em uma determinada situação histórica, em virtude de uma determinada experiência *dos* homens, tenhamos projetado a constituição, a tenhamos aprovado, com ela tenhamos vivido e tenhamos *feito* da dignidade humana o critério constitutivo, antes, foi a própria dignidade humana que, como a priori sintético, se tornou constitutiva pelo fato que foi possível fazer a experiência assim como ela foi feita, quer dizer, como experiência histórica em conexão com a redação de uma constituição. Aqui se trata de uma condição constitutiva da experiência, que *antecede* qualquer experiência. No entanto, este "antes-de-toda-experiência" pode também ser concebido como experiência. Esse ser-antecedente-a-tudo é, por sua vez, colocado juridicamente de modo positivo e antecede por isso o direito fundando-o e estruturando-o. Podemos colher esse fato na afirmação segundo a qual a dignidade humana permaneceria um pressuposto em relação à constituição, pressuposto que a constituição não poderia eliminar e pelo qual seria, por isso, permanentemente controlada. O direito é por isso fundado sobre um juízo pré-jurídico, atemporal, ético e antropológico.

Naturalmente parece que em nossa sociedade essa reflexão vai ao encontro de uma incompreensão *ali onde* não se consegue mais ver uma realidade existente *antes* da realidade da constituição e domiciliada na dignidade humana. É possível imaginar-se a dignidade humana só com base em pressupostos ditados pela fé ou com base em pressuposto de um liame religioso?

Decisivo foi, pelo menos até agora, o fato de que a idéia da dignidade humana representa um princípio fundante a respeito da constituição e não, vice-versa, que só a constituição constitui a dignidade humana. Estando as coisas assim, segundo o art. 79 da constituição alemã, o critério da dignidade humana não pode ser mudado. Não é possível ab-rogá-lo mediante um *referendum*. O critério da dignidade humana antecede por isso, como critério de verdade, também qualquer critério de maioria. Ele constitui a democracia e não está sujeito à democracia no sentido da vontade da maioria.

No campo jurídico, é preciso distinguir entre a *importância constitutiva estrutural* da dignidade humana, de um lado, e sua *aplicação categorial*, de outro. A dignidade humana é, de fato, como princípio não só um pressuposto da constituição, mas é também imanente à constituição e, pois, imanente ao direito. No direito positivo concreto é, portanto, possível referir-se ao critério da dignidade humana interpretando-o. Essa é uma importância *categorial* da dignidade humana. Quando, por isso, descendo aos particulares, por exemplo na lei sobre a tutela dos embriões, fala-se em caso de feridas corporais ou de violência, de dignidade humana, então esses são usos categoriais dentro do próprio direito. Dentro das normas, essa aplicação categorial da dignidade humana tem uma função fundante adjuntiva. Isto é, aquilo que é estabelecido ou é julgado como reprovável já de modo jurídico positivo é *ainda uma vez* condenado de modo particular e subordinado a um juízo negativo por causa de seu contraste com a dignidade humana.

Alguns constitucionalistas são da opinião que é preciso proceder com cautela com essa competência categorial da dignidade humana,[3] e proceder precisamente de modo *subsidiário* no sentido seguinte: quando existem normas jurídicas positivas, que podem determinar como ilegal um determinado comportamento, não é necessário recorrer à função convalidante última e ao critério último da dignidade humana. Acho justa essa idéia, porque de outro modo correremos o perigo de utilizar o critério da dignidade humana sobre o plano dos debates de todo concretos sobre casos concretos e de fazê-lo entrar assim na penumbra dos diversos pontos de vista.

Nesse sentido devem ser entendidas certas reflexões para regulamentar problemas particulares de situações *in vitro*, isto é, para motivar subsidiariamente certas limitações sem polemizar imediatamente sobre reconhecimento da dignidade humana. Assim, no caso do recurso ao diagnóstico do pré-implante, na medida em que ele não representa uma ajuda para superar a esterilidade, quando, pois, se recorre a ele por motivos puramente genéticos, é possível recordar que o percentual da fertilidade é baixo e que um casal que recorre a ele se encontra desse modo colocado diante de novos obstáculos no caminho que leva ao filho. Ou, então, é possível mostrar que o consumo de

---

[3] Cf. GRAF VITZTHUM, W. *Das Verfassungsrecht vor der Herausforderung von Gentechnologie und Reproduktionsmedizin*, in BRAUN, V. – MIETH, D. – STEIGLEDER, K. (eds.), *Ethische und rechtliche Fragen der Gentechnologie und Reproduktionsmedizin*, München 1987, p. 263-296, especialmente p. 275ss.

embriões, inicialmente limitado a embriões involuntariamente supranumerários, serve, no fundo, à opção de produzir embriões para terapias celulares especificamente mediante métodos de clonagem. Ainda, sem o argumento da dignidade humana é possível, portanto, chegar a conclusões muito restritivas na base da situação objetiva e da repercussão nas pessoas interessadas.

Em todo caso, devemos distinguir uma importância *constitutiva* da dignidade humana de sua aplicação *subsidiária*. O fato de *que* a dignidade humana seja formalmente constitutiva e universal não diz ainda *como* ela deva ser interpretada e aplicada especificamente nos campos particulares. A questão antropológica de um equivalente disso, à qual no caso concreto a dignidade humana propriamente se refere, coloca-nos em dificuldade, porque a dignidade humana é o conceito que só constitui o direito e o conceito que só é destinado a tornar outros conceitos expressivos. Por exemplo, *porque* somos portadores da dignidade humana temos o direito à igualdade, temos o direito de gozar de certas liberdades. Por isso é muito difícil encontrar um equivalente antropológico correspondente à "dignidade".

Por isso é razoável perguntar-se: quem é, pois, o portador da vida pessoal? A ele são, de fato, aplicáveis teologicamente a semelhança com Deus e eticamente o princípio da dignidade humana. A resposta "o homem" representa somente um adiamento da questão. De fato, que é *um homem*? A essa pergunta não responde a proposição: "O homem é imagem de Deus", porque ela se coloca no plano expressivo, quer dizer, no plano da exortação religiosa. A exortação não contém nenhuma definição do homem no sentido de um *status* eticamente resolvido. Por isso, é preciso refletir de modo propriamente filosófico sobre esse problema do estatuto.[4]

Somente a perspectiva antropológica da imagem do homem está, pois, em condição de desenvolver uma reflexão complementar a respeito do modo jurídico de consideração. Como é definida em um sentido completo a dignidade humana como expressão do homem, portanto, em linha geral, como imagem do homem? Ou, então, a dignidade humana não é expressão do homem, antes um critério de distinção entre um ser-homem pessoal e um ser-homem no sentido de pertença à espécie? Existem representantes de homens no sentido de pertencentes à espécie, sem que eles sejam sujeitos da dignidade humana no sentido da inviolabilidade, portanto, no sentido de um critério ético conseqüente disso? Essa é uma possibilidade, que por ocasião do assim chamado debate sobre Singer foi tomada em consideração nos últimos anos, mas que não esteve, de fato, ligada ao utilitarismo, como muitos falsamente pensaram no decorrer desse debate. Aqui, a personali-

---

[4] Cf. em relação a *Problemskizze* de M. Düwell, in Id. – Mieth, D. (eds.), *Ethik in der Humangenetik*. Tübingen, 2000, p. 26-50.

dade é antes feita para depender de determinadas faculdades do homem de modo tal que nem mais todos os homens são pessoas.

II. Humanitarismo no lugar da imagem do homem?

Devemos dar-nos conta de que, no que se refere à imagem do homem, está ainda hoje presente e desempenha ainda hoje um papel na regulamentação da linguagem. De fato, embora a proibição antropológica das imagens, termos e expressões como humanitarismo, humanidade, humanização, ser-homem têm um som extraordinariamente positivo na linguagem hodierna, sem que no usá-los se recorra à expressão "imagem do homem" e a uma matriz cristã.

De que depende o fato que semelhantes palavras e expressões como humanitarismo, humanidade, ser-homem têm uma conotação exclusivamente positiva? Elas são concebidas como conceitos de uma ética universal, secular e humanista. Não têm mais um substrato religioso e metafísico. Contêm uma exigência ética sem estar ligadas a uma afirmação transcendente sobre a essência do homem. Quem recorre a essas fórmulas e fala de humanitarismo e humanidade diz, assim, às vezes implicitamente, não ter necessidade, além desse, de nenhum outro ponto de referência. Com isso ele não pensa num programa belicoso de um humanitarismo sem Deus, mas antes numa minimização do ponto transcendente de referência de um tal ser-homem. Quando muito um tal ponto é tolerado, mas não se tem mais necessidade dele.

Contudo, aqui existe uma antiga tradição. O conceito de "humanitarismo", com seus derivados, simplesmente tomou o lugar do velho conceito de "virtude". Podemos constatar isso com base em dois exemplos, nos quais o conceito virtude tem um significado tal que corresponde à fórmula hodierna humanitarista. O primeiro é constituído pela literatura medieval. Nessa literatura o termo "virtude" ocorre, de fato, com freqüência e indica, como termo coletivo, as mais diversas qualidades que sozinhas tornam propriamente o homem tal. Também na literatura cavalheiresca aí por 1800 constatamos que o termo "virtude" (*Tugend*) ocorre quase de modo inflacionário.[5] Hoje sentimos aborrecimento simplesmente ao lê-lo, porque seu significado veio piorando. Isso é verdade não obstante as tentativas de salvamento que nos últimos anos foram empreendidas para isso. Preferimos falar de humanitarismo e humanida-

---

[5] Cf. Mieth, D. *Zeitgemässe Unzeitgemässheiten. Grundzüge einer neuen Tugendlehre.* Düsseldorf, 1984.

de, mas queremos, no fundo, dizer a mesma coisa que Goethe exprime com o termo "virtude" ou que na poesia romança medieval é resumido com o mesmo termo. Pensamos assim num compêndio de um comportamento moralmente bom, mediante o qual apenas o homem faz de si verdadeiramente um homem. Isso quer dizer que as fórmulas humanitarismo, humanidade e ser-homem são concebidas em sentido processual, isto é, no sentido de que o homem está somente em caminho para a realidade assim indicada.

III. Volta aos modelos?

Da problemática da imagem do homem faz parte também a problemática da pedagogia do modelo. A fórmula da imagem cristã do homem não tem, de fato, só uma relevância ética, mas também uma relevância pedagógica, isto é, que é necessário educar mediante imagens.[6] As imagens devem induzir à imitação e ser ao mesmo tempo modelos. Hoje assistimos a certo retorno à pedagogia do modelo, que nos primeiros decênios do século XX teve um grande papel. Perguntamo-nos se não agimos melhor em educar o homem mediante imagens do que mediante argumentos abstratos. *"Exempla trahunt"*, os exemplos atraem, arrastam. Essa problemática foi já representada no romance *Das Vorbild* [O modelo] (1973) de Siegfried Lenz. Nele, um grupo de pedagogos se esforça em propor um modelo exemplar para fins didáticos, e essa tentativa provoca toda uma série de acontecimentos. Mas o caráter exemplar das diversas figuras humanas para esse fim previstas fracassa logo. A figura da professora grega, que acaba, finalmente, especificada como modelo, é expressamente apresentada no romance como um modelo "experimental", portanto, não como um modelo que serviria verdadeiramente como guia, mas como um modelo que é "possível julgar". A nova abordagem pedagógica ao modelo aparece por isso problemática precisamente pelo fato que aqui não se pensa naquilo que na tradição da imagem cristã do homem se pensa, isto é, na imagem normativa consistente, no modelo com base no qual é possível se orientar com diversas formas de imitação. Pensa-se antes numa imagem experimental, que deve levar-nos a, por nossa vez, tentar de modo autônomo e criativo essa experiência da vida.

---

[6] Sobre a problemática que segue, cf. STACHEL, G. – MIETH, D. *Ethisch handeln lernen*, Zürich-Köln, 1978.

IV. Identidade em vez de imagem do homem?

Em que consiste, portanto, precisamente a nova fórmula para indicar aquilo que *substancialmente* quer dizer a expressão "imagem do homem"? A problemática da "imagem do homem", assim como da imagem cristã do homem, é hoje expressa mediante a questão da *identidade* do homem. Assim também no *Handbuch der christlichen Ethik* [Manual da ética cristã] (1979) a imagem cristã do homem é tratada sob o título de *"Identitätstheorie"* (teoria da identidade). Falar da identidade do homem significa perguntar-se: o que torna o homem tão inconfundível e tão pessoal? Existe uma coisa do gênero? Por motivo das variadíssimas determinações, que as ciências descritivas descobriram nele, o homem não é, no fundo, inteiramente, um ser que é idêntico consigo mesmo? Ele jamais será capaz de identidade no seio da hodierna sociedade caraterizada por uma subdivisão sempre mais diferenciada dos papéis? Essa é uma pergunta importante, porque, no fundo, sempre pressupomos uma identidade se o homem deve ser interpelável no sentido ético. Para pôr a um homem a exigência de ser humano e de se comportar de maneira humana, devo primeiro poder atribuir-lhe a identidade de um sujeito moralmente responsável. A questão se ele possui essa identidade ou do modo no qual pode encontrá-la é hoje um tema na ordem do dia da antropologia filosófica. Existem correntes a respeito, nas quais essa identidade individual do homem é, no fundo, relativizada ou sacrificada em favor de um sistema complexivo do gênero humano.[7] Isso parece contrastar com as tradições cristãs. Por outro lado, há questões sociopsicológicas levantadas por Habermas e por outros: como pode, hoje, o homem constituir ainda uma identidade racional dentro de uma sociedade complexa?[8] Em outras palavras, em semelhante sociedade moderna é ainda possível conservar e proteger a identidade, que ainda represente a base de todo humanitarismo, sobretudo no sentido ético do termo? Novas respostas são dadas por Charles Taylor (identidade moral como autenticidade) e Paul Ricoeur (a identidade moral nasce por meio de uma conexão narrativa da minha vida).[9]

Dentro dessa problemática geral da identidade do homem colocam-se duas problemáticas teológico-antropológicas específicas, que caem aqui oportunamente. A primeira diz: o que constitui a identidade *cristã*, por meio

---

[7] Cf. os estudos de B. Skinner sobre o comportamento, a filosofia da cultura de M. Foucault e, *mutatis mutandis*, também a teoria do sistema de N. Luhmann.
[8] Do problema de identidade fala Jürgen Habermas em seu volume: *Zur Rekonstruktion des Historischen Materialismus*, 2ª ed., Frankfurt a. M. 1976, p. 63-128 [trad. it., *Per la riconstruzione del materialismo storico*, ETAS Libri, Milano, 1979].
[9] Cf. HAKE, H. *Moralische Identität*, Tübingen, 1999.

de que o homem se experimenta e se aprova como sujeito operante cristãmente? A segunda: essa identidade cristã, caso realmente exista, que contribuição dá ao modo ético de agir? Trata-se da velha questão recorrente no ensinamento da religião: não basta ser um homem bom? Para que fim somos cristãos? Sob o perfil ético qual ajuda ulterior vem da identidade cristã?

A imagem cristã do homem é portanto uma expressão que está indicando um problema. Ela levanta um problema e não responde imediatamente às perguntas a isso ligadas. Que constitui, portanto, a humanidade do homem?

V. Corporeidade

A questão da constituição da imagem do homem deve ser resolvida mediante a *corporeidade* (*Leiblichkeit*), porque uma relação da dignidade humana somente com a auto-reflexividade do homem poderia ser mal entendida no sentido de que o homem estaria diante, como em Descartes, como "cogito" a todo o material quantificável do mundo, isto é, no fundo, também diante de si mesmo como organismo físico (*Körper*): o perigo do dualismo. O "eu" auto-reflexivo está, ao mesmo tempo, diante de si mesmo como matéria animada na forma do organismo físico. O fato de que o homem pode transformar-se de sujeito em objeto constitui uma das grandes problemáticas da idade moderna: ele se comporta instrumentalmente consigo mesmo como organismo físico e afirma assim ao mesmo tempo a própria reflexividade.

Esse dualismo presente na moderna imagem do homem é superável com o conceito de corporeidade, porque a corporeidade é a forma na qual a auto-reflexividade penetra o organismo físico do homem. Poderemos também falar de "*Körperlichkeit*" — fisicidade, mas o "*Körper*" — corpo físico, permanece então o modo da existência corpórea permeada da reflexividade. O corpo (*Leib*) é também a reflexividade no modo de sua comunicação com o mundo. A reflexividade, no momento em que toma uma forma feita de carne e de sangue no homem, passa através dos sentidos. A sensibilidade, a assimilação do mundo, a plasticidade mostram que a corporeidade me torna plástico também como homem; a socialidade mostra que a relação é possível somente através da corporeidade. Não existe nenhuma relação espiritual direta, tudo aquilo que é capaz de relação é constitutivamente resumido no termo "corporeidade". Não podemos representar uma relação de modo não corpóreo. Mesmo quando amarramos uma relação somente através de uma corporeidade reduzida, por exemplo, através da voz ao telefone ou através do escrito, a sensibilidade permanece sempre inevitável: o ouvido é um sentido *pars pro toto*, que faz por assim dizer aparecer ao mesmo tempo diante de nós, através da voz, uma pessoa inteira como uma figura corpórea. Podemos procurar estruturar "insensivelmente" uma comunicação, mas não a conseguiremos nunca, ou pelo menos não a conseguimos até agora, e talvez seja bom que seja assim. O amor seria, então, amor sem a corporeidade experimentada na relação dos homens?

VI. A relação entre imagem do homem e dignidade humana

Kant coloca o critério da dignidade humana em relação com a doutrina do homem, isto é com a antropologia como ciência na qual o conteúdo dessa dignidade humana pode ser ulteriormente desenvolvido através da autointerpretação do homem, ou como eu digo presentemente através da imagem do homem. Na colocação de Kant, o homem é, no "fato da razão", contemporaneamente também um "*factum ethicum*", e este "*factum ethicum*", que ele é sempre, é resumido no conceito da dignidade humana. A terceira formulação do imperativo categórico é de fato uma formulação do princípio da dignidade humana. Não tratar jamais o homem "simplesmente como um meio", antes, sempre como "fim a si mesmo", é constitutivo também para a antropologia, isto é para a imagem do homem. Por isso, podemos dizer que no conceito da dignidade humana se encontram ambas as coisas: o homem como ser *ético*, isso é sua dignidade, e o homem como ser *humano*, isso é a imagem do homem.

Wils procura resolver a questão, que eu levantei, dizendo que o critério transcendentalmente desenvolvido pela dignidade humana permanece antropologicamente formal.[10] Nós não lhe conhecemos ainda o conteúdo, só sabemos que aqui, na base, há somente uma idéia inicial. A dignidade é, de fato, um termo que empregamos também em outros lugares, e com cada conceito também a *idéia*, a representação figurada, entra na questão.

A relação entre a imagem do homem e dignidade humana não deve ser, por isso, vista no sentido que a antropologia, por exemplo a antropologia teológica, antecederia o princípio ético da dignidade humana. Depois da virada copernicana operada por Kant a respeito da ética ontológica escolástica é bem mais verdadeiro o contrário: quando falamos constitutivamente do homem, devemos falar dele sob o critério ético da "dignidade", porque somente como ser livre ele não pode se exprimir de outro modo do que neste

---

[10] Igualmente importante é o ponto de vista segundo o qual a "dignidade" no sentido de um princípio moral supremo tem necessidade de ser explicada: o modo pelo qual isto é feito é ilustrado por STEIGLEDER, K. *Menschenwürde – zu den Orientierungsleistungen eines Fundamentalbegriffs normativer Ethik*, in WILS, J.-P. (ed.), *Orientierung durch Ethik? Eine Zwischenbilanz*, Paderborn, 1993, p. 95-122.

conceito de não instrumentalidade e de não avaliabilidade, isto é, da dignidade, e de outro lado, quer-se uma imagem histórica do homem, baseada sobre a experiência e aberta, a fim de poder estabelecer o que queremos dizer concretamente com esse critério da dignidade humana.[11]

Na experiência *religiosa* a relação com Deus/criador é de um outro tipo isto é, enquanto todas as criaturas exprimem aquilo que elas *não* são, quer dizer plena autocriação. A "criaturalidade" torna-se o reconhecimento decisivo de Deus. A auto-reflexividade e a corporeidade são ampliadas na criaturalidade até se tornarem a consciência de um ser que não deve ser a si mesmo. A criaturalidade não é, aqui, falta de competência, mas o justo *enquadramento* dessa competência e, portanto, um seu fortalecimento. O homem como concriador secundário do mundo e de si mesmo permanece a "imagem" irradiante e não só a "pegada" efêmera de Deus.[12]

VII. Tese recapitulativa

Partimos do fato de que a perspectiva cristã recorre, na bioética e na aplicação da ética, a impulsos para *descobrir* problemas éticos, e também a *motivos* eticamente eficazes. Comum às experiências religiosas é o fato de que nelas se trata do *sentido* da ética, da *motivação* para agir eticamente e do *modo* justo de *se comportar* com a ética no contexto da fé. Isso resulta das convicções religiosas, que enquanto tais não substituem os fundamentos, antes podem acompanhá-las e reforçá-las.[13]

O argumento da dignidade humana conduziu-nos, através do direito, não só a um princípio ético, mas também a considerações antropológicas sobre representações e imagens a isso unidas. A relação entre *imagem* do homem e *dignidade* humana ilumina a recíproca implicação da antropologia e da ética. Nem a filosofia moral no sentido da fundamentação de normas, nem a ética da vida boa podem fazer por menos, a meu juízo, de reflexões religiosas sobre a constituição religiosa do homem. A tensão existente entre concriação e finitude nos diz que as éticas seculares são obrigadas a operar de modo reducionista também a respeito de sua própria pretensão, se se negligenciam aspectos de natureza teológica. Esses aspectos lhe são acessíveis também numa linguagem secular (como a finitude e a culpa, a aceitação incondicionada etc.). Um exemplo nesse sentido é a re-

---

[11] Cf. a respeito também WOLBERT, W. *Die kantische Selbstzweckformel und die Bioethik*, in FONK, P. – ZELINKA, U. (eds.), *Orientierung in pluraler Gesellschaft* (Festschrift für B. Fraling), Freiburg i. Br. 1999, p. 80-91.
[12] Cf. WILDE, M. *Das neue Bild vom Gottesbild*, Freiburg i. Ue. 2000.
[13] Cf. MANDRY, CH. *Das Verhältnis von Philosophie und Theologie in Bezug auf die Ethik*, Mainz, 2001.

dução da dignidade humana à autodeterminação. Um outro exemplo é a redução da "dignidade como contraponto à autodeterminação, à "piedade" para seres viventes humanos não autodeterminados. Daqui vemos que a perspectiva cristã é capaz de desenvolver uma abertura maior a respeito de muitas reduções filosóficas e que é, portanto, também capaz de desenvolver uma liberdade intelectual que conduz à verdadeira autonomia, isto é, ao conhecimento da auto-*obrigação*.

A essa idéia de auto-obrigação podemos unir o respeito do ser humano vivente desde o início, sua participação à dignidade e os direitos daí derivantes, que se concentram no direito de viver. Desse modo chegamos a uma "ética da dignidade". Essa não se interroga só sobre a legitimidade de interesses daqueles que podem manifestar interesses no discurso. Ela inicia, antes, um discurso em favor da forma primitiva de seres humanos viventes. Essa forma primitiva não nos é, no que se refere à definição, compreensível com uma precisão última, porque nós não nos desenvolvemos exclusivamente *de* um embrião e porque só sucessivamente o embrião se torna aquilo que se desenvolve exclusivamente em *nossa* direção. Devemos aqui levar em conta uma imprecisão, porque qualquer definição conceptual exasperada no sentido do tudo ou nada conduz à unilateralidade problemática. Mesmo se na análise se torna claro que o ser humano vivente, *do* qual eu derivo, e o ser humano vivente, que se desenvolve em *minha* direção, são por breve tempo distinguíveis, no entanto as avaliações comparadas, que partindo daí poderiam parecer legítimas, parecem-me problemáticas. Parece-me, de fato, que nas comparações de ações seletivas por motivos diagnósticos, assim como nas comparações do sacrifício de embriões por considerações optativas, erguem-se duas barreiras adicionais: primeiro, a proibição moral de um juízo geneticamente seletivo e, segundo, a tendência das opções terapêuticas à fabricação de embriões. Esse é um motivo suficiente para não nos aventurarmos em avaliações comparadas abstratas, cujas conseqüências concretas incluem uma desvalorização de uma moral da dignidade do homem.

10
A TERCEIRA PESQUISA DO JESUS HISTÓRICO E SEU PARADIGMA PÓS-MODERNO

Giuseppe Segalla

Introdução

A. Schweitzer, com sua obra crítica de 1906, pensava ter fechado no túmulo a primeira pesquisa do Jesus histórico, a *Leben Jesu Forschung* (*LJF*), propondo, no fim, sua tese do Jesus apocalíptico. R. Bultmann, alguns decênios depois, julgava ter colocado o selo sobre aquele túmulo, asseverando que do Jesus histórico sabe-se que existiu ou pouco mais, e em todo caso não serve à teologia kerigmática. E. Käsemann, discípulo de Bultmann, em 1953, tinha iniciado a abrir os selos, postos por seu mestre naquele túmulo, com a "nova pesquisa" (NR) que, valendo-se principalmente do critério da diferença (do judaísmo e da igreja das origens), atribuía ao Jesus histórico tudo o que estava em contraste com o judaísmo e com a igreja primitiva, fazendo dele por isso "um não hebreu e alguém com quem a comunidade cristã não tinha nada que fazer" (J. H. Charlesworth); para além disso, esse novo paradigma se empenhava sobre a vertente da pregação de Jesus, omitindo sua atividade taumatúrgica e exorcística.

Desde os anos 80 porém, o problema e o tema do Jesus histórico, silenciados ou tratados muito mal pela NR, reemergiram de forma explosiva do sepulcro no qual foram colocados e selados. Desde então, assiste-se a uma nova onda de interesse em torno do Jesus histórico, especialmente em ambiente anglo-americano (cf. a nota bibliográfica), potencializada de modo às vezes equívoco pelos *mass media*. Essa nova "onda" e "caminho" de pesquisa em 1986 é chamada por N. T. Wright "terceira pesquisa" (TR), nome que prevaleceu:

> Um movimento diferente estava se iniciando numa multiplicidade de lugares e sem um programa ou um fundo cultural unificado. Fortificados pelos materiais

hebraicos agora mais disponíveis, esses estudiosos trabalhavam como historiadores, *sabendo sem dúvida que é possível conhecer muito sobre Jesus de Nazaré e que vale a pena fazê-lo* [grifo meu]. Esse movimento de estudiosos tornou-se tão pronunciado que não é fantasia chamá-lo "Terceira pesquisa".[1]

Já nesta breve apresentação aparecem evidentes três novos elementos a respeito dos dois precedentes: 1. A diferença das pesquisas sem uma matriz comum como a primeira (racionalismo e positivismo histórico) e a segunda (a teologia kerigmática) e com criteriologia também diversa; 2. O novo material fornecido pelas fontes judaicas, usado em sentido positivo (plausibilidade) em vez de negativo (diferença); 3. A segurança de que se pode conhecer muito do Jesus histórico, muito mais que de outros personagens famosos da antigüidade, e que isso vale a pena.

A variedade e complexidade da TR corresponde muito bem ao horizonte complexo da pós-modernidade com a fragmentação das especializações, dos métodos e das variedades e a conseqüente fraqueza do pensamento e incerteza da própria verdade. *Estamos, portanto, em presença de um novo paradigma*, que eu quereria apresentar aqui sinteticamente em suas três formas: historiográfica, metodológica e teológica.

I. Novo paradigma historiográfico

O positivismo histórico, que estava na origem tanto da *LJF*, em função antidogmática (e conseqüente dialética entre o Jesus da história e o Cristo da fé) quanto da segunda (NR), para refutar o Jesus histórico como historicamente insignificante e teologicamente em contraste com uma teologia da revelação e da fé somente, na atual TR já foi superado, ainda que não de todo. Certo influxo de retroação percebe-se ainda na forte separação entre história e teologia (E. P. Sanders, J. P. Meier, J. Schlosser) quando as duas não vêm até opostas (J. D. Crossan para a primeira e L. T. Johnson para a segunda). Pelo menos hoje se tem melhor consciência dos limites no uso do método histórico, guiado por uma filosofia oculta ou por uma teologia oculta; e se distingue por isso o método de seu uso. Sobretudo foi abandonado o preconceito racionalista que se exprime com "É impossível que ..." a propósito, por exemplo, dos milagres.

O uso do método histórico-crítico é corrigido sobre quatro pontos:

— Antes de tudo pela inevitável precompreensão do historiógrafo: o sujeito está sempre implicado na história que escreve (H. I. Marrou e ou-

---

[1] NEILL, S. – WRIGHT, N. T. *The Interpretation of the New Testament 1861-1986*, OUP, Oxford – New York 1988, 2ª ed., 379.

tros), pela qual se critica a falaz pretensa objetividade científica dos historiadores de Jesus e se nos abre à verdade assertiva da tradição cristã sobre Jesus.

— Deve-se distinguir, além disso, a realidade histórica de Jesus (o Jesus real) da história dele que se constrói sobre traços deixados pelos testemunhos, transmitidos pela tradição e redigidos nos evangelhos. A realidade histórica, o Jesus real, transcende sempre a história que dele se escreve.

— Deve-se distinguir, em terceiro lugar, a história (os fatos do passado) do conhecimento dessa história. A primeira, obviamente, não muda, enquanto a segunda progride com novos documentos, novas questões e novas metodologias que permitem melhor compreender aqueles mesmos fatos.

— Enfim, não se deve separar a história em sentido crítico, presumivelmente objetivo, da narração. A narração implica a interpretação, e pressupõe o referencial histórico, que é interpretado. É impossível fazer história sem interpretação.

Corolários dessas correções do método histórico-crítico são: antes de tudo, não acontece historiografia e história sem interpretação. Pelo que, tanto o crente, como o não-crente, quando se preparam para escrever uma história de Jesus, partem de e chegam a uma cristologia, isto é, a uma figura de Jesus.[2] Em suma, o não-crente não é superior ao crente em termos de objetividade. Além disso, deve-se evitar o erro de atribuir à pretensa antigüidade de um documento (numa fonte evangélica) uma verdade histórica maior que um documento redacionalmente mais recente (método usado por Crossan). Caso clássico é a perícope da adúltera (*Jo* 7,53–8,11), que embora tendo uma só testemunha e além disso duvidosa para a crítica textual,[3] no entanto corresponde bem à atitude de Jesus para com os pecadores e diante da lei (critério da coerência e da diferença),[4] e é, pois, plausivelmente histórica.

A metodologia histórico-crítica na forma praticada pelo positivismo, embora mantendo sua validade pela pesquisa de distância crítica e de rigor argumentativo, é aliás redimensionada pela hermenêutica. Passa-se, por isso, do paradigma que procura estabelecer criticamente os fatos com análises sucessivas de fontes e de estratos ao paradigma novo, que consiste em: problemas postos pela fonte, hipóteses de resposta e verificação crítica. "Os fatos sem nossa intervenção intelectual não se chamariam história" (M. Bloch e a escola dos "*Annales*").[5] Tenho a impressão que J. P. Meier esteja ainda

---

[2] ALETTI, J. N. *Exégète et théologien*, in *RSR* 83, 1999, p. 432-444 (p. 444).
[3] Na quarta edição do *GNT*, revista (1993), a perícope de fora e no fim do evangelho foi reconduzida a seu lugar tradicional.
[4] ALETTI, J. N. *op. cit.*, p. 445.
[5] BLOCH, M. *Apologie de l'histoire, ou Métier d'historien*, a cura de E. Bloch, Paris 1993 [trad. it., *Apologia della storia, o Mestiere di storico*, Einaudi, Torino 1969].

muito ligado ao primeiro modelo embora de modo crítico e maleável, enquanto E. P. Sanders procede utilizando o segundo.

Além de que pelo modelo historiográfico em movimento, a TR se diferencia das duas precedentes porque *mudou-se numa figura monolítica de judaísmo*, dependente de modo unilateral ou da apocalíptica, em que Jesus deveria ser colocado (A. Schweitzer) ou da literatura rabínica à qual deveria ser contraposto (na NR, influenciada pela teologia kerigmática). Já é pacífico, agora, entre os estudiosos de hoje que o judaísmo do I século antes de 70 era tão variado, que alguns estudiosos, exagerando, falam até de "judaísmos" no plural. Sobre um fundamento de "judaísmo comum" (E. P. Sanders) que tinha como referenciais fundamentais a Lei, o culto no Tempo e a consciência de povo eleito, têm-se diversas interpretações e práticas da mesma tradição e religião comuns: o judaísmo rigoroso da apocalíptica próprio dos essênios e de Qumran, o observante de modo humano da Lei oral (tradição dos Pais) e escrita dos fariseus, aquele mais legal e mais ligado à política dos saduceus e o revolucionário dos zelotas, para recordar só os principais. Um discurso a parte mereceria pois "a Galiléia dos gentios", mesmo se a fantasiosa hipótese de uma Galiléia não observante e mais próxima da cultura helenística, que teria sido conhecida por Jesus pela vizinhança de Nazaré com Séforis, é criticada por aquele que é o melhor conhecedor dela, Sean Freyne.[6] Obviamente um panorama judaico tão variado presta-se a interpretações unilaterais do Jesus histórico como a de um hebreu estóico cínico (G. Downing, B. Mack, J. D. Crossan) ou a identificação de Jesus com a figura de um rabi carismático e taumaturgo a exemplo dos rabis galileus do século I Honi e Hanina ben Dosa (G. Vermes, M. Borg) ou a mais comum e plausível de um profeta escatológico (E. P. Sanders, J. P. Meier). De qualquer modo, também essas reconstruções unilaterais (um Jesus escatológico ou ao contrário não-escatológico e sábio) podem nos revelar a poliedricidade da pessoa histórica de Jesus, que rompe qualquer esquema e reflete as várias formas de judaísmo do século I, mas as transcende a todas. É necessário, pois, uma visão unitária de Jesus.

Para a reconstrução do Jesus histórico aparece claro pela TR que *se deve tender a uma visão eidética, holística, de Jesus*. Conseqüentemente não se deve separar o Jesus que fala, ensina e anuncia, do Jesus que age, que afugenta os demônios e cura, que expulsa os vendedores do templo e é condenado à morte de cruz. Uma pesquisa que se detivesse a estabelecer criticamente quais ditos das fontes são autênticos ou não (*Jesus Seminar* e J. D. Crossan) não respeitaria essa visão de conjunto, a única verdadeiramen-

---

[6] Seu trabalho fundamental é *Galilee. From Alexander the Great to Hadrian (323 BCE to 135 CE)*, Scholars Press, Atlanta 1980; mais recente é a coletânea de artigos *in Galilee and the Gospel* (WUNT 125), Mohr, Tübingen 2000; veja-se também o artigo de Moxnes, H. *The Construction of Galelie as a Place for the Historical Jesus*, in *Biblical Theology Bulletin* 31, 2001, p. 26-37; p. 64-77.

te objetiva. À parte a fraqueza da votação democrática,[7] já de partida o método do *Jesus Seminar* é errado porque quer tirar conclusões mais amplas que as premissas. Desse modo se excluem todos os ditos de caráter escatológico, fazendo de Jesus um sábio. Outros, ao contrário, privilegiam os fatos como E. P. Sanders, enquanto a NR privilegiava a pregação de Jesus.

Hoje, creio que se deva orientar para uma visão de conjunto, mesmo se pela multiplicidade das fontes, dos métodos e das pré-compreensões do historiador, a tarefa se torne sempre mais árdua. Pelo menos na leitura das obras recentes sobre Jesus, que se colocam no amplo e variegado horizonte da TR, deve ser levado em devida conta o limite de interpretações unilaterais na escolha das fontes, dos métodos e do objeto da pesquisa, sem crer ingenuamente nas afirmações solenes de alguns deles como as de J. D. Crossan.

Um último traço do paradigma é que Jesus, mais que no passado, *é considerado um hebreu da Galiléia, comum e singular ao mesmo tempo, sobre o fundo do variegado mundo judaico do século I*. Com uma *epoché* crítica, os historiadores da TR esforçam-se por não projetar sobre o Jesus terreno o Cristo da fé atual, com o resultado de uma concretude histórica maior, e de uma conseqüente plausibilidade histórica maior.[8]

Em conclusão, o novo modelo historiográfico compreende: a consciência de que o historiador não pode dispensar sem uma empatia com o personagem que estuda, uma nova visão do judaísmo do século I na qual colocar decisivamente Jesus, a integralidade da abordagem (ditos e fatos) e a visão de conjunto, evitando a análise apressada e dispersiva sem nenhum centro unitário (problema-hipótese-verificação). Esse paradigma crítico hermenêutico permite certa maleabilidade e uma abordagem diversificada contextuada no horizonte problemático moderno, embora sabendo que é limitado e toda história é necessariamente relativa: o feminismo de E. Schüssler Fiorenza, a crítica ao poder, à riqueza e ao lucro na visão hippy de J. D. Crossan, o Jesus reformador sobre o fundo de um ambiente social reconstruído (Horsley) e assim por diante. Essas abordagens contextualizadas no mundo de hoje devem ser, por isso, integradas numa visão eidética de conjunto, que dá razão e critica as várias figuras de Jesus com base numa rigorosa argumentação analítica e sintética. A tentativa de J. P. Meier, ainda aberta, parece-me a mais compreensiva e aquela que mais se

---

[7] Os membros do *Seminar* votavam o grau de autenticidade de cada dito de Jesus, com bolinhas de quatro cores, e daí resultavam quatro gradações de um máximo (vermelho) a um mínimo (preto).

[8] O primeiro a interpretar Jesus decisivamente à luz do panorama do ambiente hebraico, de forma seriamente crítica, foi J. Klausner nos inícios do século passado (*Jesus von Nazareth. Seine Zeit, sein Leben und seine Lehre*, Lausanne, 1907; Jerusalém, 3ª ed., 1952), que permanece um clássico.

confronta com outros. Mas até o presente permanece ainda em nível muito analítico. A prova de sua validade se verificará na capacidade de chegar a uma visão unitária do Jesus histórico, certamente complexa e aberta à futura pesquisa.

II. Novo paradigma metodológico

Para a pesquisa do Jesus histórico, partindo de fontes seguras, é necessário um método como para qualquer pesquisa histórica. Também a metodologia de abordagem ao Jesus histórico mudou e se tornou mais complexa que no passado. Examinamos aqui, em seguida, os três elementos essenciais da metodologia: as novas fontes, os novos métodos e a nova criteriologia.

A época moderna — e ainda mais a pós-moderna — é caraterizada pela curiosidade, pela pesquisa de fontes sempre novas para alargar nosso conhecimento de personagens do passado que influíram sobre nosso presente. Também a procura do Jesus histórico entra nesta tendência geral. Também para Jesus procuram-se novas fontes ou fontes descuidadas no passado. Entre as fontes para uma história de Jesus, devem-se distinguir as que falam diretamente de Jesus e as indiretas que ajudam a ilustrar o ambiente histórico, cultural, social e religioso da Palestina do século I onde viveu Jesus.

As fontes indiretas que ilustram o ambiente histórico, social e religioso de Jesus, nos últimos cinqüenta anos, aumentaram notavelmente, e são melhor estudadas as que já se conheciam. Entre as novas são elencadas as descobertas arqueológicas de Qumran, que colocaram a nossa disposição a biblioteca de um grupo hebraico do século I, provavelmente essênico, caraterizado por uma forte carga escatológica e testemunha das três línguas usadas na Palestina do século I: o aramaico como língua popular, o hebraico como língua sagrada e o grego para as trocas culturais e comerciais. A publicação oficial não está ainda acabada e os estudos cresceram desmedidamente. A descoberta da biblioteca gnóstica copta de Nag Hammadi no Egito restituiu-nos o *evangelho de Tomé*, evangelho apócrifo remontando a seu original grego no século II, que recolhe 114 ditos de Jesus aos quais é dada uma importância exagerada na reconstrução do Jesus histórico por J. D. Crossan.[9] A literatura judaica antiga, em particular a rabínica, é estudada com maior senso crítico para a indicação da datação e a conseqüente reconstrução do ambiente religioso do século I, especialmente o farisaico.

---

[9] FRANZMANN, M. *Jesus in the Nag Hammadi Writings*, T&T Clark, Edinburg, 1996.

Também sobre os saduceus e sobre os samaritanos fizeram-se e foram publicados novos estudos aprofundados. O estudo dos *Targûmîm*, mesmo se sua datação é ainda controvertida, ilustra, juntamente com os LXX e os Midhrashîm, a interpretação hebraica da Sagrada Escritura no tempo de Jesus.[10] Também alguns autores latinos como Plínio, o Velho, e os gregos da área média oriental servem de ajuda para reconstruir o mundo cultural e religioso de Jesus. A arqueologia e a epigrafia vêm também em socorro para estabelecer os lugares de Jesus, a arquitetura, a cultura artesanal, as embarcações do lago de Genesaré; de particular importância, depois, também a arqueologia de Jerusalém para os últimos dias da vida de Jesus.[11] São utilizadas, além disso, outras ciências, como a sociologia e a antropologia cultural para reconstruir a estratificação sociopolítica e socio-religiosa da Palestina de Jesus. Para a Galiléia tem-se os estudos de Sean Freyne, que recorda aliás, oportunamente, que não se deve identificar a Galiléia histórica com o Jesus histórico.[12] Não devem ser esquecidas as obras propriamente históricas do século I, que se referem à Palestina, em primeiro lugar as de Flávio Josefo, absolutamente indispensável para reconstruir a história da Palestina do século I; também aqui a bibliografia é enorme. O filósofo Fílon é, por sua vez, representante do judaísmo da diáspora alexandrina. Dessa sumária descrição das fontes indiretas pode-se compreender sua importância, não tanto porque nos revelam notícias novas e sensacionais sobre Jesus, como algumas publicações superficiais quereriam fazer crer ao grande público, especialmente no que se refere a seu relacionamento com Qumran, mas muito mais para compreender melhor as próprias *fontes diretas de Jesus e sobre Jesus*.

Na pesquisa do *Jesus Seminary* e nas obras sobre Jesus que nela são seguidas (Funk, Crossan) tentou-se alargar de maneira indevida *as fontes diretas* dos quatro evangelhos canônicos, pondo sobre o mesmo plano (pelo contrário, às vezes, dando-lhe maior importância) o *evangelho* apócrifo *de Tomé* (de Nag Hammadi) e o de *Pedro* (descoberto em 1886-1887 no Egito), ambos do século II, e alguns papiros descobertos também no Egito. Ora, o *evangelho de Tomé* não é um evangelho propriamente dito, mas uma fonte gnosticizante de 114 ditos de Jesus, semelhante à hipotética fonte Q, muito estudada na América nestes últimos anos. Do amplo exame crítico de J. P. Meier (*Um hebreu marginal 1*, 86-156) resulta que as únicas fontes diretas, verdadeiramente confiáveis, são só os quatro evangelhos canônicos. Fora deles no NT podem-se encontrar alguns ditos de Jesus, espalhados na lite-

---

[10] Uma biografia recente de Jesus, que se inspira unilateralmente nesses escritos como fundo, é a de CHILTON, B. *Rabbi Jesus. An Intimate Biography*, Double Day, New York, 2000.
[11] Uma boa e útil síntese em ROUSSEAU, JOHN J. – ARAV, R., *Jesus and His World. An archaeological and Cultural Dictionary*, SCM Press, London, 1996.
[12] Cf. acima nota 6.

ratura epistolar, enquanto as fontes profanas (Tácito, Flávio Josefo e outros) e os evangelhos apócrifos não nos dão nada de verdadeiramente novo; quando muito são úteis como confirmações indiretas do que já se encontra nos evangelhos ou para a história da igreja do século I e II. Justamente Meier afirma que num *corpus* ideal de escritos dos primeiros dois séculos sobre Jesus, que pretendem apresentar a autêntica tradição de Jesus, os peixes bons devem ser separados dos maus; e os peixes bons são praticamente os evangelhos canônicos (p. 155-156).

E, no entanto, sob o perfil da crítica histórica as fontes evangélicas são *fontes difíceis*; para reconstruir o Jesus histórico devem ser estudadas usando *métodos rigorosos e uma rigorosa criteriologia*, como para qualquer documento histórico da antigüidade, sabendo, aliás, que o Jesus histórico narrado nos evangelhos é iluminado pela luz da Páscoa.

Na TR, confluíram *novos métodos de pesquisa* além daquele tradicional histórico-crítico que permanece fundamental, mas não suficiente; trata-se, em particular, do método sociológico, da antropologia cultural e da crítica literária, florescentes na América, enquanto na Europa o mais conhecido estudioso que pratica o método sociológico é G. Thiessen, e na área francesa estão no auge os métodos literários. No método sociológico devem-se distinguir, aliás, ao menos duas modalidades: a descritiva e a formal ou funcional. A primeira examina as realidades sociais (papéis das pessoas, dos grupos, estratificação social e assim por diante) com o auxílio da sociologia para tirar dela dados confiáveis para a reconstrução histórica; a segunda, ao contrário, opera por modelos interpretativos (o cristianismo como "seita", Jesus como *leader* carismático etc.). Para a aplicação na pesquisa do Jesus histórico a primeira é a mais confiável, enquanto a segunda é mais perigosa porque se presta a ser usada ideologicamente. A reconstrução do Jesus histórico de Horsley, por exemplo, lido como fautor de um movimento revolucionário da base camponesa na Galiléia contra a autoridade política dominante, revela seu caráter ideológico pelo fato que não atribui a seu *Jesus* histórico o banquete com os publicanos, porque eram um prolongamento do poder, que ele teria recusado. Ou, então, quando o *Jesus Seminar* e seus sustentadores pintam Jesus como um filósofo estóico cínico itinerante, incorrem em seu método em duas grandes fraquezas: antes de tudo, uma seleção subjetiva das fontes com uma lógica férrea — é verdade — mas interna ao próprio sistema; e a projeção unilateral sobre Jesus do modelo estóico cínico, apresentado como um *hippy* americano (J. D. Crossan). Pior ainda quando se reduz a religião a fato social como em Brandon, Horsley e Crossan. O método sociológico é, portanto, em si bom, mas quem o pratica de modo unilateral desfigura a imagem do Jesus histórico, incluindo-o no esquema de uma ideologia.

O método da crítica literária, que estuda a estratégia literária e retórica do texto evangélico, pode-nos ajudar a descobrir a intencionalidade do texto, sua função pragmática para a comunidade à qual é dirigido, e desse modo distinguir a intenção do redator literário daquela da tradição que ele utilizou e, enfim, a de Jesus, e estudar a relação entre elas.

No horizonte da crítica moderna, para chegar ao Jesus histórico partindo do estudo dos quatro evangelhos canônicos como fontes primárias, é necessário recorrer a *critérios de discernimento entre a história (fatos e ditos originais na transmissão e interpretação das tradições) como referente de textos literários e a interpretação dos redatores em seu atual entrelaçamento narrativo*. Pelo fato de que a transmissão de uma narração ou de um dito de Jesus está sempre unida à interpretação, podemos nos encontrar casualmente com interpretações diversas do mesmo fato ou dito também nas tradições anteriores à redação, devidas à diversidade do testemunho originário e a do público ao qual se dirigia. O próprio Jesus, sendo alguém que operou e falou, mas não escreveu, teria podido repetir, em diversas formas, um mesmo ensinamento para grupos diversos. Daqui se deduz que é falsa a pretensão de se chegar à *ipsissima verba Jesu* (J. Jeremias) ou à *ipsissima strutura* de um dito de Jesus (J. D. Crossan). O pressuposto de todas essas operações críticas é antes de tudo a escritura, que é fixa; mas a tradição oral, seja em relação a Jesus seja em relação à comunidade cristã, era indubitavelmente variegada.

A criteriologia aplicada aos evangelhos tem uma longa história, exposta de modo amplo e científico na recente obra de Theissen — Winter (cf. bibliografia). Aqui nos limitaremos a expor brevemente a criteriologia passada e a nova.

Os principais critérios usados na precedente NR eram os da diferença e da coerência, aos quais se acrescentavam os múltiplos testemunhos. O *critério da diferença*, com H. Conzelmann, pode ser formulado assim: "Aquilo que não pode ser inserido adequadamente nem dentro do pensamento judaico nem na concepção da comunidade primitiva pertence ao Jesus histórico". Chega-se, assim, a um mínimo criticamente garantido. Intervém, então, o *critério da coerência* para alargar esse núcleo fundamental: "Tudo aquilo que é coerente com o núcleo criticamente garantido, ainda que pertença ao mundo judaico ou à comunidade cristã primitiva, pode ser atribuído ao Jesus histórico". Os dois critérios, ligados entre si desse modo, têm sido, justamente, objeto de sérias críticas. 1) *É criticada*, antes de tudo, *a ordem* na qual são praticados: antes a diferença, depois a coerência. Parte-se, de fato, do pressuposto de que Jesus não seja hebreu e que a igreja primitiva não tenha o que fazer com ele. Além do mais, pressupõe-se que esteja "fora da história", fora dos laços com o ambiente no qual viveu, um ser transcendente; pressupõe-se aquilo que se deve demonstrar. Mais correto é talvez inverter a ordem dos dois critérios: primeiro o critério da coerência da pessoa de Jesus e depois fazer intervir a diferença, conseqüente e não pressuposta, com o ambiente hebraico de origem e com a comunidade cristã que deriva de sua missão. 2) Em segundo lugar, o próprio critério da diferença pressupõe ingenuamente conhecidas duas realidades, judaísmo e cristianismo primitivo, enquanto seria ignorada a pessoa de Jesus. Ora, sabe-se que o judaísmo e o cristianismo das origens são duas realidades históricas hipotéticas, dependentes de fontes esporádicas, muitas vezes, criticamente reconstruídas; isso vale ainda mais para o judaísmo que para o cristianismo. Demonstra-o a mudança de concepção do judaísmo do século I encontrada nos estudos dos últimos anos (E. P. Sanders, J. Neusner, mesmo se divergentes entre si). As duas realidades com as quais Jesus é confrontado com tanta segurança são, portanto, igualmente hipotéticas tanto ou mais que a pessoa histórica de Jesus. 3) A suposta diversidade de Jesus com o judaísmo na NR vinha, além disso, usada teologicamente para colocar em contraste a religião legalista das obras (o judaísmo) com a religião da graça e do amor (Jesus); e a diversidade com a igreja das origens por considerá-la uma traição progressiva da fé originária de Jesus, passando a uma fé regularizada pela instituição eclesial. Essas três objeções revelam o forte limite da criteriologia usada na NR.

Um terceiro critério principal era a *múltipla atestação* de um fato ou de um dito de Jesus em mais fontes diversas (Mc, Q, Jo, evangelho de Tomé...). Esse critério é o principal para a reconstrução do Jesus histórico, praticada por J. D. Crossan em sua obra que teve largo sucesso na América. O princípio, praticado usualmente na historiografia, é válido e fundamental em si. Mas para a historiografia antiga sabe-se que as fontes são escassas e freqüentemente fragmentárias. Pelo que, se aplicamos de modo coerente e radical a lógica desse critério, resultaria quase impossível delinear o perfil da maior parte dos personagens da antigüidade grega e romana, para não dizer da judaica. O princípio, na formulação de Crossan soa: "Um dito ou um fato de Jesus é histórico se e enquanto atestado por fontes diversas, e entre essas daquelas mais próximas da história a ser contada". Além de usar *só este critério*, Crossan utiliza de modo arbitrário as fontes, colocando, acriticamente sobre o mesmo plano, os evangelhos canônicos, o *evangelho de Tomé* e o de *Pedro*. As objeções que se lhe podem mover são múltiplas. 1) Ele pressupõe, antes de tudo, que haja um só dito originário de Jesus na lógica de uma tradição escrita, enquanto a tradição oral pode transmitir um mesmo dito em formas diversas. 2) Eliminando de partida os ditos atestados numa só fonte, eliminam-se do *dossiê* os dois terços dos ditos atribuídos a Jesus; sabe-se, de fato, que Lucas tem 50% de material próprio e João, por certo, 90%, mas Mateus tem, também, 23%. 3) Como resulta da crítica mais acreditada, o *evangelho de Tomé* e o de *Pedro* são posteriores e dependentes dos evangelhos canônicos; antepô-los a estes é criticamente infundado. 4) A cronologia dos 522 ditos, tabulados, resulta por isso muito freqüentemente arbitrária. Tendo em conta desses grandes limites, é óbvio que a figura de Jesus resulte desfigurada e mais próxima da de um *hippy* americano que do Jesus histórico.

A criteriologia clássica constituída pelos três critérios mencionados é ainda válida, mas se presta a ser usada muito facilmente de modo unilateral e ideológico. É essa a crítica radical que lhes move à TR para propor os mesmos critérios num arranjo novo, como resulta da longa discussão que faz sobre ela J. P. Meier. Mas, nem mesmo em Meier os vários critérios, primários e secundários, chegam a uma estruturação coerente e unitária.

Isso ocorre, ao contrário, na proposta de G. Theissen e D. Winter. Por brevidade didática, apresento primeiro o espelho resumido do paradigma e depois o explico analiticamente.

	Coerência e acordo	Incoerência e desacordo
1) A plausibilidade histórica dos efeitos	Coerência a respeito da plausibilidade dos efeitos sobre a comunidade cristã	Tendência contrária e desacordo a respeito da plausibilidade dos efeitos
2) A plausibilidade do contexto histórico	Correspondência contextual (ao judaísmo)	Individualidade contextual e singularidade de Jesus

Tomamos em exame os dois tipos de plausibilidade histórica. A *plausibilidade dos efeitos* inclui o critério da "razão suficiente" (V. Fusco) ou da "explicação necessária" (Latourelle, Lambiasi) e se refere à relação de Jesus com a tradição cristã. Aqui são retomados os dois critérios fundamentais, mas se lhes inverte a ordem de aplicação: primeiro a coerência ou continuidade e depois a diferença e/a descontinuidade. Aquilo que é coerentemente unitário e que delineia uma figura coerente de Jesus se pressupõe provenha como efeito da pessoa histórica de Jesus, enquanto aquilo que responde ao critério da incoerência ou desacordo com a fé da igreja do evangelista (correspondente àquele do embaraço de Meier e outros) não pode senão provir da história. Por sua vez, o critério da coerência pode valer-se de três modalidades. 1) A atestação transversal das fontes, ou seja, a atestação coerente em diversas fontes é historicamente plausível; por exemplo, a expressão "reino de Deus" encontramo-la em todas as fontes, até mesmo no *evangelho de Tomé*; deve-se concluir que é uma expressão própria de Jesus. Assim outras expressões, formas literárias (parábolas) e concepções teológicas. 2) Quando o mesmo elemento é atestado em gêneros literários diversos e em formas diversas como, por exemplo, os milagres conservados nas narrações e atestados em alguns ditos de Jesus. 3) Enfim, a atestação múltipla e coerente de fatos e ditos.

O critério contrário, a oposição à tendência cristã, funda-se sobre o contraste de um evento ou de um dito de Jesus com a fé cristológica professada pela comunidade cristã. Alguns exemplos: o batismo de Jesus por parte de João pressupõe que Jesus seja pecador — veja-se a tentativa de superar o embaraço em *Mt* 3,3-5; em *Jo* 1,29, onde Jesus em vez de ser pecador, tira o pecado do mundo; e no *evangelho dos Hebreus*, dito 17; assim a acusação que lhe foi movida pelos adversários de estar mancomunado com Satanás (*Mt* 12,24 par.) ou de ser "um comilão e um beberrão, amigo dos publicanos e dos pecadores" (*Mt* 11,19 par.), ou então a opinião de Herodes Antipas de que Jesus fosse João redivivo (*Mc* 6, 4). A controtendência suprema é a morte na cruz e, efetivamente, torna-se o critério de partida no *Jesus e o judaísmo* de E. P. Sanders.

A *plausibilidade do contexto judaico* corresponde ao princípio da relatividade e da relação histórica no sentido da "correlação e analogia". Sob esse perfil o Jesus histórico deve ser colocado em relação e analogia com o ambiente judaico de origem, para ver aí as correspondências e as diferenças ou descontinuidades, que evidenciam a singularidade de Jesus. Aqui também são dois os critérios que se tiram da plausibilidade do contexto judaico, dois critérios em dialética entre si: continuidade e descontinuidade, ambos referentes ao mesmo contexto.

O critério sincrônico da coerência com o contexto pode-se formular assim com Theissen: "Quanto mais uma tradição de Jesus corresponde ao contexto dos acontecimentos históricos, dos dados espaço-temporais, da tradição e mentalidade judaica, tanto mais cresce a certeza de que Jesus não seja uma invenção idealista da igreja, mas uma realidade histórica" (*Die Kriterienfrage*, 254). Os exemplos citados acima (batismo, críticas, cruz) valem também para a relação com personagens históricos que se conhecem por outras fontes em relação àquelas evangélicas (o Batista, Herodes Antipas, Caifás e Pilatos). Se esses personagens são históricos, deve sê-lo também Jesus. Do mesmo modo as localizações precisas, confirmadas pela arqueologia. E, enfim, o liame com tradição e mentalidade judaica como a luta contra Satanás, o reino de Deus, a relação com a lei e assim por diante. Tudo aquilo que Jesus fez e disse em coerência com o contexto judaico do tempo é, portanto, plausivelmente histórico.

O critério da *dessemelhança e singularidade* de Jesus, referente ao contexto judaico no qual viveu e operou, está em dialética com o precedente. Aqui é necessário não tanto os elementos particulares de um dito ou um dito separado do outro, mas a combinação de elementos literários, poéticos ou conceituais, que constituem a linguagem singular de Jesus e seu estilo único em relação ao ambiente no qual viveu e operou. Por isso, o conjunto das parábolas, das comparações, das ameaças, dos macarismos e assim por diante. Um exemplo temo-lo na concepção do reino de Deus. Na comparação com Qumran vemos-lhe a singularidade, enquanto, embora considerando-os ambos uma realidade futura, em Qumran prevê-se que será realizado como uma guerra e uma vitória sobre povos pagãos. A *Assumptio Moysis* o descreve, ao contrário, como esperado por piedosos perseguidos, que se refugiam numa caverna. Jesus, ao contrário, concebe o reino de Deus coexistente com o persistente império dos pagãos e já agora começado, no tempo em que Roma reina soberana. Os membros desse reino já iniciado sobre a terra com Jesus não são violentos e se apegam à não-violência (*Mt* 11,12-13). Jesus se subtrai por isso a uma concepção histórica evolutiva. Há um salto e o salto inicia com a ressurreição de Jesus. O reino de Deus, por uma concepção futura onde se realizaria mediante um forte empenho humano na observância da lei e na luta contra os pagãos, com a ressurreição se torna definitivamente presente. Quanto mais se aprofunda a tradição de Jesus na comparação com seu ambiente judaico, tanto mais aparece certo que essa combinação, jesuana, não se encontra em nenhuma outra tradição.

O critério da diferença adquire, na NR, uma forma diversa daquela praticada na precedente NR, em três modos: 1) Antes de tudo, nela se enlaça a dialética entre a relativização histórica e individualidade específica de Jesus; ambiente histórico judaico e individualidade de Jesus se pertencem e se contrapõem reciprocamente, mas não são jamais separados. 2) Jesus aparece como uma pessoa histórica singular, mas não fora da história. 3) A reflexão crítica hermenêutica está consciente de utilizar uma idéia de singularidade que novamente é sempre confirmada nas fontes, mas aqui não induzida. E assim se compreende como a fé da igreja tenha continuado a interpretar a pessoa de Jesus com ulteriores categorias e a interpretá-la em contextos sempre mais amplos até a incluir sua preexistência (*Jo* 1,1-18).

A diferença aparece singular justamente porque não pode ser derivada da história: nem da história do judaísmo nem da do cristianismo primitivo. E por isso não pode provir senão de uma realidade histórica diversa, extraordinária e nova, a própria pessoa de Jesus. Devem ser inseridas, neste ponto, a ruptura e a singularidade suprema da ressurreição de Jesus. Esse evento revela a irrupção na história de uma realidade transcendente à própria história, não mais domínio do histórico. *O evento pascal* se subtrai à história imanente neste mundo, enquanto *a fé pascal* dos discípulos, conseqüência de sua experiência do Senhor ressuscitado, é um fato histórico, que pode cair, portanto, sob o método histórico.

Em conclusão, o novo paradigma metodológico aparece mais complexo que o precedente, mas também mais articulado e consciente do caráter limitado das fontes a respeito da história. A complexidade da metodologia que se utiliza de todas as ciências disponíveis para compreender a história corresponde à complexidade da própria história, em geral, e tanto mais da história de Jesus. Além disso, a criteriologia unificada na categoria da plausibilidade histórica dá conta melhor, a meu juízo, antes de tudo da unidade singular da pessoa de Jesus, e, em segundo lugar, da relatividade da ciência histórica, que procede sempre por aproximação hipotética à verdade. Desmitiza, enfim, o critério da diferença abstrata e absoluta, colocando em luz a ligação necessária de Jesus histórico com seu ambiente originário judaico e o influxo decisivo que Jesus teve sobre a origem da comunidade cristã primitiva. Enfim, a hermenêutica crítica nos torna conscientes de que não se pode proceder no conhecimento histórico se não por idéias unitárias, aplicadas às fontes como hipóteses a verificar. Ironia da sorte quer que muitas das figuras do Jesus histórico, resultantes da TR, sejam extremamente parciais e unilaterais. A diversidade com a pesquisa precedente, porém, consiste no fato de que se está consciente da complexa pluriformidade da figura de Jesus, transmitida pela tradição e interpretada pelas redações evangélicas; e que essa complexidade pluriforme corresponda à rica singularidade de sua própria pessoa, que se presta a diversas interpretações sem jamais ser por elas exaurida. Por isso sou contrário à absolutização do Jesus do histórico como critério da fé, exigida por J. D. Crossan, porque ele e todo o grupo do *Jesus Seminar* pensam erroneamente que a crítica histórica, por eles assim aplicada unilateralmente, restitua-nos a figura autêntica de Jesus. Somos também contrários à absolutização do Jesus "real" (Johnson) ou bíblico (Kähler) porque os próprios evangelhos apresentam-nos quatro enredos narrativos diversos entrelaçados e por isso quatro interpretações de Jesus não, porém, em contraste entre si. A regra da fé é a pluralidade da figura de Jesus nas fontes e não um Jesus real, único, Senhor ressuscitado, contraposto às diversas reconstruções históricas de Jesus. Justamente Kelber lembra o perigo de uma absolutização do Jesus ressuscitado, porque é justamente sobre as revelações do Senhor ressuscitado que se fundam muitos escritos apócrifos, de aparência gnóstica.

Em suma, a pós-modernidade habitua-nos a uma maior consciência crítica e a uma maior modéstia no afrontar o problema do Jesus histórico. O auspício é que a história de Jesus seja apresentada na forma mais global possível (ditos e fatos unidos, ambiente e Jesus unidos, singularidade emergente) sem preconceitos racionais ("É impossível que...") mas, também, sem preconceitos teológicos como certo docetismo camuflado, que renega e despreza a pesquisa histórica, porque fragilizaria a fé, enquanto a fé poderia sim ser colocada em questão, mas só por uma pesquisa histórica guiada por preconceitos racionalistas. Chegamos, assim, à última forma do paradigma, a teológica.

III. Novo paradigma teológico[13]

A posição dos dois paradigmas precedentes sobre a relação entre história e teologia na pesquisa do Jesus histórico fica logo clara: a *LJF* (*Leben Jesu*

---

[13] Sobre a relação entre a pesquisa do Jesus histórico e a teologia, além dos recentes manuais de teologia fundamental (por exemplo, H. J. Verweyen e P. A. Sequeri), vejam-se os dois artigos interessantes de Christian Duquoc e J. Moingt, publicados na *RSR* 88, 2000, p. 491-511 e p. 579-597.

Forschung) andava à procura de um Jesus histórico em contraste com o Cristo da fé e da teologia; no fim, percebeu-se que o Jesus histórico era na realidade o espelho do historiador de plantão. Kähler e Bultmann, pelo contrário, separavam o Cristo da fé do Jesus histórico, deixado à história e aos historiadores. A NR opta por um compromisso: sim ao Jesus histórico, mas como resultado do critério primário e quase único da diferença, que exaltava o a priori do Cristo da fé; Jesus pressuposto como um ser fora da história judaica e cristã. Na TR assiste-se a um diálogo crítico entre história e teologia, entre pesquisa do Jesus histórico e fé. Infelizmente aqui se repetem, às vezes, embora de modo diverso, as posições dos dois primeiros paradigmas: a da LJF no *Jesus Seminar* e em Crossan, a da NR em Johnson que rejeita a pesquisa do Jesus histórico como negativa para a fé no Senhor ressuscitado. Mas no conjunto se assiste a um diálogo crítico, exemplar, do qual dois bons representantes recentes são Kelber e McEnvoy. Para além das posições datadas, quero delinear aqui a orientação global da TR sobre o problema da relação história e teologia na pesquisa do Jesus histórico. Faço-o em dois momentos sucessivos: antes de tudo a necessária clarificação dos termos do problema e, portanto, a tese da pertença à fé e à teologia da pesquisa do Jesus histórico.

A meu ver, a tensão que permanece entre pesquisa histórica de Jesus e teologia é devida a resíduos de uma concepção neopositivista de história, que poderia e deveria ser separada da interpretação de fé e também da teologia. Devem, porém, ser esclarecidos, antes de tudo, os termos do problema sem separações indébitas ou alternativas secas, que evocam o fosso de Lessin entre história contingente e verdade necessária.

Um primeiro dado epistemológico fundamental é a distinção do método histórico do método teológico: pesquisa do sentido histórico em seu contexto histórico de então e pesquisa do sentido da fé no Deus que se revela em Jesus Cristo para nós hoje. Parece-me que diversos autores atuais (Byrne, Johnson, e um pouco também em E. P. Sanders e J. P. Meier) sustentam uma separação nítida entre os dois métodos e seu resultado pelos quais se reconhece uma alternativa, errada, entre testemunho apostólico sobre Jesus e o Jesus histórico, enquanto o Jesus histórico está presente só no testemunho apostólico evangélico, que deve ser estudado também com o método histórico. História e sua interpretação estão sempre ligadas estreitamente entre si. E no caso de Jesus uma interpretação de fé. Quando afirmo "Jesus Cristo morreu na cruz por nossos pecados" para atingir o fato sem a interpretação deverei tirar não só "por nossos pecados", mas também "Cristo". E fico com "Jesus morreu na cruz". Mas, também esta é uma seleção interpretativa, porque três morreram crucificados sobre o Calvário e milhares no século I na Palestina. Por que recordar só a morte de Jesus? Essa pergunta deve colocá-la também o historiador e não só o teólogo. Na interpretação, o testemunho histórico da narração está aberto à fé, ainda que aquele que escuta a história possa acolhê-la ao menos com aquela fé que o guiou e o anima. A história, fundada sobre documentos testemunhais, não pode não estar aberta à fé e, portanto, à teologia, por quanto seja de sua pertença não a própria fé, mas sim *o testemunho histórico de fé*. Distinção, portanto, de métodos, mas não separação entre história e teologia.

Deve-se distinguir, em segundo lugar, o Jesus histórico do Jesus dos historiadores. Infelizmente, com freqüência, são identificados e daí nascem lamentáveis confusões. O Jesus histórico é um só e os historiadores procuram se aproximar dele com seus instrumentos críticos, sem jamais consegui-lo completamente. O Jesus dos historiadores, no melhor dos casos, permanece sempre parcial; e as reconstruções unilaterais são até contrastantes entre si como a interpretação de Jesus como profeta escatológico em contraste com um Jesus sábio carismático não escatológico (toda a corrente que se relaciona com o *Jesus Seminar*). Por isso L. T. Johnson e outros na mesma linha, como teólogos têm bom motivo de rejeitar o Jesus histórico, identificado com o Jesus contraditório dos historiadores. O Jesus dos historiadores não é objeto da fé (como pretenderia, ao contrário, J. D. Crossan), e, no entanto, a fé em Jesus tem a ver com o que eles dizem, porque lhe delineiam os contornos históricos, ajudando-nos a colocá-lo distante de nós, estranho a nosso mundo cultural e inserido no contexto cultural e religioso judaico do século I. Ora, colocar Jesus em seu contexto histórico judaico é absolutamente necessário para compreender-lhe o sentido. A história, de fato, produz experiência e cultura. E é nessa experiência e nessa cultura que um fato, um comportamento, um dito adquirem seu verdadeiro significado, significado que pode ser provocante diante de nossa cultura atual. A fé se interessa pela historicidade de Jesus, pois, porque através dela, chega ao significado de sua pessoa e de sua mensagem. A factualidade histórica, ao contrário, é deixada ao historiador como a colocação em seu ambiente religioso e sociopolítico. Vale, pois, o princípio: tudo aquilo que contribui para compreender o significado de Jesus e de sua mensagem pertence à fé e à teologia. Quando se teme que a pesquisa do Jesus histórico se coloque em contraste com a fé, confunde-se o Jesus histórico com o Jesus dos historiadores. A pesquisa do Jesus histórico, se se colocasse em contraste com a fé, significaria que também historicamente não é correta, mas viciada por preconceitos (B. Bauer e outros chegaram a negar a existência de Jesus; aquilo que hoje nenhum historiador sério se permite afirmar; e assim também os milagres). Não é o Jesus dos historiadores objeto da fé, mas o Jesus histórico, ao qual se pode aproximar-se com a pesquisa histórica. O Jesus histórico pertence ao conteúdo da fé e a fé cristã não pode não estar interessada nesse conteúdo, mesmo se o objeto último da fé é o Senhor crucificado e ressuscitado, presente ativamente na comunidade mediante seu Espírito.[14]

---

[14] A esse propósito, veja-se Verweyen, H. J. *La parola definitiva di Dio. Compendio de teologia fondamentale* (BTC 118), Queriniana, Brescia, 2001 (orig. 2000), o capítulo 12 ("A questão retrospectiva do Jesus histórico") às p. 336-352; cf. também p. 382.

Deve-se fazer uma terceira e última distinção: aquela entre a fé cristológica atual e a fé contida nas narrações evangélicas. Não se deve projetar nossa teologia atual sobre as fontes evangélicas para fazê-las dizer o que foi definido nos grandes concílios ou aquilo que está em nossos corações em contraste com nosso tempo para procura de um sentido, que se abre ao Deus de Jesus Cristo. O fato de que não se encontrem nelas, de modo explícito, a teologia e a cristologia posterior não quer dizer que, naquelas fontes que o historiador submete ao crivo crítico como documentos da história de Jesus, se vá à pesquisa de uma história, separada da fé dos testemunhos originais e dos intérpretes. Os extremos devem ser evitados: o considerá-los ou documentos de fato neutros que se podem separar da interpretação de fé ou narrações inventadas por uma fé mítica, sem nenhum fundamento histórico. Ambos devem ser excluídos. O céptico que prescinde da fé interpretante dos evangelistas não pode pensar ser um historiador mais objetivo do que aquele que, ao contrário, assume aqueles fatos em conjunto com sua interpretação de fé. Quando muito, o problema é muito mais o de sua interpretação mais plausível também em âmbito de história (cf. acima, a nova criteriologia histórica). Assim como a história é sempre necessariamente também interpretação, e a história de Jesus é narrada por testemunhos crentes, não se pode separar a verdadeira história de Jesus do *kerigma* como fazem Bultmann e a escola kerigmática. A narrativa é história anunciada e por outra parte o *kerigma* é anúncio de uma pessoa histórica, vivida num preciso espaço-tempo cultural e religioso. Isso se deve levar em conta se não se quer esvaziar o anúncio de seu conteúdo. Segundo minha opinião, a escola kerigmática da NR fazia duas enormes confusões: identificava indevidamente o Jesus histórico com o Jesus dos historiadores, retirando-o da teologia e colocando-o, quando muito, nas premissas; identificava o kerigma com a teologia atual mediante o processo de demitização e reinterpretação existencial, sem falar do judaísmo caricatural, ao qual se contrapunham e, na base do qual, interpretavam a fé cristã.

Em conclusão, devem-se distinguir método histórico e método teológico, mas não separados e contrapostos; não se deve, além disso, identificar indevidamente o Jesus histórico com o Jesus dos historiadores; o primeiro e não o segundo é objeto da fé; devem-se, enfim, distinguir a teologia atual da fé refletida nas fontes testemunhais: a fé expressa nas fontes não é a fé atual explícita; mas o fato que não devemos jogar a fé atual sobre as fontes não quer dizer que as fontes devam ser consideradas vazias de interpretação de fé. É errada, por isso, tanto a posição dos historiadores que separam história e teologia (E. P. Sanders e com ele muitos outros, um pouco também J. P. Meier) como a dos teólogos que separam a teologia da história.

As narrativas evangélicas são, portanto, o ponto de encontro de história e teologia e deve ser rechaçada, por isso, a tese de J. Barr para a qual a narrativa não pode ser teologia. Contudo, o perigo maior na teologia é o de projetar nossos problemas e também suas soluções nas fontes evangélicas. Desse modo, não se teria a compreensão autêntica que ocorre na fusão dos dois horizontes das duas orientações: o de então, passado, e o atual, presente. Justamente por isso é necessário reconstruir os contornos históricos de Jesus, colocando-o em seu ambiente judaico, distante e estranho, e deixarmo-nos interpelar também hoje sobre o problema de Deus, do homem e do mundo. A história tem a tarefa de colocar uma pessoa do passado em seu ambiente histórico sem sobrepor-lhe nosso horizonte, para compreendê-la justamente. O retornar às fontes evangélicas é, por isso, uma tarefa fundamental da teologia de todos os tempos e o retornar aos métodos e às modalidades ditadas pela cultura de nosso tempo. Desse modo, a teologia pode dialogar com a cultura na qual é chamada a anunciar a fé com referência aos textos fundantes e àquilo que nesses textos vem narrado e anunciado. E assim como o contexto moderno e pós-moderno é um contexto crítico, no qual se cruzam diversas filosofias e múltiplos métodos de pesquisa, o teólogo e a teologia devem assumir o ônus de apresentar o Jesus histórico de modo tão plausível que possa ser aceito razoavelmente também por quem não crê. A interpretação crente de Jesus está de tal maneira ligada à narração evangélica que não pode ser separada dela. Não se deve, de fato, cometer o erro de contrapor os testemunhos originais que devem ser acolhidos na fé e uma história de Jesus separada da fé. O Jesus histórico que se apresenta é aquele Jesus testemunhado e, portanto, interpretado, mas não inventado pelas primeiras testemunhas e por aqueles que transmitiram as tradições sobre ele até à redação evangélica. O não crente rejeitará a interpretação crente dos testemunhos originais, mas não pode rejeitar os fatos históricos e o fato fundamental do Jesus histórico, objeto daquela interpretação. Justamente ele, porém, como historiador, deverá registrar aquela interpretação de fé mesmo se não a aceita como tal, porque faz parte da história.

Na NR parece-me que tenha sido esclarecido, em âmbito de discussão, ainda que nem sempre no Jesus dos historiadores, a filiação necessária que existe entre *kerigma* e Jesus histórico, entre história de Jesus e teologia atual: por exemplo, o influxo que tem sobre o diálogo hebraico-cristão ou sobre a relação entre fé e empenho no amor ao próximo, no social. A compreensão histórica e teológica, conseqüente com a fusão dos dois horizontes, o de Jesus histórico e o do Senhor vivo na igreja leva a benéficas conseqüências. Na pesquisa crítica do mundo passado projetamos sempre instintivamente nossa imagem, quando interpretamos as fontes. Assim escreve J. Schröter num livro recentíssimo: "A contribuição da pesquisa de Jesus consiste no fato de que, conscientes do caráter relativo do conhecimento histórico, compomos figuras de Jesus que podem demonstrar plausíveis as relações do cristianismo das origens com ele. Desse modo, podemos tornar compatíveis tanto a origem histórica como também aqueles aspectos da fé cristã que se explicam com a evocação da obra de Jesus".[15] Fé e história de Lessing em diante foram contrapostas em nome da razão iluminística. Lessing via um fosso intransponível, "horrendo", entre verdades da razão, necessárias, e verdades históricas, contingentes, e portanto, entre fé em Cristo e história de Jesus. G. Theissen considera a TR atual com seu novo paradigma como uma tentativa de lançar-se nas profundas e gélidas águas do fosso para tentar alcançar a outra margem, a da fé e da teologia. Na verdade, a outra margem não será jamais alcançada pela pesquisa histórica enquanto tal, mas pelo menos permitirá ao crente apresentar suas razões frente a quem a considerasse inexistente, mesmo que não possa jamais atingi-la mas só aproximá-la. Em outras palavras, a pesquisa do Jesus histórico aproxima-nos da pessoa histórica de Jesus, quando a assumimos como pertencente à teologia, embora não seja sua tarefa. A história de Jesus como tal nem nos distancia nem nos aproxima da fé. Mas é legítimo objeto de uma fé em Jesus, desejosa de conhecer sempre melhor seu verdadeiro rosto pelas fontes históricas passadas, enquanto experimenta sua presença atual. A volta às fontes evangélicas não só torna possível o confronto com a cultura de hoje, mas se tornou e se torna também um princípio inovador da própria teologia. O Jesus histórico e Senhor glorioso como tal está além da história, mas também da teologia. Essa consciência do limite da história e da teologia preserva-nos do erro de considerar-nos detentores da verdade sobre Jesus o historiador ou o teólogo. Somente num diálogo entre si, embora respeitando a diversidade de método, podem aproximar-se da verdade total sobre Jesus.

Conclusão

Apresentei o paradigma da TR em sua configuração historiográfica, metodológica e teológica. Sem repetir o quanto já disse, parece-me que a TR reflete os aspectos negativos e positivos da pós-modernidade, de modo que constitui uma sua figura particular. Em poucas palavras, negativamente, reflete-se ela na fragmentação da pesquisa e na conseqüente fragmentação das figuras de Jesus apresentadas pelos vários historiadores, positivamente, numa preocupação maior pelas fontes documentárias e por uma argumentação crítica, que pode ser por sua vez criticada e, portanto, falsificada; e, além disso, por um interesse sempre maior por parte da teologia. O Jesus histórico pertence plenamente à fé e à teologia.

---

[15] Schröter, J. *Jesus*, 36, citado na nota bibliográfica.

Bibliografia

1. Resenha crítica

a. Na área anglo-americana

BORG, M. J. *Jesus in Contemporary Scholarship*, TPI, Valey Forge/Pennsylvania, 1994 (série de ensaios, nos quais sustenta decisivamente a interpretação não escatalógica-apocalíptica de Jesus, mas um Jesus que propõe uma sociedade alternativa). JOHNSON, L. T. *The Real Jesus. The Misguided Quest for the Historical Jesus and the Truth of the Traditional Gospels*, Harper/Collins, San Francisco, 1996 (muito crítico para com a TR, próximo à velha tese de M. Kähler). POWELL, M. A. *Jesus as a Figura in History. How Modern Historians View the Man from Galilee*, Westminster/J. K. Press, Louisville, 1998 (o mais agudo e equilibrado). WITHERINGTON III B., *The Jesus Quest. The Third Search for the Jew of Nazareth*, InterVarsity Press, Downers Grove, 1997, 2ª ed. (boa e ampla informação, teoricamente frágil, orientada para sua tese do Jesus sábio, profeta e messias). Para uma análise crítica muito ampla da bibliografia, dos problemas e dos temas, são fundamentais as obras de B. Chilton e C. A. Evans (curadores) na Brill: *Studying the Historical Jesus. Evaluations of the State of Current Research*, Leiden – New York – Köln, 1994. *Authenticating the Activities of Jesus*, 1999. *Authenticating the Words of Jesus*, 1999. Sozinho, C. A. Evans, *Jesus and his Contemporaries. Comparative Studies*, 1995; *Life of Jesus research. An Annotated Bibliography*, 1996 (2046 títulos compreendendo todo o arco das três "pesquisas", obviamente com muitos títulos vazios especialmente para as línguas romanas). CROSSAN, J. D. – JOHNSON, L. T. – KELBER, W. H. *The Jesus Controversy. Perspectives in Conflict*, Trinity Press, Harrisburg, 1999 (entre a tese unilateral do Jesus do historiador contra o Cristo da fé de Crossan e o Cristo real ou bíblico contra o dos historiadores de Johnson é ótima a revisão crítica de ambas as partes de Kelber). Entre as breves resenhas mais recentes, transcrevo as de J. P. Meier, de alta divulgação e recordo as duas últimas: KEALY, S. P. *Reflections on the Third Quest for the Historical Jesus*, in MERRIGAN, T. – HAERS, J. (eds.), *The Myriad Christ* (BETL 152), Leuven UP, Leuven 2000, 45-60; MECENVOY, J. *Narrative or History? A False Dilemma. The Theological Significance of the Historical Jesus*, in *Pacifica* 14 (2001) 262-279.

b. Na área francesa

MICHAD, J. P. *Une état de la recherche sur le Jésus de l'histoire*, in *Eglise et théologie* 26 (1995) 143-163; MARGUERAT, D. –NORELLI, E. – PUFFET, G. M. (eds.), *Jésus de Nazareth. Nouvelle approches d'une enigme* (Le monde de la Bible 38), Labor et Fides, Genève 1998 (a primeira contribuição do saudoso V. Fusco é uma resenha aguda da pesquisa). Ótimo é o artigo do espanhol PUIG, A. TARRECH, I., *La recherche de Jésus historique*, in *Biblica* 81 (2000) 179-201; e os dois últimos fascículos de *RSR* em dois anos sucessivos: *L' exégèse et la Théologie devant Jésus le Chist* 87/3 (1999), 88/4 (2000), do qual o primeiro já exaurido. MARGUERAT, D. *Jésus Historique: une quête de l'inaccessible étoile? Bilan de la "troisième quête"*, in ThPhLy 2001 VI-1, 11-55.

c. *Na área espanhola*

AGUIRRE, R. *Estado actual de los estudios sobre el Jesús historico después de Bultmann*, in Estudios Bíblicos 54 (1996) 433-463 (boa a análise, menos a síntese); BARTOLOMÉ, J. J. *"Quién dice la gente que soy yo?" (Mc 8,27). La búsqueda contemporánea del Jesús histórico. Una resena*, in Salesianum 63 (2001) 431-465 (com bibliografia final).

d. *Na área alemã*

THEISSEN, G. – MERZ, AN. *Der historische Jesus. Ein Lehrbuch*, V&R, Göttinguen 1996; 2ª ed. 1999 [trad. it., *Il Gesù storico. Un manuale* (BB 25), aos cuidados de F. Dalla Vechia. Queriniana, Brescia 1999]. O primeiro número de *Zeitschrift für Neues Testament* (ZNT 1, 1 [1988] 2-76) é dedicado todo ao Jesus histórico e reflete bem os problemas e as controvérsias no ambiente alemão. SCHRÖTER, J. *Jesus und die Anfänge der Christologie. Methologische und exegetische Studien zu den Ursprüngen des Christlichen Glaubens* (BTS 47), Neukirchen 2001 (os primeiros três capítulos).

e. *Na área italiana*

FUSCO, V. *Gesù storico e Gesù terreno*, in RdT 24 (1983) 205-218; ID., *La quête du Jésus historique. Bilan et perspectives*, no volume acima citado, *Jésus de Nazaret*, 25-57; SEGALLA, G. *La "terza ricerca" del Gesù storico: rabbi ebreo di Nazaret e Messia crocifisso*, in StPatav 40 (1993) 3-55; ID., *La verità storica dei vangeli e la "terza ricerca" su Gesù*, in Lateranum 61 (1995) 461-500.

2. Obras principais

Entre os precursores: HARVEY, A. E. *Jesus and the Constraints of History. The Bampton Lectures 1980*, Durckworth, London 1982; MEYER, B. E. *The Aims of Jesus*, SCM, London 1979; RICHES, J. K. *Jesus and Transformation of Judaism*, SCM, London 1980; os protagonistas atuais na área anglo-americana: BORG, M. E. *Conflicts, Holiness and Politics in the Teaching of Jesus,* Mellen Press, New York 1984; *Jesus, a New Vision*, Harper & Row, San Francisco 1988; FUNK, R. W. et al., *The Five Gospels. The Search for the Authentic Words of Jesus*, New York 1993; ID., *The Five Gospels. The Search for the Authentic Deeds of Jesus*, San Francisco, 1998; BORG, M. J. *Meeting Jesus Again for the First Time. The Historical Jesus and the Heart of Contemporary Faith,* Harper, San Francisco 1994; CHARLESWORTH, H. *Jesus within Judaism. New Ligth from Exciting Archaeological Discoveries*, Doubleday, New York 1988 [trad. it., *Gesù nel giudaismo del suo tempo*, aos cuidados de D. Tomasetto, Claudiana, Torino 1998, 2ª ed.]; CROSSAN, J. D. *The Historical Jesus. The Life of a*

Mediterranean Jewish Peasant, Harper, San Francisco 1991 (a obra que teve o mais vasto eco nos *mass media*); Funk, R. W. *Honest to Jesus. Jesus for a New Millenium*, Harper, San Francisco 1996 (resultados do *Jesus Seminar*); Horsley, R. A. *Jesus and Spiral of Violence. Popular Jewis Resistence in Roman Palestine*, Harper, San Francisco 1987; Meier, J. P. *A Marginal Jew. Rethinking the Historical Jesus*, I: *The Roots of the Problem and the Person*; II: *Mentor, Message, and Miracles,* Doubleday, New York 1991 e 1994; III, 2001 [trad. it., *Un ebreo marginale. Ripensare il Gesù storico,* 1: *Le radici del problema e della persona* (BTC 117), aos cuidados de F. Dalla Vecchia, Queriniana, Brescia 2001; 2: *Mentore, messaggio e miracoli* (BTC 120), aos cuidados de F. Dalla Vecchia, Queriniana, Brescia 2002 (quando estiver completa, em quatro volumes, será a mais vasta e empenhativa *summa* analítica da "terceira pesquisa")]; Sanders, E. P. *Jesus and Judaism*, SCM, London 1985 [trad. it., *Gesù e il giudaismo,* aos cuidados de P. Stefani, Marietti, Genova 1992 (uma das mais influentes)]; Schlosser, J. *Jésus de Nazareth,* Éd. Noesis, Paris 1999 (cf. a recensão equilibrada de E. Cothénet in *Esprit et Vie* 2000/23, 10-12); Wright, N. T. *Jesus and the Victory of God* (Christian Origins and the Question of God, vol. 2), SPCK, London 1996.

Para a metodologia recordo somente as duas obras mais inovadoras, além da primeira parte do livro de J. P. Meier: Theissen, G. – Winter, D. *Die Kriterienfrage in der Jesusforschung. Vom Differenzkriterium zum Plausibilitätskriterium* (NTOA 34), Universität Verlag – V&R, Freiburg/CH – Göttingen 1997; e o manual de Theissen – Merz já lembrado nas resenhas.

11
FORMA E FRAGMENTO: A RECUPERAÇÃO DO DEUS ESCONDIDO E INCOMPREENSÍVEL

David Tracy

A teologia moderna marginalizou duas tradições: o realismo da cruz que admite Deus escondido, e a teologia apofática, que expõe sua incompreensibilidade. É hora de pôr fim a essa marginalização.

I. Sua forma, fragmento e reunião

Enquanto teólogos, devemos estudar a relação entre forma e conteúdo, e por isso, a recuperação daquelas que são, como afirmo, duas formas que têm um lugar bastante marginal na tradição cristã, isto é, a forma apocalíptica, que se traduz, a partir de Lutero, numa concepção do Deus escondido e, em segundo lugar, a forma apofática ou, mais precisamente, a mística apofática — e aqui a figura-chave é Dionísio Areopagita. A recuperação dessas formas "fragmentantes" tornará teologicamente possível afrontar, num segundo volume, aquela que é, na tradição cristã, a forma clássica para denominar Deus, ou seja a forma trinitária. Aqui, concentrar-me-ei sobre as formas fragmentantes da apocalíptica e da mística apofática. Em outro lugar, estudo as formas de organização ou reunião dos fragmentos na tradição cristã.

Para grande parte da teologia ortodoxa oriental e quase nenhuma da ocidental, a primeira forma de reunião é encontrada na estrutura da liturgia. A escolha oriental da estrutura litúrgica como instrumento para reunir os fragmentos constitui uma diferença fascinante e é a principal razão que faz com que o problema teológico máximo seja para os teólogos ortodoxos desde Dionísio até nossos dias, com Yannaras, Zizioulas e Lossky, como um cristão possa ser radicalmente negativo-apofático e místico e, ao mesmo tempo, trinitário. Historicamente, as duas formas sucessivas de reunião ou organização são de tipo narrativo, sobretudo nos evangelhos e nos credos — o emergir de credos e as sucessivas tentativas de sistemas baseados sobre eles. Essa organização sistemático-teológica é o *terminus ad quem* desse interesse pelas formas e pelos fragmentos. Antes de qualquer outra coisa, devemos, porém, estudar as duas formas clássicas fragmentantes, a apofática e a apocalíptica. Qual é a razão pela qual essas formas aparecem improvisamente tão importantes, hoje, a tantos de nós? O que são exatamente essas formas e o que nos dizem a respeito de Deus? Qual é, a partir de Lutero, a modalidade de funcionamento denominar Deus como "Escondido" na tradição cristã? Através de quais operações o denominar Deus como "Incompreensível" contribui, a partir de Dionísio, para mostrar a exigência da linguagem negativa ou apofática, e enfim, da linguagem mística, para denominar Deus? É crucial recuperar justamente essas duas formas, mesmo se ambas estiveram estado a margem da maior parte das principais tradições cristãs. Elas podem agora encontrar-se improvisamente no centro de nossa atenção e contribuir, por sua vez, para um repensamento sistemático daqueles elementos que poderiam ser chamados os modos teológicos clássicos de denominar Deus por meio da narrativa, do credo, das teologias sistemáticas e da liturgia de caráter trinitário.

Antes de tudo, porém, as noções de forma e conteúdo e, sobretudo, a forma do fragmento. No pensamento moderno — desde os primeiros Românticos alemães aos grandes modernistas literários do século vinte como Joyce, Proust e Virgínia Woolf para chegar àqueles que são chamados os pensadores pós-modernos — as formas clássicas e iluminísticas precedentes cederam o lugar à forma do fragmento. Para os defensores do fragmento, qualquer forma que tenda à totalidade ou à clausura necessita de fragmentação. E, no entanto, na maior parte dos pensadores contemporâneos, as esperanças de voltar simplesmente a alguma forma pré-moderna não de totalidade, mas de harmonia realizada, são muito escassas. A forma peculiar do fragmento tornou-se para um número sempre maior de artistas, tanto românticos como modernistas, e depois de pensadores, tanto filósofos como teólogos, um instrumento bem plasmado para colocar em questão todo sistema-totalidade, de modo particular o da modernidade. Os fragmentos foram criados inicialmente pelos Românticos para manifestar as "centelhas" do divino. Essas centelhas, que o próprio Kant chama em algumas breves passagens as intuições do divino, e que os grandes modernistas literários chamaram "epifanias" (Joyce), "momentos lúcidos" (Virgínia Woolf) e "momentos inesperados" (Eliot), são fragmentos ainda recuperáveis para o uso contemporâneo. Já é tempo que os teólogos tomem parte nessa conversação e se coloquem a refletir sobre fragmentos em sua modalidade esquisitamente teológica. Faz parte, de fato, de minha argumentação mais geral, a tese de que a discussão literária e filosófica dos fragmentos necessita de uma reflexão teológica — até por parte dos filósofos. Mas trata-se de uma história mais ampla e complexa do que a que desejo contar neste capítulo.

Em primeiro lugar, quereria oferecer apenas algumas reflexões breves tiradas da literatura, da filosofia e da teologia a propósito da história curiosa e heterogênea dessa forma chamada "fragmento". Os fragmentos foram inventados originariamente pelos grandes Românticos alemães Schlegel e Novalis em seus livros intitulados, exatamente, *Fragmentos*. A discussão dos fragmentos é parte mais ampla da discussão literária, filosófica e, agora, teológica. A esperança é que eles possam sanar as famosas separações da modernidade: razão e paixão, teoria e prática e ainda aquela, aparentada com elas, forma e conteúdo. A meu juízo, teólogos e filósofos têm a sua disposição amplos recursos para tentar superar as primeiras duas separações. Pense-se, por exemplo, depois do ataque romântico ao Iluminismo, na tentativa contínua do pensamento ocidental pós-romântico de superar a separação iluminística de razão e paixão por meio de posições cruciais pós-românticas da importância da grande tradição filosófica empírica (não-empirística) anglo-americana que começa a partir de William James, e que com razão poderia ser encontrada ainda antes dele em Jonathan Edwards, Ralph Waldo Emerson e Emily Dickinson. Uma das maiores preocupações que atravessam toda a tradição anglo-americana de James, Whitehed, Dewey e de todo o pensamento processual foi a de alargar a noção de experiência para dar lugar não apenas à experiência sensível, mas ao estado de alma, ao sentimento, à emoção. Ou, então, como segundo exemplo, considere-se, esta vez na Europa, a importante passagem, na fenomenologia ocidental, do trabalho inicial de Husserl, que tentava uma fenomenologia "puramente científica", na ruptura operada por Heidegger e Scheler, e ainda mais, em nossos dias, da assim chamada "nova fenomenologia", cuja atenção se concentra sobre fenômenos peculiares chamados fenômenos saturados como o "dom".

Quanto à moderna separação de teoria e prática, é difícil encontrar hoje uma forma de teologia que não tente superá-la. Certamente, fazem parte dessa nova tradição as grandes tentativas de reunir teologia e espiritualidade. Assim como dela fazem parte também as várias tentativas realizadas pelas teologias da libertação, política, feminista, *womanist* e *mujerista* — "mulherista", em referência às mulheres afro-americanas e latino-americanas — de colocar em relação as teorias com as práticas explícitas de um povo particular ou de uma comunidade particular. Esses últimos são, com efeito, os exemplos de maior realce da tentativa de sanar a separação moderna de prática e teoria em teologia.

Pelo que consigo ver, até em tempos recentíssimos a terceira separação da modernidade, aquela entre formas e conteúdos, recebeu, ao contrário, muito menos atenção da parte tanto dos filósofos como dos teólogos. Para dizer a verdade, à questão das formas que deve assumir a teologia, dois autores surpreendentemente complementares entre si como Karl Barth e

Hans Urs von Balthasar dedicaram uma atenção significativa. Eles conceberam a forma não como uma adição estética extrínseca, mas como aquilo que exprime o conteúdo, de modo que a procura da justa forma teológica é, ao mesmo tempo, a procura do justo conteúdo teológico. No caso de Barth, esse interesse é onipresente, embora, em grande parte, implícito, como sustentou Hans Frei em seus maravilhosos estudos sobre mudança de forma em Barth. Da forma inicial expressionista alemã, na verdade fragmentária, do comentário à carta aos Romanos, passando pela obra sobre Anselmo, na qual compara uma forma realista mais doutrinal, em Barth levou vantagem, enfim, com a elaboração da *Dogmática eclesial*, uma forma narrativa realista de caráter histórico. Era o próprio Barth a reservar grandíssima atenção ao tipo de forma tornada necessária pelo conteúdo. O interesse pela forma mais apropriada ao conteúdo teológico aparece ainda mais surpreendente na grande trilogia do amigo teólogo católico de Barth, Hans Urs von Balthasar, desde o primeiro volume, *A percepção da forma* [trad. it., in *Gloria. Una estetica teologica*, Jaca Book, Milano 1976], aos estudos das formas individuais das teologias, da poesia e da filosofia do passado, assim como nas extraordinárias leituras de Dante, Dionísio e Boaventura, e de todos aqueles por cujas formas von Balthasar nutria uma apreciação particular em virtude de sua capacidade de revelar a harmonia da bondade e da beleza de Deus. Na segunda série dos volumes da trilogia, von Balthasar se volta, pois, para tentar compreender a teologia, à forma do drama e da liturgia, profundamente influenciado, creio, pelo trabalho de pesquisa por ele conduzido sobre a tradição oriental, sobretudo, sobre Gregório de Nissa e Dionísio Areopagita.

De Barth e von Balthasar podemos aprender muitas coisas sobre o uso da forma para o conteúdo teológico mesmo que não sejamos (como não o é quem escreve) nem barthianos nem balthasarianos. Sobre a categoria da forma do fragmento, esses dois grandes teólogos não dão, contudo, nenhuma ajuda significativa. Barth é de enorme ajuda para todo aquele que esteja interessado na forma do fragmento em sua obra juvenil, sobretudo no comentário à carta aos Romanos, como também é de grande ajuda para todo aquele que esteja interessado em saber como é possível reunir teologicamente os fragmentos numa sistemática, em virtude de seu voltar-se para a forma da narrativa na *Dogmática eclesial*. Mas sua obra madura se preocupa, sobretudo, em reunir os fragmentos e é caracterizada por um estranho silêncio sobre a forma fragmentária inicial que o próprio Barth usou por primeiro em teologia no comentário à carta aos Romanos. Balthasar, além disso, não é nem mesmo ele de particular ajuda pelo que diz respeito à forma do fragmento. Pelo que consigo ver, ele formulou, constantemente, um juízo fundamentalmente negativo sobre a forma do fragmentário. Leia-se, por exemplo, o trabalho juvenil sobre o caráter apocalíptico do pensamento e da literatura alemã moderna em sua primeira grande obra, *Apokalypse der deutschen Seele* [Apocalipse da alma alemã]. Recorde-se, além disso, a insistência que atravessa toda a sua teologia sobre a necessidade das formas clássicas harmonizadoras: não formas fragmentárias, mas as formas clássicas dos gregos, da patrística e dos autores medievais — as formas da harmonia, da ordem e da beleza, que ele julgava terem os teólogos e os filósofos modernos, em grande parte, abandonado e que apenas certos poetas, como Hopkins, Péguy ou Claudel, tivessem continuado na época moderna.

Contam-se, hoje, pouquíssimos defensores da concepção romântica do fragmento. A maior parte dos pensadores contemporâneos compartilha, obviamente, a desconfiança romântica no sistema-totalidade iluminístico moderno e naquela que se tornou conhecida como a ontoteologia a ele ligada. No entanto, os teóricos contemporâneos não compartilham (contrariamente a muitos teólogos) a grande esperança romântica na forma do símbolo enquanto distinto do sinal. O símbolo foi, ao fim das contas, uma inovação romântica primeiramente em Kant (um dos poucos momentos românticos do filósofo), depois em Schelling e na maior parte dos Românticos sucessivos. A forma do símbolo constituiu uma inspiração para muitos grandes teólogos modernos, por exemplo, para Paul Tillich e Karl Rahner. No entanto, as representações simbólicas de uma nova totalidade tornam-se muito facilmente um novo sistema-totalidade romântico. É esse o principal problema existente em depender só da forma do símbolo, por maior que ela indubitavelmente seja.

Diversamente da categoria de infinito, qualquer totalidade exige um fechamento. Em todo sistema-totalidade encontramos, enfim, uma redução de cada coisa a "mais do mesmo", e por isso uma exclusão de tudo aquilo que é autenticamente outro e diferente. Para a maior parte dos defensores contemporâneos do fragmento a escolha que se põe não é, na realidade, entre um sistema-totalidade da modernidade iluminística e um romântico. Na categoria do "fragmento" não há, desculpe-nos Derrida, alguma conexão necessária com a nostalgia romântica de uma unidade perdida. Parte daquilo que os Românticos entendiam fazer utilizando a forma do fragmento era, obviamente, romper a totalidade do Iluminismo e ver o infinito através dessas centelhas fragmentárias, dessas intuições, desses momentos de consciência: ver aquilo que não podia fechar. Ao denominar Deus, eles eram, em grande parte, panenteístas ou panteístas: pense-se em Wordsworth, Emerson, Dickinson, em quase toda a tradição romântica de língua inglesa. Mas os Românticos, não obstante seus defeitos, foram os primeiros a tentar elaborar uma categoria como a do fragmento e, portanto, do Impossível. Eles viram, claramente, que uma vez que o pensamento moderno tenha formulado as regras daquilo que é possível segundo a própria racionalidade, "o Impossível" torna-se uma categoria puramente negativa. Os Românticos, os modernistas literários e, teologicamente, Sören Kierkegaard, foram os primeiros pensadores que usaram explicitamente a categoria do Impossível para combater o sistema-totalidade da modernidade.

Um fenômeno-chave que estimulou novos estudos através das várias disciplinas foi a religião. Ela aparece como uma candidata totalmente natural para a função daquilo que os modernos consideravam, em sentido negativo, Impossível. Parece claro que é hora de reabrir o debate sobre religião e modernidade. Como afirmam vários filósofos contemporâneos, sobretudo na Europa, pode bem ocorrer que a religião seja o fenômeno não-redutivo e, para usar a expressão deles, "saturado" por excelência. Mas, antes que se possa estabelecer uma semelhante tese filosófica, pode resultar necessário limpar o campo de qualquer outro entulho cultural. A religião tem sido habitualmente "o inassimilável", enquanto distinta do outro derrotado, ou mais freqüentemente colonizado, pela modernidade iluminista. O Iluminística teve de relegar à margem qualquer forma saturada do fenômeno religioso. A religião não correspondia àquilo que era admitido como racional e, portanto, como possível, para as mentes racionais modernas.

Na cultura ocidental outros desenvolvimentos combateram a marginalidade da religião. Pense-se na descoberta romântica dos símbolos, fragmentos, rituais arcaicos, assim como na recuperação da religião realizada sempre sobre as bases românticas por Schleiermacher nos *Discursos* (trad. it., *Sulla religione. Discorsi a quegli intellettuali che la disprezzano*, Queriniana, Brescia 1989]. Ou, então, pense-se, no século dezenove, no interesse ocidental pelas formas excessivas do hinduísmo pelo sagrado, como também no interesse, no século vinte, pela insistência budista sobre a informidade. Recorde-se como a pesquisa de Scholem sobre as tradições místicas cabalísticas do judaísmo tinha dissolvido a pretensão de dominar uma herança tão rica e complexa como a judaica reduzindo-a a um monoteísmo ético moderno. Para muitos pensadores hebreus modernos (por exemplo para H. Cohen), as tradições cabalísticas, místicas e chassídicas eram, no melhor dos casos, realidades marginais fontes de um leve embaraço. Estou convencido, de fato, que foi, com a grande exceção de Kierkegaard, o pensamento judaico, com Rosenzweig, o primeiro que realiza o rompimento teologicamente decisivo para conquistar a noção de fragmento.

Todos esses fenômenos religiosos saturados são claramente outra coisa, enquanto distintos da noção iluminística de uma religião natural racional, referentes à pergunta de fechamento intelectual naquilo que a racionalidade moderna admite como racional. Por que de outro modo dar-se-ia na modernidade aquela que, a partir do deísmo do fim do século dezessete, aparece-nos agora como uma bizarra parada de "ismos" para denominar Deus? Os modernos "ismos" — deísmo, teísmo, ateísmo, panteísmo e (o melhor da lista) panenteísmo — parecem ter pouco a ver com a tentativa de compreender Deus como fenômeno religioso, e menos ainda à religião como fenômeno saturado que revela o Impossível. Em toda reflexão moderna sobre Deus, esses "ismos" tinham a finalidade de manter sob controle a discussão sobre o Outro religioso último. Mas a questão de Deus pode, na verdade, ser mantida sob controle, como questão religiosa e teológica, de clarificações modernas tão acanhadas como são as que ficaram disponíveis pelas invenções modernas para denominar Deus — do deísmo, a primeira, através do panteísmo e suas formas modernas, o ateísmo e o teísmo modernos, até aquele que, não obstante tudo, continuo a considerar o melhor resultado do pensamento religioso ocidental moderno, o panenteísmo de Bruno a Hegel até Whitehead e ao pensamento processual?

Antes ainda que as categorias do outro e do diferente se tornassem para muitos categorias filosóficas, culturais, éticas e religiosas de relevância crucial, alguns pensadores ocidentais contemporâneos perceberam a tentação do Ocidente de reduzir toda a realidade àquilo que Foucault chamou com uma bela expressão "mais do mesmo" ou, no melhor dos casos, ao "semelhante", que, na realidade, parecia fazer as funções de sinônimo da mesma coisa até muito freqüente. Percebendo por primeiros essa tentação totalizante do pensamento moderno, os Românticos alemães, sobretudo Schlegel e Novalis, preferiram os fragmentos metafóricos a toda forma da totalidade. Eles interpretaram a religião e Deus mediante os símbolos mais intensos e as formas do mito melhor que através de um enésimo "ismo".

Depois desse andar às apalpadelas romântico à procura dos "fragmentos" que ajudassem a alentar a prisão do sistema iluminístico vieram os dois descobridores máximos do fato que o sonho secreto da modernidade é o *lógos* de seu próprio segredo, a ontoteologia: Nietzsche e Kierkegaard. Há alguém, ainda hoje, que esteja em condição de desmascarar melhor que Kierkegaard o impulso bizarro para a totalidade de quase todos os sistemas modernos racionalistas, idealistas, compreendido aí o cristianismo tornado cristandade? Aquilo que ele mostrou é que a cristandade, não o cristianismo, é um triunfalismo tentado, um sistema-totalidade triunfante que não podia e não pode sobreviver a qualquer experimento de vida cristã autêntica. A filosofia deve repudiar suas pretensões modernas de chegar a uma compreensão total da vida, do indivíduo, da arte e da religião e reaprender a pensar a partir das novas formas do pensamento dialético inventadas por Kierkegaard em duas de suas obras maiores: as obras de Johannes Climacus intituladas *Migalhas de filosofia e Apostila conclusiva não científica* [trad. it., em Opere II, Piemme, Casale M. 1995, 7s. e 123s.]. Que nos deixou Kierkegaard? Fragmentos e apostilas não conclusivas. Uns e outras são ótimas formas para colocar em questão o hegelianismo, o sistema-totalidade que reinava sobre a cultura no tempo de Kierkegaard. Como afirmam agora diversos pensadores pós-modernos, os fragmentos de Kierkegaard não reduziram a pedaços somente o hegelianismo com suas tentações de totalidade, mas qualquer sistema da modernidade, compreendido qualquer sistema de totalidade teológico cristão. É Kierkegaard que por primeiro começa a usar, em muitos de seus trabalhos, a categoria do "Impossível". Através de Johannes de Silentio ele se esforçou para conseguir não o atual, não o possível, mas o Impossível. Em quase toda a sua obra, seja sobre a religiosidade "A" seja sobre a religiosidade "B" (a religião cristã), ele tentou mostrar como se pode exprimir aquilo que de outro modo seria considerado Impossível.

Kierkegaard está disposto a fazer de tudo para romper o gelo acumulado daquilo que considera o poder que a modernidade exerce sobre todo o nosso pensamento, ou a cristandade sobre os cristãos. Por exemplo, ele escreve sob pseudônimo. Não existe Kierkegaard, existem somente Johannes Climacus, o assessor Guglielmo, Johannes de Silentio, o Sedutor, Dom Giovanni, e outros. Kierkegaard plasma um discurso novo e indireto para o sagrado com o fim de destruir qualquer pretensão de adequação do discurso direto na versão idealista da totalidade. Ele tenta inventar formas sempre novas para exprimir esse conteúdo. Inventará a forma do diário para o Sedutor. Evocará Mozart para mostrar a forma de vida de alguém que vive somente possibilidades, isto é, que não pode jamais atualizar nenhuma: Dom Giovanni. Inventará o assessor Guglielmo (com o qual entendia, ao menos em parte, Kant) para mostrar como o dever atualiza uma possibilidade sobretudo mediante o matrimônio. Mas o que resta, então, desse rompimento numa forma para o Impossível, na graça? Kierkegaard tenta todas as formas — o diário, a música, Dom Giovanni, os exercícios, os diálogos, os discursos edificantes, as narrativas — exceto aquelas que eram para ele as formas para tornar presente o Impossível — a pregação e o sacramento — pois que julga não ter mais o direito de pregar. Além disso, ele tenta qualquer coisa fora do sistema. A célebre denúncia kierkegaardiana dos sistemas hegelianos vale para todos os sistemas racionais modernos. Se somente Hegel tivesse escrito as palavras "experimento mental" no início de todos os seus livros, então ele, Kierkegaard, seria o primeiro a dizer: "Hegel é o maior de todos os filósofos modernos". Mas, naturalmente, Hegel não o fez, nem teria podido fazê-lo sem que o sistema se reduzisse em fragmentos. Kierkegaard não tinha a vocação do pregador. Desprezava qualquer esforço tendente a um sistema-totalidade. Inventou, por isso, uma forma depois da outra para tornar presente aquele único conteúdo do qual a modernidade negava a realidade: a graça Impossível, Cristo, Deus.

O clone, paradoxalmente anticristão, de Kierkegaard, Nietzsche, desenvolve o mesmo papel de fragmentação seja para a cristandade seja para a modernidade iluminística, mas agora com um martelo. Quando o martelo de Nietzsche se torna um instrumento afiado contra o cristianismo como contra a modernidade burguesa, ele também, como Kierkegaard, experimenta qualquer forma, qualquer gênero, qualquer estratégia intelectual na tentativa de evadir-se de todo sistema-totalidade. Ele plasmou um estilo depois do outro, justamente como Kierkegaard plasmou um gênero depois do outro. Dos primeiros ensaios ao gênero quase evangélico do *Assim falou Zaratustra*, da análise genealógica mediante o empilhamento de aforismos sobre aforismos à justaposição de fragmento a fragmento, Nietzsche realizou aquilo que me parece uma tentativa sempre mais desesperada de recuperar (como ex-professor de retórica antiga) não somente a retórica controlada dos *Tópicos* de Aristóteles, mas aquela fora de controle dos tropos, sobretudo o tropo da ironia que desborda com alegria sobre a margem extrema daquilo que ele via como o Abismo ou o Vazio aberto com o colapso dos sistemas-totalidade. Nietzsche não é uno: é claramente anticristão e, ao mesmo tempo, é, claramente, interessado e fascinado pelo fenômeno saturante alterizante da religião. Minha opinião é que ele foi um pensador profundamente religioso, certamente muito anticristão demais, de um modo muito cristão, luterano. Como ele mesmo disse, a filosofia alemã nasce na casa paroquial luterana. Mas deveria ter incluído nela também a própria. Ele foi, com efeito, muito mais criativo, em descobrir formas para a religião e sua qualidade de saturação, que muitos defensores oficiais da religião, como na famosa tirada contra a teologia cristã liberal de Strauss. A religião, como Nietzsche, encontrava-se num lugar totalmente diverso e era alguma coisa completamente diferente de tudo aquilo que alguém como Strauss podia apenas imaginar. A religião, como fenômeno que exigia um outro tipo de atenção. O conteúdo religioso tinha necessidade de um tipo de forma diferente daquele que teólogos liberais como Strauss estavam em condições de conceber.

   A teologia cristã, informada por suas necessidades características e por suas peculiares formas fragmentárias clássicas, sobretudo por formas fragmentantes altamente sugestivas da apocalíptica e do apofatismo, pode receber hoje uma grande ajuda do trabalho realizado sobre os fragmentos não somente por Kierkegaard e por Nietzsche, mas também pelo grande pensador hebreu Franz Rosenzweig. *La stella della redenzione* [trad. it., Marietti, Casale M., 1985] de Rosenzweig é a primeira obra explicitamente teológica que elabora (mediante as categorias teológicas de criação, revelação e redenção) uma estratégia para reduzir em fragmentos qualquer círculo, qualquer sistema-totalidade filosófico de Deus, mundo e humanidade. Enquanto indicada, a "estrela" tem, obviamente, o objetivo de romper qualquer círculo. Além do mais, o primeiro trabalho de Rosenzweig teve como argumento o sistema-totalidade hegeliano para a política. A razão pela qual tantos de nós, hoje, estão lendo Rosenzweig é que ele foi o primeiro pensador teológico religioso moderno que tentou encontrar uma forma, em seu caso a Estrela de Davi, capaz de reduzir em fragmentos e de romper qualquer sistema-totalidade. Pense-se, por exemplo, na influência exercida por ele sobre Emmanuel Lévinas, de cujas obras a primeira fase, compreendendo *Totalidade e Infinito* [trad. it., *Totalità e infinito* Jaca Book, Milano, 1980], é ainda uma das melhores defesas filosóficas da categoria do "Impossível". Ou recorde-se da influência tida sobre Walter Benjamin, cujo pensamento todo, da dissertação doutoral sobre os Românticos alemães até a última, fragmentária *Teses de filosofia da história* [trad. it., in *Angelus Novus, Saggi e frammenti*, Einaudi, Torino, 1995], pode ser lido, em seu complexo, como a tentativa de uma vida inteira para elaborar uma teoria do fragmento, com intentos políticos e literários, filosóficos e teológicos.

Aqui posso apenas esboçar aquilo que poderia ser uma teoria teológica dos fragmentos. Essa teoria, sustentei em outro lugar, foi elaborada pela primeira vez nos Estados Unidos mediante a importante passagem da teologia afro-americana para categorias européias holísticas e, às vezes, é necessário admiti-lo, totalizantes, na categoria "fragmentos", explosiva nos *spiritual*, no *blues* e nas narrativas dos escravos afro-americanos. São testemunhos disso a evolução e a mudança ocorridas na teologia de James Cone e a mudança ulterior trazida pelo apelo às histórias populares, às histórias fragmentárias, nas teologias *womanist* — feministas afro-americanas. Para voltar, porém, a uma teoria teológica geral do fragmento: os cristãos devem reinterpretar, em primeiro lugar em termos antropológicos, textos como *Lamentações, Jó*, o espantoso e apocalíptico *evangelho de Marcos*, Paulo e o *Apocalipse*. Assim fazendo, tiraremos proveito desses textos fragmentários dos recursos potencialmente pré-agostinianos para a reflexão cristã sobre a humanidade. Essa reflexão poderia, por sua vez, consentir aos teólogos cristãos não somente rejudaizar o pensamento cristão — empresa segundo minha opinião absolutamente necessária — mas, ao mesmo tempo, re-helenizá-lo, de acordo com linhas semelhantes àquelas que viu Simone Weil quando tentou aprofundar a clássica relação grega de tragédia e filosofia para seu pensamento cristão.

Essa história de formas para denominar Deus deve fazer-se originar-se da metáfora e da analogia cristã "Deus é amor" (*1Jo* 4,16), que aparece pela primeira vez em forma de carta sobre o primeiro evangelho meditativo sobre os evangelhos. Uma quantidade considerável de teologia cristã sobre o denominar Deus (sobretudo as denominações trinitárias, que sustento firmemente) da *1 João* em diante é, de fato, uma reflexão sobre a metáfora joanéia "Deus é amor". Diversas denominações de Deus, patrísticas e medievais, são, na realidade, uma tentativa de entender a inteligência e o amor como os principais indícios para denominar Deus. No século vinte, William Temple é o teólogo que usa a metáfora do amor na tentativa de denominar toda a realidade denominando Deus como Amor. O pensamento do processo apresenta com razão uma de suas principais pretensões hermenêuticas enquanto está em condições de oferecer as categorias, os conceitos de segunda ordem, que podem tornar coerente a afirmação cristã "Deus é amor" porque Deus, e só Deus, ao mesmo tempo age sobre toda a realidade, como diriam os monoteístas, e é agido por toda a realidade, como diriam os modernos panenteístas. E, ao mesmo tempo, porque os primeiros teólogos cristãos ignoraram a tradição trágica dos gregos, que pareceria tão natural para ler o *evangelho de Marcos* ou, até, como viu tão claramente Simone Weil, o lamento de Jesus sobre a cruz em Marcos e Mateus: "Meu Deus, meu Deus, por que me abandonastes?"

Aquilo que Nietzsche chamou o otimismo da razão dos gregos em virtude da filosofia foi alguma coisa de epocal. Desse otimismo, de fato, vivemos ainda. Mas por que os cristãos que liam Paulo e Marcos ignoravam as tragédias? Por que foi ignorada a parte trágica de Platão, o mesmo Platão, enfim, o *Timeu*, do momento que ele teve um papel tão crucial para a evolução da teologia cristã? E por que a denominação cristã de Deus teve tão pouca atenção para a tradição hebraica da lamentação para com Deus, por aquela que no *livro de Jó*, ou em *Lamentações*, é até raiva contra Deus? Em realidade, se nos limitarmos a fazer continuar a história com a pergunta (confrontada pelo pensamento patrístico e medieval) se o principal indício para denominar Deus é a inteligência ou o amor, não é possível entender a metáfora "Deus é amor". Não. "Deus é amor" é metáfora que deve ser lida também às avessas, recolocando-a na narrativa da paixão. Isso significa, entre outras coisas, que devemos ampliar o tratamento dos gregos em termos não apenas de filosofia, mas também das tragédias, e desse modo alargar a leitura cristã da Bíblia hebraica, que se tornou o Primeiro ou Antigo Testamento, aquelas tradições bíblicas que para os cristãos foram demasiadamente marginais. É digno de nota que *Lamentações*, como foi observado pelos estudiosos, desempenhe um papel tão central na liturgia hebraica e tão marginal na cristã. São indícios, estes, do fato de que alguma coisa andou errado na denominação cristã de Deus, alguma coisa que se encontra no próprio coração da tentativa de denominar Deus. Do ponto de vista antropológico, por exemplo, com as formas da tragédia e do lamento poderemos libertar-nos daquele aspecto da herança agostiniana que parece atribuir inevitavelmente à humanidade a culpa de todo sofrimento e de todo mal. Eu amo Agostinho e o ensino continuamente, mas para mim sobre tais questões ele teve uma influência perniciosíssima sobre o cristianismo ocidental. A tradição do lamento parece desaparecida. A versão trágica dos gregos é ignorada ou, então, denunciada pela ênfase que põe sobre o destino. Parece, pois, permanecer apenas Agostinho com seu dilema excessivamente influente. O mal ou é causado por Deus ou é causado por nós. Não pode ser causado por Deus. Contudo, em meu entender, na própria Bíblia encontram-se fontes que aparecem mais complexas que o *impasse* ao qual chega Agostinho. Daqui a tentativa de colocar em conversação a apocalíptica e a lamentação e o Deus escondido da história com uma nova antropologia pós-agostiniana.

Um segundo passo para frente nos fragmentos teológicos: não antropologia, mas cristologia. Os pensadores cristãos poderiam aprender a tomar muito mais seriamente o filão radicalmente apocalíptico de Marcos, Paulo e do *Apocalipse*, em relação a nossa necessidade de recuperar uma leitura não fundamentalística da apocalíptica, e com isso o símbolo central da Segunda Vinda. Essa forma simbólica exprime o sempre mais profundo *não ainda* do pensamento cristão. O ter entregue, de fato, a apocalíptica como símbolo da Segunda Vinda aos fundamentalistas que, interpretando-a literalmente, a tornam inútil (e não fragmentante) foi um grave erro por parte do principal setor dos cristãos, especialmente progressistas. A Segunda Vinda é, na realidade, um símbolo não menos central, para compreender Cristo, da encarnação, da cruz ou da ressurreição. Mas, no filão principal da teologia cristã, onde está? A apocalíptica atravessa, no fim das contas, todo o Novo Testamento, cujo primeiro documento se crê seja Tessalonicenses, que é um texto apocalíptico. O primeiro evangelho é Marcos, também ele apocalíptico. O último escrito é o Apocalipse. No Novo Testamento, a apocalíptica está por toda parte. Mas, em nossa teologia, onde está? Isso faz pensar que, para conservar em toda a sua plenitude a dialética entre o já e o não ainda da redenção, os teólogos cristãos devem procurar conservar viva a tensão intrinsecamente fragmentante presente nos grandes símbolos cristológicos — encarnação, cruz, ressurreição — aumentando-a (como faz o Novo Testamento) com um mais explícito acréscimo do quarto grande símbolo cristológico da Segunda Vinda. Encarnação, cruz, ressurreição, segunda vinda são os símbolos cristãos centrais para compreender quem é Cristo e, portanto, para os cristãos, quem é Deus e como deva ser denominado, e quem poderemos nos tornar. A teologia cristã é descrita mais exatamente como teo-cêntrica e cristo-mórfica, e não como cristo-cêntrica. É a *forma* de Cristo que permite denominar cristicamente Deus, a humanidade, o cosmo.

E se a forma cristologizada for reduzida só à encarnação ou só à ressurreição ou só à cruz ou só à Segunda Vinda, sem toda a complexidade dos símbolos fragmentários e revelativos, pode ser que estejamos nos privando da plena denominação cristã de Deus. Uma visão teocêntrica plenamente cristã, uma denominação cristã de Deus, poderia, portanto, ser melhor realizada recuperando e desenvolvendo as implicações teológicas teocêntricas das duas grandes formas fragmentantes tanto do judaísmo como do cristianismo: a apocalíptica e a apofática. Por meio desses instrumentos, os pensadores cristãos refletiriam de maneira renovada, denominando Deus como escondido na tradição da profecia e da apocalíptica, como em Lutero, Calvino e Pascal. Devemos acrescentar também a segunda grande linguagem fragmentária, Deus como o Incompreensível, que alcança sua máxima expressão nas tradições apofáticas e místicas que vão do cristianismo primitivo aos nossos dias. Isso exigirá, além disso, uma reelaboração teológica da relação entre o denominar Deus como Escondido e o denominá-lo como Incompreensível, mais que uma mera justaposição dos dois atos.

Esse apelo aos fragmentos, e sobretudo ao poder fragmentante da forma apocalíptica e da apofática enquanto linguagens fragmentantes clássicas do cristianismo, poderia pois encorajar uma nova reflexão sobre a centralidade, para os cristãos, da denominação trinitária de Deus. Isso, pelo menos, é aquilo que aconteceria se os teólogos prestassem maior atenção nas tentativas não totalizantes de reunir os fragmentos. Afinal de contas, a tentativa da "reunião" é na origem uma metáfora litúrgica e bíblica, que se encontra nas grandes organizações dos fragmentos na liturgia, na narrativa, na doutrina e no credo bíblico e em sua denominação comum de Deus em termos trinitários, assim como nas tentativas de teologia sistemática não totalizantes encontráveis em modelos clássicos não "excludentes" como as *Sentenças*, a *Suma*, a *Instituição* ou a *Glaubenslehre* [trad. it., *La doutrina della fede*, Paideia, Brescia 1981] de Schleiermacher, ou ainda a maior parte das tentativas modernas de sistemática. Sou levado a crer que a tradição ortodoxa oriental, com sua tentativa contínua de colocar em relação apofatismo e Trindade, possa indicar um caminho prometente para toda a teologia cristã. Mas aquilo de que a teoria ortodoxa oriental parece, por sua vez, carente é encontrável na tradição ocidental na forma de uma necessidade urgente de referir a tradição do Deus Escondido, que no Ocidente emerge explosivamente com Lutero, à tradição trinitária. As direções que poderiam ser tomadas por uma teologia sistemática cristã que iniciasse com a categoria do fragmento não deveriam, necessariamente, concluir-se com os próprios fragmentos, mas deveriam concluir-se com sua reunião. Note-se bem, porém: dever-se-ia se iniciar dos fragmentos, julgando que vale a pena dedicar um pouco de tempo para repensar no contexto renovado oferecido por essas duas grandes linguagens da nossa tradição em que vive o "fragmento" em seu pleno sentido cristão": a grande tradição apocalíptica e a grande tradição apofática mística para denominar Deus como Escondido e Incompreensível.

II. A apocalíptica e o Deus escondido

O pensamento apocalíptico cristão, com seus dualismos, seu sentido de um fim e, freqüentemente, sua violência, pode aparecer certamente um candidato improvável para uma empresa teológica contemporânea. Melhor falar — parece pensar a maior parte dos teólogos — de escatologia. Melhor esperar com a esperança da linguagem profética não apocalíptica, vendo nela a linguagem fragmentante da qual temos necessidade. Com efeito, temos constantemente necessidade de linguagem profética. Essa é, de fato, a argumentação racional que a maior parte dos teólogos cristãos, mesmo daqueles orientados escatologicamente, tende a avançar. Há algo de verdadeiro nessa desconfiança da teologia cristã moderna em relação à linguagem apocalíptica. Trata-se, penso, disto: a linguagem apocalíptica, fonte de uma fortíssima fragmentação da continuidade da história, se não fragmenta até no fundo também a si mesma, por exemplo através de uma leitura não literal, como havia já reclamado Agostinho na *Cidade de Deus* e como reclamaram, seguindo-o, teólogos como Bultmann, Reinhold Niebuhr e Karl Rahner, resulta totalizante e letal. Se a apocalíptica não fragmenta também a si mesma, tudo poderia ser perdido. Tudo o que permanecesse seria, de fato, uma forma fragmentária que tenta evitar o vazio no terror da história assim como esta é experimentada pelos povos oprimidos e marginalizados limitando-se a entender literalmente o momento do fim e a separar dualisticamente, até violentamente, toda a realidade em nome de um sentido excessivamente certo da injustiça enrijecida num sentido de auto-justificação hipócrita, definitivamente fundamentalista, da comunidade.

Pode, de fato, acontecer que Ernst Käsemann tenha exagerado, como diriam hoje muitos estudiosos do Novo Testamento, nos detalhes. Mas em linha de princípio, com sua célebre afirmação que "a apocalíptica é a mãe de toda a teologia cristã", captou alguma coisa de estimulante e de importante para a memória de todos os teólogos. É impossível, pelo que posso entender, compreender o Novo Testamento, e portanto o cristianismo, sem apocalíptica — não apenas no sentido óbvio dos importantes textos apocalípticos da *carta aos Tessalonicenses* de Paulo, de *Mateus* 24, da quase totalidade de Marcos e, sobretudo, do poder *fascinans et tremendum* do *Apocalipse*.

O Novo Testamento não tem simplesmente início, do ponto de vista cronológico e em termos de evangelhos, com o estranho *evangelho* apocalíptico *de Marcos*. Ele não tem um fim triunfalista, nem mesmo depois da ressurreição, mas se conclui com a invocação, triste e perturbada, do "vem, Senhor Jesus, vem". Toda a Bíblia cristã se conclui com essa invocação. O Novo Testamento, como bem vê Derrida, não pode ser compreendido adequadamente sem o tom apocalíptico do "Vem". É preciso ter sempre presente, com os grandes exegetas histórico-críticos de nosso tempo, o contexto histórico e a ocasião social desses textos neotestamentários, a importância da queda de Jerusalém como tragédia e como tragédia apocalíptica, não somente para os hebreus mas para os judeus-cristãos e para todos os quatro evangelhos, compreendido, provavelmente, o de Marco. Não devemos esquecer jamais a importância da missão histórica aos gentios e todos os outros importantes eventos históricos que influenciam os textos que hoje lemos. Mas, sobretudo, devemos ter uma grande sensibilidade — e essa freqüentemente falta — pelo acontecimento que não teve lugar — o evento da Segunda Vinda deste Jesus Cristo, do Filho do Homem — e pelo que esse não-acontecimento pode significar para uma leitura do próprio Novo Testamento.

Sem o símbolo da Segunda Vinda, sem a apocalíptica, o cristianismo corre o risco de assumir a forma de uma religião que perdeu um sentido profundo do não ainda, e portanto um sentido profundo do próprio Deus escondido na história. Liberta do literalismo, a apocalíptica deveria pois reduzir em fragmentos qualquer triunfalismo, todo sentido que a história seja uma pura continuidade que se conclui com nós mesmos, os vencedores. A apocalíptica ilumina as rupturas presentes nessa história, os fragmentos que a compõem, e a revelação do Deus escondido dentro dela. A apocalíptica, como o leitor talvez recordará, tornava inquieto Martinho Lutero que ficava nervoso especialmente com os anabatistas e com a revolta dos camponeses, e não se dispôs jamais a comentar o *Apocalipse* (sobre o qual nem mesmo Calvino escreveu um comentário). A inquietude dos Reformadores clássicos devia ser, deveras, grande. Lutero não é de nenhum modo um admirador do *Apocalipse*. No entanto, sua visão da história — não a de Calvino, mas a de Lutero — é apocalíptica. Com seu intenso sentido da apocalíptica, ele vê a história como uma série de rupturas e de conflitos cujo significado é que "ele vem como um ladrão na noite; poderia acontecer *agora*; o tempo poderia acabar justamente *agora*". Lutero tinha, de fato, um poderosíssimo sentido apocalíptico. Seu sentido da natureza (tempestades, medo, terrores) e da história é apocalíptico. Sua elaboração sobre o Deus escondido é, a meu ver, implicitamente apocalíptica.

De fato, a concepção do Deus escondido que pode reemergir hoje como uma das denominações de Deus do qual tem necessidade a nossa época pode ser recuperada evocando à mente uma das expressões clássicas daquela reflexão freqüentemente subterrânea que é constituída pelas considerações perturbadamente radicais de Martinho Lutero sobre Deus. É verdade, como me dizem os colegas medievalistas, que Lutero foi precedido, sobre o tema do Deus escondido, por outros autores, sobretudo por Matilde de Magdeburgo e também por um papa, Gregório Magno, com suas célebres visões-pesadelos de Deus. Li esses autores e os admiro. No entanto, eles não são Lutero, com sua concepção incrivelmente perturbadora do Deus escondido. Sobre o Deus escondido, não li nenhum autor cristão comparável a ele.

Na maior parte do tempo ele apresenta, com efeito, com grande coerência essa posição sobre o Deus escondido mediante a articulação de sua teologia da cruz. Naturalmente, o coração daquilo que Lutero colhe de Deus é que a revelação deste último tem lugar mediante o Deus escondido, isto é, que Deus revela a si mesmo aos seres humanos pecadores *sub contrariis*: vida mediante a morte, sabedoria mediante a loucura, força mediante a fraqueza. Um Deus escondido não é somente humilde, mas humilhado: *deus incarnatus, deus absconditus*. O Deus escondido é *deus crucifixus*: o Deus crucificado (Moltmann). Esse é o Deus implícito também em muita teologia política e da libertação e, a meu ver, na recuperação de um sentido apocalíptico da história como é encontrável em Lutero.

A extraordinária intuição teológica de Lutero sobre a revelação de Deus mediante a cruz escondida tem uma importância decisiva. Essa intuição é ainda hoje preciosa e seu valor foi demonstrado nas teologias existencialísticas da primeira parte do século passado, como, por exemplo, a do luterano Bultmann e a do luterano Tillich. A intuição do Deus escondido é ainda mais preciosa para captar as implicações estritamente teológicas da insistência da teologia política e da libertação sobre a dialética da revelação de Deus, não no indivíduo atribulado, alheado, alienado de Bultmann, mas no sofrimento dos povos oprimidos e marginalizados. A memória de seu sofrimento, o sofrimento de pessoas que, até, desapareceram, deve ser parte daquilo que recordamos.

O Deus crucificado permanece a intuição central para a denominação de Deus em Lutero. A intuição de Deus mediante o esconder do sofrimento, da negatividade, da cruz, pode ser hoje traduzida não somente nos brilhantes termos pessoais de Lutero, mas nos termos histórico-políticos encontráveis em muitas teologias políticas e da libertação. Contudo, há em Lutero uma Segunda concepção do Deus escondido que não é somente diferente mas que, em alguns momentos cruciais, pareceria até entrar em contradição com a própria profunda intuição cristológica e verbocêntrica do Deus escondido *sub contrariis* na cruz. As maiores afirmações de Lutero sobre o Deus escondido encontram-se não apenas no *Servo arbitrio* [trad. it., Claudiana, Torino 1993], mas nos comentários ao *Gênesis*, *Isaías* e *Salmos*. Não conheço outro cristão que tenha lido desse modo esses textos bíblicos. Sobre o Deus oculto é fascinante também Calvino: embora nas edições da *Instituição* [trad. it., UTET, Torino 1983], ele continue a mudar-lhe o lugar! E, se se compara aquilo que faz na *Instituição* com aquilo que faz nos *Sermões sobre Jó*, nestes últimos é possível discernir alguma coisa de não menos espantoso daquilo que é mais comum encontrar em Lutero. Este último, consinta-se-me notar, jamais escreveu um comentário sobre Jó. Para ele seria de fato, demais.

O dilema central para a autocompreensão cristã é que nesses comentários e no *Servo arbitrio* Lutero *fala*, de fato, de um segundo sentido do esconder. Nesse segundo sentido, ele se aventura até a falar de um esconder atrás ou, até, "além" da palavra. Como mínimo, esse sentido ambivalente, literalmente terrível do Deus escondido pode resultar tão esmagador de modo que ele seja experimentado, às vezes, como puramente assombroso e não tenro, às vezes, até, como uma realidade impessoal, um "ele" de poder e energia pura e simples significado captado das metáforas — metáfora *fragmentária* — como o abismo, o báratro, o *caos*, o horror. É esse o sentido do Deus radicalmente escondido que inspirou, creio, o grande fenomenólogo luterano Rudolf Otto uma brilhante descrição da religião e da realidade de Deus como numinosas e sagradas. É esse o sentido do Deus radicalmente escondido que se percebe no Paul Tillich mais dialético, aquele que invoca um "Deus além de Deus", assim como em artistas influenciados pela cultura luterana sueca como Ingmar Bergman, cujos primeiros filmes falam de ministros que perdem a fé, isto é, que passam, se poderia dizer, da cruz escondida ao sentido radical do Esconder para "além do Verbo".

O segundo sentido do Deus escondido que é possível encontrar em Lutero tornou-se para alguns de nós um sentido importante e por muito tempo ignorado por aqueles mesmos que falam tão bem e eloqüentemente da teologia da cruz de Lutero e do primeiro sentido do Deus escondido. Esse sentido mais profundo do esconder está presente também nas reflexões de Pascal sobre a imponência da natureza e da história: Pascal, no fim da primeira modernidade, quando quase todos continuavam a estar satisfeitos com o pensamento de Deus como Infinito quanto o fora Nicolau de

Cusa. Para o grande Nicolau, o infinito torna-se, de fato, uma poderosa denominação de Deus. Para Giordano Bruno, o infinito se torna um nome de Deus. Mas depois, no fim da primeira modernidade, Pascal, um semijansenista assim como um grande matemático e cientista, fala do "terror" do qual faz experiência diante do silêncio do espaço infinito. Qualquer traço do antigo sentido de nossa participação no cosmo é totalmente desaparecido, e em Pascal se conjugam as denominações de Deus como escondido e incompreensível.

O Deus escondido levado à expressão pela primeira vez em Lutero com a intensidade e a clareza teológica exigidas pela categoria é encontrável em ambos os sentidos por ele descritos; na palavra, na cruz, na e através da cruz; e para além da palavra. Esse Esconder permite uma renovada recuperação teológica da apocalíptica como forma fragmentante em nossa época. "Fazer com que Deus volte a ser Deus" é, de fato, fazer com que aquele filão terrível e numinoso de nossa herança cristã comum torne a ser ouvido com aquele gênero de clareza e coragem que Lutero encontrou em suas visões apocalípticas da história e da natureza, e em sua disponibilidade para se aventurar a falar do Deus escondido no sentido mais pleno. Esse sentido pode ser agora novamente ouvido por todos aqueles que redescobriram, não importa se segundo a modalidade secular ou religiosa, um modo apocalíptico, fragmentário para denominar Deus como Escondido.

III. Apofática e o Deus incompreensível

Alexander Golitzin, o estudioso ortodoxo, provavelmente tem razão quando sustenta que Dionísio era um monge siríaco do século VI profundamente envolvido nas disputas sobre o monotelismo e ainda mais nas reformas litúrgicas da época. De qualquer modo, von Balthasar afirma que, no Ocidente, Dionísio só vem depois de Agostinho em termos de influência sobre a teologia medieval. Dessa maneira aparece surpreendente o relativo silêncio que caiu sobre Dionísio, mesmo por parte daqueles que amam a teologia medieval, como os teólogos neotomistas do século XX. O próprio Tomás, aliás, escreveu um comentário sobre ele.

Há duas grandes razões históricas que explicam a queda da tradição dionisiana. Felizmente para nós, porém, Dionísio retornou com força. O primeiro ataque sobre o tema da denominação de Deus lhe vem de Tomás de Aquino, que mudou a principal denominação positiva ou catafática de Deus do "Bem" ao "Ser". Essa deslocação influenciou toda a teologia e a filosofia ocidental. A tradição ocidental jamais recuperou realmente, até a uma época recente, a denominação dionisiana de Deus como Bem, senão em poucas figuras como Nicolau de Cusa. O segundo ataque a Dionísio veio de Lutero, que fora originariamente muito positivo (poder-se-ia dizer no período "pré-luterano") no comentário aos *Salmos* em sua juventude. Contudo, não há aqui nem a necessidade nem a obrigação de efetuar uma escolha entre Dionísio e Lutero. Temos necessidade, ao contrário, de recuperar ambas as denominações fragmentantes de Deus tornadas possíveis por estas duas grandes formas fragmentantes, a apocalíptica e a mística apofática, e depois ver como poderiam se relacionar uma com a outra. Para não trair a complexidade de Lutero e Dionísio, posso aqui fornecer apenas algumas indicações a respeito.

A forma apocalíptica ligada às formas originantes do anúncio e da profecia é uma das duas grandes formas fragmentantes clássicas da tradição cristã. A outra é a apofática. Como a forma apocalíptica se concentra sobre o mal, sobre o sofrimento inocente e, portanto, sobre o tempo e a história e o não-fechamento desta última, assim também a forma apofática se concentra, ao menos segundo minha interpretação, sobre duas constantes da experiência, do pensamento e da linguagem humana. Como a apocalíptica, uma vez libertada do literalismo, reduz em fragmentos qualquer sistema-totalidade triunfalista pela compreensão da história e do tempo, e entrega a uma teologia da cruz, como viu muito bem Lutero, os fragmentos da memória do sofrimento de povos inteiros e a memória da paixão de Jesus Cristo, assim como a forma apofática reduz em fragmentos qualquer sistema-totalidade intelectual ou lingüístico. Lá onde a apocalíptica escancara o tempo e a história mediante sua reflexão sobre o sofrimento e o mal, a tradição apofática escancara a linguagem e o pensamento, o que explica o grande interesse demonstrado para com a teologia negativa por tantos pensadores pós-modernos de orientação desconstrutiva. A forma do fragmento aparece no apofatismo como na apocalíptica, mas operando diversamente.

Para ilustrar essa segunda forma de teologia cristã fragmentária, oferecerei como primeira coisa a leitura da clássica teologia mística apofática de Dionísio Areopagita. Nos termos da forma do fragmento, é claro que o apofatismo, precisamente enquanto tal, nega, desconstrói e reduz em fragmentos todas as denominações positivas ou catafáticas de Deus, mesmo as melhores. Dionísio, não obstante o que dizem aqueles que o criticam e apesar de Lutero, Harnack e muitos intérpretes contemporâneos de seus difíceis textos, tem claro quanto qualquer outro teólogo cristão que as denominações catafáticas que atribui a Deus são todas denominações encontráveis na revelação, mais exatamente na revelação bíblica. Dionísio foi muito freqüentemente liquidado por seus inimigos como se fosse um neoplatônico e não um cristão, coisa que julgo completamente equivocada. Do mesmo modo em que a forma fragmentante apocalíptica se funda sobre as formas precedentes do anúncio e da profecia, assim também a apofática tem seu fundamento nas formas de manifestação das tradições sapienciais da Bíblia. Exatamente como Barth, Dionísio não admitia nenhuma denominação catafática de Deus que não tivesse base bíblica, isto é, revelada: das imagens sensíveis, bíblicas de Deus como "rochedo", até às imagens intelectuais de orientação sapiencial que encontrou explicitamente presentes, ou pelo menos claramente implícitas, na revelação bíblica: sabedoria ou *sophía*, palavra ou *lógos*, ser, o uno e sobretudo o Bem, *tò agathón*. A diferença de Plotino e Proclo, para os quais a máxima denominação positiva ou catafática da realidade última é o Uno, em Dionísio — e aqui está a grande inovação no interior do próprio neoplatonismo — o Uno, embora sendo na verdade um nome apto para Deus, aparece somente por último no elenco dos nomes divinos positivos. O nome mais alto de Deus é o Bem, que, como insiste corretamente von Balthasar, é também uma expressão imediata do belo.

O bem, e portanto Deus como Bem, não pode não se dar gratuitamente como criação, redenção, bem, belo, amor. Na história da teologia e da filosofia ocidental não houve mudança maior na denominação de Deus do que a que teve lugar quando Tomás de Aquino leu *Êxodo* 3,14 na tradução latina do *Ego sum qui sum*, "Eu sou aquele que sou", e elaborou aquela, à qual Étienne Gilson deu o belo nome de metafísica tomista de *Êxodo* 3,14. Nela Tomás insistia que o nome principal de Deus não era, como para seu contemporâneo Boaventura e para todo o pensamento dionisiano antes dele, o Bem, mas Ser. A principal denominação catafática ou positiva de Deus era Ser, o único Ser cujo próprio ser é de ser. O único ser no qual não há distinção entre essência e existência, porque a própria essência de Deus é a de ser. Trata-se de uma brilhante intuição metafísica, mas teologicamente é uma intuição que muda tudo de lugar.

Não se tira nada à intuição metafísica de Tomás, e especialmente à releitura de Aristóteles mediante a qual o ato aristotélico se torna o *esse* tomista, se se lamenta a perda da denominação dionisiana de Deus como Bem para, praticamente, toda teologia e filosofia ocidental sucessivas. Tomás desferiu o primeiro golpe à tradição dionisiana, embora sendo por diversos aspectos dionisiano ele mesmo. Ele foi, com efeito, muito mais apofático do que admitiu o tomismo mais tardio. Se Tomás desferiu o primeiro golpe, Lutero desferrou o segundo. E para a tradição dionisiana esse segundo golpe se tornou uma espécie de golpe de graça dentro da tradição da Reforma e das teologias que a seguiram, assim como o de Tomás se tornou uma espécie de golpe de graça nas teologias católicas. No caso de Lutero, que todavia amara Dionísio inicialmente, a acusação era que denominar Deus como Bem era mais platônico que bíblico. Dionísio permaneceu, assim, até nossos dias, uma figura grande e controversa do cristianismo oriental.

Se ele tivesse detido na denominação catafática de Deus como bem, seríamos todos seus devedores. É conhecido porém — muitos dirão infelizmente, mas eu creio que se trate de uma sorte — que não se deteve ali. Insiste, ao contrário, sobre o fato de que todo nome catafático de Deus deve ser afirmado como revelado — isto é como autodenominação do próprio Deus na revelação bíblica — e não obstante negado, fragmentado pelas nossas mentes finitas, ou seja denunciado como sempre intrinsecamente inadequado para denominar o infinito in-nominável, Incompreensível Deus.

No pensamento de Dionísio, em sua teologia "mística", há pois uma segunda, uma dúplice negação. Os fragmentos dionisianos não se limitam a fragmentar, a negar, qualquer linguagem positiva referida a Deus, mas insistem, também, sobre o fato de que a linguagem deve ir além da linguagem da pregação e, até mesmo, além do melhor pensamento filosófico e teológico para obrigar o pensador, tornado adorador, a entrar na linguagem não da predicação, mas do louvor e da oração. Com Dionísio não vamos simplesmente além das costumeiras oposições binárias ocidentais entre as denominações positivas e negativas de Deus, mas chegamos (e é essa a razão pela qual os pós-modernos lêem todas as suas obras) a uma linguagem excessiva, isto é excessiva, de todas as denominações predicativas de Deus, tanto negativas quanto positivas, e deveras transgressora de qualquer experiência assim como é comumente considerada por nós. A experiência de Deus, que tem lugar mediante aquilo que Dionísio chama uma união mística, não é um conhecimento sobre Deus. Nós lhe balbuciamos o nome num estado que é o de uma experiência da qual não se pode fazer experiência na base dos critérios costumeiros, oscilando no louvor, no hino, na oração e na contemplação entre denominações positivas e negativas de Deus na linguagem sempre mais fragmentária da revelação ou manifestação que Dionísio considera fragmentariamente presente na união mística com o Deus Incompreensível.

No caso da apocalíptica, nossas teorias, sobretudo nossas teodicéias, são abertas e quebradas por uma linguagem fragmentária apocalíptica e pelas memórias de sofrimento que emergem dela. Estamos prontos para fugir, novamente, com Lutero junto à cruz de Jesus Cristo. No caso do apofatismo, nossas melhores denominações positivas e negativas de Deus são também elas quebradas em termos de pregação e podem ser referidas com Dionísio e as tradições litúrgicas e contemplativas a essa experiência unitiva de Deus como o Incompreensível, e mais ainda, Incompreensível Bem. Em ambos os casos, somos finalmente libertados do papel do atual, ou até do possível, para sermos deixados naquilo que Kierkegaard foi o primeiro a ver como o que é realmente denominado, ou seja o reino do Impossível. Pensadores como Lévinas, Marion, Derrida, Caputo, eu mesmo e muitos outros estão hoje tentando de modos diversos e até conflituais clarear o significado da categoria "o Impossível" como via de acesso à nova questão do Bem.

É possível afirmar ao mesmo tempo a denominação dionisiana de Deus como o incompreensível e o Deus radicalmente escondido de Lutero, sem ter, enfim, de operar uma escolha entre as duas opções ou simplesmente justapô-las uma à outra? Seguramente sim, se a teologia cristã deve demonstrar-se autenticamente ecumênica e começar, finalmente, a aprender, como julgo deva fazer hoje, todo teólogo cristão, de todas as nossas tradições: da ortodoxa, da católica e daquelas da Reforma. É possível afirmar ao mesmo tempo o Deus Incompreensível de Dionísio e o Deus Escondido de Lutero, mesmo que me angustie não poder mostrar aqui como eu mesmo tentei fazê-lo; mas, se consegui mesmo que apenas em parte realizar a intenção deste ensaio, outros teólogos, talvez, enfrentarão o mesmo problema.

Habitualmente, eles parecem escolher apenas uma dessas denominações. Mas alguns — penso em particular em Pascal, em Kierkegaard e, em nossa época, em Simone Weil — tentam escolher ambas. Weil tentou fazê-lo esforçando-se por repensar nossa herança grega em relação ao Novo Testamento, e portanto, a relação da tragédia e da filosofia com Platão. Kierkegaard tentou fazê-lo elaborando uma série de formas que pudessem romper todos os sistemas-totalidade, a fim de escancarar, precisamente com essa ruptura e por meio dela, aquilo que chama o reino do Impossível. Pascal tentou fazê-lo consentindo colher claramente como o incompreensível seja entrevisto inicialmente na mesma extremidade daquilo que ele chamava a ordem da inteligência, quando linguagem e pregação se tornam inadequadas. Pascal fala, até mesmo, da queda do pensamento na linguagem e, depois, num contexto eclesial e num contexto contemplativo, da possibilidade daquilo que chama a ordem da caridade, a ordem daquilo que hoje é chamado o Impossível.

As denominações apofáticas hodiernas denominam Deus como Incompreensível. Também a apocalíptica deseja denominar Deus nos termos do Impossível, mas não simplesmente para traduzir essa denominação na linguagem e no pensamento, mas, coisa mais importante, para traduzi-la no tempo e na história, onde o Impossível se torna uma questão de justiça — uma justiça que, para dizer a verdade, aparece totalmente impossível dado o reino do mundo presente, e que todavia é prometida e ameaçada como a possibilidade que o Deus Escondido-Incompreensível tem em guarda por nós*.

---

* A extensa documentação científica relativa a este texto, deixada aqui em forma de ensaio, é encontrada em *This Side of God*, em fase de publicação junto à University of Chicago Press (2003). Temia-se que o acréscimo de uma documentação tão ampla teria impedido a argumentação central do ensaio, que devia ser realçado com a devida clareza.

12
A TEOLOGIA ORTODOXA "REDESCOBRE" SEU PASSADO
A teologia dos Padres reproposta ao homem de hoje

YANNIS SPITERIS

Introdução

De início, um esclarecimento obrigatório que poderia parecer paradoxal: não existe "uma" teologia ortodoxa do século XX. Antes de tudo, porque não existe uma única "igreja ortodoxa", mas várias igrejas com suas tradições e suas especificidades também na reflexão teológica. De outra parte, não existe uma teologia *oficial* ortodoxa do século XX porque desde os tempos dos grandes concílios ecumênicos, celebrados juntamente com o Ocidente, não existe mais um magistério vivo nas igrejas ortodoxas que proponha uma doutrina oficial. Um conhecido teólogo ortodoxo afirmava: "Toda vez que devo tratar um tema do 'ponto de vista ortodoxo' encontro-me em grande dificuldade. O que é o 'ponto de vista ortodoxo'? Como determiná-lo? Sobre quais bases e a partir de quais fontes? Os Ortodoxos não têm um Vaticano II ao qual poder recorrer. Não têm uma *Confissão augustana* e falta-lhes o eqüivalente de um Lutero ou de um Calvino para lhes atribuir uma precisa identidade confessional. As únicas fontes que possuem em questão de autoridade são-lhes comuns com o resto dos cristãos: a Bíblia e os Padres. Como se pode, então, determinar uma posição que seja especificamente ortodoxa na base daquilo que é comum com os não Ortodoxos?"[1] A resposta que esse teólogo dá a essa pergunta é que o específico ortodoxo está na *diferente interpretação* das fontes comuns sem possuir qualquer coisa de especificamente próprio. De outra parte, a glória e a grandeza de um teólogo ortodoxo é a de não dizer nada de próprio, mas de interpretar retamente os Padres da igreja. No entanto, o grande *handicap*

---

[1] ZIZIOULAS, J. *Le Mystère de l'Église dans la tradition orthodoxe*, in *Irénikon* 60, 1987, p. 323.

da teologia ortodoxa desse século fora o de, por muito tempo, não ter sabido exprimir-se com o modo que lhe é congenial, isto é, com a linguagem dos Padres, mas procurou de modo desastrado imitar no método a teologia escolástica latina ou o intelectualismo dos teólogos protestantes. Não por nada que muitos dos teólogos ortodoxos da primeira metade do século XX se tinham especializado em faculdades teológicas católicas e protestantes da Alemanha e da Inglaterra.

Em 1936, por ocasião do *I Congresso internacional das escolas teológicas ortodoxas*,[2] que representou uma pedra miliar para a teologia ortodoxa do século XX,[3] o presidente do Congresso, Ha. Alivizatos, no discurso introdutório sublinhava: "Depois do cisma, a igreja ortodoxa e sua teologia foram totalmente absorvidas pela polêmica. Depois de séculos, quando alguns valorosos teólogos quiseram retomar trabalhos teológicos, foram constrangidos a procurar sua inspiração nos ambientes católicos ou protestantes do Ocidente, onde a vida intelectual permanecera viva. [...] É necessário voltar à doutrina dos santos Padres. Trabalho minucioso e penoso é essa volta às fontes, com a finalidade de purificar a teologia ortodoxa dos elementos ocidentais estrangeiros, pouco a pouco, se não na substância, ao menos em sua apresentação. Somente então se poderá dizer que a teologia ortodoxa possui uma força viva, representativa do espírito de Cristo, continuação ininterrupta da antiga igreja".[4]

Portanto, tarefa da teologia ortodoxa era a de se purificar do influxo ocidental. Essa tentativa levou a teologia ortodoxa desse século a se caraterizar freqüentemente por uma forte dose de polêmica em relação à teologia ocidental. A redescoberta dos Padres, quase exclusivamente dos Padres gregos, punha-se como escopo prioritário.

Essas finalidades eram assim sintetizadas pelo grande teólogo russo da diáspora G. Florovskij naquele mesmo Congresso: libertar a teologia ortodoxa de todos os influxos estrangeiros (ele chama esses influxos "cativeiro de Babilônia"), retornar aos Padres e, fazendo isso, criar uma teologia superior àquela do Ocidente.[5]

Um ano mais tarde ele publicava sua obra mais conhecida: *Caminhos da teologia russa*.[6] Esses caminhos da teologia russa, e, portanto, ortodoxa, deviam ser os "Padres orientais" e os "Padres bizantinos" dos séculos V-VIII

---

[2] Cf. *Proceès-verbaux du Premier Congrès de Thòlogie Orthodoxe à Athènes (29 Novembre – 6 Décembre 1936)*, Athènai 1939.
[3] Nesse Congresso estava representada quase toda a Ortodoxia com 33 delegados provenientes das várias faculdades teológicas. Foi necessário esperar quarenta anos para ter em 1976 um II Congresso que não superou por qualidade e participantes o precedente.
[4] *Procès-verbaux*, p. 63-64.
[5] *Ibid.*, p. 212-231.
[6] Original, FLOROVSKIJ, G. *Puti russkago bogoslovija*, Paris, 1937 [trad. it., *Vie della teologia russa*, Marietti, Genova 1987].

dos quais já se ocupara precedentemente com duas obras correspondentes.[7] A esses padres bizantinos, em seguida, se devia acrescentar, também por obra dos outros teólogos ortodoxos, Gregório Palamas (séc. XIV), cujo pensamento teria absorvido quase a totalidade da teologia ortodoxa contemporânea.

Colocados esses critérios hermenêuticos da "verdadeira" teologia ortodoxa dos séculos dezenove e vinte salvavam-se poucos dos teólogos ortodoxos desse período, de modo a fazer Nicolaj Berdjaev dizer que o título do livro de Florovskij deveria ter sido *A falta de caminhos da teologia russa*. Com efeito, segundo esses critérios, apenas poucos dos inumeráveis escritores e pensadores examinados por Florovskij recebem uma avaliação positiva.[8]

Na prática, não são muitos teólogos ortodoxos do século XX que deixaram uma verdadeira marca na globalidade da história da teologia não só ortodoxa mas também ocidental em geral.

Dada a situação política da Rússia pode-se levar em consideração quase exclusivamente os teólogos da diáspora como Sergej Bulgakov (1871-1944), Pavel Florenskij (1882-1943), Vlademir Lossky (1903-1958), Nikolaj Afanassieff (1893-1966), Georgij Florovskij (1893-1973), John Meyendorff (1926-1992).

Da Ortodoxia de língua grega são representativos Christos Andruzzos (1867-1935), Ioannis Karmiris (1903-1993), Panaghiotis Nellas (1936-1986), Christos Yannaras (1935-), Nikos Nissiotis (1925-1986) e sobretudo o metropolita Joannis Zizioulas (1931-) considerado uma das vozes mais originais da teologia ortodoxa atual.[9]

Da Ortodoxia sérvia e romena emergem os nomes de Justin Popovic (1894-1979) e de Dumitru Staniloae (1903-1993).

Nesta contribuição, mais do que nos determos sobre cada um desses autores, tentaremos enfrentar de maneira sistemática alguns temas que esses teólogos, inspirando-se na teologia dos Padres gregos, repropuseram à consciência ortodoxa contemporânea e, em certos casos, influenciaram também a teologia católica. Os critérios da escolha desses temas são sua originalidade, seu influxo sobre a consciência teológica ortodoxa desse século e o influxo que esses podem ter também na teologia do século XXI.

---

[7] No *Os Padres orientais do IV século* (em russo), Paris 1933, 5, ele escrevia: "A literatura patrística não representa somente a integridade da tradição. [...] As obras dos Padres são para nós fontes de viva inspiração e exemplo de coragem e sabedoria cristãs, o caminho para uma nova síntese religiosa, em cuja procura se atormenta a época contemporânea. É chegada a hora de eclesializar a própria razão e trazer de volta à vida, por si mesmos, os princípios santos e felizes do pensamento eclesiástico".
[8] Cf. *Vie della teologia russa*, introdução à edição russa feita da J. Meyendorff, p. XXXVII.
[9] Desses teólogos, cf. Spiteris, Y. *La teologia ortodossa neo-grega*, Dehoniane, Bologna 1992.

De maneira emblemática podemos afirmar que a teologia ortodoxa do século XX não é outra que uma "redescoberta" da antiga tradição patrística oriental e sua reproposta à atenção ao homem de hoje de modo inovador e não raro estimulante. Trata-se do movimento teológico que, nos ambientes teológicos ortodoxos, é chamado "neopatrística".

O leitor católico perceberá que essa "redescoberta" de alguns desses temas por parte dos teólogos ortodoxos do século XX tenha sido feita contemporaneamente com teólogos católicos e eles poderiam interrogar-se sobre qual fora a originalidade "ortodoxa" dessa teologia. Talvez perceberá que nem sempre se tratará de uma verdadeira e própria "originalidade", mas encontrará a confirmação, se isso ainda fosse necessário, que as raízes das duas antigas tradições cristãs são comuns. A teologia, portanto, é uma: a da igreja indivisa.

I. A "redescoberta" da teologia como experiência, ou seja, o problema gnoseológico

Pode-se dizer que a teologia ortodoxa do século XX é caraterizada pela redescoberta do maior teólogo e místico do tardio período bizantino Gregório Palamas (1292-1359).[10] A doutrina desse teólogo impregnará num crescendo impressionante uma grande parte da teologia ortodoxa dos últimos decênios.

Um peso determinante tiveram os estudos de Myrra Lot-Borodin[11] e sobretudo de V. Lossky, para o qual a doutrina palamita da distinção entre essência e energias em Deus é vital para a Ortodoxia e, juntamente ao *Filioque* com o qual está ligada, constitui a diferença fundamental do catolicismo romano.[12] Depois foi a vez de J. Meyendorff, que em sua tese de láurea apresentada na Sorbone[13] colocou as bases para a interpretação sucessiva do palamismo.

A teologia adquire com Palamas todo o seu significado de "visão de Deus", superando qualquer forma de intelectualismo satisfeito. A primeira coisa que impressiona em Palamas é a desconfiança para com a filosofia. O verdadeiro conhecimento de Deus não provém da filosofia, mas da oração contínua e se obtém no cumprimento dos mandamentos de Deus. Daqui sua insistência sobre o conhecimento de Deus, por si incognoscível e inefá-

---

[10] Para a bibliografia sobre esse teólogo, cf. STIRNON, D. *Bulletin sur le palamisme*, in *REB* 30, 1972, p. 231-337, e para uma síntese de seu pensamento SPITERIS, Y. *Palamas. La grazia e l'esperienza. Gregorio Palamas nella discussione teologica*, Lipa, Roma 1996.
[11] Cf. *La déification de l'homme*, Éd. du Cerf, Paris, 1970.
[12] Cf. LOSSKY, V. *La teologia mistica della Chiesa d'Oriente*, Dehoniane, Bologna 1985, p. 61-82.
[13] MEYENDORFF, J. *Introduction à l'étude de Grégoire Palamas*, Paris 1959.

vel, através do Dom da comunhão e portanto da experiência tanto a ser chamado, também da parte católica, "doutor da experiência". O cristão pode "conhecer Deus" porque é divinizado, participa "realmente" não da natureza de Deus, mas das energias incriadas de Deus. Palamas procurou sistematizar a doutrina tradicional da divinização real de todo o homem, salvando ao mesmo tempo o rígido apofatismo, que exigia não só a absoluta incognocibilidade de Deus em si, mas também sua incomunicabilidade. Desenvolveu assim a clássica doutrina palamita da distinção real entre a substância de Deus incomunicável e suas divinas energias incriadas mas comunicáveis.

Para ele o apofatismo possui um aspecto negativo e um positivo. De uma parte sublinha a transcendência e a incompreensibilidade de Deus que "nenhum homem jamais viu, nem pode ver", de outra proclama a possibilidade de um encontro face a face com esse Deus incognoscível, de uma união direta com o Inacessível. Para exprimir essa dúplice verdade que Deus é contemporaneamente escondido e revelado, transcendente e imanente, Palamas faz uma distinção entre a *essência* divina e as *energias* divinas. A essência (*usía*) é Deus como ele é em si mesmo, as energias (*enérgheiai*) são Deus em ação, Deus enquanto revela a si mesmo dando-se as suas criaturas. A essência permanece para sempre além de toda participação e conhecimento nesse século como no futuro; ela não pode ser compreendida nem pelos homens, nem pelos anjos, mas unicamente pelas próprias três Pessoas divinas. Mas as energias divinas, *que são Deus mesmo enquanto autocomunicado*, preenchem todo o universo e todos podem participar delas por graça. Assim Deus, incompreensível "essencialmente", é revelado "existencialmente", ou então através de suas "energias". As energias divinas são "Deus pessoal doado a nós livremente por amor". Portanto, as *energias* não são uma emanação impessoal da essência de Deus, elas são uma comunicação pessoal da vida divina pessoal no tempo. Hoje, os teólogos ortodoxos definem assim as energias eternas e incriadas: "Elas são a aparição e a comunicação de Deus as suas criaturas 'no tempo'". Elas são a ação de Deus que o tornam presente e participável, são a parte acessível do ser divino, o aspecto de Deus voltado para suas criaturas. Essas energias, contudo, são eternas e incriadas como eterno e incriado é Deus. Elas são a vida de Deus em nós, são o jorrar da própria vida divina comum às três Hipóstases. Esse jorrar da energia é distinto da essência e das hipóstases divinas, ainda que seja absolutamente inseparável delas. Em outros termos, existe uma continuidade entre a vida de Deus em si e a vida de Deus em nós, no entanto, existe também uma distinção entre Deus em si e Deus em nós. Trata-se da economia da salvação na qual Deus se torna dom de vida vivificante para aqueles que se deixam transformar por sua ação divinizante.

Essa doutrina levou a teologia ortodoxa de hoje a unir estreitamente a "teologia" (Deus em si), à "economia" (Deus em nós) e ao conhecimento de Deus fruto da comunhão com Deus. Chegou-se, assim, a unir a mística à teologia. V. Lossky para sublinhar essa relação entre teologia e experiência de Deus intitulou seu tratado sobre a teologia ortodoxa: *A teologia mística da Igreja do Oriente*,[14] na qual se sublinha o fato que "a teologia mística pertence à essência da teologia da igreja".

Para N. Nissiotis "conhecimento" significa comunhão de pessoa e não — como ensinavam os escolásticos — *"adaequatio rei cum intellectus"*.[15] Ele critica a "teologia natural" da tradição ocidental. Esta, segundo esse teólogo, é baseada sobre a convicção de que a mente humana, como único ponto de contato da criação com o *Lógos* criativo, tem a possibilidade de conhecê-lo como Ser metafísico não só através da fé mas também, com o pensamento analógico, através de suas criaturas que levam impressa a marca do *Lógos* criativo.[16]

Não é, por isso, um conhecimento entendido como posse de notícias a respeito de Deus ou uma participação em seu saber mas, já que Deus é incognoscível em sua essência, trata-se de uma coexistência, de uma união com seu dom e seu carisma que se torna resposta de vida, atuação do querer de Deus.[17]

Não se trata, portanto, de um conhecimento teórico "de longe" do "Ser absoluto", mas de uma união mística com o Deus de Jesus Cristo e atuada pelo Espírito. Esse conhecimento é uma união íntima no sentido bíblico (*Gn* 4,1), é uma íntima compenetração do homem por parte das energias divinas, pelas quais a criatura humana é divinizada por graça.

Para ele a teologia não pode ser um "objeto" e por isso não pode ser "ciência": a teologia sistemática, coroamento do pensamento teológico, não se deve inquietar pelo fato de não ser considerada como uma ciência, porque ela não tem como finalidade defender o prestígio do pensamento humano, da ciência e das categorias gnoseológicas; ela se desenvolve no Espírito Santo, na santidade da vida e para a glória de Deus.[18] A teologia não é outra coisa que a reflexão orante da manifestação do amor de Deus pelos homens, que envolve pessoalmente tanto o teólogo como aquele que se aproxima da teologia. A teologia doxológica é a suma do pensamento humano que quer seguir o Verbo divino, que tenta se identificar com a glória revelada em Cristo e se manifesta como presença real na vida do teólogo. A

---

[14] O volume aparecera em francês em 1944. A tradução italiana (*La teologia mística della Chiesa d'Oriente,* Dehoniane, Bologna 1985) une justamente a essa obra o outro trabalho de Lossky, *A visão de Deus,* (*La visione di Dio*) em que a visão intelectual de Deus se substitui com a experiência de Deus segundo o ensinamento palamita.

[15] Desse argumento, Nissiotis se ocupara em *Prolegômenos à gnoseologia teológica. A incompreensibilidade de Deus e a possibilidade de seu conhecimento* (em grego), Athênai 1965; *La Théologie en tant que science et en tant que doxologie,* in *Irénikon* 33, 1966, p. 296.

[16] Nissiotis, N. *Prolegômenos à gnoseologia teológica,* p. 177.

[17] *Ibid.,* p. 158.

[18] N. Nissiotis, *Théologie en tant que science,* p. 292.

teologia é um pensamento de vida e uma vida pensada. Não se trata de uma sabedoria abstrata, mas de um Verbo encarnado na forma vivente da transformação existencial do teólogo. Encarnação significa revelação da gloriosa coexistência de Deus e do homem; a teologia é a expressão da energia divina como glória, glorificada na pessoa de Jesus, completada e aceita pela fé, e interpretada pelo pensamento, sobre o plano ontológico.[19]

II. A "redescoberta" da Trindade, ou seja, o personalismo cristão

A teologia como experiência pessoal com Deus, além de suas raízes palamitas, deve-se também ao modo verdadeiramente oriental de repropor a doutrina da Santíssima Trindade que hoje está na base de qualquer reflexão teológica junto a maior parte dos autores ortodoxos e compenetra todos e cada um dos temas teológicos. De fato, a experiência de Deus é uma experiência de amor. Ora, não poderíamos ter essa experiência se Deus não fosse Trindade, um Deus solitário não seria Amor sem limites. O Deus cristão é por essência Deus Trindade. Os teólogos ortodoxos de hoje repetem em coro a conhecida expressão de Gregório de Nazianzo: "Quando digo *Deus* entendo o Pai, o Filho e o Espírito Santo".[20] Quer dizer, tomam a sério primeiro a *distinção* das três pessoas e depois a unidade na única substância. Evitam cuidadosamente expressões como "as três grandes religiões monoteístas: hebraísmo, cristianismo e Islã". Não querem absolutamente que se aplique também a eles aquilo que em seu tempo repetia Th. De Régnon: "Parece que em nosso tempo o dogma da Unidade divina tenha como que absorvido o dogma da Trindade, do qual não se fala senão por memória".[21] Assim, N. Nissiotis pode afirmar: "A vida da igreja, a fé do homem, a presença de Cristo no mundo são o reflexo da graça trinitária. O dogma da revelação de Deus trinitário não deve ser considerado como uma teoria especulativa ou como uma espécie de metafísica religiosa. [...] O Deus revelado é um Deus pessoal porque é Trindade. O Deus cristão é pessoal; ele não é uma pessoa mas a pluralidade de um movimento recíproco, causado e animado por uma essência misteriosa que é o amor".[22] E. V. Lossky: "A Trindade é para a igreja ortodoxa o fundamento inabalável de qualquer

---

[19] *Cf. Théologie en tant que science*, p. 297.
[20] *Oratio* 45, 4, in *PG* 36, 628 C.
[21] RÉGNON, TH. DE. *Études de théologie positive sur la saint Trinité* I, Paris 1892, p. 365, citado por LOSSKY, V. *La teologia mistica*, Dehoniane, Bologna 1985, p. 56 n. 51. *Cf.* também MEYENDORFF, J. *La teologia bizantina. Sviluppi storici e temi dottrinali*, Marietti, Casale Monferrato 1984, p. 218-220.
[22] NISSIOTIS, N. *Pneumatologie orthodoxe*, in AA.VV., *Le Saint-Esprit*, Genève 1963, 87.

pensamento religioso, de qualquer piedade, de qualquer vida espiritual, de qualquer experiência".[23]

Hoje, uma grande parte da teologia trinitária ortodoxa, além de ser inspirada pelos aspectos acima lembrados, é inspirada sobretudo pelo assim chamado *ontologismo da pessoa*, e isso inspira muitos outros capítulos da teologia como a antropologia e a eclesiologia. Para eles torna-se verdadeira a expressão: "No princípio era a Pessoa" e não o Ser ou a Substância.

Por ontologismo da Pessoa na Trindade, pretende referir-se, de fato, a uma visão de Deus a partir da Pessoa do Pai e não da substância ou divindade. Aliás, por substância comum ou divindade não se entende uma entidade impessoal, mas a *perichóresis*˙ amorosa das três Pessoas que se compenetram na comunhão. O Ser de Deus ou sua Substância é sua própria comunhão interpessoal. Assim encontramos uma *contemporaneidade entre substância e pessoa* ou melhor a Pessoa, a do Pai, é isso que determina o Ser em Deus, Deus se autogera no amor.

Embora essa doutrina se encontre já em teólogos ortodoxos como os russos S. Bulgakov,[24] V. Lossky,[25] P. Evdokimov,[26] o romeno D. Staniloae[27] e os gregos P. Nellas,[28] Ch. Yannaras[29] cremos, no entanto, que aquele que mais que todos os teólogos ortodoxos de hoje tenha desenvolvido o personalismo cristão derivante do dogma trinitário tenha sido Joannis Zizioulas.[30]

---

[23] V. LOSSKY, *La teologia mistica*, p. 60.
˙ N. T.: Literalmente, *perichóresis* (pericórese) é expressão grega para indicar que na Trindade uma Pessoa contém as outras duas (em sentido estático), ou então cada uma das Pessoas interpenetra as outras duas e reciprocamente (que é seu sentido ativo), de modo que a ação de uma das Pessoas é sempre a ação de Deus-Trino.
[24] Cf. BULGAKOV, S. *Il Paraclito*, Dehoniane, Bologna 1987, p. 85-105.
[25] Cf. CLÉMENT, O. *Vladimir Lossky, un théologien de la personne et du Saint-Esprit*, in *Messager de l'Exarchat du Patriarche russe en Europe occidentale* 30-31, 1959, p. 137-206.
[26] Cf. por exemplo, *Le mystère de la personne humaine*, in *Contacts* 21, 1969, p. 272-289.
[27] Cf. *Dio è Amore. Indagirne storico-teologica nella prospettiva ortodossa*, Città Nuova, Roma 1986.
[28] Desse teólogo, cf. sobretudo seu melhor trabalho: *Un essere vivente destinato alla divinizzazione. Prospective per una compreensione ortodossa dell'uomo* (em grego), Athênai 1979, 1982 [trad. it., *Voi siete dei. Antropologia dei Padri della Chiessa*, Città Nuova, Roma, 1993.
[29] Cf. sobretudo, *La persona e l'eros. Saggio teologico di ontologia* (em grego), Athênai 1987, 4ª ed. [trad. alemã, *Person un Eros*, Göttingen 1982]; *La libertà dell'Ethos. Alle radici della crisi morale dell'occidente*, Dehoniane, Bologna 1984; *La fede dell'esperienza ecclesiale. Introduzione alla teologia ortodossa*, Queriniana, Brescia 1993.
[30] Desse teólogo, é bem conhecido o juízo sobre ele de Y. Congar: "J. Zizioulas é um dos mais originais e profundos teólogos de nossa época. Sua originalidade e profundidade derivam de uma leitura penetrante e coerente da tradição dos Padres gregos sobre a realidade vivente que é a igreja". Cf. CONGAR, Y. *Bulletin d'ecclésiologie*, in *Rev. Sc. Ph. Th.* 66, 1982, p. 88. *Du Personnage à la personne. La notion de Personne et h'hypostase ecclésial*, in ID., *L'être ecclésial* (Perspective orthodoxe 3), Genève 1981, 25-56; *L'essere di Dio e l'essere dell'uomo. Un tentativo di dialogo teologico* (em grego), in *Synaxi* 37, 1991, p. 11-35.

Ponto de partida da reflexão de Zizioulas e dos outros "personalistas" ortodoxos não é o *Ser*, nem mesmo a *Substância* de Deus, mas a *Pessoa* de Deus Pai como "causa" eterna da existência divina tripessoal; por isso é o Pai que determina "quem é Deus" e "como é" Deus. Conseqüentemente, da Trindade e não da filosofia, colhe-se a noção primordial e originária de pessoa. Zizioulas insiste dizendo que a substância de Deus que determina a unicidade de sua natureza não é uma substância impessoal, mas a pessoa do Pai. Ele é a *causa* da geração do Filho e da processão do Espírito. De fato, "o Pai por amor — isto é, livremente — gera o Filho e insufla o Espírito. Se Deus existe, é porque o Pai existe, isto é aquele que por amor e livremente gera o Filho e insufla o Espírito. Assim Deus como pessoa — a hipóstase do Pai — faz com que a substância divina seja aquilo que ela é: Deus Uno".[31] O Deus da revelação cristã é ao mesmo tempo Trino e Uno (não três pessoas *no seio* de uma substância impessoal) porque é *comunhão* de amor. A única substância em Deus é seu *ser-em-comunhão*. Desse modo, aparece claro que a "expressão 'Deus é amor' (*1Jo* 4,16) significa que Deus 'existe' enquanto Trindade, isto é, como 'Pessoa' e não como [simples] substância [impessoal]. O amor não é uma conseqüência ou uma 'propriedade' da substância divina [...] mas é aquilo que *constitui* sua substância".[32]

Para compreender o seguinte raciocínio desses teólogos é preciso antepor o que eles entendem por "pessoa". Para eles, "pessoa" é uma realidade viva que se identifica com a *liberdade*. É a realidade consciente cuja essência é a liberdade ou, o que é a mesma coisa, o amor. Quando se fala de amor se entende referir-se à *comunhão* de amor, à doação ao outro. Em última análise, *pessoa* é igual à *comunhão* no amor. Para esses teólogos, não existe o "ser" impessoal, isolado; o princípio primordial e absoluto é a "pessoa" enquanto liberdade plena de vida e de amor que existe como intercâmbio. Da "pessoa" em comunhão provém a unicidade da "essência" ou a unicidade de Deus e não vice-versa.

No mundo greco-romano, afirma Zizioulas, a pessoa representava alguma coisa acrescentada ao ser; ela não fazia parte do ser, da ontologia: a pessoa era *sobreposta* ao ser. Nesse contexto, a liberdade era um elemento estranho ao conceito de pessoa.[33] Desse modo, até pode-se dizer que o mundo grego e romano não conheciam senão a "personagem", isto é a "máscara" teatral ou social.

Colocados esses pressupostos, o teólogo grego tira as seguintes conseqüências:

a) A "pessoa" não é alguma coisa sobreposta ao ser. Não é "acrescenta-

---

[31] *Du Personnage à la personne. La notion de Personne et l'hypostase ecclésial*, in ID., *L'être ecclésial* (Perspective orthodoxe 3), Genève 1981, p. 34.
[32] *Du Personnage à la personne*, p. 38.
[33] Cf. *Du Personnage à la personne*, p. 23-29.

da" ao ser quando, do ponto de vista lógico, este já é constituído, mas é a hipóstase do ser (é o modo com o qual o ser existe). O ser e a pessoa existem contemporaneamente.

b) Portanto, o ser não é categoria absoluta, porque aquilo que constitui o ser é a "pessoa", ela é o elemento constitutivo do ser, seu *princípio*, sua *causa*. Da ontologia do ser passa-se assim à *ontologia da "pessoa"*: a pessoa é o ser.

Passando a Deus, o Ser absoluto, o discurso nos leva a concluir que a substância de Deus não tem conteúdo ontológico, não tem verdadeiro ser senão enquanto ele é Pessoa, isto é, enquanto é amor e *comunhão*.

Essa teologia à primeira vista poderia parecer um sistema metafísico abstrato; na realidade ajuda a reflexão para superar aquele "ser supremo" dos filósofos e para se aproximar de um Deus sumamente vivo e pessoal. A partir dessas reflexões, com efeito, podemos nos dar conta melhor do que quer dizer a Revelação quando afirma que "Deus é amor" (*1Jo* 4,16). Amor significa o eterno livre auto-entregar-se de Deus. Mas, sobretudo, esse modo de conceber Deus pode-nos permitir fazer a passagem da teologia à economia, da Trindade em si à criação, à antropologia e à eclesiologia de modo unitário e coerente com a natureza comunhonal de Deus.

Tendo como ponto de partida o plano eterno de Deus consistente no "recapitular em Cristo todas as coisas" (*Cl* 1,12), os teólogos ortodoxos descobrem o desdobrar-se da vida de Deus no mundo centrada sobre a pessoa de Cristo que para eles não representa um incidente de percurso devido ao pecado, mas a realização plena do plano eterno de Deus. A "historicização", porém, desse plano deve-se ao Espírito Santo segundo o antigo adágio patrístico: "Tudo procede do Pai, realiza-se através do Filho, mas se cumpre e alcança as criaturas no Espírito Santo". Assim, a passagem da eternidade ao tempo, do Incriado ao criado, de Deus ao homem é vista numa continuidade sem choques que ajuda a superar o dualismo entre natureza e graça, entre o natural e o sobrenatural e põe no centro de toda hermenêutica teológica a encarnação do Verbo na potência do Espírito.[34] O liame entre o criado e o Increado e a contínua relação entre eles é formulado de maneira muito diversa pelos vários teólogos ortodoxos do século XX, até acontece algumas vezes que a doutrina de um teólogo ortodoxo, como é o caso da sofiologia de Bulgakov, seja vista com desconfiança pelos próprios teólogos ortodoxos. Cremos, no entanto, que todas essas tentativas consistem ainda uma vez numa "redescoberta" e num "repropor" a antiga doutrina patrística da "divinização" através das energias divinas incriadas. Bulgakov chama essa relação Deus-mundo, Deus-homem "relação sofiológica"; Zizioulas e outros teólogos ortodoxos, "relação personalística".

---

[34] Sobre tudo isso veja-se SPITERIS, Y. *Salvezza e peccato nella tradizione orientale*, Dehoniane, Bologna 1999.

O comunicar-se de Deus Trinitário as suas criaturas é visto num contínuo crescendo: na criação em geral, no homem, na igreja. Examinaremos primeiro a criação e o homem para nos demorar mais amplamente sobre a relação Trindade-Igreja.

III. Relação entre Deus, o mundo e o homem

1. A SOFIOLOGIA DE S. BULGAKOV

Embora nem todos os ortodoxos estejam de acordo com a asserção de P. Evdokimov, que o teólogo russo Sergej Bulgakov é "o maior teólogo de nosso tempo",[35] não se pode negar que ele seja um dos mais agudos e originais teólogos ortodoxos do século XX.[36] Com efeito, é o único teólogo ortodoxo que elaborou uma grandiosa teologia sistemática conforme a tradição oriental. É certo que sua teologia perturbou tanto alguns ortodoxos como certos católicos, pela forte carga de liberdade que a caracteriza em relação à repetitividade do pensamento patrístico, típica da maior parte da reflexão teológica ortodoxa. Hoje, porém, se redescobre seu pensamento teológico e se percebe nele uma profundidade que exalta o espírito e ao mesmo tempo se nota que existe nele uma fidelidade fundamental à tradição cristã, mesmo se as expressões usadas podem suscitar alguma perplexidade.

"Para muitos teólogos" — afirma Evdokimov — "o próprio nome de Sofia parece uma novidade perturbadora. Ora, se se substitui o nome de

---

[35] *L'Ortodossia*, Dehoniane, Bologna 1981, p. 48. Evdokimov, P. *Cristo nel pensiero russo*, Città Nuova, Roma 1971, 178.

[36] Cf. *L'Agnello di Dio. Il mistero del Verbo Incarnato*, Città Nuova, Roma 1990, 11-35. Essa obra faz parte de uma trilogia do grande teólogo. As outras duas são: *Il Paraclito*, Dehoniane, Bologna 1971; *La Sposa dell'Agnello: la creazione, l'uomo, la Chiesa e la storia*, Dehoniane, Bologna 1991. Ele exprime de modo sintético seu pensamento nas obras: *L'Orthodoxie*, Aubier, Paris 1932; *The Wisdom of God. A Brief Summary of Sophiology*, Scribner, New York 1937. A respeito de seu pensamento, cf. Zander, L. *Dio e il mondo. Filosofia e teologia di padre Bulgakov* (em russo), 2 vols., Paris 1948; Schultze, B. *Zur Sophiafrage*, in *Orientalia Christiana Periodica* 2, 1937, p. 655-661; Id., *Ein Beitrag zur Sophiafrage*, in *Orientalia Christiana Periodica* 5, 1950, p. 223-229; Lialine, C. *Le debat sophiologique*, in Irenikon 13, 1936, p. 168-205; Evdokimov, P. *Cristo nel pensiero russo*, Città Nuova, Roma 1971, p. 177-192; Coda, P. *Lo Spirito Santo come "in-mezzo-persona" che compie l'unità nella teologia di S. Bulgakov*, in *Nuova Umanità* 52-53, 1987, p. 23-46; Id., *L'altro di Dio. Rivelazione e kenosi*, Città Nuova, Roma 1998. Cf. também Bernardi, P. – Bosco, N. – Lingua, G. *Storia e storiografia bulgakoviana*, in *Filosofia e Teologia* 6, 1992, p. 236-252. Para uma bibliografia sobre obras de S. Bulgakov, cf. Naumov, K. *Bibliographie des oeuvres de Serge Bulgakov*, Paris 1984.

Sofia por seu eqüivalente de Sabedoria de Deus, a sofiologia recebe imediatamente uma forma mais tradicional".[37] A Sofia celeste é um dos atributos de Deus: "É o próprio Pensamento divino que pensa a si mesmo" e enquanto sabedoria pertence a toda a Santíssima Trindade e a todas as suas hipóstases.[38] Deus, porém, enquanto "Espírito", não é uma realidade estática, mas sumamente *dinâmica*. A *usía* divina realiza-se como saída da Hipóstase do Pai para as outras duas Hipóstases. O auto-revelar-se eterno do Pai ao Filho e ao Espírito Santo constitui a eterna Sofia de Deus. Mas, embora a Sabedoria de Deus seja una, ela se manifesta de modo diferente nas hipóstases do Filho e do Espírito Santo e essa diferença é o que constitui a distinção das duas hipóstases. "A Sofia divina não é somente o Filho, como não é somente o Espírito Santo: ela é a bi-unidade do Filho e do Espírito Santo, como única auto-revelação do Pai".[39]

A auto-revelação ou autodoação de Deus na segunda Pessoa constitui o *Lógos* divino, ou seja a eterna Sabedoria do Pai: "O Pai diz seu Verbo no Filho, e ele mesmo revela sua eterna Sabedoria — *a Sofia, como eterna Sabedoria, é a autocomunicação do Lógos*, mediante a autodeterminação da Segunda hipóstase".[40]

Na Sabedoria divina a Segunda hipóstase não se revela só como Verbo e Eterna Sabedoria, mas também como *Filho*. Nesse sentido ser Filho "é já por si mesmo uma certa *kénósis*, uma abnegação de si, no amor do Pai, a hipostática sacrificalidade do Cordeiro".[41] Pode-se dizer que "o mundo divino em seu conteúdo leva a marca do Cordeiro — do Verbo".[42]

A Sabedoria de Deus, porém, além de hipostatizada na Segunda hipóstase (Verbo e Filho) e na Terceira hipóstase entendida como Espírito Santo e Glória, Autocomplacência de Deus, Beleza divina, pode-se considerar também como o "complexo orgânico das idéias divinas".[43] Poder-se-ia dizer que essa Sabedoria divina quanto a conteúdo representa aquilo que chamamos o *Plano divino*, o *Projeto de Deus* que, visto em relação com Deus, é eterno mas, em relação com o mundo criado, tem um início. Não se trata do mundo das idéias platônico, mas ele "é uma substância espiritual viva, embora não hipostática, é a Divindade de Deus vivente que integra tudo em si, embora seja também diferenciada na qualidade".[44]

---

[37] EVDOKIMOV, P. *Cristo nel pensiero russo*, p. 191.
[38] Cf. *L'Agnello di Dio*, p. 164.
[39] *Il Paraclito*, p. 285.
[40] *L'Agnello di Dio*, p. 164-165.
[41] *Ibid.*, p. 167. Mais para frente ele escreve: "A filialidade é na Santíssima Trindade a *kénósis* hipostática, e o Filho de Deus é a hipóstase kenótica, o eterno Cordeiro. E essa eterna *kénósis* da filialidade é o fundamento geral da *kénósis* do Filho na Encarnação" (*ibid.*, p. 233).
[42] *Ibid.*, p. 168.
[43] *Ibid.*
[44] *Ibid.* Poder-se-ia pensar que essa Sofia eterna tendente para o externo possa identificar-se com as energias incriadas de Deus como são expostas por Gregório Palamas.

Embora Deus seja absolutamente livre, até como dizem os Padres "ele não é aquilo que deve ser, mas aquilo que quer ser", no entanto, não sendo no tempo se autogera em relação a seu *Projeto* pelo qual se pode dizer que a Humanidade já está presente, em certo sentido, em sua Sofia antes ainda da criação do mundo. Deus, sendo Amor que se doa e que se imola, leva já em si como *kénósis* essa Humanidade que representa seu doar-se que faz parte de seu ser amor.

A expressão "o homem foi criado à imagem de Deus" "constitui a ponte de uma ontológica identificação entre o Criador e o criado através da divinização deste último, e constitui desde o princípio a relação *positiva* entre a imagem e o protótipo".[45] Há qualquer coisa de Deus no homem porque há qualquer coisa do homem em Deus, porque assim o quis o próprio Deus desde toda eternidade. "Em outras palavras, isso significa que a Sofia divina, enquanto complexo orgânico das idéias, é *a humanidade eterna de Deus*, como divino Protótipo e condição do ser do homem."[46] Essa humanidade eterna de Deus não é ainda o homem, ele começa a existir "no momento do ser criado, como 'insuflação do Espírito divino', tornando com isso, 'ser vivente'".

Essa "Humanidade eterna", embora pertença à Divindade, é hipostatizada pelo Pai em seu Verbo eterno enquanto hipóstase demiúrgica. Pode-se dizer que o Verbo eterno é também o Homem eterno, o Protótipo humano antes da criação do mundo, e a sua imagem é criado o homem. É Aquele que a Bíblia chama "homem que vem do céu" (cf. *1Cor* 15,47; *Jo* 3,13). Ou, então, aquilo que o *Pastor de Hermas* chama Igreja eterna (III, 1) [trad. bras. em *Padres Apostólicos*, São Paulo: Paulus, 1995, Col. Patrística]. "A Sofia é a humanidade eterna, o Homem divino é o *Lógos*. A *Teantropia* e o Deus-Homem, isto é a Humanidade de Deus, como também a divindade da humanidade, estão em Deus desde a eternidade. O *Lógos*, a Segunda hipóstase, é a hipóstase própria da *Teantropia* de Deus."[47]

Essa é a Sofia eterna. Mas existe também a Sofia criada que é a revelação de Deus na criação. A Sofia criada — ou seja a criação — está em estreita relação com a Incriada e eterna. A criação para Bulgakov é, efetivamente, "aquela autodeterminação do Deus hipostático, com a qual ele, possuindo-a desde a eternidade (a Sofia como mundo divino) como natureza própria, deixa-a sair do seio do ser hipostático para o auto-ser, fá-la em sentido autêntico cosmo, cria o mundo 'do nada', isto é de Si mesmo, do próprio conteúdo divino".[48]

---

[45] *Ibid.*, p. 169.
[46] *Ibid.*, p. 169-170.
[47] *Ibid.*, p. 170.
[48] *La Sposa dell'Agnello*, 83. Mais adiante o teólogo russo afirma: "Deus, porém, 'criando o mundo', isto é, dando-lhe o auto-ser, ao mesmo tempo, não lhe tira a força divina de seu ser, mas o põe para fora de Si, deixa-o sair de Si para o ser divinamente extra-divino" (*ibid.*, p. 85). Sobre a Sofia e a criação, cf. LITVA, A. *La "Sophie" dans la création selon la doctrine de S. Boulgakof*, in Orientalia Christiana Periodica 16, 1950, p. 39-74.

Tudo isso poderia suscitar a suspeita de um certo panteísmo. Pergunta-se, com efeito, nosso teólogo: "Não é tudo isso o panteísmo e a divinização sacrílega do mundo, que passa para uma espécie de materialismo religioso?" E responde de modo provocatório: "Sim, *também* isso é panteísmo, mas perfeitamente correto; ou mais exatamente [...] é o *pan-en-teísmo*".[49] Trata-se da ação de Deus na criação através de seu Verbo no Espírito que "enche a criação inteira" sem que por isso a hipóstase de Deus se identifique com a criação, aliás, no criado, a hipóstase divina permanece escondida. Praticamente aquilo que Bulgakov chama Sofia de Deus, Palamas e os teólogos ortodoxos neopalamitas chamam *energias incriadas de Deus distintas da substância de Deus*. Embora permanecendo eternamente em Deus, elas se extravasam na criação enchendo-a por dentro do próprio Deus, sem que por isso ele cesse de transcender suas criaturas enchendo-as abundantemente de si. O "pan-en-teísmo" de Bulgakov, em última análise, não é outra coisa senão a antiga doutrina patrística da divinização através de Jesus Cristo querido por Deus "antes de toda criatura" e recapitulando em si todas as coisas.

2. A ANTROPOLOGIA PERSONALÍSTICA

Os teólogos ortodoxos assim chamados "personalistas" — já os examinamos — têm mais ou menos em comum o conceito de que a Pessoa (ou melhor as Pessoas) em Deus se identifica com seu próprio ser pelo qual o modo de ser de Deus é só o pessoal, isto é, o da relação. Já que Deus — e portanto o homem criado à imagem de Deus — existe só como *relação*, isto é como *pessoa*, a realidade que constitui a única possibilidade de existir é a da relação. Essa é a vida íntima de Deus Trindade: "Cada uma das Pessoas não existe por si mesma, mas existe como oferta à comunhão do amor com as outras Pessoas. A vida das Pessoas é uma mútua compenetração (*pericóresi*) da vida, isto é, a vida de um torna-se a vida do outro, sua Existência brota da realização da vida enquanto comunhão, da vida que se identifica com a oferta de si, com o amor".[50]

O homem é pessoa enquanto imagem de Deus, e como em Deus seu ser se identifica com a pessoa, assim no homem ele *é* enquanto constantemente comunicante com o ser pessoal de Deus. Esse ser-pessoa-em-Deus é a *graça* e isso constitui a "salvação" do homem do nada: "O homem foi dotado por Deus da graça de ser *pessoa*, quer dizer de existir do mesmo modo em que

---

[49] *L'Agnello di Dio*, p. 310.
[50] YANNARAS, CH. *La fede dell'esperienza ecclesial. Introduzione alla teologia ortodossa*, Queriniana, Brescia 1993, p. 61.

existe Deus. O que constitui a divindade de Deus é sua Existência *pessoal*. A Trindade de suas Hipóstases pessoais que faz com que o Ser divino, sua Natureza divina, a Substância seja vida de amor, isto é liberdade de toda necessidade. [...] Essa mesma possibilidade de existência pessoal, Deus a imprimiu na natureza humana. A natureza humana é criada, dada, não é a liberdade pessoal do homem que constitui seu *ser*, sua substância (como ocorre em Deus). Mas, essa natureza criada, existe só como hipóstase *pessoal* de vida. Cada homem é uma existência pessoal que pode hipostatizar a vida como amor, isto é como liberdade das limitações de sua natureza criada, como liberdade de toda necessidade, como ocorre justamente em Deus incriado".[51]

A teologia da divinização dos Padres, portanto, não é outra coisa que o modo de ser pessoal de Deus participado ao homem. Em outros termos, não é outra coisa que o Ser-Amor, Ser-em-relação de Deus participado ao homem por criação e por re-criação.

Se o ser do homem se identifica com seu modo de ser relação e isso é atingido como participação pelo modo de ser tripessoal de Deus, isso significa que o homem vive, existe enquanto está em "constante comunhão por participação no ser comunhonal de Deus, que é a própria Comunhão ontológica".[52] Essa constante comunhão com Deus é oferecida ao homem mediante Jesus Cristo porque ele constitui a vontade última e definitiva do Pai e ao mesmo tempo a *verdade* do homem, o homem é *verdadeiro na medida em que está em Cristo:* "O Cristo, o Cristo *encarnado*, é a verdade, porque ele representa a vontade última e incessante do amor estático de Deus que quer conduzir o ser criado à comunhão com sua vida, e conhecê-lo nesse acontecimento de comunhão".[53]

O motivo pelo qual Cristo constitui, no desígnio de Deus, o *Salvador da totalidade da estrutura humana*, encontramo-lo na própria natureza do homem como ser criado em relação com Deus Incriado. O problema, de fato, que surge dessa relação é o seguinte: como pode o homem, que, enquanto ser criado, está associado com o nada do qual foi criado, participar do ser pessoal de Deus e de sua imortalidade sem cair numa espécie de panteísmo? Há uma diferença fundamental e radical entre Deus Incriado e o

---

[51] *Ibid.*, 85. Em outro lugar esse teólogo escreve: "Na tradição escrita das revelações divinas, na Sagrada Escritura da igreja, Deus é afirmado como Existência pessoal, e o homem como criado *à imagem de Deus*, existência pessoal também ele, ainda que natureza criada. Essa relação inicial do homem com Deus, que estabelece o modo mesmo da existência humana, é reconhecida nas primeiras páginas do Antigo Testamento com uma narração poética e simbólica da qual o pensamento cristão sempre bebeu os princípios fundamentais da antropologia eclesial" (*La fede dell' esperienza ecclesiale*, p. 79).
[52] ZIZIOULAS, J. *Vérité et communion*, in *L'être ecclésial* (Perspective orthodoxe 3), Genève 1981, p. 82-83.
[53] ZIZIOULAS, J. *Vérité et communion*, p. 86.

homem criado. Deus *é* o ser e a vida, o homem, ao contrário, enquanto criatura, *tem* o ser e a vida de Deus e, porque não deixa de permanecer criatura, leva em si o germe da corrupção, da morte, do nada. Essa "existência trágica" da criatura humana é superada pelo constante orvalhar da vida no homem sem que este último cesse de ser criatura e isso é possível no Verbo encarnado no qual coexiste o Incriado (Deus) e o criado (o homem). Assim, "se Cristo é apresentado como Salvador do mundo, não é porque ele tenha trazido um modelo de moral, um ensinamento para o homem: é porque ele encarna nele a superação da morte, porque, em sua pessoa, agora, o *criado* pode viver perenemente".[54]

É esse, em última análise, sustenta Zizioulas, o ensinamento do concílio de Calcedônia. De fato, esse concílio ensina que em Cristo a natureza divina (o Incriado) e a natureza humana (o criado) estão unidas *adiairétōs*, quer dizer, sem divisão e *asynchýtōs*, isto é, sem mistura. Essa distinção supera o perigo do panteísmo não cessando o homem de permanecer ser criado e assegura, ao vazio existencial do homem, a hipóstase e a imortalidade: "Na pessoa de Cristo, o *criado* e o *incriado* foram unidos "sem divisão" (numa maneira que não admite divisão), mas igualmente "sem mistura", isto é, sem perder sua identidade e suas particularidades".[55]

A morte é superada por essa união "sem divisão" do criado com o incriado. A morte penetra no homem só quando este se distancia, não comunica com a vida de Deus. "Sem divisão" significa comunhão, amor e, portanto, superação da morte. "Em outros termos, o *criado*, para viver, necessita se encontrar, se deve encontrar, em contínua e ininterrupta relação (indivisível) com alguma coisa de *incriado*. [...] É, por isso que o amor, que representa exatamente a fuga dos seres para fora de si mesmos, para ultrapassar a criação e a morte, é um ponto essencial para a superação do problema da criação. Aquele que não ama, isto é, que não está unido "sem divisão" a alguma coisa fora de si mesmo, morre. Só o amor, isto é, a união "sem divisão" com Deus incriado, assegura a imortalidade, porque tudo aquilo que é criado é destinado a perecer. O Cristo encarna exatamente essa livre união do *criado* e do *incriado* como o único modo de superação da morte".[56]

Portanto, para que o homem viva tem necessidade de Cristo em todas as fases de sua existência. No entanto, o "sem mistura" mantém a dialética entre criado e incriado, porque, no momento em que essa dialética é eliminada e o mundo e Deus são unidos indissoluvelmente, ter-se-ia como resultado que tanto Deus como o mundo tornar-se-iam "produtos" de necessida-

---

[54] ZIZIOULAS, J. *Christologie et existence. La dialectique créé-incréé et le dogme de Chalcédoine*, in Contacts 36, 1985, p. 166.
[55] *Christologie et existence*, p. 166.
[56] *Christologie et existence*, p. 166-167.

de e não de liberdade. O "sem divisão" não é o resultado da fatalidade, mas da livre vontade do amor de Deus. O "sem mistura" salvaguarda a liberdade do amor de Deus.[57]

O desígnio pró-eterno de Deus, portanto, de "recapitular tudo em Cristo" não obedece a uma necessidade cega, mas só ao amor misericordioso do Pai que quer comunicar sua vida por meio do Filho encarnado na potência do Espírito. A Encarnação é a manifestação do amor de Deus porque é fruto de sua liberdade. Só assim o homem pode superar a fatalidade de um destino cego e viver na liberdade como pessoa responsável.

Como se pode constatar, também junto desses teólogos, Cristo ocupa o posto central no desígnio de Deus Pai. Para eles, como para os Padres antigos, Cristo é mediador absoluto da criação em sua totalidade e sobretudo o é do homem. Esses teólogos sublinham com particular vigor, com termos mais próximos da mentalidade do homem de hoje, que a *pessoa* de Cristo é a que responde às grandes interrogações que constantemente põe a humanidade: quem é o homem, de onde vem, para onde vai. A resposta é válida para todos os homens, para todas as épocas, para todas as religiões: *somos* pessoas enquanto inseridos na pessoa de Cristo, provimos do amor ex-estático (amor que sai de si e se transfere para nós) de Deus Trizipostático o qual derrama continuamente em cada um dos homens seu ser-em-relação. É assim que os homens, amadurecendo no amor como pessoa, se encaminham para o encontro definitivo com a Vida na qual a "existência trágica" da criaturalidade humana perderá sua provisoriedade e fragilidade proveniente do viver na dimensão espaço-temporal ameaçada continuamente pelo pecado e, portanto, pela morte.

IV. A "redescoberta" da natureza trinitário-sacramental da igreja

A eclesiologia representa um dos últimos tratados aparecidos na teologia ortodoxa. Basta pensar que a primeira monografia ortodoxa sobre a igreja se deve a I. Karmiris que publicou em Atenas a volumosa *Ecclesiologia ortodossa* em 1973. G. Florovskij deveras repetia que a doutrina da igreja tinha "apenas passado sua fase pré-teológica".[58]

Os teólogos ortodoxos, até quase os anos 50, influenciados pela Escolástica latina, tinham um conceito de igreja que não estava muito distante daquele latino de *societas perfecta*.

---

[57] Cf. *Christologie et existence*, p. 168.
[58] FLOROVSKIJ, G. *Cristo, lo Spirito, la Chiesa*, Qiqajon, Magnano 1977, p. 116-117.

No entanto, a teologia ortodoxa descobriu progressivamente a natureza comunhonal e sacramental da igreja em paralelismo com a redescoberta da Trindade, da pneumatocristologia, da eucarística e da escatológica.

1. A NATUREZA ICÔNICO-TRINITÁRIA DA IGREJA

J. Zizioulas representa, em certo sentido, a síntese de toda a reflexão teológica ortodoxa sobre a igreja destes últimos 50 anos. É o teólogo que com maior rigor e conseqüencialidade situou o mistério da igreja dentro de seu contexto trinitário. O mérito desse teólogo foi o de reportar o mistério da igreja não só com a Trindade em geral, mas com cada uma das três Pessoas e de encontrar nelas um equilíbrio teológico especialmente na relação entre igreja — Cristo — Espírito sem que a cristologia mortifique a pneumatologia ou o contrário. Esse equilíbrio lhe permitirá de tirar conseqüências práticas pelo que diz respeito às instituições da igreja.[59]

Ele começa sua reflexão afirmando que, já que o *Pai* é a fonte da divindade, é preciso admitir também que a existência da igreja 'é devida somente ao beneplácito do *Pai*, a sua iniciativa. E é justamente a ele, enquanto Pessoa distinta do Filho, que Cristo no fim conduzirá a igreja. A igreja, portanto, em sentido profundo e pleno é *a igreja do Pai*.[60]

No entanto, no Novo Testamento, a igreja é apresentada também como "corpo de Cristo". Isso parece sugerir que o ponto de partida em eclesiologia deva ser o cristológico. Os cristãos são incorporados no corpo de *Cristo* e não do Espírito. Nesse caso a cristologia é comumente entendida como evento completo e em si definido, como uma particular "economia", a da

---

[59] De seus numerosos trabalhos referentes à igreja cf., por exemplo, *L'unità della Chiesa nella divina Eucaristia e nel Vescovo nei primi tre secoli* (em grego), Athênai 1965, 1990, 2ª ed. [trad. fr. *L'Eucharistie, l'Évêque et l'Église durant les trois premiers siècles,* Desclée de Brouwer, Paris 1994]; *La dimensione pneumatologica della Chiesa,* in Communio 2, 1973, p. 468-476; *Christologie, Pneumatologie et institutiones ecclesiales – Un point de vue orthodoxe,* in ALBERIGO, G. (ed.) *Les Églises après Vatican II. Dynamisme et prospective (Actes du colloque international de Bologne 1980)* (Théologie Historique 61), Paris 1981, p. 131-148 [trad. it, *Cristologia, pneumatologia e istituzioni ecclesiali: un punto di vista ortodosso,* in ALBERIGO, G. (ed.), *L'ecclesiologia del Vaticano II: dinamismi e prospettive,* Dehoniane, Bologna 1989, p. 111-127; *Implications ecclésiologiques de deux types de pneumatologie,* in *Communio Sanctorum – Mélanges offerts a J. von Allmen,* Genève 1982, p. 141-154; *Le mystère de l'Église dans la tradition orthodoxe,* in *Irénikon* 60, 1987, p. 323-335; *Il primato nella chiesa,* in *Studi Ecumenici* 17, 1999, p. 121-133. Cf. também os estudos de BAILLARGEON, G. *Perspectives orthodoxes sur l'église-communion. L'oeuvre de Jean Zizioulas,* Editions Paulinienne & Médiaspaul, Montrèal – Paris 1989; MACPARTLAN, P. G. *The Eucharist Makes the Church. The Eucharistic Ecclesiologies of Henri de Lubac and John Zizioulas Compared,* Pro manoscritto, Oxford 1989.

[60] *Le mystère de l'Église,* p. 325.

encarnação do Filho. A função do Espírito, nessa perspectiva, tende a ser a de um satélite desse evento, que contribui a realizá-lo e, em certo sentido, dele depende. O Espírito *assiste* a igreja, preenchendo a distância entre nós e Cristo, fazendo com que possamos nos unir a Cristo-Cabeça através da "graça". Essa pneumatologia, *condicionada pela cristologia*, afirma J. Zizioulas, seria típica do Ocidente latino e é por esse motivo que a tradição da igreja católica é acusada por alguns teólogos ortodoxos de ser "cristomonista".[61]

Outros — e aqui quer se referir a Lossky — elaboraram uma espécie de "economia do Espírito" e a eclesiologia foi impulsionada pela pneumatologia.

A tradição bíblica e patrística, ao contrário, apresenta-nos uma síntese unitária entre a "cristopneumatologia" e a "pneumatocristologia".[62]

Indubitavelmente o ponto de partida da eclesiologia é a cristologia. Que função tem, no entanto, o Espírito na cristologia? A esse ponto o pensamento de J. Zizioulas se aproxima daquele de N. Nissiotis completado por seu pensamento concernente à "pessoa".

Quando dizemos "Cristo", afirma nosso teólogo, queremos significar uma Pessoa e não um indivíduo, significamos uma realidade relacional, que existe "para nós" ou "para mim". Aqui o Espírito Santo é a pessoa da Santíssima Trindade, que realiza atualmente, na história, aquilo que chamamos Cristo, essa entidade absolutamente pessoal e relacional do Salvador. Nesse caso a cristologia é condicionada *essencialmente* pela pneumatologia. Entre Cristo e nós não existe uma distância, que deve ser preenchida com a graça santificante. O Espírito Santo, atualizando o acontecimento de Cristo na história, realiza *contemporaneamente* sua existência como corpo e como comunidade. Cristo não existe *primeiro* como indivíduo e *depois* como comunhão. Ele é, simultaneamente, os dois. No Espírito Santo desaparece toda distância entre cristologia e eclesiologia.[63]

A igreja, portanto, se identifica com Cristo. Sua "existência não é *causada* por um fator preexistente — seja ele cristológico ou pneumatológico — mas ela é simultaneamente constituída por ambos".[64] "O mistério da igreja

---

[61] A esse respeito, J. Zizioulas se dissocia desses teólogos e afirma: "Pessoalmente não aceito a idéia de que o Ocidente tenha sido sempre 'cristomonista'" (cf. *Le mystère de l'Église*, p. 325).
[62] Cf. *Implication ecclésiologiques*, p. 145-149.
[63] Cf. *Verité e communion*, p. 99. No mesmo lugar ele escreve: "Podemos dizer sem risco de exagerar que *Cristo não existe senão de maneira pneumatológica e não nele mesmo*, tanto em sua particularidade de pessoa distinta como em sua capacidade de corpo da igreja e em sua recapitulação de todas as coisas. É de tal maneira grande o mistério da cristologia, que o Cristo não é um acontecimento que se defina por ele mesmo [...] mas é a *parte integrante da economia da Santa Trindade*. Falar de Cristo significa ao mesmo tempo falar do Pai e do Espírito, e essa verdade não deve ser obscurecida pelo fato de que somente o Cristo é encarnado e não o Pai e o Espírito. Porque a encarnação [...] é constituída pela obra do Espírito e esta não é outra coisa que a expressão e a realização da vontade do Pai".
[64] *Ibid.*, p. 12.

nasceu desse evento cristológico-pneumatológico em sua *integridade*. A igreja é o mistério da unidade entre o 'Um' e os 'muitos' — não o 'Um', que primeiro existe como 'Um' e depois se torna 'muitos', mas do 'Um' que é ao mesmo tempo 'muitos'".[65]

Aqui poderia surgir a dúvida se, para J. Zizioulas, Cristo, como pessoa eterna não viesse a ser absorvido pela igreja. Ele esclarece esse ponto assim: "Tudo isso significa que a cristologia é inconcebível sem a pneumatologia. Está em jogo a própria identidade de Cristo. A existência do corpo é condição necessária para que a cabeça seja cabeça. [...] O 'eu' de Cristo é sem dúvida, o 'eu' eterno, que tem sua origem na relação eterna com o Pai. Mas, enquanto Cristo encarnado, ele introduziu nesta relação eterna um outro elemento: nós mesmos, o multíplice, a igreja".[66]

A conclusão desses pressupostos assume grande importância também na prática da igreja: "Se a pneumatologia é feita constitutiva da eclesiologia, a própria noção de *instituição* será profundamente tocada. Só na perspectiva cristológica se pode falar da igreja como *in*-stituída (por Cristo), mas na perspectiva pneumatológica se deverá falar dela como *con*-stituída (pelo Espírito). Cristo *in*-stitui e o Espírito *con*-stitui. A diferença entre essas duas *in* e *con* pode ser enorme em matéria eclesiológica. A 'instituição' é alguma coisa que se apresenta a nós como um fato, um 'fato' mais ou menos 'realizado' e como tal é uma provocação de nossa liberdade. A 'constituição' é alguma coisa que implica a nós mesmos em nosso ser íntimo, alguma coisa que aceitamos livremente, porque tomamos parte em seu próprio emergir. A autoridade no primeiro caso é alguma coisa que nos foi imposta, enquanto no último é alguma coisa que brota de nós. Se à pneumatologia é designado um papel constitutivo em matéria eclesiológica, está influenciada toda questão do *Amt und Geist* (instituição e espírito) ou do 'institucionalismo'. A noção de comunhão deve ser aplicável à própria ontologia das instituições eclesiásticas, não só a seu dinamismo e a sua eficácia".[67]

Nessa perspectiva, podemos deduzir porque nosso teólogo afirma que a eucaristia não constitui um simples capítulo da dogmática, mas a expressão fundamental de todo o mistério da salvação em sua plenitude e em sua consistência.[68]

---

[65] *Ibid.*, p. 11.
[66] *Le mystère de l'Église*, p. 331.
[67] *Cristologia, pneumatologia e istituizioni ecclesiastiche*, p. 125-126.
[68] Cf. *Die Eucharistie in der neuzeitlichen orthodoxen Theologie*, in KIRCHL. AUSSENAMT DER EVANGELISCHEN KIRCHE IN DEUTSCHLAND (ed.), *Die Anrufung des Heiligen Geistes in Abendmahl* (Beiheft zur Ökumenischen Rundschau 31), O. Lembeck, Frankfut am Main 1977, p. 163-179, aqui 164 nota 4.

2. A IGREJA É SACRAMENTO DO *ÉSCHATON*

Uma das características da teologia ortodoxa de hoje é também sua redescoberta da robusta valência escatológica de toda a teologia.[69] A escatologia, afirma Zizioulas, deveria constituir o primeiro capítulo da teologia e não o último.[70] Para ele a escatologia é absolutamente crucial especialmente para a eclesiologia: "Em minha opinião, escreve, devemos conceber os *éschata* como o início da vida da igreja, o *arché*, aquilo que produz a igreja, dá-lhe sua identidade, aquilo que a sustenta e a anima em sua existência. A igreja não existe porque Cristo morreu na cruz, mas porque ele ressuscitou dos mortos, o que significa: porque chegou o Reino. A igreja reflete o futuro, o estado final das coisas, e não um acontecimento histórico do passado".[71]

Esse caráter escatológico da igreja é inerente ao fato de que ela é *constituída* pelo Espírito, o qual no seio da Trindade "tem a tarefa" de superar a história: "Tanto o Pai quanto o Espírito estão implicados na história, mas só o Filho *se torna* história. De fato, se introduzirmos tempo e história no Pai e no Espírito negamo-lhes automaticamente a tarefa específica na economia. Estar envolvido na história não é o mesmo que *tornar-se* história. A economia por isso, enquanto é assumida como história, é *uma só* e esta é o evento Cristo".[72]

Até "eventos" como o Pentecostes, que parecem à primeira vista ter um caráter exclusivamente pneumatológico, deveriam estar ligados ao evento Cristo, para se qualificar como parte da história da salvação; de outro modo cessam de ser pneumatológicos em sentido pleno (o Pentecostes é um aspecto da Páscoa).

Ora se *tornar* história é a caraterística do Filho na economia, qual é a contribuição do Espírito? Pois bem, precisamente o oposto: a ação do Espírito opera a liberação do Filho e da economia do laço da história. Se o Filho morre na cruz, sucumbindo assim à servidão da existência histórica, é o Espírito que o faz ressurgir dos mortos. O Espírito está *além* da história, e, quando age nela, o faz para trazer na história os últimos dias, o *éschaton*. Daqui a primeira caraterística fundamental da pneumatologia: seu caráter escatológico. O Espírito faz de Cristo (e portanto da igreja) um ser escatológico, o "último Adão".[73]

---

[69] Cf. por exemplo, RAMONAS, A. *L'attesa del regno. Éschaton e apocalisse in Sergei Bulgakov*, Mursia, Roma 2000.
[70] *Le mystère de l'Église*, p. 327.
[71] *Ibid.*, p. 326.
[72] *Cristologia, pneumatologia e istituzioni ecclesiastiche*, p. 116-117.
[73] *Ibid*. Sobre o pensamento escatológico de J. Zizioulas, cf. também *Il mutamento di collocazione della prospettiva escatologica*, in *Cristianesimo nella storia* 5, 1984, p. 119-130.

Desses pressupostos pneumatológicos e escatológicos Zizioulas tira algumas conclusões importantes. A igreja, já que tem uma existência *icônico-sacramentária*, isto é, colhe sua realidade daquilo que será e não dos condicionamentos históricos, não pode ser concebida como instituição estática: "Ela é aquilo que é, tornando-se sempre mais aquilo que será".[74] "A igreja é um acontecimento que acontece sempre continuamente e não uma sociedade estruturalmente instituída de modo permanente. Isso não significa que não tenha um aspecto institucional em sua existência. Isso significa, sim, que nem todos os seus aspectos institucionais pertençam à verdadeira identidade que é escatológica. Somente os aspectos institucionais que provêm de sua existência como *acontecimento* — e esses aspectos existem — referem-se a sua verdadeira identidade. A essas estruturas e instituições pertencem as que se referem ao acontecimento da comunidade eucarística e a tudo aquilo que provém desse acontecimento."[75]

Essas estruturas para J. Zizioulas seriam o episcopado, a estrutura da comunidade eucarística, a distinção entre leigos, presbíteros e bispos, a conciliaridade proveniente da igreja como acontecimento e como sacramento, precisamente na celebração da eucaristia. Outras instituições, embora úteis, têm um significado histórico e não pertencem à verdadeira identidade da igreja.[76]

Todas as instituições eclesiásticas, mesmo as necessárias, se *relativizam* no sentido que tomam sua identidade não por si, mas por sua relação com o Espírito e com a eucaristia, tornando-se assim *icônicas* e *sacramentais*: "As instituições eclesiais, através do condicionamento escatológico tornam-se *sacramentais*, no sentido de serem colocadas na dialética entre história e escatologia, entre 'já' e 'ainda não'. Elas perdem por isso sua auto-suficiência, sua ontologia individual, e existem de modo *epiclético*, isto é, dependem constantemente quanto a sua eficácia da oração da comunidade. Não é na história que instituições eclesiásticas encontram sua certeza (ou sua validade), mas na dependência constante do Espírito Santo. É isso que as torna 'sacramentais', que, na linguagem da teologia ortodoxa, pode ser chamado icônico".[77]

---

[74] *Le mystère de l'Église dans la tradition orthodoxe*, p. 333. Em outro lugar, J. Zizioulas escreve: "A história não é jamais uma justificação suficiente para a existência de certa instituição eclesial, seja que se refira à tradição, à tradição apostólica, ao fundamento escriturístico ou às necessidades históricas reais. O Espírito Santo remete para além da história; não é contra a história, compreende-se, mesmo se freqüentemente pode e deve voltar-se contra ela, como acontece, de fato, com a função profética do ministério" (*Cristologia, pneumatologia e istituzioni ecclesiastiche*, p. 124).

[75] *Le mystère de l'Église dans la tradition orthodoxe*, p. 333.
[76] Cf. *ibid.*, p. 334.
[77] *Cristologia, pneumatologia e istituzioni ecclesiastiche*, p. 124.

3. A IGREJA ÍCONE DA TRINDADE
E DO *ÉSCHATON* QUE SE REALIZA NA EUCARISTIA

A reflexão ortodoxa atual sobre a eucaristia pode-se sintetizar na expressão "eclesiologia eucarística". Talvez nenhum aspecto da teologia ortodoxa de hoje foi mais original e influenciou tanto também a teologia católica como a eclesiologia eucarística. Os representantes dessa corrente teológica, com seus escritos, ajudaram a superar uma forma estática de conceber a eucaristia e sobretudo assinalaram a superação de uma visão dualista da relação entre igreja e o grande sacramento. A eclesiologia eucarística ajudou a redescobrir ulteriormente a natureza sacramental da igreja a partir justamente de seu ser corpo de Cristo eucarístico.

Nem tudo aquilo que foi escrito sobre a eclesiologia eucarística é inatacável pela crítica; os próprios Ortodoxos criticam alguns de seus aspectos, mesmo os próprios fautores dessa teologia não deixam de sublinhar os pontos fracos daqueles que os precederam nessa reflexão. No entanto, suas interpretações centrais permanecem válidas, extremamente fecundas e estimulantes. Mais ainda, segundo o metropolita ortodoxo do Monte Líbano, G. Khodre, "a teologia eucarística é certamente a maior contribuição da eclesiologia ortodoxa contemporânea".[78]

N. Afanassieff[79] (1893-1966), um dos maiores teólogos russos da diáspora, discípulo de S. Bulgakov, é o verdadeiro fundador da eclesiologia eucarística, mesmo que ela já tivesse sido intuída por Khomiakov.[80] J. Zizioulas completa as reflexões de Afanassieff sobre alguns pontos que criavam problemas.

Nicolau Lossky afirma de Afanassieff: "P. Nicolas Afanassieff é conhecido como um dos pioneiros que desenvolveram a noção de uma eclesiologia eucarística para o mundo ortodoxo. Todos devemos ser-lhe gratos por ter

---

[78] KHODRE, G. *Le problème de l'intercommunion*, in *Le Messager Orthodoxe* 24-25, 1963-64, p. 26.
[79] Para as notícias biográficas desse teólogo, cf. AFANASSIEFF, N. *Nicolas Afanassief (1893-1966). Essai de biographie*, in *Contacts* 21, 1969, p. 99-111.
[80] Sobre a eclesiologia eucarística de N. Afanassieff, cf. entre outros *L'assemblée Eucharistique unique dans l'église ancienne*, in *Kleronomia* (Salonicco) 6, 1974, p. 1-36; *L'églie de Dieu dans le Christ*, in *La Pensée Orthodoxe* 13, 1968, p. 1-38; *L'Église du Saint-Esprit* (Cogitatio Fidei 83), Cerf, Paris 1975; *L'Église qui préside dans l'Amour,* in AFANASSIEFF, N. et. al., *La primauté de Pierre dans l'Église orthodoxe*, Neuchâtel 1960; *L'Eucharistie, principal lien entre les Catholiques et les Orthodoxes*, in *Irénikon* 38, 1965, p. 337-339; *Le sacrement de l'assemblée*, in *Le messager Orthodoxe* 27, 1964, p. 30-43; *Una Sancta. En mémoire de Jean XXIII, le pape de l'amour*, in *Irénikon* 36, 1963, p. 536-475. Entre os numerosos estudos referentes à eclesiologia eucarística desse teólogo, uma boa síntese é representada por KOULOMZINE, N. *L'ecclésiologie eucharistique di Père Nicolas Afanassieff*, in *Le liturgie: son sens, son esprit, sa méthode. Conférences Saint-Serge XXVII semaine d'études liturgiques (Paris 30. VI– 3. VII 1981)* (Bibliotheca "Ephemerides Liturgicae". "Subsidia" 27), Ed. Liturgiche, Roma 1982, p. 113-127.

redescoberto a plenitude da eclesialidade da igreja local, que encontra sua expressão no sacramento da eucaristia".[81]

a. A eucaristia permite à igreja existir enquanto corpo de Cristo

Ele parte do pressuposto de que a igreja é um mistério, um sacramento do qual se pode ter a experiência somente na celebração eucarística. Ele, como muitos outros teólogos ortodoxos, se inspira no texto de Atos 2,44: "Todos os fiéis estavam reunidos num mesmo lugar" (*epì tò autò*). Baseando-se também sobre textos patrísticos, afirma que o estarem reunidos num mesmo lugar indica contemporaneamente a eucaristia ("*sinassí*") e a igreja (povo de Deus reunido na unidade): "A eucaristia enquanto assembléia litúrgica '*epì tò autò*', em certo sentido, identifica-se com a 'igreja': é por isso que os dois termos são facilmente intercambiáveis".[82] A eucaristia é mais que um sacramento da *presença* do Senhor, ela é o sacramento de um organismo vivo, ela é o "sacramento da assembléia", isto é da igreja, povo de Deus Pai, reunido para se tornar sempre mais templo do Espírito e corpo de Cristo ressuscitado. Nesse sentido, a igreja enquanto assembléia é instituída pelo Senhor juntamente com a eucaristia. De fato: "É justamente durante a primeira eucaristia, a dos apóstolos, e durante todas as outras que nos tornamos, através do pão e do vinho, corpo de Cristo. A comunhão cria a '*koinonía*' que consiste numa 'co-união' real com o corpo e o sangue de Cristo. A realidade do pão manifesta a realidade integral do corpo de Cristo, a unidade do pão (*hêis ártos*) manifesta a unidade do corpo (*hên sõma*). Ora, sabemos que seu corpo é a igreja de Deus, a igreja que existe verdadeiramente e realmente "*en Christõ*". É por isso que reunir-se para a eucaristia significa reunir-se enquanto igreja, e reunir-se enquanto igreja significa reunir-se enquanto eucaristia".[83]

Evidentemente Afanassieff não quer afirmar uma ligação de causalidade entre igreja e eucaristia; ele fala de uma ligação existencial e experiencial. A eucaristia não *é feita* da igreja em sentido cronológico e lógico porque ela é dom absoluto da ação conjunta de Cristo e do Espírito que realizam a vontade do Pai. Simplesmente a *eucaristia permite à igreja existir enquanto Corpo de Cristo*. O teólogo grego Joannis Zizioulas exprimerá essa verdade de modo drástico e forte: "A eucaristia não é um ato de uma igreja preexistente; é um ato *constitutivo* do ser da igreja, um ato que permite à igreja *ser*. A eucaristia constitui o ser eclesial",[84] ou, como afirma P. Evdokimov

---

[81] LOSSKY, N. *Conciliarità-primato: un punto di vista ortodosso russo*, in *Studi Ecumenici* 17 (Venezia 1999), p. 136 (*Il ministero petrino e l'unità della Chiesa*, a cura di J. Puglisi).
[82] AFANASSIEFF, N. *Le sacrement de l'assemblée*, p. 31.
[83] ID., *ibid.*, p. 36.
[84] ZIZIOULAS, J. *L'être ecclésial* (Perspective orthodoxe 3), Labor et Fides, Genève 1981, p. 17.

discípulo de N. Afanassief, "a igreja é a koinonía eucarística em sua continuação e perpetuação".[85]

b. Em que sentido a eucaristia se identifica com a igreja

Afanassieff, como também outros teólogos ortodoxos, para explicar essa identificação entre igreja e eucaristia parte do anúncio paulino: "A igreja é o corpo de Cristo" e este é a eucaristia. A atenção é posta em particular sobre esse verbo *ser*. A eucaristia se identifica plenamente com Cristo, mas em que sentido a igreja se identifica com a eucaristia e portanto com Cristo? A igreja e a eucaristia se identificam com Cristo enquanto ambos são "corpo de Cristo", aliás a igreja se torna "corpo de Cristo" justamente com a eucaristia. Mas que significa "Corpo de Cristo"? Antes de tudo, ele é inseparável dele porque constitui com ele *uma unidade orgânica*. A igreja não existe sem a cabeça e do mesmo modo Cristo não existe sem seu corpo. Cristo, depois de sua ressurreição, existe só como Cristo total. Ontologicamente a unidade dos cristãos com Cristo começa com o batismo-crisma, mas isso é só o início: essa união vital *em* e *com* Cristo se torna sempre mais íntima, interiorizada e experiencial com a eucaristia; com ela os cristãos se tornam verdadeiramente "corpo de Cristo", unidade inseparável com a pessoa do Cristo histórico e ressuscitado, realizando assim, desde esta terra, o desígnio do Pai de "recapitular tudo em Cristo". É nesse sentido que a igreja existe enquanto "corpo de Cristo", enquanto Cristo está nela e a igreja está nele, tornando-se "uma carne".[86] Assim, afirma o teólogo russo, "a igreja é idêntica a Cristo, porque é seu corpo inseparável dele, mas não é ele mesmo. Cristo, unido "à igreja, permanece sempre um Cristo pessoal e não se torna um Cristo coletivo e panteísta".[87] A igreja, na eucaristia, deve ser vista como unidade íntima e profundíssima com Cristo, sem separação, mas também sem confusão.

Essa unidade entre igreja e eucaristia é de tal modo grande que, sendo a igreja eucaristicamente corpo de Cristo, ela se torna também o *templo* no qual Deus reúne seu povo e no qual se presta a Deus o devido culto em espírito e verdade.

Essa estreita ligação entre eucaristia e igreja é indicada, nos primeiros séculos do cristianismo, também com a prática de retirar da igreja os catecúmenos e os penitentes antes da celebração eucarística, enquanto o batizado se sentia pertencer plenamente à igreja somente depois de ter participado da eucaristia. Eis por que a eucaristia representa o cume dos sacra-

---

[85] EVDOKIMOV, P. *L'Ortodossia*, Dehoniane, Bologna 1981, p. 181.
[86] Cf. AFANASSIEFF, N. *L'église de Dieu dans le Christ*, in *La Pensée Orthodoxe* 13, 1968, p. 11-14.
[87] *Ibid.*, p. 11.

mentos da iniciação cristã nesta ordem: batismo, crisma, eucaristia. Para um ortodoxo concluir a iniciação cristã com o crisma representa um erro eclesiológico.

Assim também, nos tempos antigos, quem sem razão não comungava estava sujeito a penas canônicas. É esta a razão pela qual ainda hoje para os Ortodoxos é impossível a *communicatio in sacris* com quem não pertence à "verdadeira igreja". Somente a "verdadeira igreja" possui a eucaristia e é a "verdadeira igreja" porque possui a eucaristia.

c. Na eucaristia a igreja universal se identifica com a igreja local

A unidade entre igreja e eucaristia permite a Afanassieff identificar a igreja católica com a igreja local. Ele afirma que não existe uma igreja universal no sentido platônico tal que se subdivida em diversas partes chamadas igrejas locais. A igreja "corpo de Cristo" está lá onde se celebra a eucaristia, e ela é igreja em sua totalidade, integridade e plenitude: o Corpo de Cristo, como afirma são Paulo, não pode ser dividido (cf. *1Cor* 1,13). "Assim" — afirma Afanassieff — "a plenitude e a unidade da igreja não têm um caráter quantitativo mas dependem da plenitude e da unidade do corpo de Cristo, que permanece sempre e por toda parte uno e único em sua plenitude, porque Cristo, ontem e hoje, é sempre o mesmo seja para uma igreja isolada seja para todas as igrejas locais. Segundo a eclesiologia eucarística, a unidade e a plenitude da igreja estão ligadas ao conceito de igreja local e não ao conceito vago e impreciso de igreja universal. É na eucaristia que habita a plenitude do corpo de Cristo: portanto, a eucaristia seria impossível na igreja local se esta última não fosse senão uma só 'parte' da igreja de Deus. Lá onde há eucaristia, há a plenitude da igreja e, vice-versa, onde não há a plenitude da igreja não pode ser celebrada a eucaristia. Refletindo sobre a noção de 'parte' a eclesiologia eucarística exclui o conceito de igreja universal porque a noção mesma de 'parte' é o elemento constitutivo desta última".[88] Cada igreja local, porém, embora seja igreja católica em sua plenitude, deve estar em comunhão com todas as outras igrejas locais que celebram a eucaristia. Escreve a propósito o metropolita de Pérgamo, Joannis Zizioulas: "Assim como uma eucaristia que não seja a superação das divisões numa dada localidade é uma falsa eucaristia, também uma eucaristia que se celebre no isolamento e na separação conscientes e intencionais em relação às outras comunidades locais no mundo não é uma verdadeira eucaristia. Daí se segue inevitavelmente que uma igreja local, para poder ser

---

[88] *L'Église qui préside dans l'Amour*, in AFANASSIEFF, N. et al., *La primauté de Pierre dans l'Église orthodoxe*, Neuchâtel 1960, p. 28-29.

não só local mas também igreja, deve estar em plena comunhão com o resto das igrejas locais do mundo".[89]

Dessas considerações, Afanassieff pode concluir que aquilo que constitui a unidade da igreja não é um critério jurídico externo como a autoridade, mas o fator sacramental-eucarístico.[90]

Também para Zizioulas a igreja como existência contemporânea entre o "o Um" e os " muitos" se vive e se experimenta na eucaristia, entendida não como simples presença do indivíduo Cristo, mas como "sýnaxis", assembléia, reunião de Cristo total, Cabeça e membros. Essa comunidade, reunida e tornada sacramento, eucaristia, "existe" não só "biologicamente", mas também como membros de um corpo que transcende qualquer exclusivismo biológico e social. Está propriamente ali, onde o bispo é verdadeiramente "pai" e os fiéis "irmãos", vivendo um amor livre e universal. A eucaristia não é só assembléia, mas também movimento para a plena realização futura da hipóstase eclesial, porque ela não é deste *mundo*. Inicia nesta história, mas se completa no *éschaton*. "A hipóstase eclesial revela o homem enquanto pessoa radicada no futuro, e inspirada pelo futuro do qual toma sua substância. A verdade e a ontologia da pessoa pertencem ao futuro: são imagens do futuro."[91]

A igreja como "corpo de Cristo" é constituída, portanto, historicamente, pela eucaristia: "A eucaristia não é um ato de uma igreja preexistente; é um ato *constitutivo* do ser da igreja, que permite à igreja *ser*. A eucaristia constitui o ser eclesial".[92] Na eucaristia, de fato, é possível ter a síntese entre cristologia e pneumatologia, entre igreja local e universal, entre presente e futuro, entre carisma e instituição: "A eucaristia manifesta a forma *histórica* da economia divina, tudo o que foi 'transmitido' (cf. *1Cor* 10,23; eucaristia = 'tradição') através da vida, da morte e da ressurreição do Senhor como através da 'forma' do pão e do vinho e de uma 'ordem' praticamente inalterada desde aquela noite da última Ceia. Na eucaristia é conservado tudo aquilo que a comunidade eucarística perpetua no curso da história enquanto forma de celebração e de ministério [...] numa palavra, tudo aquilo que foi transmitido e *instituído*. A eucaristia é assim afirmação por excelência da história, a santificação do tempo, manifestando a igreja como realidade histórica, como *instituição*".[93]

Nessa perspectiva podemos deduzir porque nosso teólogo afirma que a eucaristia não constitui um simples capítulo da dogmática, mas a expres-

---

[89] ZIZIOULAS, J. *Being as Communion. Studies in the Pesonhood and the Church* (Contemporary Greek Theologians 4), St. Vladimir's Seminary Press, Crestwood/N.Y. 1985, p. 257.
[90] Cf. *L'Église du Saint-Esprit*, p. 28.
[91] *Du Personnage à la personne*, p. 53.
[92] *L'être ecclésial*, p. 17.
[93] *Ibid.*

são fundamental de todo o mistério da salvação em sua plenitude e em sua concretude.[94]

Na eucaristia se compreende agora que coisa se quer significar quando se fala ainda da identificação entre Cristo e a igreja. Na liturgia, cujo cume é a eucaristia, a igreja dirige sua oração ao Pai por meio do filho; isto não teria sentido se Cristo não se identificasse com a comunidade eclesial porque toda separação ou também toda distinção tornaria a oração sem significado e infrutuosa.[95]

Conclusão

No início do terceiro milênio, nota-se no mundo ortodoxo uma espécie de cansaço que acomete, paralelamente, seja o campo teológico seja o ecumênico. No entanto, tudo faz pressupor que existem os pressupostos para que nasçam novas forças no mundo teológico ortodoxo. A grande igreja ortodoxa russa pode agora se exprimir livremente e tem um enorme potencial para dar um salto de qualidade à reflexão teológica.

A teologia ortodoxa, porém, se quer ser propositiva e construtiva, e por isso capaz de enriquecer toda a cristandade, deve superar aquele sentido de provincianismo que ainda a caracteriza na maior parte de seus representantes, aquele entrincheirar-se dentro de uma pretensão de identidade expressa opondo-se ao Ocidente considerando-o o adversário a combater. A esse respeito, o século precedente carrega graves culpas. Basta pensar que, depois de séculos, justamente há alguns decênios, os teólogos ortodoxos retomaram de modo violento a polêmica contra o *Filioque*, considerando-o a causa de todos os males no Ocidente e não só no âmbito teológico! Aquele que mais que todos contribuiu para a radicalização da crítica ortodoxa contra o *Filioque* e influenciou também a maior parte da atual teologia ortodoxa, foi o teólogo russo-francês V. Lossky. Ele é considerado o pai da corrente neofosiana no campo pneumatológico, aquele que, depois da grande polêmica antifilioquiana dos tempos bizantinos, a retomou exarcebando-a. Começou com uma famosa conferência tida em Oxford em outubro de 1947 e, em seguida, repropôs com violência os argumentos antifilioquistas em diversos de

---

[94] Cf. *Die Eucharistie*, p. 164, nota 4.
[95] Cf. *Le mystère de l'Église*, p. 327-330.

seus escritos.⁹⁶ Sua crítica influenciou até os teólogos que eram mais abertos ao diálogo como N. Nissiotis. Ele, de fato, crê que o "filioquismo" latino seja a causa de todo desvio teológico latino. Para ele é dado por descontado que o *Filioque* cria um subordinacionismo trinitário em prejuízo do Espírito Santo, levando, no campo da economia da salvação, à ausência do Espírito e à hipertrofia cristocêntrica a ponto de falar de "cristomonismo".⁹⁷

No entanto, o peso da herança histórica que leva a Ortodoxia é de tal modo grande que não lhe pode permitir de permanecer na fase atual de defesa. Deve retornar a ser prepositiva e ajudar com sua riqueza também as outras confissões cristãs. O pensamento de alguns teólogos que expusemos e que, repetimos, não representa *a* teologia ortodoxa em sua maioria, pode representar uma indicação daquelas imensas possibilidades inatas na tradição teológica oriental. Estamos seguros que bem cedo outros nomes (alguns os conhecemos pessoalmente) darão um grande salto qualitativo e ecumênico na teologia ortodoxa. A teologia é vida e só projetando-a para o futuro ela poderá anunciar a esperança para os homens de nosso tempo. Já a tomada de consciência e a crítica a essa crise, feitas por jovens teólogos ortodoxos de várias proveniências, representam uma esperança para uma retomada da teologia criativa ortodoxa e para o serviço que ela pode prestar às próprias igrejas e também às outras igrejas cristãs ao longo do século XXI.

Bibliografia

ALIVIZATOS, Ha. (ed.), *Procès-verbaux du Ier Congrès de Thèologie Orthodoxe à Athènes* (29 Novembre – 6 Décembre 1936), Athênai 1939.

ANDROUTSOS, CH., *Dogmatica ortodossa oriental* (em grego), Athênai 1956, 2ª ed.

BORI, P. C., – BETTIOLO, P., *Movimenti religiosi in Russia prima della rivoluzione (1900-1917)*, Queriniana, Brescia 1978.

BULGAKOV, S., *L'Ortodoxie*, Paris 1932.

---

⁹⁶ Cf., pelo que diz respeito à conferência tida em Oxford, *The Procession of the Holy Spirit in the Orthodox Triadology*, in *Eastern Churches Quarterly* 7 (1948 Suppl.) p. 31-53. Publicado em francês: *La procession du Saint-Esprit dans la doctrine trinitaire orthodoxe. Essai*, Paris 1948. Seu pensamento pode-se encontrar também em LOSSKY, V. *Teologia mistica della Chiesa d'Oriente*, Dehoniane, Bologna 1985, 2ª ed., p. 39-82. Cf. também CLÉMENT, O. *V. Lossky, un théologien de la personne et du Saint-Esprit*, in *Messager de l'exarchat du Patriarche russe en Europe occidentale* 8, 1959, p. 137-206; HALLEUX, A. DE. *Orthodoxie et Catholicisme: du personnalisme en pneumatologie*, in *Revue théologique de Louvain* 6, 1975, p. 3-30.
⁹⁷ Cf. NISSIOTIS, N. *Pneumatologie orthodoxe*, in *Le Saint-Esprit*, Labor et Fides, Genèbre 1963, p. 94.

CHRISTOY, P. K., *Neohellenic Theology at the Crossroads*, in *The Greek Orthodox Theological Review* 28 (1983) 39-54.

CIOFFARI, G., *Breve storia della teologia russa*, in *Quaderni di Odigos* 87, Bari 1987.

DUMONT, P., *Teologia greca odierna*, in *Oriente Cristiano* VI, 3 (1966) 2-25; VI, 4 (1966) 15-41; VII, 1 (1967) 15-41; VII, 3 (1967) 34-66; VII, 4 (1967) 48-53. Essa série de artigos saiu num fascículo à parte com o mesmo título, Palermo 1968.

EVDOKIMOV, P., *L'Ortodossia*, Dehoniane, Bologna 1981.

FEDOTOV, G. P., *The Russian Religious Mind*, New York 1960.

FELMY, K. CH., *La teologia ortodossa contemporanea. Una introduzione*, Queriniana, Brescia 1999.

FLOROVSKIJ, G., *Ways of Russian Theology*, Nordland, Belmont/Ma. I-II, 1979 [trad. It., *Le vie della teologia russa*, Marietti, Genova 1987.]

FRANK, S., *Il pensiero religioso russo. Da Tolstoj a Losskij. Vita e Pensiero*, Milano 1977.

GAVIN, F., Some *Aspects of Contemporary Greek Orthodox Thought*, Milwaukee – London 1925.

LOSSKY, V., *La teologia mistica della Chiesa d´Oriente*, Dehoninae, Bologna 1985.

MATSOUKAS, N. A., *Teologia dogmatica e simbolica ortodossa*, voll. 2, Dehoniane, Roma 1995, 1996.

SPITERIS, Y., *La teologia ortodossa neo-greca*, Dehoniane, Bologna 1992.

STANILOAE, D., *Teologia dogmatica ortodossa per gli Istituti teologici* (em romeno), tomos 1-3, Bucarest 1978.

TREMBELAS, P., *Dogmatique de l'Église Orthodoxe Catholique*, traduction française par l'Archimandrite Pierre Dumont, Chevetogne 1966-1968.

WARE, K., *The Orthodox Church*, Harmondsworth, Middlesex 1963.

YANNARAS, CH., *La thèologie en Grèce aujourd'hui*, in *Istima* 2 (1971) 129-167.

— *Ortodossia ed Occidente nella Grecia moderna* (em grego), Athênai 1992.

— *La fede dell'esperienza ecclesiale. Introduzione alla teologia ortodossa*, Queriniana, Brescia 1993.

13
O CAMINHO DO ECUMENISMO NO SÉCULO XX

PETER NEUNER

O caminho da teologia ecumênica é difícil. Ela procede o mais das vezes por estradas íngremes ricas de serpentinas, onde as curvas escondem posições extremistas e unilateralidade e precisamente desse modo conduzem à meta. Por isso o caminho do ecumenismo não é simples e não tem avançado por estrada reta, mas oscilou entre pontos extremos, com unilateralidade freqüentemente justapostas umas às outras. As controvérsias e, muitas vezes, as ásperas polêmicas foram a regra mais que a exceção. Contudo, por esse caminho nos aproximamos da comunhão das igrejas cristãs, superamos condenações recíprocas ou lhes diminuímos a plausibilidade. O século XX registrou um progresso ecumênico insuspeito, porém, sem atingir ainda o objetivo. Vale a pena repassar os sucessos obtidos e tirar deles os ensinamentos para um desenvolvimento ulterior no século XXI.

I. Sobre a pré-história

O trabalho para a unificação das igrejas é tão antigo quanto a cristandade. Já no Novo Testamento encontramos exortações comoventes para conservar a unidade do espírito e para superar eventuais divisões. Nas igrejas antigas, a unidade da igreja foi incluída entre as "*notae ecclesiae*", entre os distintivos essenciais da igreja. A igreja é a "*una sancta*", e só na medida em que o é também a "*catholica et apostolica ecclesia*" confessada pelo Credo. A essa unidade devem servir o ministério eclesial, em particular o ministério episcopal, os sínodos e os concílios, o cânon dos livros bíblicos, o princípio da Escritura e não por último também o ministério papal. Contudo, precisamente a propósito dessas estruturas da unificação, as igrejas percorreram caminhos diversos. A unidade da fé foi favorecida pela atividade política, quando soberanos civis a impuseram por amor da unidade de seus impérios, mas foi também ameaçada ou destruída por contrastes políticos e sociais. Ela se rompeu quando, por exemplo, por ocasião do concílio de Calcedônia, as igrejas que não pertenciam mais politicamente ao império caminharam por estradas próprias. Motivos culturais, teológicos e de poder político influenciaram os eventos de 1054, no momento em que os mais altos representantes das igrejas do Oriente e do Ocidente se excomungaram reciprocamente, assim como os eventos de 1204, quando o exército dos cruzados destruiu a antiga cidade imperial de Constantinopla. A divisão entre Oriente e Ocidente foi sentida por ambas as partes como um espinho plantado no corpo de Cristo. Tentativas de superá-la permaneceram, freqüentemente, prisioneiras dos respectivos modos de pensar ou foram ligados a interesses e influências políticas em tal medida que não podem obter algum sucesso. Uma nova qualidade a divisão da igreja assumiu com os eventos da Reforma. Inicialmente, os que acreditavam à velha maneira e os que acreditavam à nova maneira pensavam viver ainda todos dentro da única igreja, as antigas acusações pareciam separar só momentaneamente os "partidos religiosos". Mas, passo a passo, tiveram de reconhecer que tinham se tornado igrejas excludentes umas às outras, igrejas que negavam, cada vez mais, à outra parte de ser a igreja de Jesus Cristo. Elevaram-se altar contra altar e púlpito contra púlpito.

As reações mais importantes diante dessa situação foram o irenismo e a polêmica. Os irenistas procuraram sublinhar os elementos comuns e minimizar as diferenças teológicas e no modo de organizar a igreja. Puseram o acento sobre os comuns pontos de partida, com base nos quais foram estruturados a mensagem cristã e a vida eclesial, e que eram independentes das afirmações de fé divergentes: colocaram, por exemplo, o acento sobre a experiência da conversão, sobre a experiência interior, sobre deveres sociais, sobre a educação do povo, enquanto fizeram passar em segundo plano as diferenças teóricas, com a conseqüência que os limites entre as igrejas deram a impressão de se tornarem permeáveis. Georg Calixt propõe um plano dentro do qual só as afirmações de fé da Sagrada Escritura e da cristandade antiga e indivisa, isto é, dos primeiros concílios, eram consideradas como vinculantes, enquanto as afirmações doutrinais sucessivas apareciam como não fundamentais e, portanto, como não capazes de dividir a igreja. Leibniz colaborou para um plano de união, em cujo centro estava uma revisão do concílio de Trento. Esse concílio teria sido um sínodo ocidental particular, não um concílio ecumênico e não teria, conseqüentemente, podido falar de modo dogmaticamente vinculante.

Mas, existiram também correntes em sentido oposto, que sublinharam de modo particular as diferenças. Essas viram naquilo que dividia as confissões a essência do catolicismo ou a essência do protestantismo, sustentaram que a respectiva identidade eclesial impunha a separação, fundaram e reafirmaram vez por vez as próprias reivindicações com o método da controvérsia. A polêmica não teve criticamente por objeto só as outras posições, mas teve por objeto também seus defensores, a quem acusaram de serem heréticos culpáveis e de ter culpavelmente dividido a igreja, e que procurou não só refutar, mas também combater e aniquilar o mais possível pessoalmente. Ela cavou também fossas e ainda infligiu feridas pessoais.

No século XIX, as controvérsias assumiram um caráter mais científico graças à nova disciplina teológica da simbólica, que colocava em confronto as confissões cristãs sobre a base de suas afirmações doutrinais oficiais, de seus símbolos de fé. Procurou-se compreender o outro. As diferenças não foram caladas, como no irenismo, mas também não foram consideradas isoladamente em si mesmas, mas foram avaliadas com base em suas conexões com o centro da fé. O representante da outra confissão aqui não fez mais a figura do estúpido ou do malvado, ao contrário, reconheceu-se que ele argumentava e agia de maneira lógica e honesta dentro de sua própria concepção. Ele foi tomado a sério e aceito com sua instância e com sua estraneidade. Polêmica, irenismo e simbólica foram as formas principais nas quais as igrejas e a teologia enfrentaram no século XIX a pluralidade das igrejas cristãs.

II. O movimento ecumênico nascente

O movimento ecumênico como organização e estrutura é uma criação do século XX, e a Conferência missionária mundial realizada em Edimburgo em 1910 é geralmente considerada como sua data de nascimento. Essa conferência era guiada pela idéia de que as igrejas, que desenvolvem uma atividade missionária umas contra as outras e até disputam eventualmente entre si os membros, não podem propor uma imagem convincente, isto é, era guiada pela idéia de que a divisão da cristandade prejudica profundamente a credibilidade da mensagem cristã. Seria necessário pelo menos separar uns dos outros os territórios de missão, isto é subdividir o mundo missionariamente. A igreja anglicana foi induzida a participar dessa conferência somente porque garantiram a ela que tratar-se-ia exclusivamente desses problemas práticos. Ao contário, as "questões, que se referem às diferenças na doutrina e na constituição da igreja [...], não seriam feitas objeto de discussão ou de resoluções".[1] Como ideal de trabalho missionário foi proposto o de deixar crescer em cada país não-cristão uma única igreja indivisível de Jesus Cristo. A idéia da unidade de todos os cristãos

---

[1] Rouse, R. – Neill, St. Ch. *Geschichte der Ökumenischen Bewegung 1517-1948* II, Göttingen 1958, 3 [trad. It., *Storia del movimento ecumenico dal 1517 al 1948* II, Il Mulino, Bologna 1973, p. 379].

em todos os lugares, como afirmaria mais tarde a fórmula ecumênica, foi lançada aqui.

As sugestões dessa conferência caíram sobre um terreno fértil. Em 1920, foi fundada em Genebra a Sociedade das Nações. Já em janeiro daquele ano o patriarcado ecumênico de Constantinopla publicou uma encíclica endereçada "a todas as igrejas de Cristo, onde quer que elas estejam",[2] com convite para colaborar, segundo esse exemplo, numa Sociedade das igrejas. Como pontos a tratar ela propõe a adoção de um calendário comum, uma regulamentação da questão dos matrimônios confessionalmente mistos e a convocação de conferências pancristãs. No mesmo ano, os bispos anglicanos publicaram na Conferência de Lambeth o *"Appel to All Christian People"* [Apelo a todos os cristãos] no qual lamentavam a divisão do povo cristão, exprimiam a esperança na unificação e recomendavam o ministério episcopal como instrumento para chegar a isso.[3]

O terreno para uma Sociedade das igrejas estava assim preparado. A decisão mais importante da Conferência de Edimburgo foi a fundação de uma comissão para a continuação de seu trabalho, do qual brotou o Conselho internacional para as missões (Internationaler Missionsrat, IMR), que graças a sua colaboração supraconfessional e às estruturas organizativas estabelecidas se tornou uma das raízes do Conselho ecumênico das igrejas. Depois que em 1910 em Edimburgo os problemas de fé foram colocados de lado, impôs-se logo a idéia que precisamente os problemas de fé e de constituição da igreja não podiam ser ignorados, se se quisesse chegar a uma comunhão da cristandade. No fundo, tinham sido problemas de fé os que tinham levado à divisão da igreja e que continuavam a separar as confissões. As igrejas, como chegou a dizer o bispo anglicano Charles Brent, deveriam "discutir aquelas questões dogmáticas e eclesiológicas, nas quais divergem entre si" e chegar "assim a uma forma de compreensão mútua e de mútuo entendimento. Ele propôs convocar uma conferência que, "com a participação de representantes de todas as comunidades cristãs do mundo inteiro, que confessam nosso Senhor Jesus como Deus e Salvador, deve ter a finalidade de examinar as questões que entram no âmbito da fé e da constituição da igreja de Cristo".[4] Essa conferência devia, portanto, ocupar-se da fé e da constituição da igreja. Em 1927, reuniu-se em Lausânia a primeira Conferência mundial de *"Faith and Order"* [Fé e constituição], como o movimento se denominou. Estavam representadas todas as confissões exceto

---

[2] Sobre essa carta, cf. ROUSE, R. – NEILL, ST. CH. II, p. 53s. [trad. it., *Storia del movimento ecumenico dal 1517 al 1948* III, Dehoniane, Bologna 1982, p. 35s.].
[3] Os passos desse apelo, entretanto, tornaram-se clássicos, estão publicados em ROUSE, R. – NEILL, ST. CH. II, p. 55 [trad. it. cit., p. 37s.].
[4] Citado por NEUNER, P. *Ökumenische Theologie*, Darmstadt 1997, 30 [trad. it., *Teologia ecumenica. La ricerca dell'unità tra le chiese cristiane*, Queriniana, Brescia 2000, p. 37-38]. Ali se encontram indicações ulteriores sobre a história do movimento ecumênico.

a romano-católica. O trabalho devia, antes de tudo, servir para aprender a se conhecer reciprocamente. Estabeleceu-se como programa estudar cientificamente a vida, a doutrina e a constituição das várias igrejas, e de chegar assim a um conhecimento mais preciso dos elementos comuns e das diversidades. Desse modo foi fundado um novo ramo da teologia: a confessionologia ou a eclesiologia comparada. Nela se retomou a simbólica tradicional, mas ela se estendeu à vida das igrejas em seu complexo. Era preciso examinar não só a doutrina oficial, mas também a prática religiosa, o culto, a constituição da igreja e a vida comum. Tratava-se de aprender a se conhecer mutuamente e de estabelecer uma base de confiança.

Nathan Söderblom, desde 1914 arcebispo luterano de Upsala, tinha sido muito tocado pelo fato de que a confissão cristã não tinha sido capaz de superar os conflitos nacionais, mais ainda, que as igrejas se tinham deixado colocar, no momento da explosão da primeira guerra mundial, a serviço da propaganda de guerra. Imediatamente depois da guerra ele propôs fundar um Conselho ecumênico das igrejas. A seu convite em 1925 reuniu-se em Estocolmo a Conferência mundial para o cristianismo prático. Ao "*Life and Work*" [Vida e trabalho], como o movimento foi denominado, tomaram parte delegados oficiais das igrejas. Desde então o ecumenismo se torna um negócio das igrejas "oficiais", não só de particulares. As assembléias estavam sob o lema: "Fazer aquilo que une", e eram animados pela convicção: "A doutrina divide, mas o serviço une".[5] As igrejas se viam chamadas a se solidarizar com os desvalidos e com os oprimidos, a fim de superar as causas sociais e estruturais da miséria. A Conferência de Estocolmo teve uma notável ressonância, e sua vontade de colaborar para além de todos os limites nacionais e sociais foi até mesmo saudada com entusiasmo. Mas não faltaram vozes críticas, que acusaram as igrejas de uma politização ou uma colocação em discussão da confissão.

Uma coisa permanece fortalecida: a idéia da missão, o Movimento para o cristianismo prático. Fé e constituição foram as raízes que deviam levar à fundação do Conselho ecumênico das igrejas.

III. O Conselho ecumênico das igrejas e a multiplicidade de seus caminhos

Ter-se-ia de esperar até 1948 antes que o Movimento para o cristianismo prático, Fé e constituição confluíssem em Amsterdã no Conselho ecumênico das igrejas. A autocompreensão dessa instituição é descrita pela

---

[5] Essa esperança, entretanto, se enfraqueceu muito até se transformar em seu contrário: "A doutrina une, a ação divide".

fórmula de base: "O Conselho ecumênico das igrejas é uma comunhão de igrejas que reconhecem (*accept*) nosso Senhor Jesus Cristo como Deus e Salvador". No Conselho foram recolocadas de vários modos expectativas exageradas, que acabaram por preocupar as igrejas e fazer-lhes temer que ele quisesse ser a *una sancta ecclesia* da profissão de fé e tomar o lugar das igrejas tradicionais. Era necessário afastar semelhantes esperanças e preocupações. O Conselho se concebe como um instrumento do qual as igrejas podem servir-se para fazer contato entre si e dar passos para a unidade. Não é o movimento ecumênico, mas uma parte dele. Em 1950, ele publicou em Toronto uma declaração sobre *A igreja, as igrejas e o Conselho ecumênico das igrejas*,[6] onde lemos: "O Conselho ecumênico das igrejas não é uma 'super-igreja' e jamais poderá sê-lo" (n. 3). "O fato que uma igreja seja membro do Conselho ecumênico das igrejas não significa que ela relativize a própria concepção da igreja" (n. 4). O Conselho não reivindica nenhum poder decisório sobre as igrejas. "O papel do Conselho enquanto tal é só o de um instrumento. Ele deve diminuir, para que a *Una Sancta* cresça".[7]

Um passo inicial para superar a confessionologia foi realizado pela Conferência mundial de Fé e constituição realizada em Lund em 1952, na qual também a igreja católica estava representada por quatro observadores oficiais. Ali se impôs a idéia que não bastava alinhar comparativamente, umas ao lado das outras, as várias eclesiologias. Das pretensões que rivalizam entre si, nasce necessariamente a pergunta, que se interroga sobre qual é a verdadeira igreja. A essa pergunta só é possível responder partindo da cristologia; só a cristologia pode constituir um critério da eclesiologia. "Nós já reconhecemos claramente que não podemos dar nenhum passo para a unidade, se nos limitarmos a confrontar entre si nossas diversas concepções da essência da igreja e as tradições nas quais elas estão inseridas. Ainda uma vez, resultou que nos aproximamos uns dos outros na medida em que nos aproximamos de Cristo".[8] Acontece como no caso dos raios de uma roda: quanto mais eles se aproximam do centro, tanto mais se aproximam também entre si. Em Lund, se "mudou, por assim dizer, a direção do olhar. Enquanto até agora as igrejas tinham-se colocado umas frente às outras, agora tinham alcançado um ponto de vista comum, que conferia a seu diálogo a necessária orientação. A unidade dada em Cristo não é agora só objeto de uma declaração solene emanada em comum, mas, mais ainda, ela se tornou um ponto de partida da reflexão comum".[9] Era necessário considerar a doutrina dos sacramentos, a doutrina dos ministérios, o culto e superar as diferenças partindo da cristologia. Isso foi chamado o "método

---

[6] O texto foi publicado também em VISCHER, L. (ed.), *Die Einheit der Kirche. Material der Ökumenischen Bewegung*, München 1965, p. 251-261.
[7] Assim a síntese em ROUSE, R. – NEILL, ST. CH. II, 421 [trad. it., *Storia del movimento ecumenico dal 1517 al 1968* IV, Dehoniane, Bologna 1982, p. 72s.].
[8] Segundo VISCHER, L. (ed.), *op. cit.*, p. 93s.
[9] VISCHER, L. (ed.), *op. cit.*, p. 16s.

cristológico" da teoria ecumênica. Para sua prática as igrejas se propuseram como fim "agir em comum em todas as coisas, exceção feita daquelas nas quais profundas convicções divergentes as constrangiam a agir sozinhas". Lund 1952 torna-se, com a "virada copernicana" para a cristologia e com sua nova orientação para uma comunidade universal na prática, uma ata memorável na história do movimento ecumênico.

Entre as assembléias gerais do Conselho ecumênico das igrejas a mais importante de todas foi a de Nova Delhi de 1961. A Internationaler Missionsrat (IMR), uma das raízes do Conselho ecumênico das igrejas (CEI), foi integrada no Conselho como Comissão para a missão mundial. As igrejas ortodoxas da Rússia, Romênia, Bulgária e Polônia entraram no Conselho, o que fez com que ele perdesse a imagem de uma organização protestante. Além disso, em Nova Delhi, a fórmula basilar foi trinitariamente ampliada e afirma desde então: "O Conselho ecumênico das igrejas é uma comunhão de igrejas que, conformemente à Sagrada Escritura, confessam (*confess*) Jesus Cristo como Deus e Salvador e que procuram por isso realizar conjuntamente aquilo ao qual foram chamadas, em honra de Deus Pai, Filho e Espírito Santo".[10] Além disso, em Nova Delhi se conseguiu, ainda, pela primeira vez, definir com maior precisão a finalidade ecumênica: "Cremos que a unidade, que é contemporaneamente vontade de Deus e dom de Deus a sua igreja, torna-se visível quando todos aqueles que são batizados em Jesus Cristo e o confessam como Senhor e Salvador são conduzidos em todo lugar, mediante o Espírito Santo, numa comunidade plenamente vinculada, que confessa a única fé apostólica, anuncia o único evangelho, parte o único pão, une-se na oração comum e leva uma vida comum que se dedica, no testemunho e no serviço, a todos".[11]

Quase contemporaneamente com Nova Delhi, verificou-se de maneira totalmente inesperada um outro acontecimento: João XXIII anunciara a convocação de um concílio, que suscitara esperanças e expectativas precisamente pelo que dizia respeito ao ecumenismo. O Secretariado para a unidade emitiu sinais que faziam esperar uma orientação completamente nova. De vários modos, fez caminho a idéia de que, com o ingresso de outras igrejas, sobretudo da igreja romana, o Conselho ecumênico, em breve, representaria toda a cristandade e, com a ampliação da fórmula basilar até a transformá-la numa autêntica profissão de fé, se tornaria a igreja universal. Mas essa esperança seria frustrada. Constatou-se que não era assim tão fácil realizar ulteriores progressos teológicos. Conseqüentemente, centrou-se a atenção sobre questões práticas da responsabilidade dos cristãos para com o mundo. A unidade devia ser realizada, antes de tudo, por meio de uma

---

[10] *New Delhi 1961*, a cura de W. A. Visser't Hooft, Stuttgart 1962, p. 170.
[11] *New Delhi 1961*, p. 130.

ação comum. Em particular, as sempre mais numerosas igrejas do Terceiro mundo demonstravam estar mais interessadas na superação ou pelo menos na condenação de estruturas econômicas exploradoras do que nos temas tradicionais de controvérsia. O Conselho era "ecumênico" no sentido que se tornara um conselho universal e abraçando todo o mundo. Ele se identificou sempre mais com os deserdados, com os pobres e os oprimidos, e promoveu a justiça social e econômica. Foi dado alento a uma crítica social pungente sobretudo em declarações antiamericanas. Parecia que a "teologia da revolução" deveria resolver todos os problemas sociais. A pregação do reino de Deus foi freqüentemente interpretada no sentido de utopias intramundanas.

A quarta Assembléia geral do Conselho ecumênico, realizado em 1968 em Upsala na Suécia, foi, em larga medida, influenciada por uma mudança social, que teve início de maneira explosiva com as manifestações estudantis de 1968. O movimento ecumênico se dividiu em "horizontalistas" e "verticalistas", naqueles que concebiam o ecumenismo primariamente como um empenho em escala mundial para uma sociedade justa, e naqueles que aspiravam, particularmente de maneira teológica, à unidade da igreja e viam essa unidade ancorada no plano divino salvífico. Com a expressão "ecumenismo social" foi descrito a tentativa de mitigar a miséria, a pobreza e a opressão, de fazer das igrejas os porta-vozes daqueles que não estavam, de nenhum modo, em condições de se fazer ouvir, e de favorecer desse modo a unificação da cristandade. As acusações contra o mundo ocidental dominaram a cena, muitas declarações foram caracterizadas por uma crítica de estruturas econômicas e sociais. O dever universal e sua escala mundial da cristandade foi expresso em Upsala com o conceito de "catolicidade", um termo que era libertado de sua redução confessional. Com a própria catolicidade a igreja serve à unidade da humanidade, com a própria unidade ela deve antecipar e testemunhar a comunhão da humanidade. "A igreja ousa falar de si como do sinal da futura unidade da humanidade."[12]

A redescoberta da catolicidade e da universalidade da igreja e de sua responsabilidade por todo o mundo levou a fazer com que em Upsala se refletisse de novo também sobre a fórmula unitária de Nova Delhi. A "unidade de todos em todo lugar".[13] A idéia da universalidade foi concretizada com a idéia da conciliaridade. "As igrejas que faziam parte do Conselho ecumênico das igrejas, ligadas entre si, deveriam trabalhar para o advento de um tempo em que um concílio realmente universal poderá de novo falar em nome de todos os cristãos e indicar o caminho para o futuro."[14] O espe-

---

[12] *Sektion* I, n. 20, in *Bericht aus Uppsala 1968*, a cura de N. Goodall, Genf 1968, 15 [trad. it., *Rapporto della I Sezione*, in *Il Regno-Documentazione cattolica* 16/1968, p. 335].
[13] *Sektion* I, n. 18, in *Bericht aus Uppsala 1968*, p. 14 [trad. it.].
[14] *Bericht aus Uppsala*, p. 14 [trad. it. cit.].

táculo do concílio realizado em Roma levou o ecumenismo a refletir sobre a instituição eclesial antiga do concílio ecumênico e, portanto, coligando todos os cristãos.

No período sucessivo a Upsala, o ecumenismo secular continuou a manter o predomínio. As controvérsias que lhe seguiram, sobretudo com as igrejas evangélicas e sempre mais também com a Ortodoxia, atingiram seu ápice quando em 1969 foi adotado o "programa para combater o racismo".[15] Esse programa não excluía a possibilidade de apoiar também aqueles movimentos de libertação que não rejeitavam o uso da violência. As tensões entre um ecumenismo, que se dedica primariamente, no sentido de *"Faith and Order"*, à superação de controvérsias teológicas, e um ecumenismo que, na tradição de *"Life and Work"*, aponta para uma ação comum por motivo da responsabilidade para com o mundo e a sociedade e aí encontra a própria unidade, caraterizaram dali por diante o movimento ecumênico e todas as suas assembléias gerais: em 1975 em Nairobi, em 1983 em Vancouver, em 1991 em Canberra, em 1998 em Harare. De um lado, põem-se o mais das vezes as igrejas do Terceiro mundo, que em larga medida não estão dispostas a prolongar as divisões recebidas como uma herança estrangeira, e que se encontram com as igrejas que da mensagem do reino de Deus querem deduzir sobretudo conseqüências para a organização do mundo e encontram aí a unidade. Do outro lado, estão aquelas igrejas que trabalham para a superação teológica de controvérsias, para a formulação de textos capazes de resgatar o consenso comum e para a revogação de condenações. Graças à superação de reivindicações conflitantes em questão de verdade espera-se aqui uma crescente unificação da cristandade e, enfim, a adoção de uma comunhão na palavra, no sacramento e no mistério eclesiástico.

IV. Ecumenismo do consenso, ecumenismo secular e posições intermédias

As duas tendências tiveram a possibilidade de demonstrar sua importância. Eis um exemplo particularmente eloqüente num sentido e no outro.

A Comissão "Fé e constituição" conseguiu publicar em Lima em 1982 a declaração convergente sobre *Batismo, eucaristia e ministério*,[16] na qual o

---

[15] Cf. MEYERS-HERWARTZ, CH. *Rassismus*, in *Ökumene-Lexikon*, coll. 1012-1017 (com bibliografia).
[16] *Taufe, Eucharistie und Amt. Konvergenzerklärung der Kommission für Glauben und Kirchenverfassung des Ökumenischen Rats der Kirchen*, Frankfur a. M. – Paderborn 1982, reportado em MEYER, H. et al., *Dokumente wachsender Übereinstimmung* I, Paderborn – Frankfurt 1983, p. 545-585. Com base no título inglês *Baptism – Eucharist – Ministry* se impôs, entretanto, internacionalmente a abreviação *BEM* [trad. It., *Battesimo, eucaristia, ministero. Documento di Lima*, in *Enchiridion Oecumenicum* 1, Dehoniane, Bologna 1986, p. 1391-1447.

ecumenismo do consenso chegou a certa conclusão. Esse texto tem uma pré-história cinqüentenária. Já no curso da primeira Conferência mundial de Fé e constituição em Lausânia estavam na ordem do dia os temas do batismo, da ceia do Senhor e do ministério. Desde o início ficou claro que uma unificação das igrejas cristãs não seria possível se não se atingisse um consenso nas questões fundamentais da fé. Essa convergência nas questões do batismo, da eucaristia e do ministério foi, então, formulada no documento de Lima e foi endereçada às igrejas com o pedido que fosse acolhida. Frente ao fato que aqui estava representado todo o caleidoscópio do Conselho ecumênico e do catolicismo ela foi indicada como o "milagre de Lima". Walter Kasper, um dos co-autores católicos de Lima, afirmou: "As três declarações representam muito mais que uma unidade com base no mínimo denominador comum, fruto de um compromisso; trata-se de uma unidade nas coisas fundamentais e radicais, sobre a qual é possível continuar a construir".[17] Fé e constituição adquiriu com essa declaração uma nova importância. Em Lima, além do texto de convergência, foi delineada também a "liturgia de Lima" para a celebração da ceia do Senhor, liturgia que transpõe essa ceia na prática cultual. Assim se torna possível manifestar também na celebração litúrgica a formulada comunhão. A liturgia de Lima abriu a possibilidade de celebrar juntos pela primeira vez uma ceia do Senhor, por ocasião da Assembléia geral da CEI em Vancouver em 1983.[18]

A corrente, orientada prevalentemente em sentido ético-social dentro do movimento ecumênico, se expressou na proposta da Assembléia geral de Vancouver (1983) para "envolver as igrejas-membros num processo conciliar reciprocamente vinculante (aliança) em favor da justiça, da paz e da conservação de todo o criado". Os cristãos deveriam imprimir juntos um impulso em favor da vida, da justiça e da paz, para além de todos os limites confessionais, políticos e regionais, e fazê-lo com a máxima autoridade que estiver a sua disposição, quer dizer mediante um concílio, cuja palavra não deveria ser possível ignorar. Como primeira coisa começou-se a discutir o conceito de concílio. Para não fazer falir a iniciativa por motivo do termo, mas de outra parte também para não tender a uma conferência não vinculante ou insignificante, encontrou-se um entendimento sobre a expressão "processo conciliar", processo que começou em âmbito regional. De particular importância foram as instituições presentes na DDR (República democrática alemã). A Arbeitsgemeinschft Christlicher Kirchen (Associação dos trabalhadores das igrejas cristãs) da DDR convidou na primavera de 1989 a comunicar, através de cartões-postais, o que parecia ser, urgentemente, mais necessário a respeito de justiça, de paz e de conservação do criado. De

---

[17] KASPER, W. *Kückkehr zu den klassischen Fragen ökumenischer Theologie,* in *US* 37, 1982, p. 10.
[18] Os representantes das igrejas, que praticam a comunhão fechada, participaram de vários modos na liturgia, sem receber pessoalmente a ceia do Senhor.

cerca de 10.000 cartões foram compilados textos que delineavam um quadro dramático da situação do país. Esse quadro foi teologicamente interpretado como um chamado à conversão, à metanóia. O fato de que cristãos pudessem falar juntos e publicamente para além dos limites confessionais sobre sua situação social e propagar a conversão constituiu um impulso decisivo para funções litúrgicas em favor da paz, que muito depressa se transformaram em demonstrações de massa. Naturalmente, naquele tempo, ninguém esperava que seis meses depois a DDR seria dissolvida. Mas o processo conciliar, que tinha encorajado a exprimir publicamente críticas e propostas e que tinha assim dado vida para um processo de tomada de consciência da injustiça, teve uma parte importante naqueles eventos.

De 15 a 21 de maio de 1989, realizou-se, em Basiléia, sob inspiração do lema "Paz na justiça", a "Primeira Assembléia ecumênica européia", que constituiu o ponto culminante do processo conciliar. O dinamismo dessa instituição foi sobretudo fruto dos votos expressos pelos delegados dos países de regime comunista. A mais bem preparada era a delegação da DDR. O documento conclusivo, que descreve brevemente os perigos que hoje ameaçam a paz, a justiça, o ambiente e que lhes ilustra a causa, é uma confissão de culpa por parte das igrejas, um reconhecimento do fato de não estarem à altura de sua mensagem, assim como uma confissão de sua fé comum no Deus da justiça, da paz e da criação. Os passos concretos exigidos são o cancelamento da dívida para os países mais pobres em via de desenvolvimento, a atuação de todos os tratados internacionais sobre os direitos do homem, a criação de estruturas cooperativas para a segurança, o reconhecimento do direito à objeção de consciência, uma legislação e um controle rigoroso da pesquisa genética, assim como uma drástica limitação do consumo de energia.

Com esse texto representantes das diversas igrejas cristãs de todos os países europeus — exceção feita só da Albânia — fizeram pela primeira vez, a partir do tempo da Reforma, algumas declarações conjuntas sobre o caminho futuro e sobre a responsabilidade especial dos cristãos sobre esse continente. O cardeal Martini de Milão, um dos dois presidentes da assembléia de Basiléia, na conclusão declarou que no curso dos trabalhos não foram tratados os temas clássicos do diálogo ecumênico, mas que a conferência teria sido igualmente um importante evento ecumênico. Precisamente porque nas questões estritamente teológicas a aproximação entre as igrejas, em âmbito oficial, avançava somente se arrastando, as afirmações conjuntas em mérito a questões ético-sociais podiam imprimir um novo dinamismo. O ecumenismo poderia e deveria receber novos impulsos do trabalho comum.

As sucessivas iniciativas tomadas no âmbito do processo conciliar não conseguiram igualar o quanto fora feito em Basiléia. Isso vale quer para a assembléia mundial para a justiça, a paz e a salvaguarda do criado, realizada de 5 a 12 de março de 1990, em Seoul, quer também para a "Segunda

Assembléia ecumênica européia" realizada em Graz (23-29 junho 1997) e dedicada ao tema da reconciliação. Nem em Seoul nem em Graz foi possível fazer afirmações claras como aquelas que tinham sido feitas em Dresde e em Basiléia. A prática, como teve de constatar, não une pois de maneira tão óbvia como freqüentemente se postula, mas pode, às vezes, até mesmo, separar e dar vida a "confissões éticas".

As declarações de Lima e também o processo conciliar, embora sublinhando alguns pontos, evitaram cuidadosamente absolutizar suas posições. Não obstante isso, a ligação entre as duas correntes, aqui por elas paradigmaticamente representadas, nem sempre obteve sucesso em igual medida. Em Vancouver, procurou-se chegar a uma visão complexiva sob o lema de *uma "eucharistic vision"*, de uma perspectiva sacramental-eucarística complexiva, na qual se levasse em conta juntos o espiritual e o profano, a espiritualidade e o empenho, o culto e o serviço dos homens, a prática religiosa e a responsabilidade para com o mundo. Dessa visão foram tiradas conseqüências para a unidade das igrejas e para seus cultos, para a unidade dos homens na luta contra a fome, a miséria, a exploração e a guerra, conseqüência para o diálogo com os homens das outras religiões e para um comportamento respeitoso para com a criação boa de Deus. De Canberra em diante, isto é a partir de 1991, a idéia específica da *koinonía*, da *communio* mantêm juntas as diversas correntes do ecumenismo. Desse modo, conseguiu-se formular um modelo da unidade no contexto da terminologia teológica clássica. Para uma corrente, *koinonía* significa primariamente a comunhão na fé, nos sacramentos e no ministério. Nela se insiste sobre a necessidade de continuar a trabalhar por um entendimento sobre questões teológicas centrais e para se aproximar assim à meta de uma unidade visível das igrejas. A outra corrente concebe a *koinonía* antes de tudo como convivência e comunhão dos cristãos *in loco*, malgrado as diversas profissões de fé e as divergentes estruturas eclesiais; depois, também como comunhão com todos os homens abatidos, sofredores e oprimidos e com todas as criaturas. Ela exorta a não limitar o ecumenismo aos temas de controvérsia clássicos, a não elevar a visão ocidental como critério universal, e a não esperar a unificação das igrejas primariamente do trabalho teológico teorético. O ecumenismo do consenso teria demonstrado não ser capaz de conseguir resultados. O que agora é necessário é viver a comunhão malgrado as divergentes concepções no campo da fé.[19] A vida comum, a convivência são aqui consideradas mais importantes que o consenso teológico.

---

[19] A mensagem da V conferência mundial de Fé e constituição (Santiago de Campostela, 3-14 agosto 1993) com o tema *"Auf dem Weg zu einer umfassenderem Koinonia"* foi publicado em *Ökumenische Rundschau* 42, 1993, p. 476-479; e em *Una Sancta* 48, 1993, p. 309-311 [trad. i.t, *Sulla strada di una più piena koinonia*, in *Il Regno-documenti* 17/1993, p. 542s.].

Essa acentuação diversa diz respeito também à meta que o trabalho ecumênico se deve colocar para atingir. O ecumenismo objetiva de um lado primariamente a unidade na fé, na profissão de fé, no sacramento e no ordenamento fundamental da igreja, enquanto, do outro lado, objetiva estabelecer a única casa comum, a única habitação, em que todos encontram seu lugar e onde desaparece qualquer marginalização. O ecumenismo objetiva aqui a comunhão entre todas as igrejas, as religiões e as culturas, entre mulheres e homens, trabalha pela justiça e pela paz, empenha-se para conservar a criação, deve incluir também a ecologia e a economia. Com isso, ele não persegue um sincretismo e o desenvolvimento de uma religião unitária. Tudo, muito ao contrário, exige, até mesmo, que o ecumenismo não deva trabalhar para a unidade, porque isso só levaria a apropriar-se dos outros. Antes, seria necessário deixar que o outro seja diferente e que o estrangeiro seja estrangeiro e não obrigá-lo a entrar num sistema que lhe é estranho.

V. Contribuições católicas para o movimento ecumênico

A Igreja católica não é membro do Conselho ecumênico das igrejas, mas é parte do movimento ecumênico. Seria redutivo fazer começar o ecumenismo católico apenas com o Vaticano II. Iniciativas precedentes para uma unificação da cristandade foram, no entanto, guiadas em larga medida pela idéia que os "irmãos separados" deviam reentrar no seio da igreja católica. Essa teria devido preparar-se para oferecer-lhes uma pátria. O concílio Vaticano II marca um passo avante no ecumenismo com sua revogação da excomunhão entre Roma e Constantinopla, com a fundação do Secretariado para a unidade dos cristãos, com o convite de "observadores oficiais" provenientes das outras igrejas cristãs. As afirmações ecumênicas mais importantes se encontram nas constituições dogmáticas sobre a igreja e sobre a revelação, além disso no decreto sobre o ecumenismo, no decreto sobre as religiões não cristãs com suas considerações sobre o hebraísmo, no decreto sobre a liberdade religiosa, assim como na constituição sobre a igreja no mundo contemporâneo. No fundo, no concílio não foi deixado de lado nenhum tema referente à perspectiva ecumênica, porque numa igreja ecumenicamente aberta não pode haver nenhuma questão puramente interna. Afirmações importantes foram feitas a propósito da questão do ministério eclesial e da eucaristia, do matrimônio confessional misto, da intercomunhão, da relação entre primado e colegialidade e da relação entre igreja universal e igreja local, da liberdade de consciência e da liberdade religiosa.

A base teológica dessa orientação ecumênica foi posta na constituição dogmática *Lumen Gentium*, enquanto que a propósito da igreja de Jesus

Cristo foi dito que ela "subsiste (*subsistit*) na igreja católica, governada pelo sucessor de Pedro e pelos bispos em comunhão com ele".[20] Originariamente no texto preparatório havia: esta igreja é (*est*) a igreja romano-católica; o *est* foi substituído pelo *subsistit in*. Isso significa: a igreja como instituição manifesta a igreja de Jesus Cristo numa forma historicamente limitada. Essa pretensão deve ser afirmada por qualquer igreja, a não ser que ela queira declarar-se ilegítima. Mas, disso não é deduzido, no concílio, que não possam eventualmente dar-se também outras subsistências de igreja. Certamente, isso não é diretamente formulado nessa passagem, mas também não é nem excluído. De outro modo, se poderia deixar ficar tranqüilamente o *est*. Com essa passagem do "*est*" pelo "*subsistit in*", quase imperceptível na tradução, e com as possibilidades de interpretação deixadas intencionalmente abertas, "tornou-se possível um desenvolvimento de alcance imprevisível".[21] Com efeito, o concílio não falou só de igrejas ortodoxas orientais, nas quais igualmente subsiste a igreja de Cristo, antes falou também de "igrejas e comunidades eclesiais" ocidentais, sem indicar com maior precisão a quem pertence uma semelhante qualificação. Em todo caso, isso abriu a possibilidade de conceber como igrejas também comunidades nascidas da Reforma e assim reconhecer nelas aquilo que, segundo a concepção católica, torna a igreja tal.

No catolicismo pós-conciliar, foram postos importantes sinais ecumênicos. De particular importância é a encíclica *Ut unum sint* (1995), de João Paulo II, que claramente decreta a obrigatoriedade do ecumenismo e abre também o próprio papado para uma nova reflexão ecumênica. Nos três diretórios ecumênicos são incluídas e de vez em quando atualizadas as normas, que tinham sido elaboradas para a realização e a promoção do ecumenismo. A igreja católica inicia diálogos bilaterais mais que todas as outras confissões cristãs. Entre elas uma particular atenção merecem os diálogos com a Ortodoxia, com a comunidade anglicana e com o luteranismo. Eles levaram a se conhecer reciprocamente de uma maneira substancialmente melhor e a consensos de largo alcance. Sobre o ponto, que mais interessa as comunidades, isto é, sobre a questão da comunhão na ceia do Senhor, não se chegou, no entanto, a um acordo. Enquanto as igrejas nascidas da Reforma tenham todas elas, ainda que em medidas diversas, aberto a porta à admissão à ceia do Senhor, as igrejas ortodoxas e a igreja católica não se consideram autorizadas a admitir uma comunhão eucarística sem uma verdadeira comunhão eclesial. As regras excepcionais, que até agora a igreja católica estabeleceu, referem-se a um âmbito muito restrito. A Ortodoxia liga a ceia do Senhor tão estreitamente à comunhão de fé e à comu-

---

[20] Constituição sobre a igreja *Lumen gentium*, n. 8.
[21] Assim no comentário à *LG* do futuro cardeal A. Grillmeier, in *LThK.E* I, p. 174.

nhão eclesial a tal ponto que não conhece nenhuma exceção. A finalidade é justamente, e isso vale em cada caso em linha de princípio para todas as grandes tradições cristãs, não a intercomunhão, mas a *communio*, a comunhão eclesial, dentro da qual tem pois seu lugar a comunhão na ceia do Senhor.

VI. Marcos miliares da aproximação ecumênica e seu método teológico

No último parágrafo recordamos alguns acontecimentos que se tornaram importantes sobretudo por seus métodos. Em primeiro lugar, devemos mencionar a *Konkordie reformatorischer Kirchen in Europa* (Concórdia das igrejas reformadas na Europa) de Leuenberg. Desde o fim do século XIX, as igrejas luteranas e as reformadas tinham-se aproximado muito e realizaram várias uniões não obstante as recíprocas excomunhões presentes em seus documentos doutrinais oficiais. Um novo impulso para uma comunidade eclesial reformada ocorreu quando se distinguiu entre aquilo que é necessário e suficiente para a verdadeira unidade da igreja e as tradições eclesiais. Segundo a *Confissão de Augusta* suficientes (*satis est*) para a verdadeira comunhão eclesial são a correta pregação do evangelho e a celebração dos sacramentos em conformidade com sua instituição. Era necessário, pois, um acordo acerca da palavra e acerca do sacramento, enquanto em todas as outras questões era possível tolerar diferenças permanentes. Para uma comunhão oficial era suficiente se se podia estabelecer que as excomunhões oficiais não se referiam ao hodierno estado da doutrina da outra igreja. Mais do que isso não se deve, segundo a convicção reformada, exigir para a comunhão das igrejas. Em particular, não foram consideradas necessárias estruturas eclesiais e ministeriais unitárias, pelo que nem sequer foram auspiciadas.

Estabelecidos esses limites, tornou-se possível chegar em 1973 em Leuenberg a uma Concórdia das igrejas reformadas na Europa.[22] Uma primeira parte desse texto descreve o horizonte, dentro do qual a comunidade das igrejas reformadas se tornou possível, isto é o nascimento comum da Reforma, os mudados pressupostos no curso da história e os comuns desafios hodiernos. Numa Segunda parte, é ilustrado o consenso no modo de entender o evangelho, isto é, o consenso na doutrina da justificação assim como na celebração dos sacramentos, isto é, do batismo e da ceia do Se-

---

[22] Publicada, entre outros, em BIRMELÉ, A. (ed.), *Konkordie und Kirchengemeinschaft reformatorischer Kirchen im Europa der Gegenwart*, Frankfurt a. M. 1982, p. 13-22.

nhor. Uma terceira parte aborda os pontos controvertidos que remontam ao tempo da Reforma e esclarece que as excomunhões então pronunciadas não se referem "ao atual estado da doutrina das igrejas consencientes" (n. 32). Diferenças permanentes nesse campo não podem justificar a divisão das igrejas. Por isso as igrejas que entraram a fazer parte desta Concórdia "concedem umas às outras a comunhão do púlpito e da ceia do Senhor. Isso inclui o recíproco reconhecimento do ordenamento e a possibilidade da intercelebração".

O modelo da Concórdia de Leuenberg é de grande importância ecumênica. Não se mudaram as profissões de fé e não se revogaram as excomunhões doutrinais. Nas excomunhões se distinguiu antes entre a afirmação positiva de fé, que elas contêm, e o "*damnamus*" pronunciado de vez em quando contra a outra parte. Constatou-se simplesmente que as excomunhões não dizem respeito — ou não mais dizem respeito — ao estado atual da doutrina das igrejas consencientes, pelo que não têm mais a força de legitimar hoje a divisão das igrejas. Com isso, a Concórdia de Leuenberg não é um consenso limitado. Se as excomunhões não são sustentadas por motivos inegáveis de verdade tornam-se obsoletas e não podem mais impedir as comunhões dos cristãos.

O ecumenismo do consenso ou da convergência, que atingiu seu ponto culminante na declaração de Lima, levou a uma multiplicidade de textos. Os dois grossos volumes *Dokumente wachsender Übereinstimmung* (Documentos de um consenso crescente)[23] são uma prova. Do ponto de vista do conteúdo no centro estão os problemas do ministério, da sucessão, incluídos aí os problemas da sucessão episcopal, a autoridade na igreja, eventualmente o papado e a questão da ceia do Senhor: a presença real, o caráter de sacrifício, a intercomunhão, assim como também o batismo e a doutrina da justificação. Naturalmente os temas levantados dependem das igrejas participantes. A propósito dos temas mencionados foi possível formular vez ou outra amplos consensos. Assim "*Faith and Order*" — Fé e constituição — transmitiu o documento de Lima às igrejas não só com o pedido de tomar posição a seu respeito, mas sim de aceitá-lo. As igrejas foram convidadas a verificar sua prática e sua doutrina da ceia do Senhor e do ministério sobre a guia desse texto e eventualmente a modificá-las.

Mas, a esse ponto, vem à luz a grande dificuldade do ecumenismo do consenso. Mesmo que as comissões, que tinham elaborado esses textos, tivessem sido instituídas pelas igrejas, em regra, regularmente depois seus textos não foram aceitos. As tomadas de posição das igrejas foram, em geral, muito cordiais, mas nos pontos decisivos elas mediram sempre o resultado com o critério da própria doutrina e prática tradicionais. Depois disse-

---

[23] MEYER, H. *et al.* (ed.), *Dokumente wachsender Übereinstimmung*, I: *1931-1982*, II: *1982-1990*, Paderborn – Frankfurt 1983, p. 1992.

ram que ainda era preciso fazer formulações mais precisas, o mais das vezes com o fim de ver confirmada a própria posição. Ninguém verificou a própria prática e doutrina com base nos resultados dos textos de convergência de Lima. Conseqüências oficiais não foram tiradas. Assim Lima representou, de um lado, um ponto culminante do trabalho ecumênico e constituiu um passo a frente no processo de aproximação teológica e de superação das controvérsias que dividem as igrejas. Mas, do outro lado, o documento representou também certo encerramento do ecumenismo do consenso e da convergência, porque dele não foi tirada nenhuma conseqüência eclesial. A laboriosa aceitação ou até a não aceitação, por parte das igrejas oficiais, fizeram compreender que, procedendo somente no caminho da formação do consenso, mesmo que ela chegue a alguns resultados, não é possível chegar à unificação das igrejas.

Seguindo o método da Concórdia de Leuenberg foi redigido, sobre incumbência da Conferência episcopal alemã e do Conselho das igrejas evangélicas alemãs, o *Lehrverwerfungsstudie* (Estudo sobre as condenações doutrinais). Nesse estudo se examinou se as recíprocas condenações do século XVI dizem respeito aos *partner* hodiernos e se, como conseqüência, elas devem ainda separar as igrejas umas das outras. Se este não é ou não é mais o caso, então deveria valer a regra ecumênica assim formulada pelo cardeal Ratzinger: "Não é a unidade que tem necessidade de ser justificada, mas sim a divisão", e isto "em cada caso".[24] A divisão, se não pode mais ser mantida por motivos iludíveis de fé, é ilegítima e, portanto, obsoleta. Tomaram-se, pois, seriamente as condenações recíprocas. Precisamente por isso elas devem ser superadas, porque não são compatíveis com a comunhão eclesial.

A Ökumenischer Arbeitskreis evangelischer und katholischer Theologen (Grupo de trabalho ecumênico composto de teólogos evangélicos e católicos), que levou a termo esse estudo, examinou com muita atenção, sob a direção de W. Pannenberg e K. Lehmann, sucessivamentede Th. Schneider, cada uma das condenações doutrinais. Quanto ao conteúdo, essas condenações dizem respeito à doutrina da justificação, dos sacramentos e do ministério eclesiástico. Uma coisa resultou clara: a idéia popular, segundo a qual no século XVI teriam sido só de mal-entendidos e as partes teriam falado sem se compreender reciprocamente, não é inteiramente sustentá-

---

[24] RATZINGER, J. *Theologische Prinzipienlehre*, München 1982, 211-213. Que multiformes realizações eclesiais sejam legítimas e que também diferenças na concepção dogmática não impedem necessariamente a unidade, o cardeal Ratzinger disse-o com clareza quando afirmou que, no caso de uma união com a Ortodoxia, esta não deveria necessariamente adotar o desenvolvimento do primado verificado no segundo milênio até o concílio Vaticano I. Para uma unificação das igrejas bastaria que a Ortodoxia não rejeitasse esse desenvolvimento como herético e como contrário ao evangelho (*ibid.*, p. 209).

vel. Houve, certamente, mal-entendidos, esses não podem continuar a dividir as igrejas. Freqüentemente se usou uma linguagem ou um modo de pensar diversos, que levou a considerar que a diversidade atingisse também a substância das coisas em discussão. Ao lado disso, houve condenações de posições extremistas, que no século XVI foram sustentadas como opiniões de determinadas escolas ou oficialmente toleradas por parte da igreja, mas que já então não representavam a doutrina oficial e que hoje não desempenham mais nenhum papel. Alguns pontos, deveu-se também constatar, foram entendidos muito bem, e foram, colhidas com precisão as opiniões doutrinais contrárias e elas foram condenadas. Sobre esses pontos é necessário esclarecer que qualidade essas condenações têm e se elas podem sustentar ainda hoje o peso das recíprocas excomunhões. Frente ao desenvolvimento doutrinal que ambas as igrejas cumpriram a gravidade de uma condenação pode muito bem mudar.

Com um trabalho plurianual a comissão chegou à conclusão que, quanto aos problemas da justificação, dos sacramentos e do ministério, "a doutrina hodierna não é mais caracterizada pelo erro, que a precedente condenação queria rejeitar".[25] Conseqüentemente, as excomunhões do século XVI não teriam mais razão em seu aspecto negativo. As autoridades eclesiais da Alemanha, que tinham comissionado o trabalho, se uniram, em larga medida, a essa conclusão. Contudo, uma resposta vinculante de maneira última podia ser dada só em âmbito de igreja universal. No quadro desse processo de aceitação os temas foram distinguidos e foi formulado um texto sintético sobre a doutrina da justificação,[26] que estabelecia que agora as condenações do século XVI não se referem mais ao *partner* ecumênico. Não foi, portanto, formulada uma nova profissão de fé comum, nem foram canceladas todas as diferenças. Foi, sim, estabelecido um "consenso diferenciado", em que se afirma que existe um "consenso sobre verdades fundamentais da doutrina da justificação". Além disso, é dito: "O ensinamento das igrejas luteranas apresentado nesta declaração não cai sob as condenações do concílio de Trento. As condenações das confissões luteranas não atingem o ensinamento da igreja católica romana assim como ele é apresentado nessa declaração" (*GER*, 41). Isso significa: as diferenças restantes são aceitáveis, elas não destroem as convicções fundamentais comuns e não legitimam mais nenhuma divisão das igrejas.

A *Gemeinsame Erklärung zur Rechtfertigungslehre* (*GER*) (Declaração conjunta sobre a doutrina da justificação) foi assinada em 31 de outubro de

---

[25] LEHMANN, K. – PANNENBERG, W. (eds.), *Lehrverurteilungen – kirchentrennend?* I, Freiburg – Göttingen 1986, p. 15 (abr. *LV*). Os estudos preparatórios, os quais levam a responsabilidade de cada um dos teólogos, são publicados em *LV*, vols. 2 e 3, p. 1989s.
[26] A *GER* é publicada, entre outros, em *epd-Dokumentation* 46/97, p. 21-28 [trad. it., em *Il Regno-Documenti* 7/1998, p. 250s.].

1999 pelas duas igrejas e se tornou assim vinculante. Isso não significa a plena retomada da comunhão eclesial. Por isso o acordo não é um Leuenberg II. A propósito da doutrina dos sacramentos, e em particular da problemática do ministério, incluindo a doutrina sobre o papado, não existe ainda um consenso semelhante oficialmente confirmado. As complicações surgidas por ocasião da assinatura da *GER* deixam pressagiar que o ulterior caminho sobre esses temas não será seguramente fácil. No entanto, conseguiu-se alguma coisa a mais que uma simples unificação sobre uma questão de detalhe ou, como também se afirma, sobre uma controvérsia do século XVI que, no decorrer do tempo, se tornou irrelevante. A doutrina da justificação é, de fato, como afirma a *GER*, "um critério irrenunciável que orienta continuamente para Cristo toda a doutrina e a prática da igreja" (n. 18). O acordo sobre a justificação, solenemente assinado nas últimas semanas do século XX, representa por isso um ponto de partida do qual é necessário agora partir para chegar a um acordo também acerca dos problemas ainda controvertidos. A esse respeito é necessário realizar um trabalho teológico, trabalho porém que levará à meta da comunhão eclesial somente se for acompanhado também de uma aproximação na vida das confissões interessadas. Os dois aspectos devem caminhar juntos, como demonstra o caminho do ecumenismo no século XX.

14
ORIENTE E OCIDENTE
Teologia cristã e pensamento asiático

HANS WALDENFELS

I. "Oriente e Ocidente" — o problema

Na era do pluralismo, a história da humanidade se desenvolve no seio de uma correlação carregada de tensão feita de processos globalizantes de uniformação e de uma nova consciência da multiformidade existente na cultura, na religião, nas línguas e nos modos comportamentais dos povos. Por longo tempo, no visual geográfico do mundo o Oriente e o Ocidente, a Europa e o novo mundo ocidental da América setentrional e meridional, de um lado, e a Ásia, do outro lado, foram considerados como partes do mundo opostas entre si, em parte completando-se mutuamente e, em qualquer caso, provocando-se. Essa situação, em certo modo, mudou, porque há alguns decênios existe também a divisão do mundo em Norte e Sul, em povos ricos e povos pobres. No entanto, a tensão entre Oriente e Ocidente permanece. E o respeito dos europeus pela Ásia nasce, não em último lugar, do fato que o Ocidente conseguiu somente em medida relativamente pequena submeter e colonizar os povos da Ásia. A Ásia foi descoberta, mas permaneceu em larga medida livre, pelo menos sob o perfil cultural e espiritual.

Nesse meio tempo, o desenvolvimento da história da humanidade atingiu um novo estágio, que não permite mais falar sumariamente de Oriente e de Ocidente. O Oriente e o Ocidente são compostos de uma multiplicidade de povos e de áreas culturais diversas, e quanto mais freqüentemente os homens dos diversos povos e das diversas culturas se encontram, tanto mais estes últimos e estas últimas adquirem um rosto. Esses encontros não acontecem somente na realidade, entre outras coisas através de viagens, mas também através de uma vasta ligação mediática que envolve sempre mais toda a face da terra. Mas aquilo que existe na multiformidade só raramente pode ser unificado num único conceito. Conseqüentemente, é preciso estabelecer sempre mais diferenciações seja pelo que diz respeito ao

Ocidente seja pelo que diz respeito ao Oriente. O Oriente e o Ocidente, nesse meio tempo, tornaram-se só mais indicações direcionais. A esse respeito não devemos ignorar que o Oriente é tal do ponto de vista de observação do Ocidente, enquanto do ponto de observação do Extremo Oriente são a Europa e o mundo ocidental a estar, propriamente, no Oriente, com a conseqüência que as correlações e suas denominações são frutos de uma determinada perspectiva e, portanto, relativas.

O que constatamos em linha geral, o observamos também no campo interreligioso. Como o mundo ocidental pode se conceber sempre menos como um mundo substancialmente cristão, assim também na Ásia não encontramos uma única base e uma única raiz religiosa. A Ásia — vale dizer a Índia e a Indochina, a Indonésia com suas ilhas que chegam até aos mares do Sul e se estendem em certo sentido até à Austrália, a Birmânia, a Tailândia, o Camboja, o Vietnã, portanto o "Reino do centro" que quase esmaga seus vizinhos, isto é a China com a Coréia, o Japão, o Tibete e a Mongólia, todos territórios historicamente subordinados a seu influxo, para terminar com as Filipinas. A esse respeito, precisamente em nossos dias se põe de novo a questão de saber até onde a Ásia se estende para o Ocidente. Os países de origem das três religiões abraâmicas postos à margem do Mediterrâneo, o "Oriente Médio", são já Europa ou são ainda Ásia? Hoje, certo, não os pontos focais do cristianismo, mas seguramente os do Islã se encontram na Ásia, não só na Arábia, mas ainda mais na Indonésia, depois no Irã, Paquistão e claramente no Afeganistão. Também aqui se nossa atenção se volta sobretudo para as religiões asiáticas "clássicas", não podemos ignorar que na Ásia se encontram todas as religiões do mundo, mais ainda que a Ásia será, em certo sentido, o novo centro dos encontros futuros. Que de sua parte o cristianismo se encontre hoje frente a desafios completamente novos é coisa percebida a longo tempo também nos centros do cristianismo ocidental. As estratégias desenvolvidas não deveriam naturalmente recair em métodos superados. Justamente porque vale a proposição: "A verdade vos libertará" (*Jo* 8,32), os cristãos e suas autoridades devem sustentar com convicção essa idéia.

II. "Pensamento asiático"

Também a segunda reflexão ainda faz parte da introdução. Que é o "pensamento asiático"? Já há longo tempo, vemos que nem mesmo o órgão do pensamento — a razão — é um lugar atemporal. Depois de longos séculos da retroligação ocidental à tradição greco-romana e judeu-cristã, à combinação entre religião e razão — como diz o título da encíclica de João Paulo II, *Fides et ratio* (1998) — a arrogância da razão da idade moderna européia, fundada no *ego* do cartesiano *cogito ergo sum*, desapareceu a muito tempo. Não só a falência dos sonhos humanos feitos depois de múltiplas descobertas das ciências naturais e depois das revoluções técnicas que lhe seguiram e que foram por longo tempo celebradas como sucessos do trabalho ocidental, devemos aqui acrescentar, certamente, em medida ainda maior a concentração sobre o *ego* humano, do qual por muito tempo não foi advertida a periculosidade. Além disso, o egocentrismo, que foi no Ocidente além de tudo uma concentração sobre comportamentos dominativos masculinos, fundados sobre a auto-segurança do pensamento ocidental, foi eurocentrismo. Entretanto, assistimos à derrocada da metafísica, da ontologia, do pensamento centrado sobre a substância. De maneira totalmente nova põe-se a questão da certeza e da segurança. O chamado a uma nova consciência do sujeito aparece como um interlúdio, antes que sobrevenham a queda de horizontes universais e o anonimato dos mais diversos processos. Depois de uma situação caracterizada por mudanças tão perturbadoras, que se tornaram claras pelo menos depois dos atentados terroristas de 11 de setembro de 2001 em New York e em Washington, uma coisa está se tornando evidente: não sabemos mais contra quem devemos nos defender. Contra quem fazemos uma guerra? Quem faz uma guerra contra nós, contra quem entre nós? A contra parte perde seu rosto. Mas, então, podemos dizer a propósito dessa situação que nós descobrimos a outra pessoa ou coisa de modo novo. Esse não é, porém, simplesmente o não-eu. Ele não é talvez nem mesmo o não-homem. Dito em termos asiáticos, no lugar do antropocentrismo difundido no ocidente entra o não-antropocentrismo. Isso nos abre os olhos para ver que o ambiente é alguma coisa a mais que material da auto-realização humana e que possui antes uma sua própria dignidade. A ecologia é, ao lado da economia, a outra face que merece nossa atenção, agora que começamos a tomar cuidado com a casa (grego, *ôikos*) em que vivemos. Essa solicitude foi no contexto judeu-cristão por longo tempo incluída na idéia da criação, que por sua vez incluía a fé no Deus criador. Onde, porém, o homem se concebe como o verdadeiro criador e organizador do mundo Deus se torna supérfluo. E, de fato, o pensamento ocidental se desenvolveu sempre mais claramente na direção de um pensamento e de uma vida no mundo "*etsi Deus non daretur*" (U. Grozio), como se Deus não existisse.

Aquilo que por longo tempo foi visto como uma substituição de um pensamento centrado em Deus por parte de um pensamento sem Deus e livre de Deus dentro do único complexo do mundo, principalmente do mundo ocidental, e foi daqui exportado nas outras partes do planeta, assumiu nesse um novo rosto, no qual as "outras" culturas do mundo mostram sua própria face. Isso acontece — como dizemos — antes de tudo lá onde o mundo ocidental encontrou conscientemente povos e culturas, que não foram subjugados pela Europa. Nem mesmo Goa, Singapura ou Hong kong puderam esconder o fato de que os países que se estendiam a suas costas permaneceram amplamente eles mesmos. Foi a inundação das outras partes do mundo restantes, por parte das conquistas técnicas do mundo ocidental no curso do último século, a suscitar a impressão que o Ocidente se tinha imposto sobre toda a linha no mundo, pelo qual não valia a pena se ocupar das raízes culturais e espirituais dos países não europeus. Assim a pensam, de resto, muitos europeus ainda hoje.

No entanto, na Ásia valeu sempre a máxima: "Técnica ocidental, espírito oriental". Sempre mais os asiáticos reconheceram que não devem sacrificar sua alma pelas lentilhas da fé ocidental no progresso. Vice-versa, as idéias asiáticas penetraram no Ocidente e entraram em concorrência com as concepções ocidentais fundamentais: Deus, a pessoa — a divina como a humana, a individualidade do homem, também o homem inserido no ciclo de todos os seres viventes, o um e o múltiplo, o único horizonte e os muitos horizontes — esses foram os temas dos quais os intelectuais europeus se ocuparam desde o início da idade moderna, os temas que levaram a alagar a fé monoteísta em Deus como a passagem ao deísmo e ao panteísmo e, enfim, a substitui-la com o ateísmo e depois com um puro humanismo, no qual, afinal, o termo Deus não aparecia nem mesmo sob a forma de sua negação, mas simplesmente desapareceu. Esse desenvolvimento, sem que no início se desse talvez suficientemente contra, não levou, porém, malgrado toda a acentuação da secularização da sociedade, da ciência e portanto também do pensamento, simplesmente à irreligiosidade. A história da idade moderna compreende, mais ainda, também a descoberta de religiões estrangeiras, sobretudo daquelas asiáticas. E essas foram para alguns pensadores, no sentido mais verdadeiro da expressão, programas alternativos em relação ao cristianismo dominante.

Os preconceitos diante das religiões asiáticas, não por último sobre o budismo, provenientes do tempo de Schopenhauer, Richard Wagner, Nietzsche e outros, devem ser aqui enquadrados. Se até pela metade do século passado o budismo foi tranqüilamente considerado uma "religião atéia", e se foi sublinhada sua "independência" ou autonomia, essas afirmações diziam — independentemente do fato que tivesse um valor positivo ou negativo — uma coisa: o budismo é uma religião, mas é claramente possível ser religioso sem crer em Deus. Também Hegel tinha, em comparação com nossos dias, um conhecimento surpreendentemente bom das religiões, mesmo se era um filósofo moderno que fez culminar, com seu modo ao mesmo tempo racional e histórico de pensar, a história do mundo no cristianismo (evangélico). Desde quando o bloqueio que apareceu entre outras coisas com a teologia dialética de Karl Barth, que partindo da Alemanha tinha caraterizado por muito tempo o influxo protestante nas assim chamadas terras de missão, se dissolveu, entram de novo em cena os representantes da teologia liberal. Não só os primeiros críticos da Bíblia, como também Schleiermacher, Troeltsch, Harnack e outros, assim como o influxo por eles exercido, são aqui mencionados; além disso também a escola da história das religiões está se tornando de novo importante.

Antes de nos ocuparmos diretamente das orientações do pensamento presentes nas religiões asiáticas, mencionamos ainda duas outras coisas.

1) O pensamento asiático não pode mais ser visto, por motivo dos entrelaçamentos verificados na idade moderna e sempre mais intensificados no curso do tempo, simplesmente como um pensamento separado diante da Europa. O influxo recíproco se tornou muito forte para que possamos aproximar-nos do pensamento que aparece nas religiões asiáticas em sua forma pura. Já que nas páginas que seguem não se trata de uma reflexão sobre a história das religiões, não podemos adotar uma visão interessada unicamente nas origens e que considera depois o desenvolvimento de modo mais possível imanente e talvez até mesmo sem alguma referência temporal. O que nos interessa são problemáticas hoje virulentas, que depois provocam também uma correspondente situação intercultural e inter-religiosa de encontro. E então não vivemos agora mais somente do olhar recíproco, mas sim ao mesmo tempo também do confronto comum às religiões com os problemas do tempo e do mundo.

2) Falemos, conscientemente, malgrado todas as reservas do caso, de "pensamento asiático", já que nas páginas que seguem não podemos nos ocupar de todas as formas da realidade religiosa na Ásia, mas sim, de modo preeminente, daqueles fatores e conteúdos que plasmaram e continuam a plasmar os homens nas diversas partes da Ásia. Aqui devemos observar que, até agora, a Ásia não conhece a ruptura entre pensamento e religião, entre reflexão e procura da salvação, ruptura que no mundo ocidental foi assumindo até hoje traços cada vez mais marcantes. Precisamente a unidade entre idéia da salvação e filosofia, a unidade harmônico-cósmica na multiplicidade das coisas, faz parte daqueles pontos, que exercem um grande fascínio sobre o homem ocidental. E dessa unidade existente nesse panorama deveremos, por isso, levar em conta também no curso ulterior de nossa reflexão.

III. Sobre as fontes religiosas da Ásia

Para não nos perdermos num mar ilimitado, concentrar-nos-emos sobretudo sobre três concepções de fundo: sobre a Índia com sua herança hinduística e com a emancipação budística; sobre a China com sua dupla acentuação constituída por Confúcio e por Lao Tsé; finalmente, sobre aquele país que por longo tempo foi considerado o país mais secularizado e mais influenciado pelo mundo ocidental, isto é o Japão. Na medida em que a questão do escondido princípio de unidade tem afinidade com o monoteísmo cristão, portanto à ligação para trás com o único Deus, trata-se ao mesmo tempo da questão de Deus no contexto das culturas asiáticas.

1. A HERANÇA DA ÍNDIA

Antes de nos ocuparmos do hinduísmo e do budismo, notemos que a Índia é um subcontinente dividido, que no curso do movimento de independência se cindiu em dois estados, na Índia que é um estado multireligioso, e no Paquistão que é um estado islâmico. Também a Índia é historicamente influenciada — abstração feita da formação de ulteriores comunidades religiosas, que são no fundo contadas como pertencentes ao hinduísmo — sobretudo pela tríade constituída pelo hinduísmo, pelo Islã e pelo cristianismo. Aqui nos limitaremos a levar em consideração o hinduísmo e depois o budismo nascido naquela terra, mesmo que ele tenha, por muitas razões, se desprendido de sua raiz indiana.

a. Sobre as religiões hindus

Recordemos antes de tudo que o conceito "hinduísmo" foi formado no período da colonização britânica sobretudo em analogia com o hebraísmo, o cristianismo e o Islã, enquanto hoje a maior parte dos hindólogos e dos historiadores da religião sublinham a autonomia das diversas correntes religiosas e falam a esse respeito no plural de religiões hindus. Essa qualificação é aplicada tanto sincronicamente como diacronicamente, isto é, a propósito da história da Índia podemos partir do fato que o desenvolvimento do período prevédico ao período védico, e depois do período védico ao período histórico pós-védico, que chega até aos nossos dias, não comportou somente o desenvolvimento de uma única religião, mas levou antes a religiões novas e independentes que, embora com toda a sua permeabilidade, deram vida a grupos religiosos fechados em si mesmos com organizações próprias e sagradas escrituras próprias. Aqui não podemos documentar e explicar de modo detalhado esse fato, mas deve ser claro que também aqui é necessário descrever pouco a pouco de modo mais diferenciado.

Pressuposto isso, possamos mencionar para o subcontinente indiano em ordem à teologia cristã, como campos de confronto, o problema de Deus, a antropologia e a cosmologia.

1. Sobre o problema de Deus

Na história da Índia encontramos, desde o início, uma quantidade de figuras e de nomes de deuses, masculinos e femininos, assim como de casais de deuses, que do tempo dos *Upanishad* e do *Vedanta* foram reduzidos sempre mais de maneira meditativa e especulativa a um princípio de unidade. Isso fez com que na teologia pluralística das religiões sustentada por J. Hick e por seus seguidores nascesse a impressão de que por trás da multiplicidade dos nomes de Deus encontrável não só na Índia, mas também nas diversas religiões do mundo, se esconda uma única realidade inacessível, inefável e ininterpelável. O fato de que depois vinham sustentadas as diversas concepções de Deus, do politeísmo ao enoteísmo, do monoteísmo até ao ateísmo, que justamente na Índia exista uma nova forma de secularidade juntamente com uma religiosidade socialmente indissolúvel, representa uma das grandes provocações e atrações desse país. A isso se acrescenta a circunstância de que a quantidade de forma e de introduções religiosas à adoração e à auto-realização favorece a idéia de que para cada homem exista a religiosidade a ele adaptada.

O politeísmo não causa nos cristãos a impressão de que se trate de uma recaída no "paganismo" considerado superado, mas sim a impressão de que, diante da idéia da unicidade de Deus, o politeísmo se torne a expressão da inexaurível plenitude divina. Além disso, mediante a evocação das muitas faces e das muitas formas de Deus, é sublinhada justamente sua presença em *todas* as situações humanas. Mas já que esse Deus se mostra na vida de cada homem somente através do caminho da imersão no mistério da realidade inacessível onisustentadora e onipermeante, portanto, transcendente e ao mesmo tempo imanente, já que, isto é, esse Deus se mostra só de maneira mística, a Índia se tornou para muitos pesquisadores um país da promessa, onde lhes é prometido um verdadeiro encontro com Deus. Não uma doutrina sobre Deus eclesialmente mediada na pregação e na catequese, mas sim as iniciações metódicas à imersão meditativa tornam-se aqui o caminho para o encontro de Deus.

As posições fundamentais do cristianismo — a fé no Deus unitrino e na mediação da salvação por meio de Jesus Cristo — são aqui naturalmente absorvidas na prática, enquanto também na Índia se procuram e se encontram os traços da Trindade, e a mediação da salvação reclamada por Jesus Cristo é, por sua vez, pluralizada. A tradução da encarnação de Deus em Jesus Cristo com o termo sânscrito *avatára* deveria prejudicar a pregação cristã já pelo fato de que essa não mostrou na Índia ter a força de transformar o conceito na direção da profissão de fé na unicidade de Jesus Cristo. Tudo que aconteceu a esse respeito pode ser ilustrado com um exemplo em sentido contrário. Depois da guerra do Pacífico a conferência episcopal japonesa decidiu substituir o conceito *tenshu* = Senhor do céu, deduzido do chinês e empregado para indicar Deus, pelo conceito *kami* habitualmente usado no Japão, porque esse é sempre mais concebido no seio da opinião pública japonesa no sentido do monoteísmo.

2. Sobre a antropologia

Já que o único real é colocado para além do pessoal e do impessoal, a concepção da pessoa elaborada no Ocidente no sentido da acentuação da inintercambialidade e individualidade humanas tem até agora uma importância muito subordinada. Já que o homem aspira a superar qualquer limitação e porque a individualidade é geralmente vista na Ásia não tanto como uma libertação quanto muito mais como uma delimitação em relação ao outro, ela faz parte daquilo que deve ser superado. Mas, que é o homem? É um ser vivente. Mas, há alguma coisa de decisivo que o distinga dos outros seres viventes? Talvez o fato de que a salvação e a redenção se realizem nele e não em outros seres viventes.

Na Índia, junto com a retroligação com os *Veda* — aquele saber originário da humanidade que remonta ao tempo pré-histórico e não ligado a nenhum fundador, que nesse meio tempo vem apresentado por alguns grupos hindus pensantes de maneira global como o saber que une toda a humanidade —, uma das pilastras fundamentais do hinduísmo é o sistema das castas. Com sua sucessão progressiva esse sistema oferece ao homem, juntamente com a concepção hodierna de tipo ético do *karma*, isto é, juntamente com retroligação ao bem ou ao mal acumulados no curso da vida, uma espécie de escada no caminho da redenção. A doutrina da reencarnação, que hoje faz parte em muitos lugares da concepção fundamental da auto-inteligência humana, insere o homem e tudo aquilo que gira em torno dele no ciclo das coisas. Conseqüentemente, a concepção da história não é, como no Ocidente, linear, mas sim circular. Para muitos homens ocidentais uma semelhante visão das coisas se faz simpática já pelo fato de que ela diminui a pressão exercida pela pretensão da unicidade da vida e de sua exigência de dever dar, uma vez por todas, boa prova de si em seu curso e parece antes oferecer misericordiosamente a possibilidade da repetição, como acontece por exemplo no caso de uma reprovação num exame escolástico decisivo. Ao pensá-la assim ignora-se em larga medida o fato de que aos homens asiáticos a reencarnação é um peso, do qual eles procuram libertar-se o mais depressa possível. Precisamente porque as coisas estão assim, cada ação, cada conhecimento e cada forma de entrega e de desapego de si possui no fundo um traço soteriológico. Com os três termos clássicos, ao mesmo tempo evocados os três clássicos caminhos de salvação da Índia: *karmamārga*, o caminho da ação, *jñānamārga*, o caminho do conhecimento, *bhaktimārga*, o caminho da devoção e da entrega cheia de amor. Mais fortemente de quanto aconteça no cristianismo, as religiões da Índia dão a impressão de não mencionar somente a finalidade da redenção e portanto da existência humana, mas de indicar também caminhos concretos para alcançar essa finalidade e de oferecer para isso a guia necessária.

Mas, desse modo a visão teorética se corrige desde o início. Enquanto o homem é visto num primeiro momento sobretudo como um ser inserido na sociedade e, portanto, quase como um ser social sem rosto, à medida que ele se aproxima da finalidade da redenção adquire um rosto enquanto a finalidade vem realizada e *ātman* e *brahman* se tornam uma coisa só e são reconhecidos como uma só coisa. A perda, que parece verificar-se na união, confere justamente a cada um o verdadeiro eu e, portanto, a verdadeira identidade.

3. Cosmologia e ecologia

Uma resposta à pergunta "que é o homem?" consiste, pois, em dizer que ele é claramente o lugar da redenção. Nele se atua a salvação, mas assim também como todo o mundo chega a seu fim. Por isso permanece a pergunta: "De onde procede o mundo?" Também aqui nos encontramos numa multiplicidade de respostas, entre as quais não falta o discurso da criação. Mais forte é, porém, a impressão de que o mundo seja sem princípio e sem fim, que de maneira semelhante às existências dos homens também os ciclos das épocas do mundo se sucedam uns aos outros, que também nos ciclos haja estágios de florescimento e estágios de destruição e de desaparecimento, e que também a vida seja caracterizada pelos ciclos e pelos tempos do ano, pela semeadura, pelo crescimento, pela colheita e pelo ocaso, e que o vir a ser e o desaparecer se sucedam um ao outro.

Importante é, porém, o fato de que na tradição da Índia a idéia da recaída em existências subumanas e animais faz parte da doutrina da reencarnação. O homem é essencialmente um ser vivente e inserido com todos os viventes no ciclo das coisas. A instrumentalização da vida subumana faz essencialmente parte da história da doutrina da criação, na qual Deus faz do homem o senhor da criação e esse somente sucessivamente aprendeu que seu Domínio deve consistir num comportamento respeitoso, numa verdadeira "cultura" e "cultivo" da "natureza" como de algo que cresce e é crescido em virtude de si mesmo. Só tardiamente os homens ocidentais estão de novo aprendendo que não pode existir uma verdadeira economia sem ecologia e que no mundo existem pontos comunicantes entre ambiente humano e ambiente natural, pontos comunicantes que poupam e protegem necessariamente este último. Observando mais atentamente a cena política ocidental torna-se claro que o influxo asiático não influencia tanto a vida religiosa nas igrejas cristãs, mas se fez muito mais sentir, graças aos impulsos "verdes" por vezes fortes, no seio de sua concepção multicultural da sociedade.

2. O UNIVERSALISMO BUDISTA

Tratamos, no contexto indiano, também o budismo, mesmo se justamente o budismo foi logo expulso de seu país indiano de origem e demonstrou assim ser um movimento aberto a todo o mundo. Ele continua, de fato, a ter uma relação privilegiada com a Índia não só por causa de sua origem histórica, mas sim também por causa de seu conteúdo, porque desligara das duas pilastras fundamentais do mundo hinduísta, libertando-se quer do domínio dos brâmanes e de seu recurso à normatividade dos *Vedas*, quer também do sistema das castas como lugar do encontro da salvação. As duas coisas facilitaram-lhe a difusão nas áreas da Ásia central e oriental, caraterizadas por tradições religiosas locais em larga medida não escritas.

Sua difusão no mundo ocidental se verificou nos últimos séculos da idade moderna, para ser mais preciso nos últimos cinqüenta anos, em que setores sempre mais amplos da população viram no budismo um programa alternativo ao cristianismo. No entanto, o budismo conhece uma figura histórica de fundador, Siddhārtha Gautama Shākyamuni, que por causa de sua iluminação recebeu o título honorífico de *Buddha*, o Iluminado, o Despertado. No começo houve uma experiência, que, porém, não parece ligada a nenhum Deus. Buda não guardou, naturalmente, somente para si sua experiência, mas anunciou nas quatro nobres verdades seu "evangelho" da libertação do ciclo das existências dolorosas e um caminho para alcançar esse fim, sem, porém, se referir a nenhum Deus e a sua graça, mesmo se desde o início sua vida foi caracterizada pelo conhecimento e compaixão ou, para dizê-lo com o jesuíta A. Pieris do Sri Lanka, por elementos gnósticos e agapêicos. Seu ensinamento foi um ensinamento prático, não especulativo, e ao propô-lo deu a impressão de fazer um apelo maior ao empenho pessoal de cada um, precisamente ali onde cada um era chamado a desapegar-se de si mesmo, e não assentar-se sobre a força da confiança. Semelhante confiança fez, pois, estrada quando o movimento que lhe sucedeu se dividiu no assim chamado Pequeno veículo (*Hīnayāna*) e Grande veículo (*Mahāyana*).

A terceira jóia, que se acompanhou à existência do fundador e a seu ensinamento, foi o nascimento do grupo de discípulos, de modo que o budista confessante se refugia nas três jóias – *Buda, darma* e *sanga*. A história do budismo e de seu desenvolvimento numa comunidade universal de salvação compreende também o fato de que ele se renovou e se abriu continuamente ali onde um processo de formação de elite ameaçava separar os discípulos do fundador da massa dos homens prisioneiros da cegueira da perdição. Aqui, como já dissemos, introduziu ao lado do conhecimento da salvação ou sabedoria (*prajñā*) a compaixão ou o amor (*karunā*). Foi K. Barth que descobriu a provocação que se esconde para a teologia cristã na "invocação do nome" (japonês *nenbutsu*) do Amida Buda, quando essa invocação desemboca na concorrência com a reivindicação cristã de *At* 4,12: "Em nenhum outro há salvação; não há, de fato, outro nome dado aos homens sob o céu no qual foi estabelecido que podemos ser salvos". P. Knitter deu com boas razões a seu primeiro livro provocador o título de *No other Name?* [trad. it. parcial, *Nessun altro nome? Un esame critico degli atteggiamenti cristiani verso le religioni mondiali*, Queriniana, Brescia 1991]

Para os intelectuais europeus dois momentos do budismo exerceram uma atração lá pela metade da idade moderna européia: o recurso às próprias faculdades, portanto, da autonomia contra a heteronomia, e a renúncia ao poder transcendente de um Deus, o presumido ateísmo de Buda. O motivo principal pelo qual o budismo não é visto só como uma filosofia, mas como uma religião, está, então, agora no fato de que ele se apresenta como um caminho da procura da salvação. Sobretudo o Grande veículo, no qual mais que no Pequeno se chegou no curso da história também à elaboração de uma reflexão sobre o caminho e o fim, análoga à teologia, é hoje para os homens ocidentais uma ponte para uma compreensão aprofundada, na qual, ao lado do empenho decisivo pela prática da vida se chega também apologeticamente ao diálogo, tanto quanto com a teologia e a filosofia cristãs, como também com as problemáticas do mundo moderno.

O budismo continua a manifestar, hoje, como outrora, pontos fracos ali onde se trata de valorizar a história e a sociedade e, conseqüentemente, de encontrar soluções para os problemas levantados pela técnica moderna. Difícil permanece, hoje, como outrora, a elaboração de uma ética social, que não se mire só sobre a renúncia e sobre o desapego, mas também sobre o modo justo de se comportar com a natureza e com seus recursos. O percurso vai aqui da física atômica à medicina moderna e aos problemas bioéticos. Aqui faz sentir seu efeito também o fato de que ainda não tenha sido suficientemente recebida e feita objeto de reflexão a importância da subjetividade do homem, que juntamente com a idéia ocidental de pessoa ocupa um lugar central na antropologia ocidental. Correspondentemente a tensão entre relacionalidade e individualidade, que, nesse meio tempo, no mundo ocidental foi iluminada especialmente graças à complementaridade entre pensamento filosófico e pensamento teológico, deve ser feita objeto de uma profunda reflexão no diálogo com o mundo asiático e ser introduzida na filosofia intercultural com o fim de descobrir a importância da individualidade humana. A isso se acrescenta o fato de que sobre esse ponto o budismo dá passos para frente somente quando não olha mais a queda no pecado, a ser superado, no julgamento (latim *iudicium*), portanto em alemão no "*Ur-Teilung*" (divisão originária), no "*Ur-Unterscheidung*" (distinção originária) não desacredita mais todas as espécies de distinções e de diferenciações e não procura mais superá-las na grande indistinção. A multiplicidade permanece, frente à importância da unidade do todo, um problema central.

Importante sob o perfil teológico é então aquilo que resulta do confronto entre o conceito sânscrito de *shūnya(tā)* = vazio, e o grego *kénōsis* = esvaziamento, vazio, sobre o qual é, nesse meio tempo, em muitos lugares desenvolvido o diálogo cristão-budista. O conceito indiano de vazio remonta aos grandes pensadores e místicos Nāgārjunā do século II d.C. O conceito grego de vazio entrelaça com o hino cristão primitivo elaborado no capítulo 2 da *carta aos Filipenses*, em que lemos: "embora sendo de natureza divina, não considerou um tesouro cioso sua igualdade com Deus, mas esvaziou-se a si mesmo (*heautòn ekénōsen*), assumindo a condição de servo e tornando-se semelhante aos homens; aparecido em forma humana, humilhou-se a si mesmo fazendo-se obediente até à morte e à morte de cruz" (2,6-8).

O conceito indiano de vazio, que no Grande veículo permaneceu vivo sobretudo na corrente do budismo da meditação (chinês *Ch'an*; japonês *Zen*), não é tanto um conceito especulativo, mas mais um conceito espiritual e prático, que fala da atuação do desprendimento radical de tudo quanto há no mundo, também das imagens e da palavra. Alguma coisa de semelhante podemos deduzir da passagem citada pela *carta aos Filipenses*, que é introduzida pelas palavras: "Tende em vós os mesmos sentimentos que Jesus teve" (2,5). Aqui a teologia negativa assume uma nova importância, e sua longa história esquecida na teologia se oferece como uma ponte. Como acenamos, seus primeiros traços se encontram no Novo Testamento, mas depois prosseguem através do Pseudo-Dionísio até chegar aos teólogos da alta Idade Média, a Tomás e a Boaventura, aos místicos espanhóis e renanos, a Nicolau de Cusa, assim como a Inácio de Loyola. No entanto, a propósito das duas correntes fundamentais, da budista e da cristã, é preciso verificar as raízes filosóficas, porque algumas barreiras que se opõem à recíproca compreensão são procuradas e conseqüentemente ali eliminadas. De importância decisiva é o fato de que nesse campo se encontram a experiência e a reflexão, em termos cristãos a fé e a razão. Já que, porém, o diálogo representa essencialmente um encontro mediado da palavra, o retirar-se num silêncio observado junto a esse ponto não basta. Aqui não desempenha nenhum papel o fato de que um dos participantes ao diálogo considere o falar como a coisa provisória e que esteja convencido de que na palavra se desenvolve já o encontro verdadeiro e próprio. Antes de tudo vale um dado: na vida concreta os diversos participantes do diálogo não podem dispensar a troca de palavras. Em última análise, a palavra a respeito do infinito se torna no que diz, assim como no que cala, um paradoxo.

No diálogo com o budismo uma via de acesso ao problema de Deus se encontra conseqüentemente no campo aqui indicado. Esse diálogo não deve ser naturalmente realizado de modo incondicionado sobre a concepção do vazio e do esvaziamento; ele pode também ser realizado sobre a abertura e sobre a vastidão radical, sobre a liberdade ou sobre a luz e sobre a iluminação. Então, abrem-se depois outras facetas do mundo da experiência espiritual. Na liberdade se esconde sempre o elemento da libertação; somos libertados de alguma coisa e por alguma coisa. No budismo se chega porém muito rapidamente a supor que a libertação-por traga em si o germe de uma nova dependência e que torne assim a libertação-de sem valor. A propósito do discurso sobre a iluminação, tão central para os budistas, deve ser observado que, no campo cristão, sobretudo no período patrístico, a iluminação estava estreitamente ligada com o batismo. Tudo isso nos diz que ali, onde se procura o núcleo mais íntimo do encontro inter-religioso, a relação verdadeiramente espiritual ocupa o primeiro lugar. Onde isso não se verifica e onde em seu lugar entra em primeiro plano a pragmática da vida cotidiana, ali as religiões se tornam muito freqüentemente entidades sociais, que procuram no fundo responder aos problemas do mundo sem levar em conta sua verdadeira competência. Suas respostas não merecem então mais atenção do que merecem a maior parte das opiniões que se ouvem no mundo.

IV. O chamado da China

A China, o grande "Reino do meio", parece um gigante sonolento. Já sua autodenominação contém uma pretensão nas relações de todos os outros países da terra, pretensão a que por longo tempo não se deu ouvido. De mudar essa percepção se encarregou o tempo sucessivo à revolução de 1949, que por motivo da atitude do governo comunista-maoísta, muito hostil para com o exterior, levou ao auto-isolamento do país. O cristianismo veio a ser nessa situação uma vez mais uma religião estrangeira. A igreja católica pareceu ser, mais que outras denominações cristãs, uma potência presente no país mas pilotada do exterior e suscitou, por causa da combinação entre autoridade espiritual do papado e soberania política do estado Vaticano, desconfiança e atitudes de defesa. A irreligiosidade do marxismo-leninismo comportava por sua origem o fato de que também as religiões indígenas caíssem sob a crítica mais geral da religião e fossem submetidas a severos sistemas de controle para verificar-lhes a lealdade para com o estado. Um reconhecimento oficial obtiveram, no curso do tempo, cinco "religiões", com o cristianismo subdividido em dois ramos: budismo, taoísmo, Islã, catolicismo e protestantismo. O confucionismo não foi incluído entre as religiões, mas com sua ética tão influente sobre a vida do estado constitui até hoje um elemento negativo do pano de fundo da sociedade chinesa e de sua hodierna ideologia do estado. Não admira por isso ver como a seu tempo Mao tenha sido repetidamente descrito como o moderno Confúcio, que também em suas máximas e em suas regras recordava as diretrizes clássicas do sábio antigo.

A tensão entre o *Yin* e o *Yang*, entre o conservar e o inovar, entre o interno e o externo, entre a quietude e o movimento, entre o feminino e o masculino é reconhecível também na coabitação das duas religiões chinesas, que se permeiam reciprocamente a seu modo. Aqui o taoísmo liberta o homem de seu *tran tran* cotidiano e o convida a olhar para as forças que habitam todo ser, até àquelas que lhe prometem a imortalidade. Ao contrário, o confucionismo demonstrou ser uma forma de ética social a tal ponto que, malgrado todos os rituais nele existentes, não lhe foi nem mesmo reconhecido o caráter de religião. O cristianismo, desde que é, por sua vez, uma força influente sobre a sociedade, encontrou por longo tempo no pensamento confuciano seu *partner* natural na China, enquanto não se ocupou do taoísmo e de seus ritos e práticas muito esotéricos. Para esse fim, o conceito e termo fundamental de *dao* = caminho, sentido, inferido do célebre *Tao-te-king* [trad. it., *Tao te king. Il libro della vida e della virtù*, Jaca Book, Milano 1999], tornou-se um ponto de ligação, que leva a comparar entre si o início daquele livro com o início do evangelho de João: "O Sentido, que se deixa exprimir, não é o Sentido eterno. O nome, que se deixa pronunciar, não é o nome eterno. 'Não-ser' chamo eu o princípio do céu e da terra. 'Ser' chamo a mãe de cada um dos entes".

Mas se temos presente que o confucionismo e o taoísmo influenciaram juntos, até hoje, a concepção chinesa do mundo e que disso resultou o que vem, muitas vezes, indicado como o "universismo" chinês, a pretensão do cristianismo de ser uma religião universal deverá prestar atenção precisamente nesse universismo. Além disso, isto é necessário já porque o taoísmo tem, por sua parte, deixado traços fortes no budismo meditativo, que como o confucionismo fez sentir seu influxo no Oriente até o Japão. A isso se acrescenta o fato de que a multiplicidade de práticas transmitidas sem Escrituras chama de novo sobre si a atenção num tempo em que o interesse pelas religiões sem Escrituras está aumentando, e em que essas religiões e sua vitalidade são experimentadas de modo novo. Formas xamanísticas de religião, ritos e práticas taoístas e filosofia confuciana da vida formam, juntas, a tríade de cultura, filosofia e religião, que constitui a via chinesa da salvação. E aqui os entrelaçamentos sociais, que partindo da família e dos antepassados encontram expressão numa grande quantidade de relações sociais entre o homem e a mulher, entre autoridade e súditos, entre anciãos e jovens, entre amigo e amigo etc., são de grande importância. Os homens encontram sua identidade no interior dos entrelaçamentos e das redes aqui indicadas, não na individualidade isolada. Correspondentemente nem mesmo a questão da dignidade do homem deve ser aqui simplesmente enquadrada no horizonte de compreensão que caracteriza a antropologia ocidental. Se, com efeito, ao Oriente falta uma avaliação adequada da individualidade, no Ocidente devemos perguntar-nos se levamos suficientemente em conta a relacionalidade.

Como a visão do mundo predominante na China, que hoje não é mais concebível sem o influxo do Ocidente secularizado e dominado pela técnica e pela ciência, e que além disso foi politicamente influenciada pela decenal controvérsia entre socialismo e capitalismo, se deixará ligar, no futuro, numa época pluralística, com uma visão ocidental do mundo, que nesse tempo, se antes complicada, é uma coisa ainda toda a se ver. Incontestavelmente sempre mais claro é somente o fato de que um entendimento sobre uma base puramente a-religiosa não é possível por longo tempo. Por isso, o cristianismo faz bem em repensar de modo novo as próprias posições e prática teológicas, as próprias convicções e as próprias indicações concretas em relação ao futuro da China. Nesse contexto, deve fazer pensar o fato de que as forças do cristianismo capazes de forjar a cultura na China, assim como no Extremo Oriente, são tomadas em consideração e são estudadas pelos intelectuais também fora de um interesse pela igreja. Mais que o conteúdo de verdade pode naturalmente chamar, então, a atenção sobre si a utilidade do pensamento e das idéias cristãs. E as convicções cristãs, já que influenciam necessariamente a imagem do homem e o comportamento com a criação, podem tornar-se precisamente sob esse aspecto também pequenas sementes de organizações extracristãs do futuro. O encontro do cristianismo com a China não está, malgrado todos os contragolpes que no curso da história houve desde o tempo dos nestorianos e dos maniqueus até aos nossos dias, de modo nenhum ainda terminado; ao contrário, deve sim ainda começar.

V. O Japão, laboratório das religiões e da religiosidade

Quem visita a Tóquio moderna encontra-se, antes de tudo, com uma *silhueta* sem religião de ousados arranha-céus num país ameaçado por terremotos, numa rede de auto-estradas de perder o fôlego com uma densidade impressionante de trânsito, numa massa ilimitada de homens anônimos, quase sem rosto para o estrangeiro, que encontram sem rumor seu lugar no trânsito, nas ruas e nos trens. Essa *skyline*, vista de longe, poderia também ser aquela de muitas outras cidades do mundo e não é necessariamente japonesa. Quem pede a seu interlocutor qual é sua religião, ouve muito freqüentemente responder que ele é "*mushinronsha*", quer dizer, traduzido superficialmente: "ateu". Essa resposta significa naturalmente o mais das vezes somente que o interpelado não pertence a nenhuma comunidade religiosa. Se, de fato, se lhe pergunta qual é o templo em que celebra a memória dos antepassados, ele dá então regularmente uma resposta igualmente clara: menciona o templo e, portanto, a comunidade budista, onde os antepassados são honrados e a família tem, portanto, seu lugar religioso tradicional.

Entre as curiosidades do país, há também aquela que a soma dos membros indicados das várias comunidades religiosas supera claramente o número de todos os japoneses, assim como da outra parte as pesquisas demográficas acerca da pertença religiosa dão o mais das vezes percentuais superiores ao número dos membros que as comunidades religiosas afirmam possuir. O tema da dupla pertença na qualidade de membro e, portanto, da conta múltipla resulta claro aqui, mas no Japão — como do resto também em outros países asiáticos — não suscita a mesma maravilha que até hoje suscita nos países ocidentais.

O Japão permanece, tanto pelo que se refere a sua história, como pelo que se refere ao presente, um laboratório de estudos de caráter religioso. Pelo que diz respeito a sua história antiga, de grande importância é a abertura ao budismo chinês. Esse importou da China também práticas e idéias taoístas, assim como a idéia confuciana de ordem. Além disso, com a introdução da escritura e da terminologia chinesas, contribuiu de maneira decisiva para a formação de uma cultura japonesa independente, em que sobrevive até aos nossos dias como substrato à indígena "Via dos deuses", o *Shintō*.

O cristianismo falhou, praticamente, em sua primeira possibilidade, quando depois das primeiras tentativas bem intencionadas foi associado aos colonialistas europeus, no Japão concretamente aos japoneses e a seus ameaçadores gestos militares. A feroz perseguição da igreja que se seguiu, a expulsão nas catacumbas daqueles que permaneceram cristãos, o fechamento radical da ilha e de seu império ao Ocidente (japonês *sakoku*) e a renovada abertura forçada do país aí pela metade do século XIX fizeram permanecer o cristianismo — embora com toda a simpatia e a admiração demonstrada nesse ínterim em seus relacionamentos — uma "religião estrangeira" do "longínquo Ocidente". "Inculturação" é até hoje, no Japão, na prática, um termo desconhecido, especialmente porque o lado exterior da sociedade japonesa acima descrito pôde, por longo tempo, suscitar nos missionários estrangeiros a impressão de que esse país tivesse perdido as próprias raízes e que teria, inevitavelmente, adotado o desenvolvimento ocidental no campo da ciência e da técnica, juntamente com a separação entre estado e religião propagandeada pelos ocidentais.

Isso não é contradito pela outra observação, segundo a qual o Japão se tornou conhecido no mundo ocidental não por último graças aos exercícios do *Zen* e das artes desenvolvidas no seio do *Zen* (japonês *do* = caminho). Em certo sentido, o interesse ocidental pelo exercício sem palavras da meditação influenciou, por sua vez, o Japão e contribuiu para fazer com que o *Zen* e o *Za-zen* se tornassem de novo interessantes para os japoneses. Assim, afinal, o interesse ocidental pelo *Zen* influenciou em ambas as direções: sobre o mundo ocidental, onde diante do difuso ativismo e às numerosas formas de excessiva operosidade colocou o acento sobre a paz interior, sobre a quietude, sobre o silêncio e sobre os exercícios para atingi-los, e sobre o Japão, onde despertou a recordação dos valores culturais do país. O fato de que precisamente o Japão tenha se distinguido na tradição do *Zen* já bem cedo também mediante a união do exercício com a reflexão, e que essa combinação encontrou, ao menos por certo tempo, uma continuação na escola filosófica de Kyoto e no grupo de amigos a ela ligado, entre os quais com Nishida e Nishitani, Suzuki, Hisamatsu e Abe, permanece importante para a virada em direção a um diálogo intercultural e inter-religioso.

Freqüentemente, ainda não levamos em conta uma outra coisa. No período pós-guerra e na primeira renúncia da ideologia do *Shintō* de estado se manifestou nas subculturas sociais um fenômeno que recebeu também um nome oficial: *shinkōshūkyō* = religiões renascentes. Um exame mais preciso da história desse fenômeno nos diz que as mais antigas entre essas formas freqüentemente sincretísticas de religião remontam já ao século XIX, embora elas tenham conhecido um verdadeiro e próprio florescimento no período pós-guerra, portanto, na segunda metade do século XX. Para os conhecedores desse desenvolvimento o estudo do Japão no período sucessivo se demonstrou útil em todos os lugares onde se verificaram florescimentos religiosos análogos e um *religious revival*. A falta de uma guia espiritual, o desejo de experiências espirituais e a procura da segurança no grupo foram, juntamente com outros aspectos, os pontos principais que contribuíram para a formação de novos espaços experienciais religiosos. Mas também aqui permanece verdadeiro que mais importante que o conteúdo teórico da verdade é o fator da utilidade atual. E o útil deveria ser o mais possível imediatamente desfrutável. Correspondentemente fraca é, em semelhante contexto, a referência à transcendência.

VI. Observações conclusivas

Esse olhar, bastante sumário, lançado sobre o cristianismo no âmbito do pensamento asiático nos diz, todavia, com clareza algumas coisas.

1) As religiões da Ásia também influenciaram muito a vida cotidiana dos homens; em sentido inverso, podemos dizer: tudo na vida tem seu aspecto religioso, de modo que os vários setores da vida são menos distintos e separados entre si do que acontece ali onde se adota a separação entre estado e religião e onde as funções da religião são desenvolvidas num setor limitado.

2) As religiões não influenciam tanto a doutrina e a verdade, quanto, antes, a utilidade prática, que por sua vez se refere primariamente à imanência do mundo e convida menos para a transcendência. Desde que o útil perseguido pode ser diverso de um homem para outro, muitas coisas permanecem relativas, sem que a pretensão do absoluto pareça inteiramente cancelada.

3) A relatividade caracteriza também as formas fenomênicas e expressivas do divino. Muitas vezes, o verdadeiramente divino permanece escondido na ausência de palavras e de imagens; ele se subtrai à conceitualidade humana. Frente ao inefável as representações e as imagens, as denominações e os nomes humanos perdem sua importância. A multiplicidade se resolve no relativismo, a unidade é o absoluto inacessível.

4) Frente à incerteza sobre o fato se e até a que ponto o divino se revela

ou se ele não é simplesmente a projeção de um ponto de convergência da aspiração humana, as possibilidades do confronto se dão por vezes mais no campo da verdadeira e própria teologia ou por vezes mais no campo da filosofia e da filosofia da religião.

5) Um problema importante para a teologia cristã é a tradução de terminologias fundamentais. Na medida em que não poucos conceitos dogmáticos, como encarnação, Deus pessoal, Trindade, homem como pessoa, como indivíduo etc., são filosoficamente deduzidos e são além disso no Ocidente fortemente influenciados pelo pensamento grego clássico, cabe se perguntar até que ponto a veste tradicional do pensamento cristão ocidental pode ser transposta em outros contextos, aqui no contexto das culturas asiáticas, ou se, ao contrário, o conteúdo da fé cristã não possa ser pensado de maneira completamente nova.

6) A idéia de que uma tradução não seja, em linha de princípio, possível está naturalmente afastada, enquanto nas diversidades das línguas, do pensamento, das raças e dos sexos se encontram entre si *homens*, e esses homens são essencialmente chamados a comunicar entre si. Os homens são homens capazes de falar, capazes de refletir sobre si e sobre os outros homens que fazem, além disso, a feliz experiência de poder aprender línguas estrangeiras. Isso permanece verdadeiro mesmo se experimentamos continuamente que o conhecimento humano é imperfeito e fragmentário e, além disso, que algum conhecimento resulta ser até falso e errôneo.

7) O encontro entre as diversas religiões inclui o fato, dada sua pluralidade, que existem imagens diversas do homem e da sociedade e que também a relação do homem com os outros seres vivos e com o próprio mundo inanimado pode ser concebido de modos diversos. Aqui é possível pensar num processo cósmico fechado, sem princípio e sem fim, circular, assim como uma história do mundo que, partida de um início, procede de modo linear, mesmo se com rupturas, para um fim definitivo. A esse respeito permanece ainda uma vez em suspenso se o princípio e o fim podem ser denominados, como faz o cristianismo, o qual confessa Deus como o criador e o aperfeiçoador do mundo.

8) Justamente porque as religiões asiáticas demonstram ser campos, sobre os quais a partir das diversas perspectivas tanto a estética quanto a ética oferecem novas vias de acesso e vias da mediação e da experiência, os cristãos fazem bem em se apresentar não só como professores, mas também como alunos. Deus conduz por vias diversas. Não só os cristãos são vias de Deus para os outros, mas o Espírito pode muito bem vir-nos ao encontro também por outras vias. Dado o fato de que Deus se apresenta em seu mundo antes do que o mais veloz missionário, os cristãos puderam e deveram tomar conhecimento disso com gratidão e com humildade muito depressa, e esse conhecimento continua a ser válido também para os nossos dias.

Bibliografia

ABE, M. *Zen und Western Thougt*, MacMillan, London 1985.

BAUER, W. *China und die Hoffnung auf Glück Paradiese – Utopien – Idealvorstellungen*, Hanser, München 1971.

BRÜLL, L. – KEMPER, U. (eds.), *Asien. Tradition und Fortschritt. FS H. Hammitzsch*, Harrassowitz, Wiesbaden 1971.

CHING, J. *Konfuzianismus und Christentum*, Grünewald, Mainz 1989.

COBB JR., J. B. – IVES, CH. (eds.), *The Emptyng God. A Buddhist-Jewis-Christian Conversation*, Orbis, Maryknoll/N.Y. 1990.

DANTON, A. C. *Mystik und Moral. Östliches und westliches Denken*, Fink, München 1999.

GERNET, J. *Die chinesische Welt*, Insel, Frankfurt 1983, 2ª ed. [trad. it., *Il mondo cinese. Dalle prime civiltà alla Repubblica popolare*, Einaudi, Torino 1978].

HAAS, W. S. *Östliches und westliches Denken. Eine Kulturmorphologie*, Rowohlt, Reinbk 1967.

HALBFASS, W. *Indien und Europa. Perspektiven ihrer geistigen Begegnung*, Schwabe, Basel 1981.

ID., *Tradition and Reflection. Explorations in Indian Thought*, State University of New York, Albany/N.Y. 1991.

IVES, CH. (ed.), *Divine Emptiness and Historical Fullness*, Trinity, Valley Forge/Pa. 1995.

IZUTSU, T. *Philosophie des Zen-Buddhismus*, Rowohlt, Reinbek 1979 [trad. it., *La filosofia del buddhismo zen*, Ubaldini, Roma 1984].

KRIEGER, S. – TRAUZETTEL, R. (eds.), *Konfuzianismus und die Modernisierung Chinas*, Hase & Koehler, Mainz 1990.

MACINNIS, D. *Religion im heutigen China. Politik und Praxis*, Steyler Verlag, Nettetal 1993.

MALEK, R. (ed.), *"Fallbeispiel" China. Ökumenische Beiträge zu Religion. Theologie und Kirche im chinesischen Kontext*, China-Zentrum St. Augustin – Steyler Verlag, Nettetal 1996.

MALL, R. A. *Mensch und Geschichte. Wider die Anthropozentrik*, Wissenschaftliche Buchgesellschaft, Darmstadt 2000.

ID. –LOHMAR, D. (eds.), *Philosophische Grundlagen der Interkulturalität*, Rodopi, Amsterdam – Atlanta 1993.

MARUYAMA, M. *Denken in Japan*, Suhrkamp, Frankfurt 1988.

MOORE, CH. A. (ed.), *Philosophy and Culture. East and West. East-West Philosophy in Practical Perspective*, University of Hawaii, Honolulu 1968.

MÜNCH, A. *Dimensionen der Leere. Gott als Nichts und Nichts als Gott im christlichbuddhistischen Dialog*, Lit. Münster 1998.

MULLINS, M. R. – SUSUMU, SH. – SWANSON, P. L. (ed.), *Religion and Society in Modern Japan*, Asian Humanities, Berkeley/Ca. 1993.

NAKAMURA, H. *Ways of Thinking of Eastern Peoples. India – China – Tibet – Japan*, East-West Center, Honolulu, 1964.

NAKANE, CH. *Die Struktur der japanischen Gesellschaft*, Suhrkamp, Frankfurt 1985.

NEEDHAM, J. *Wissenschaftlicher Universalismus. Über Bedeutung und Besonderheit der chinesischen Wissenschaft*, Suhrkamp, Frankfurt 1977.

NISHITANI, K. *Was ist Religion?*, Insel, Frankfurt 1982.

PIERIS, A. *Theologie der Befreiung in Asien. Christentum im Kontext der Armut und der Religionem*, Herder, Freiburg 1986 [trad. it. parcial, *Una teologia asiatica di liberazione*, Cittadella, Assisi 1990].

ID., *Liebe und Weisheit. Begegnung von Christentum und Buddhismus*, Grünewald, Mainz 1989.

SCHUCHTER, W. (ed.), *Max Webers Studie über Konfuzianismus und Taoismus. Interpretation und Kritik*, Suhrkamp, Frankfurt 1983.

WALDENFELS, H. *Begegnung der Religionen. Theologische Versuche* I, Borengässer, Bonn 1990.

ID., *Gottes Wort in der Fremde. Theologische Versuche* II, Borengässer, Bonn 1997.

ID., *Absolutes Nichts. Zur Grundlegung des Dialogs zwischen Buddhismus und Christentum*, Herder, Freiburg 1980, 3ª ed.

15
PARA UMA NOVA TEOLOGIA DAS RELIGIÕES

Claude Geffré

No limiar do século XXI, o desafio maior da teologia cristã não vem tanto da multiplicidade das religiosidades de tipo sincretístico ou esotérico, que passam sob a cômoda etiqueta de *New Age*, quanto da pluralidade das grandes religiões não-cristãs que nós vimos a conhecer sempre melhor e que dão, muitas vezes, prova de uma nova vitalidade. No século XIX, numa época em que a epopéia missionária coincidia com a supremacia incontestada do Ocidente, a igreja dava um juízo muito mais pessimista sobre o futuro das grandes religiões mundiais. Hoje, devemos constatar seu dinamismo, assim como seu novo poder de sedução mesmo muito além dos lugares de sua origem. Isso é verdade do Islã que conserva seu predomínio na África e na Ásia e cuja presença, graças aos fluxos migratórios, é sempre mais maciça na Europa (onde já se contam mais de 14 milhões de muçulmanos). Mas é verdade também para as grandes religiões como o hinduísmo e o budismo, que não somente resistem muito bem ao choque da civilização técnica, mas contam agora milhares e milhares de adeptos também no Primeiro mundo, na Europa e na América Setentrional.

Não é de se admirar, portanto, se a teologia das religiões se tornou um dos capítulos mais vivos e mais atribulados da teologia contemporânea. Ser se ia tentados de dizer que, como o ateísmo pôde ser o *horizonte* em função do qual a teologia da segunda metade do século XX reinterpretava as grandes verdades da fé cristã, assim o pluralismo religioso tende a se tornar o *horizonte* da teologia do século XXI e nos convida a revisitar os grandes capítulos de toda a dogmática cristã. Trata-se da resposta a uma situação histórica incontestável e também da conseqüência de uma intuição-chave do concílio Vaticano II que, pela primeira vez na história do magistério romano, deu um juízo positivo sobre as religiões não-cristãs.

Nas páginas que seguem, começarei por sublinhar a novidade do diálogo inter-religioso fazendo observar como ele coincide com a idade planetária da humanidade. Veremos, num segundo momento, os esforços da teologia recente para levar a sério a questão do pluralismo religioso como questão teológica, e para procurar dar um fundamento teológico ao diálogo interreligioso. Será a ocasião para refletir sobre a evolução da teologia das religiões, que passou de uma teologia da salvação dos infiéis a uma teologia do pluralismo religioso e também a uma teologia inter-religiosa. E então apresentarei o que poderia ser o programa de uma teologia inter-religiosa, sobretudo depois da recente declaração *Dominus Iesus* (2000) [em *Il Regno-Documenti* 17/2000, 529s] do magistério romano.

I. A novidade do diálogo inter-religioso

Ao longo dos séculos, as religiões estimularam, na maioria dos casos, a violência da história. O diálogo religioso, portanto, é uma novidade e uma *chance*. Mas não é um fato fortuito que ele coincida com aquela que Edgar Morin designa como a quarta idade da humanidade, isto é sua idade planetária, o fato de que os homens e as mulheres se encontrem solidários nesse minúsculo ângulo do universo qual é nossa "aldeia planetária". Pela primeira vez, a humanidade tem consciência de que seu destino está em suas mãos. Com efeito, graças ao novo domínio do homem na ordem científica e tecnológica, podemos colocar em perigo a própria sobrevivência da espécie humana. Não se trata apenas das ameaças que pairam sobre o futuro do genoma humano. Trata-se também dos efeitos perversos dos fantásticos progressos dos quais somos hoje os felizes beneficiários. Num espaço de tempo mais ou menos longo, eles podem degradar nosso ambiente a ponto de tornar impossível toda forma de vida humana sobre a terra.

E então, não obstante suas divergências fundamentais, as religiões não são responsáveis apenas por uma salvação além da morte sob forma de imortalidade ou de vida eterna. Elas descobrem sua responsabilidade comum frente ao destino histórico do ser humano, e procuraram, pois, dialogar para servir melhor as grandes causas que solicitam a generosidade dos homens e das mulheres de boa vontade. Na época da mundialização, sentimos a necessidade de uma *ética global* que traga benefícios, seja dos recursos morais das grandes tradições religiosas, seja das contribuições das éticas seculares.[1] Chegou-se a determinado consenso ético que encontrou sua expressão oficial na Carta dos direitos do homem. As religiões devem, por isso, estar dispostas a

---

[1] A propósito dessa ética global, pode-se referir aqui à declaração publicada como conclusão do Parlamento das religiões realizado em Chicago em agosto de 1993, e cujo principal inspirador foi o teólogo Hans Küng. Cf. *Manifeste pour une éthique planétaire*, Cerf, Paris 1995 [trad. it., KÜNG, H. – KUSCHEL, K.-J. (eds.), *Per un'etica mondiale. La dichiarazione del Parlamento delle religioni mondiali*, Rizzoli, Milano 1994].

deixar-se interrogar pela nova consciência das aspirações legítimas da pessoa humana. Mas, qualquer coisa que se possa dizer a respeito das perversões históricas de numerosas religiões em matéria de fanatismo, de obscurantismo e até de desumanidade, a razão ética moderna tem todas as vantagens para escutar as lições da sabedoria das grandes tradições religiosas que nos ajudem a melhor decifrar as exigências do humano autêntico. Em particular, diante das ambigüidades da mundialização, o diálogo inter-religioso representa uma chance na medida em que ele pode contrabalançar os efeitos perversos de uma cultura sempre mais uniforme sob o signo do consumismo, da obsessão do lucro e de um hedonismo fácil.[2]

É nesse contexto histórico, que é preciso situar a importância verdadeiramente histórica da nova atitude da igreja católica, depois do concílio Vaticano II, diante das religiões não-cristãs. Na declaração sobre as relações da igreja com as religiões não-cristãs (*Nostra aetate*) encontramos esta afirmação solene: "A igreja católica nada rejeita do que há de verdadeiro e santo nestas religiões" (n. 2). Essa nova atitude concretizou-se nos gestos de alto alcance simbólico feitos sobretudo pelo papa João Paulo II: sua visita ao grande Rabino da sinagoga de Roma, seu discurso aos jovens muçulmanos no estádio de Casablanca em 1985 e, sobretudo, o famoso encontro em Assis em outubro de 1986, que reunia vários dos grandes líderes das religiões do mundo para uma oração a favor da paz. E, mais próximo de nós, não podemos subestimar a peregrinação do bispo de Roma a Jerusalém com a visita a Yad Vashem — lugar da memória do Holocausto — e ao Muro da lamentação, sem esquecer a recentíssima visita à mesquita dos Omayadas de Damasco. Se se pensa nos conflitos seculares da igreja católica tanto com o judaísmo como com o Islã e na ignorância prática em que ela deixava as outras tradições religiosas, não é exagerado falar de uma evolução verdadeiramente revolucionária.

Mas, há uns quarenta anos a teologia católica tinha muita dificuldade para tomar verdadeiramente a sério, as implicações propriamente teológicas dessa nova atitude da igreja. Se a igreja dá um juízo positivo sobre as outras religiões não é somente porque vivemos numa época de tolerância e de respeito da liberdade de todo ser humano, qualquer que seja sua pertença religiosa. E não é nem mesmo porque temos uma visão mais positiva da possibilidade da salvação fora da igreja. Não foi preciso esperar o Vaticano II para ter uma interpretação menos rigorosa do famoso axioma de são Cipriano: "Fora da igreja não há salvação",[3] e para não lançar nas trevas

---

[2] Procurei justificar essa possibilidade histórica constituída pelo diálogo inter-religioso diante da mundialização em meu artigo *Pour un christianisme mondial*, in *Recherche de Science Religieuse* t. 86, 1998, p. 53-75.

[3] Sobre o sentido dessa fórmula recolocada em seu contexto histórico e eclesial, pode-se consultar o artigo datado por Y. Congar in *Catholicisme* 5, Letouzey, Paris 1959, coll. 948-956 e sobretudo o estudo muito documentado que dele faz J. Dupuis em seu livro *Vers une théologie chrétienne du pluralisme religieux*, Cerf, Paris 1997, p. 131-156 [trad. it., *Verso una teologia cristiana del pluralismo religioso*, Queriniana, Brescia 1997, p. 115-138].

exteriores todos os seres humanos de boa vontade que se encontram numa ignorância não culpável de Deus e de Jesus Cristo. De fato, a declaração *Nostra aetate* propunha certa ética do diálogo com as outras religiões, mas não apresentava um fundamento teológico capaz de justificar claramente o diálogo encorajado pela igreja. O documento conciliar pronuncia um juízo positivo sobre as religiões não-cristãs, mas não se exprime em termos explícitos sobre a relação positiva que as diversas religiões possam ter com o Absoluto. Ele faz referência à doutrina patrística das "sementes do Verbo", sem elaborar uma verdadeira teologia das religiões.

De alguns decênios para cá, os teólogos católicos se esforçam para superar uma teologia das religiões que não seria outro que um prolongamento de uma teologia da "salvação dos infiéis", e que permanece ainda no plano das intenções subjetivas dos membros das outras religiões, sem tomar a sério o desafio colocado pela fé cristã da pluralidade das tradições religiosas consideradas em sua positividade histórica. Ela tende sempre mais a se tornar uma teologia do *pluralismo religioso* que se interroga sobre o significado dessa pluralidade de tradições religiosas dentro do desígnio de Deus, e que se pergunta se, para além das intenções subjetivas dos homens de boa vontade, as grandes religiões do mundo não tenham em sua historicidade concreta uma relação positiva com o Absoluto.[4] Esse, na verdade, é o único modo para fornecer um fundamento teológico ao diálogo inter-religioso, diálogo que as mais altas instâncias da igreja não cessam de encorajar.

II. Em direção a uma teologia do pluralismo religioso

Já antes do concílio, alguns teólogos católicos como Jean Daniélou, Henri de Lubac e Yves Congar tinham desenvolvido uma *teologia do completamento*, segundo a qual as religiões pagãs apareciam como longínquas preparações evangélicas da única verdadeira religião revelada que é o cristianismo.[5] Essa teologia, entre outras, é aquela subjacente à declaração *Nostra aetate* e ao decreto *Ad gentes* sobre a atividade missionária. Em con-

---

[4] A obra já clássica de Jacques Dupuis que citei acima é o testemunho decisivo dessa evolução da teologia católica das religiões. Eu mesmo pude escrever que o pluralismo religioso como horizonte da teologia constituía uma *mudança de paradigma* da teologia cristã. Cf., em particular, meu artigo *Le pluralisme religieux et l'indifférentisme ou le vrai défi de la théologie chrétienne*, in *Revue théologique de Louvain* t. 31, 2000, p. 3-32.

[5] Para LUBAC, H. DE. se refirirá aqui, sobretudo, a seu livro *Le fondement théologique des missions*, Seuil, Paris 1946 [trad. i.t, *Per una teologia delle missioni*, Jaca Book, Milano 1975], e para CONGAR, Y. *Vaste monde ma paroisse. Veritè et dimension du salut*, Éd. Témoignage chrétien 1959 [trad. it., *La mia parrocchia vasto mondo. Verità e dimensioni della salvezza*, Paoline, Roma 1963].

tinuidade com a constituição *Lumen gentium* na qual, a propósito dos não-cristãos, se diz que eles "são ordenados para o povo de Deus", que "tudo aquilo que de bom e de verdadeiro se encontra neles é tido pela igreja como uma preparação para o evangelho, e como dado por aquele que ilumina todo homem" (n. 16 e 17). Assim, para todos aqueles que ainda não encontraram Jesus Cristo, as religiões podem desempenhar uma função de "preparação evangélica". Não se trata somente de afirmar que os homens de boa vontade podem realizar sua salvação nas outras religiões. Trata-se, como se tornará explícito nos textos do concílio, de sugerir que as grandes tradições religiosas podem ser portadoras de valores salvíficos que preparam ao reconhecimento da plenitude da verdade que se encontra no cristianismo. Reencontramos aqui a idéia hegeliana do cristianismo como "religião absoluta" que dá completamento, transfigurando-as, às figuras históricas que são as diversas tradições religiosas da humanidade.

Na mesma lógica da teologia do completamento, Karl Rahner tinha desenvolvido, nos anos 60, a teoria dos *cristãos anônimos*.[6] Em virtude o existencial sobrenatural presente em cada homem, a orientação para o Absoluto, isto é, para o Deus que concede graça, é como a quintessência do verdadeiro ser do homem. A fé explícita no Cristo como realidade de salvação pode comportar uma forma de completamento implícito, *anônimo*, escondido, que se concretiza somente na prática reta da vida. Lá onde as religiões são vividas sinceramente por homens e mulheres de boa vontade, elas são como germes relativos a respeito daquela plenitude de graça que é a justificação diante de Deus. As religiões, desse modo, são uma forma de opção anônima por Cristo, condicionada pela pré-ordenação fundamental de todo homem para o Absoluto. Definitivamente, a missão da igreja consiste em fazer com que o cristianismo implícito se torne explícito e chegue assim a si mesmo.

A tese dos *cristãos anônimos* foi objeto de numerosas críticas, entre outras, por parte de teólogos tão diversos como Hans Küng e o futuro cardeal Ratzinger.[7] Censurava-se-lhe proceder a partir de uma visão abstrata e muito otimística das religiões. Fazendo delas objetivações da vontade universal de salvação de Deus, essa visão não sublinha o suficiente a ambigüidade fundamental das religiões, que são também expressões da cegueira culpável do homem. De outra parte, a teoria dos *cristãos anônimos* não leva suficientemente a sério a novidade da existência cristã a respeito da nature-

---

[6] Cf. Rahner, K. *Die anonymen Christen*, in *Schriften zur Theologie* VI, 1965, p. 545-554 [trad. it., *I cristiani anonimi*, in *Nuovi saggi* I, Paoline, Roma 1968, p. 759-772], assim como *Traité fondamental de la foi*, Centurion, Paris 1983, p. 179-202 [trad. it., *Corso fondamentale sulla fede. Introduzione al concetto di cristianesimo*, Paoline, Alba 1977].

[7] Cf. em particular, Küng, H. *Ser cristão*, São Paulo: Loyola. Trad. it. *Essere cristiani*, Mondadori, Milano 1976, p. 96s.] e Ratzinger, J. *Les principes de la théologie catholique*, Téqui, Paris, 1985, p. 178-190.

za humana como condição prévia da graça. E, sobretudo, pode-se pedir a Rahner que não sacrifique muito o privilégio único da revelação judeu-cristã como revelação histórica, em sua diversidade em relação à revelação *transcendental*, isto é, em relação à comunicação de graça que Deus faz a todo ser humano.

Essas críticas não deixam de ter fundamento e são retomadas também por numerosos teólogos contemporâneos, que denunciam nessa teoria um secreto imperialismo, como se todos os membros das religiões não-cristãs, que levam uma vida reta segundo os imperativos de sua tradição religiosa, fossem já cristãos sem sabê-lo. Mas é bom observar que Rahner não faz senão levar as suas extremas conseqüências aquilo que está inscrito na própria lógica da teologia do completamento, segundo a qual tudo o que há de justo e de bom nas outras religiões não pode ser senão que uma degradação ou, no máximo, uma preparação longínqua daquilo que se encontra em plenitude no cristianismo.[8] Aquilo que não é tomado a sério é a alteridade das outras tradições religiosas em sua diferença irredutível. A partir da universalidade do mistério de Cristo, concebe-se a unicidade do cristianismo como uma unidade de *inclusão*, que engloba todos os valores de verdade e de bondade de que as outras religiões podem ser portadoras. É por isso que a corrente teológica mais promissora dentro do catolicismo é a que procura superar uma teologia do completamento por *uma teologia do pluralismo religioso*, que sem comprometer a unicidade do mistério de Cristo, isto é um cristocentrismo constitutivo, não hesite em falar de um pluralismo inclusivo no sentido de um reconhecimento de valores próprios às outras religiões. Mas, para fazer isso, é preciso começar com o afrontar o risco de colocar teologicamente a questão do porquê da pluralidade dos caminhos para Deus.

III. O pluralismo religioso como questão teológica

Como dissemos, o Vaticano II inaugurou uma nova era em teologia na medida em que, frente a um eclesiocentrismo estreito, expressou oficialmente um juízo positivo sobre as religiões não-cristãs, reconhecendo que elas podem ser portadoras de valores de salvação. No entanto, o concílio, não chegou até ao ponto de considerá-las "caminhos de salvação" e se precaveu bem de exprimir um juízo teológico sobre o significado do pluralismo religioso. E é precisamente essa a tarefa de uma teologia de orientação

---

[8] Para uma exata avaliação das críticas voltadas para a tese de Karl Rahner, ler-se-ão com proveito as breves observações de M. Fédou in *Les religions selon la foi chrétienne*, Cerf, Paris 1996, p. 72-78.

hermenêutica que parta da nova experiência histórica da igreja para reinterpretar nossa visão do plano de salvação de Deus. A igreja deve fazer frente a um pluralismo religioso que à vista humana apareça insuperável, e isso exatamente no momento em que, no limiar do terceiro milênio, ela tem uma consciência muito mais viva da particularidade histórica da cultura ocidental, aquela mesma que tem sido a cultura dominante subjacente a sua teologia ao longo do curso de vinte séculos. Ela, de fato, se encontra sempre mais confrontada com outras culturas muito antigas, que são indissociáveis das grandes tradições religiosas. Não admira, então, que certo número de teólogos católicos eminentes — penso sobretudo em Edward Schillebeeckx e em Jacques Dupuis — se perguntem seriamente se esse pluralismo de fato não nos remeta a um pluralismo de princípio ou de direito que corresponderia a um querer misterioso de Deus.[9]

Ainda que um teólogo como Karl Barth julgasse que se trata de uma questão teológica vã, já que a Escritura não dá nenhuma resposta a esse enigma, pode-se pensar que se trate de uma questão que não pode ser evitada, que, ao contrário, é de grande fecundidade porque nos ajuda a ampliar nossa visão da história da salvação. De qualquer modo, é o único meio para explicar algumas das intuições-mestras de muitos documentos do concílio e para se dar conta da importância daquilo que eu chamava a superação da antiga problemática da teologia da salvação dos infiéis.

Não ignoro, bem entendido, a recente declaração da Congregação para a doutrina da fé, *Dominus Iesus*, sobre a unicidade e a universalidade salvífica de Jesus Cristo e da igreja (6 de agosto de 2000), que condena indistintamente todos os teólogos que aceitam distinguir um pluralismo de fato e um pluralismo *de iure* ou de direito (cf. n. 4). O fato não surpreende na medida em que o conjunto do documento assinado pelo cardeal Ratzinger testemunha uma verdadeira e própria obsessão pelo relativismo de que se tornariam culpáveis certos teólogos contemporâneos, que com o pretexto de favorecer o diálogo inter-religioso chegam a colocar em discussão o caráter único da mediação de Cristo e são inclinados a relativizar a revelação cristã como revelação completa e definitiva. Mas, seria fácil demonstrar que numerosos teólogos, católicos ou não, que aceitam distinguir entre um pluralismo religioso de fato e um pluralismo de direito, de nenhum modo, não sacrificam a ideologia de um pluralismo que perca a esperança de atingir alguma verdade objetiva e ficariam muito surpresos de descobrir que essa distinção leva fatalmente a considerar como ultrapassadas as verdades elencadas na seqüência do número 4 da declaração, em particular o caráter completo e definitivo da revelação cristã, a inspiração das Escrituras, a uni-

---

[9] Ao lado da obra já citada de Jacques Dupuis, entre os trabalhos católicos em teologia das religiões, farei uma menção particular da obra de Edward Schillebeeckx, *L'Histoire des hommes, récit de Dieu*, Cerf, Paris 1993 [trad. it., *Umanità, la storia di Dio*, Queriniana, Brescia 1992].

dade pessoal entre o Verbo eterno e Jesus de Nazaré, a unicidade e a universalidade do mistério de Cristo etc. Sem pretender conhecer o porquê da pluralidade dos caminhos para Deus, esses teólogos procuram simplesmente interpretar à luz de quanto sabemos da vontade universal de salvação de Deus, um pluralismo que parece intransponível. Esse pluralismo não pode ser unicamente a conseqüência da cegueira culpável dos homens ao longo de todo o curso do século, e ainda menos pode ser o sinal da falência da missão da igreja nesses vinte séculos. É portanto legítimo, do ponto de vista teológico, interpretá-lo como um pluralismo que corresponda a um misterioso desígnio divino.

É verdade que a revelação bíblica não dá nenhuma resposta clara à questão do porquê do pluralismo religioso. Ela testemunha apenas a ambigüidade da história religiosa da humanidade. Segundo o n. 16 da constituição *Lumen gentium* do Vaticano II, as divergências religiosas podem ser a manifestação do fato de que "os homens, enganados pelo maligno, devanearam em seus pensamentos e mudaram a verdade de Deus em mentira", mas, ao mesmo tempo, elas podem ser também "a expressão do gênio e das riquezas espirituais dispensadas por Deus às nações" (cf. o n. 11 do decreto *Ad gentes*). Em São Paulo, por exemplo, encontram-se afirmações que parecem contraditórias: de uma parte, ele dá um juízo muito negativo sobre todos os que não reconheceram Deus em sua criação e caíram na idolatria e na superstição (*Rm* 1,18-32), mas, de outra parte, ele testemunha uma atitude positiva em relação aos gentios como demonstra o discurso aos atenienses: ele admira o espírito religioso dos pagãos e anuncia-lhes aquele que eles adoram, sem sabê-lo, como o Deus desconhecido (*At* 17,22-34). E, de qualquer modo, ainda que não seja do juízo pessimista da Bíblia sobre as religiões dos pagãos que levam freqüentemente à idolatria, é preciso interpretar a diversidade dos fenômenos religiosos à luz da afirmação fundamental do Novo Testamento sobre a vontade universal de salvação de Deus, vontade que se estende a todos os homens desde as origens: "[Deus] quer que todos os homens sejam salvos e cheguem ao conhecimento da verdade" (*1Tm* 2,4). E no discurso aos pagãos, Pedro nos Atos dos Apóstolos declara: "Na verdade, verifico que Deus não faz acepção de pessoas, mas que, em qualquer nação, quem o teme e pratica a justiça lhe é agradável" (*At* 10,34-35). Assim, o pluralismo religioso pode ser considerado como um desígnio misterioso de Deus cujo significado último nos foge. É quanto sugere um belo texto do concílio que, depois de ter afirmado que o Espírito Santo oferece a todos os homens a possibilidade de participar do mistério pascal de Cristo, não deixa de acrescentar: "De um modo que somente Deus conhece" (*Gaudium et spes*, n. 27).

À parte as ambigüidades do testemunho das Escrituras, contra a idéia mesma de um pluralismo religioso de princípio, poder-se-á invocar sempre o juízo extremamente severo dos Padres da igreja sobre as religiões pagãs de seu tempo. Para eles, trata-se de religiões idolátricas que caem na magia e na superstição, e não hesitam em considerá-las até mesmo como inspiradas pelo diabo. Mas os Padres devem ser colocados em seu contexto histórico. Por definição, eles não podem tomar posição diante de uma religião como o Islã, que nasceu no início do século VII, além disso conheciam muito mal as grandes religiões do Oriente, mesmo se certos textos, em particular de Orígenes, atestam que o bramanismo havia penetrado numa cidade como Alexandria.[10] É preciso antes sublinhar o fato de que ao mesmo tempo em que eram extremamente pessimistas sobre as grandes religiões pagãs de seu tempo, davam um juízo positivo sobre aquela que de boa vontade chamavam "a sabedoria das nações", isto é, em concreto, a herança da filosofia grega. Eles estão prontos a reconhecer, na sabedoria dos filósofos, *semina Verbi*, ou ainda reflexos da luz do *Lógos*, o próprio Verbo de Deus. Essa idéia a encontramos nos grandes teólogos da igreja oriental como foram Justino, Clemente de Alexandria, Orígenes... Para eles, essas sementes do Verbo ou esses reflexos da Verdade eterna são como uma preparação, uma prefiguração da plenitude da revelação que coincidirá com o advento de Jesus Cristo.

Já vimos como o texto da declaração *Nostra aetate* do concílio faz diretamente referência à doutrina patrística das sementes do Verbo. Vendo agora as coisas à distância, parece-me que a teologia católica das religiões tenha compreendido melhor que o concílio Vaticano II aplicava, às religiões não-cristãs, um ensinamento que tinha em mira sobretudo os tesouros da filosofia grega. Não se trata, pois, somente das sementes da verdade, de bondade e também de santidade que possam habitar a alma e o coração dos homens e das mulheres de boa vontade, mas também dos valores positivos que podem encontrar-se nos elementos constitutivos das religiões não-cristãs, que se trate de doutrinas, de ritos ou de atitudes morais. O número 2 de *Nostra aetate* é particularmente eloqüente a esse respeito: "[A igreja] considera com sincero respeito os modos de agir e de viver, os preceitos e as doutrinas, que, embora em muitos pontos difiram do que ela mesma crê e propõe, no entanto, não raramente refletem um raio daquela Verdade que ilumina a todos os homens". Essa interessante formulação a encontramos também no decreto *Ad gentes* sobre as missões: "Por isso o que de bom se encontra semeado no coração e na mente dos homens ou nos ritos particulares e nas culturas dos povos, não só não deve ser perdido, mas deve ser sanado, elevado e aperfeiçoado para a glória de Deus" (n. 9). E o documento *Diálogo e anúncio* que foi publicado em 1991 em seguida à encíclica *Redemptoris missio* (1990), no n. 29 afirma: "É através da prática daquilo que é bom em suas próprias tradições religiosas e seguindo os ditames de sua

---

[10] Sobre esse argumento pode-se consultar o estudo muito aprofundado de FÉDOU, M. *Christianisme et religions païennes dans le Contre Celse d'Origène*, Beauchesne, Paris 1988.

consciência, que os membros das outras religiões respondem positivamente ao convite de Deus e recebem a salvação em Jesus Cristo, mesmo que não o reconheçam como seu Salvador" [em *Enchiridion Vaticanum* 13, Dehoniane, Bologna 1995, 202).

IV. O fundamento teológico do diálogo inter-religioso

Enfim, o fundamento teológico do pluralismo religioso, que legitima o novo diálogo inter-religioso recomendado pela igreja, é a idéia de que a economia do Verbo encarnado é o sacramento de uma economia mais vasta que coincide com a história religiosa da humanidade.[11] Quando se procura justificar teologicamente o diálogo inter-religioso, retorna-se sempre ao mistério da encarnação. Não basta dizer que a história dos homens é desde sempre o sujeito das sementes do Verbo eterno de Deus e das inspirações do Espírito divino. Desde quando o Verbo assumiu carne em Jesus de Nazaré, é o mistério do Cristo, aquele que passou através da morte e da ressurreição, que tem um alcance universal para toda a história humana. Em outros termos, a história dos homens jamais foi abandonada a si mesma. Desde que emergiu aquele limiar que é o espírito humano, a história das liberdades é uma história de pecado e de graça, e é impossível discernir aquilo que constitui a parte do gênio religioso do homem e a parte do dom de Deus. A história universal é junto com a história da procura por parte do homem do Absoluto que nós chamamos Deus, e a procura do homem por parte de Deus. Segundo a intuição de Karl Rahner, podemos considerar as religiões como objetivações da vontade universal de salvação de Deus. Quer dizer que, não obstante seus limites na ordem do conhecimento, e suas imperfeições na ordem moral, elas podem ser tentativas desajeitadas e balbuciantes na procura do verdadeiro Deus. O espírito criado se define como algo relativo a Deus, não somente ao Deus criador, mas ao Deus que concede de graça e quer se comunicar ao máximo. Pelo que, a revelação histórica, que coincide com a história do povo de Israel e que encontra seu completamento na história da igreja, é o sacramento dessa revelação transcendental que é coextensiva à história humana.

---

[11] Podemos citar essa formulação muito sintética do fundamento teológico do diálogo inter-religioso proposto pelo documento da Comissão teológica internacional, *Il cristianesimo e le religioni* [in *Il Regno-Documenti* 3/1997, p. 75s.]: "O diálogo inter-religioso funda-se teologicamente quer sobre a origem comum de todos os seres humanos criados à imagem de Deus, quer sobre o destino comum que é a plenitude de vida em Deus, quer sobre o único plano divino de salvação mediante Jesus Cristo, quer sobre a presença ativa do Espírito divino entre os seguidores de outras tradições religiosas" (n. 25).

Desde a origem, o desígnio criador de Deus é um desígnio de salvação em Jesus Cristo. Não obstante, seus erros e suas imperfeições, as múltiplas expressões do fenômeno religioso concorrem a seu modo para uma melhor manifestação da plenitude inexaurível do mistério de Deus. Como costuma dizer E. Schillebeeckx, Deus não cessa de *narrar-se* na história.[12] Em lugar do *slogan* "Fora da igreja não há salvação", seria necessário dizer antes: "Fora do mundo não há salvação". Em seu discurso aos cardeais depois do encontro de Assis, de outubro de 1986, João Paulo II declarava que o empenho pelo diálogo inter-religioso recomendado pelo concílio não se justificava se não no caso que as diferenças religiosas não eram necessariamente redutivas do desígnio de Deus. E acrescentava que "elas são menos importantes que a unicidade desse desígnio".[13]

A difícil tarefa de uma teologia das religiões é, portanto, a de procurar pensar a multiplicidade dos caminhos em direção a Deus sem comprometer a unicidade da mediação de Cristo, e sem diminuir em nada o privilégio único do cristianismo que não tem sentido se não em referência a Jesus Cristo, que é mais que um fundador de religião porque é Deus mesmo que vem habitar no meio dos homens. Pôde-se interpretar a declaração *Dominus Iesus* como um compasso de espera imposto às pesquisas mais promissoras da teologia católica. Não é de modo nenhum assim. É preciso acolher essa declaração só como uma advertência muito séria dirigida a certos teólogos que, para favorecer o diálogo inter-religioso, são tentados a colocar em discussão a universalidade salvífica de Cristo. É sim o aprofundamento do *paradoxo da encarnação*, que nos permite respeitar o valor irredutível das outras religiões, sem sacrificar em nada a unicidade do mistério de Cristo e do cristianismo.

No desejo de estabelecer um diálogo sobre um plano de paridade com as outras religiões do mundo compreende-se como alguns teólogos americanos, como Paul Knitter e Roger Haight,[14] assim como alguns teólo-

---

[12] É o que procura evocar o título holandês da obra já citada, *Mensen als verhaal van God* [Homens como narração de Deus], e que eu publiquei com o título *L'Histoire des hommes récit de Dieu* [trad. it., *Umanità, la storia di Dio*, cit.]).

[13] "As diferenças são um elemento menos importante em relação à unidade, que ao contrário é radical, basilar e determinante" (cf. *La Documentation catholique* n. 1933 [1 fev. 1987] [ed. orig., *Alla Curia romana* (22 dez. 1986), em Conselho Pontifício para o Diálogo Inter-Religioso, *O diálogo interreligioso nel Magistero pontificio* (*Documenti* 1963-1993), Libreria Editrice Vaticana, Città del Vaticano 1994, p. 431]).

[14] Para Paul Knitter, aqui se poderá referir, entre outras, a sua obra *No Other Name? A Critical Survey of Christian Attitudes toward World Religions*, Orbis Books, Maryknoll 1981 [trad. it., parcial, *Nessun altro nome? Un esame critico degli atteggiamenti cristiani verso le religioni mondiali*, Queriniana, Brescia 1991] e para Roger Haight é preciso citar sua última obra, *Jesus as Symbol of God*, Orbis Books, Maryknoll 1999. Mais conhecido como o principal iniciador de uma teologia pluralista das religiosas é o teólogo inglês John Hick. Cf. em particular seu livro *God Has Many Names*, Westminster Press, Philadelphia 1980.

gos indianos sejam tentados a adotar uma posição dita *pluralista*, que sacrifica um cristocentrismo inclusivo em vantagem de um teocentrismo radical, segundo o qual todas as religiões, compreendido o cristianismo, giram em torno daquele sol que é o mistério de Deus ou da Realidade última do universo qualquer que seja o nome que se lhe dê. Desse modo, eles ultrapassam a linha vermelha traçada pelo recente documento do magistério romano. Com o pretexto de que "Só Deus salva", eles são tentados a relativizar a salvação em Jesus Cristo. O Cristo, seria, certamente, um caminho normativo para os cristãos, mas não seria um caminho exclusivo de salvação.

Segundo o ensinamento mais claro do Novo Testamento, é certo que, desde o instante mesmo da criação, Deus quis ligar seu desígnio eterno de salvação ao Cristo que é o Alfa e o Ômega. No entanto, isso não significou nunca que a mediação de Cristo seja exclusiva de outros caminhos de salvação com a condição de acrescentar, imediatamente, que esses outros caminhos de salvação, em particular as religiões do mundo, não são outra coisa que mediações *derivadas* (a declaração *Dominus Iesus* falará de mediações *participadas*) que não têm efetividade salvífica se não em referência a sua ligação secreta com o mistério de Cristo. É o próprio ensinamento da encíclica de João Paulo II sobre as missões: "Se não são excluídas mediações participadas de vários tipos e ordem, elas, no entanto, adquirem significado e valor *unicamente* daquela de Cristo e não podem ser compreendidas como paralelas e complementares" (n. 5 [trad. it., *Redemptoris missio* (1990), in *Enchiridion Vaticanum* 12, Dehoniane, Bologna 1992, 459]).

É, portanto, possível conciliar um cristocentrismo *constitutivo*[15] e não apenas *normativo*, e o que podemos chamar um pluralismo *inclusivo* no sentido em que, de acordo com o ensinamento do concílio, são tomados a sério os valores positivos ou ainda as sementes de verdade e de bondade que se encontram nas outras tradições religiosas. Para permitir o diálogo com as outras religiões não se é, pois, fatalmente levados a sacrificar o cristocentrismo por um teocentrismo indeterminado. Certamente, poder-se-á sempre objetar que a pretensão do cristianismo à universalidade trai certo imperialismo nas relações com os membros das outras religiões. Mas, creio que seremos sempre cada vez mais convidados a não confundir a universalidade da religião cristã com a universalidade do mistério de Cristo. E so-

---

[15] O padre Jacques Dupuis sempre defendeu uma cristologia *constitutiva* e não apenas *normativa*. E, mesmo se a declaração *Dominus Iesus* se refere a certas teses defendidas em seu livro *Vers une théologie chrétienne du pluralisme religieux* [trad. it., *Verso una teologia cristiana del pluralismo religioso*, cit.,], sabemos que o exame da obra por parte da Congregação para a doutrina da fé, que durou mais de dois anos, não terminou numa condenação, mas na *Notificação* de 19 de janeiro de 2001 que não destaca erros propriamente ditos mas "formulações ambíguas e explicações insuficientes" [*Il Regno-Documenti* 5/2001, p. 144].

mente um aprofundamento do paradoxo da encarnação está em condição de nos ajudar a respeitar essa diferença. Pode-se, justamente, queixar que a declaração *Dominus Iesus*, em sua preocupação de eliminar qualquer traço de relativismo, obedeça demais a uma lógica de absolutização e tenda a colocar sobre o mesmo plano a universalidade de Cristo e a da igreja ou do cristianismo. Se o cristianismo pode dialogar com as outras religiões, é porque ele leva em si mesmo os próprios princípios de limitação.[16] Para compreendê-lo, a teologia das religiões deve continuar a meditar sobre o mistério do Verbo feito carne.

Desde a idade apostólica, a igreja confessa Jesus como Filho de Deus. Mas uma teologia atenta deve precaver-se de identificar o elemento crístico e contingente de Jesus e seu elemento crístico e divino. A manifestação do absoluto de Deus na particularidade histórica de Jesus de Nazaré ajuda-nos a compreender que a unicidade de Cristo não é exclusiva de outras manifestações de Deus na história. Certamente, há identificação de Deus em Jesus (segundo a forte expressão da *carta aos Colossenses* 2,9: "Em Cristo habita corporalmente toda a plenitude da divindade"). Mas, essa identificação remete-nos ela própria ao mistério inacessível de Deus, que foge de qualquer identificação. O cristianismo não é, portanto, exclusivo de outras tradições religiosas que identificam de modo diverso a Realidade última do universo.

É insistindo sobre o próprio paradoxo da encarnação, quer dizer, sobre a união do absolutamente universal e do absolutamente concreto, que se está em condição de desabsolutizar o cristianismo como religião histórica e de verificar seu caráter dialogal. Há vinte séculos, nenhum dos cristianismos históricos pode ter a pretensão de encarnar a essência do cristianismo como religião da revelação completa e definitiva sobre o mistério de Deus. Não podemos confundir a universalidade do Cristo como Verbo encarnado e a universalidade do cristianismo como religião histórica. Ele é coextensivo a toda a história. Em compensação, o cristianismo é ele próprio relativo. Contra certas derivações atuais, a declaração *Dominus Iesus* quis, com razão, insistir sobre caráter completo e definitivo da revelação cristã. No entanto, contra qualquer falsa absolutização, é preciso manter seu caráter histórico e relativo, pelo menos no sentido de que ela permanece acessível à inteligência humana. Além disso, é o próprio Jesus que insiste sobre a dimensão escatológica de sua mensagem, quando assegura que é o Espírito que conduzirá os discípulos ao conhecimento da verdade perfeita (*Jo* 16,13). A revelação contida no Novo Testamento não exaure, portanto, a plenitude das riquezas do mistério de Cristo. Tem-se, pois, o direito de dizer que a

---

[16] Desenvolvo em particular essa idéia em meu artigo *La verité du christianisme à l'âge du pluralisme religieux*, in *Angelicum* 74, 1998, p. 171-192.

verdade cristã não é nem exclusiva e nem mesmo inclusiva de qualquer outra verdade na ordem religiosa. Ela é singular e relativa à parte de verdade da qual são portadoras as outras religiões.

Tudo isso quer dizer que os germes de verdade e de bondade dessiminados nas outras tradições religiosas podem ser a expressão do Espírito de Cristo sempre operando na história e no coração dos homens. Parece-me, pois, abusivo falar de valores implicitamente cristãos segundo a simples lógica da preparação e do completamento. É preferível falar de valores *crísticos*.[17] Trata-se de valores que revelam, de fato, certo irredutível na ordem do religioso. E é em sua própria diferença que eles encontrarão seu completamento último em Jesus Cristo, mesmo se não encontram historicamente sua explicitação visível no cristianismo. Os teólogos deverão sempre mais suportar intelectualmente o enigma de uma pluralidade de tradições religiosas em sua diferença irredutível. Elas não se deixam harmonizar facilmente com o cristianismo, e seria desconhecer o valor único da revelação cristã procurar completá-la a partir das verdades incompletas das outras religiões. Mas, quanto mais conhecemos as riquezas próprias das doutrinas e das práticas das outras religiões, mais estamos em condições de proceder a uma reinterpretação criadora das verdades que se incluem na singularidade cristã. Segundo a própria pedagogia de Deus na história da salvação, há uma função profética do *estrangeiro* para uma melhor inteligência da própria identidade. Isso é verdadeiro do conhecimento de Deus, que é sempre maior que os nomes que lhe damos e é verdadeiro da relação com Deus, que deve tender à perfeição do culto em espírito e verdade.

V. O sentido de uma teologia inter-religiosa

Há mais de trinta anos, portanto, a teologia das religiões evoluiu profundamente. Ela tende sempre mais a se tornar uma teologia do pluralismo religioso que se interroga sobre o significado da pluralidade das tradições religiosas dentro do único desígnio divino. Mas isso é ainda muito pouco. No prolongamento dessa deslocação teológica, parece que o novo paradigma do pluralismo religioso nos convida a refletir sobre aquela que poderia ser uma verdadeira e própria *teologia inter-religiosa,* ou então uma teologia *dialógica.* Trata-se de um estaleiro ainda aberto. Mas, para não me limitar a um programa simples, quereria, com uma preocupação epistemológica, evo-

---

[17] É, de qualquer modo, a expressão à qual eu recorro freqüentemente (cf. o capítulo 5 de meu livro *Croire et interpreter. Le tournant herméneutique de la théologie,* Cerf, Paris 2001 [trad. it., *Credere e interpretare. La svolta ermeneutica della teologia,* Queriniana, Brescia 2001]. Mas a mesma idéia se encontra em muitos dos escritos de Raimon Panikkar.

car pelo menos algumas regras. Antes de tudo, é preciso insistir sobre a diferença entre uma teologia inter-religiosa e uma teologia comparada das religiões. É preciso aliás se interrogar sobre a noção de verdade que está subjacente a esse projeto teológico. E é preciso já prever as conseqüências do paradigma do pluralismo religioso para o ensinamento dos principais capítulos da teologia.

1. PARA UMA IMAGINAÇÃO ANALÓGICA

Não se dá teologia das religiões sem a utilização de certo tipo de comparação entre o cristianismo e as outras religiões. Mas, o método comparativo, que sofre já de certo descrédito na história das religiões (em nome de que critério privilegiar essa definição da religião?), é de um uso ainda mais delicado na teologia das religiões.[18] Como respeitar, com efeito, a diferença irredutível de cada religião, se o único critério de comparação é o cristianismo considerado como o arquétipo de qualquer religião? No entanto, se dá um uso legítimo do comparatismo que evita cair imediatamente na apologética, se não se limita a comparar termo a termo os elementos estruturantes de cada religião, quer se trate de doutrina, de ritos ou de práticas, sublinhando as diferenças e as semelhanças com o cristianismo. Logo se é tentado, de fato, a julgar aquilo que é diferente, ou como degradação ou como prefiguração longínqua daquilo que se encontra realizado com perfeição na religião cristã. Creio que uma teologia inter-religiosa deva poder ser fiel à singularidade cristã mesmo esforçando-se em respeitar a originalidade de cada religião.

Para fazer isso é desejável, como vimos, superar a lógica simples da promessa e do completamento e a distinção muito cômoda do implícito e do explícito. Como sugere Reimon Panikkar, o diálogo *intra-religioso* consiste em aceitar o ponto de vista do outro mesmo sem renunciar, contudo, a própria identidade.[19] Isso quer dizer que mais do que limitar-se a um ponto de vista fenomenológico, no qual se põem em confronto termo a termo os elementos constitutivos de cada religião para avaliar seus respectivos méritos, é preciso recolocar cada elemento no seio da totalidade do sistema religioso que pertence e verificar em que ele favorece a comunhão com

---

[18] Já expressei minha opinião sobre a diferença entre a história comparada das religiões e a teologia comparada das religiões. Remeto a meu estudo *Le comparatisme en théologie des religions*, em BOESPFLUG, F. – DUNAND, F. (eds.), *Le comparatisme en histoire des religions*, Éd. du Cerf, Paris 1997, p. 415-431.
[19] Cf. PANIKKAR, R. *Le dialogue intrareligieux*, Aubier, Paris 1985 [trad. it., *Il dialogo intrareligioso*, Cittadella, Assisi 1988].

aquele Absoluto que a fé cristã designa como o Deus revelado em Jesus Cristo. Em outras palavras, seria coisa bem feita recorrer àquela que David Tracy designa como uma *imaginação analógica*, quer dizer a capacidade de discernir a semelhança na diferença.[20] Essa compreensão propriamente hermenêutica é particularmente preciosa quando se trata de colocar em confronto universos religiosos, evitando tanto as convergências apressadas como as descontinuidades inconciliáveis. No momento mesmo em que advirto um dado religioso irredutível que me é estranho, descubro também em que me ajuda a explorar novas possibilidades de sentido dentro de minha própria identidade cristã.

2. UM ESTATUTO DIFERENTE DA VERDADE EM TEOLOGIA

Se o diálogo inter-religioso tende a se tornar o horizonte da teologia do século XXI, é claro que seremos convidados a colocar em discussão o conceito de verdade que é subjacente a nossa teologia mais comum. Essa última apelou a uma concepção de tal modo absolutística da verdade, segundo a lógica das proposições contraditórias, que não pensava poder reconhecer verdades diversas sem comprometer, imediatamente, a própria pretensão à verdade. Podia, quando muito, considerá-las como verdades degradadas ou antecipações longínquas da verdade de que ela tem o monopólio e que identifica com uma verdade de excelência e de integração. É significativo o fato de que a recente declaração *Dominus Iesus* pareça não poder evocar as verdades fundamentais da fé cristã sobre a unicidade e a universalidade da salvação em Jesus Cristo se não permanecendo prisioneira de um dilema insuperável entre absolutismo e relativismo. Parece, no entanto, que a teologia do futuro deverá dar prova de que a verdade da qual dá testemunho não é exclusiva nem inclusiva das verdades das quais podem ser portadoras as outras religiões. Assim como concebemos o relativo sempre como o contrário do absoluto, faltam-nos as palavras para designar uma verdade cristã *relativa* mas no sentido de *relacional* à parte de verdade inerente a outras religiões.

Uma teologia inter-religiosa deveria ativar as harmonias de uma verdade mais próxima da verdade no sentido bíblico. Era normal que a teologia clássica, compreendida como teologia metafísica, privilegiasse a *verdade-correspondência* no sentido de Aristóteles, a do juízo, isto é da adequação entre a inteligência e a realidade. Então, o oposto do verdadeiro não pode

---

[20] Remeto a sua obra clássica *The Analogical Imagination. Christian Theology and the Culture of Pluralism*, Crossroad, New York 1981. Esse princípio D. Tracy o aplicou em sua breve obra *Dialogue with the Other. The Inter-religious Dialogue*, Peeters Press, Louvain 1990.

ser senão o falso. Seria desejável apelar para uma verdade mais originária, a *verdade-manifestação* que nos remete para uma plenitude de verdade que ainda está oculta. Mesmo se Heidegger dá prova de uma estranha ignorância da verdade em sentido hebraico, não é de todo temerário fazer uma aproximação entre a *a-létheia* e a verdade em sentido bíblico.[21] A essência originária da verdade é a propriedade daquilo que não fica escondido. Assim, mais do que interpretar em termos de contradição as diversas verdades das tradições religiosas, é preciso levar em consideração cada vez mais sua contingência histórica e textual. Num tempo de pluralismo religioso, a vocação histórica da teologia cristã é a de sublinhar o sentido escatológico de sua linguagem como linguagem de verdade. Então, não obstante as divergências dificilmente superáveis, o diálogo inter-religioso poderia levar cada um dos *partner* do diálogo à celebração comum de uma verdade mais alta para além do caráter parcial de cada verdade particular.

3. UMA PRÁTICA DIFERENTE DO ENSINAMENTO DOGMÁTICO

Na perspectiva de uma teologia inter-religiosa restaria mostrar a incidência do diálogo inter-religioso sobre todos os grandes tratados de uma teologia dogmática. Não nos podemos limitar, de fato, a introduzir no curso dos estudos teológicos um outro curso consagrado à teologia das religiões. Trata-se de uma dimensão coextensiva a toda a teologia, que leva para uma nova reinterpretação das grandes verdades da fé em função dos raios de verdade contidos nas outras tradições religiosas. Já evoquei o paradoxo da encarnação que baseia de algum modo o caráter dialogal da religião cristã. Aqui me limito a sugerir aquela que poderia ser nossa maneira de enfrentar o mistério de Deus e a noção central de salvação.

Como refletir sobre o mistério do Deus Uno e Trino sem levar em conta o monoteísmo estreito do qual dão testemunho judaísmo e Islã? O monoteísmo cristão como monoteísmo trinitário não deve transigir em matéria de unicidade divina embora precavendo-se das duas tentações simétricas do triteísmo e do modalismo. Mas, ao mesmo tempo, é o benefício de uma teologia inter-religiosa o de sublinhar melhor quanto Deus-Trindade nos convide a superar uma concepção monolítica da unicidade de um Deus compreendido em termos de Ser absoluto para pensar uma unidade que assuma diferenças. A transcendência de um Deus que se comunica até a tomar uma carne de homem é uma transcendência segundo o amor e não apenas segundo o ser. Além disso, o diálogo com as grandes religiões do

---

[21] Tentei exprimir minha opinião sobre a pertinência dessa aproximação em meu artigo *La vérité du christianisme à l'âge du pluralisme religieux*, in Angelicum 74, 1997, p. 171-192.

Oriente, às quais repugna designar o Absoluto como uma transcendência pessoal, pode ajudar-nos a superar a representação ainda antropomórfica de um *eu criado* e de um *Tu divino*. No registro da experiência pessoal, existem reais convergências entre a *advaita* como pensamento da não distinção e as intuições mais profundas da sabedoria cristã sob o signo da teologia negativa.

A salvação como libertação do homem é o objetivo comum de todas as religiões do mundo. Seria tarefa de uma teologia inter-religiosa manifestar uma analogia entre o modo em que os elementos constitutivos de cada religião se referem a essa perspectiva comum que é a salvação do ser humano.[22] É preciso manifestar a originalidade da salvação cristã em Jesus Cristo como libertação do pecado e da morte e sobretudo como dom da vida eterna iniciada. Ao mesmo tempo, porém, uma maior familiaridade com as outras tradições religiosas, sobretudo aquelas do Oriente, pode colocar-nos em guarda contra uma concepção muito exclusivamente polarizada sobre a salvação como libertação do pecado. Ao olhar da espera confusa de nossos contemporâneos, é importante explicitar melhor todas as harmonias da salvação cristã, não somente como reconciliação com Deus, mas como cura do mal-estar da condição humana e como sabedoria de vida, isto é, como reconciliação consigo mesmo e com toda a criação.

---

[22] Em um número especial consagrado à salvação, tentei esboçar aquela que poderia ser uma teologia comparada da salvação nas religiões, com o título *Un salut au pluriel*, in *Lumière et Vie* n. 25, abril-junho 2001, p. 21-38.

16
A TEOLOGIA PÓS-MODERNA E POSTERIOR NUMA IGREJA MUNDIAL

ROBERT SCHREITER

I. Para além do moderno

O trabalho teológico do século XX foi, em grande parte, dedicado a acertar as contas com o desafio da modernidade, especificamente na forma do Iluminismo. O desafio da razão à tradição tivera início já no século XVIII. A pergunta de Kant sobre a possibilidade da metafísica, disciplina que por muito tempo servira como base filosófica da teologia, levantara questões com as quais os teólogos teriam continuado a se confrontar por toda a época moderna. O século XIX trouxe um novo sentido da história, com o relativo sentimento de contingência e a necessidade de uma tratação muito mais explícita da arte da interpretação. O século XX, enfim, foi ele próprio testemunha de dois fatores adicionais que exigiam dar uma nova forma à teologia: um sentido mais profundo da subjetividade humana e o caráter polivalente da linguagem. Todos esses elementos exigiam, em seu conjunto, um repensamento da teologia, tanto como trabalho quanto como objetivo. A teologia era — e é — discurso sobre Deus. O fato de ter Deus como objeto informara tanto o sentido do trabalho como a natureza do objetivo, tornando-os ambos, de algum modo, divinos. A teologia devia ser universal, imutável e objetiva. As multiformes pressões da modernidade invocavam, ao contrário, alguma coisa de completamente diverso.

No trabalho teológico assim como fora levada avante na Europa ocidental e na América do Norte na última parte do século XX, o fascínio dessas heranças do Iluminismo começou, ao menos em alguns setores, a afrouxar seu entusiasmo. Esse processo pode ser reconstruído seja contextualmente como intelectualmente. No plano contextual, houve um desencanto crescente em relação às promessas do Iluminismo. Se o mundo estava progredindo sob a tutela da razão, por que no século XX tinham ocorrido tantas guerras e tanto derramamento de sangue como nunca? Se, para seguir Max Weber, um mundo da razão teria fugido da gaiola de ferro do próprio encantamento para se emancipar, por que no mundo ocidental jamais tinham havido tantas ideologias totalitárias criminosas e opressivas como o nazismo e o comunismo? Por que, no fim do século XX, a despeito da avançada secularização na Europa (e, em menor medida, nos Estados Unidos), se assistia a um ressurgir da religião? Esses e outros fenômenos característicos dos decênios conclusivos do século XX levantaram graves questões, sobretudo sobre a natureza libertadora da razão, o avanço e o progresso do gênero humano. Os próprios progressos tecnológicos, nas comunicações e na ciência, foram portadores, sobretudo no âmbito da antropologia, de profundas questões mais do que de respostas tranqüilizantes. Os desenvolvimentos na tecnologia das comunicações tornaram possível a globalização econômica e cultural. Mas, se na Europa ocidental e na América do Norte isso melhorou a vida da maior parte das pessoas (freqüentemente em detrimento da vida daqueles que se encontram fora dessa área), não deu resposta à questão do que significasse ser humano e do que se constitui uma vida autenticamente humana. O escopo da globalização, econômica e culturalmente, é a repetição de si mesmo: "sempre mais do mesmo" embora mais velozmente e com alguns aspectos novos. A antropologia implícita era que o ser humano estava a serviço da globalização como produtor e consumidor; os seres humanos deviam alimentar o motor da monstruosa máquina da globalização. Na ciência médica foram feitos progressos na compreensão da genética que abriram um campo de pesquisa inteiramente novo sobre o humano: a engenharia genética, a clonagem, e outras possibilidades. Mas o que teria governado as decisões nesse campo? A possibilidade de estar em condição de fazer alguma coisa nos impõe fazê-la efetivamente? Quais são os critérios: uma qualquer visão do humano, ou o progresso inexorável da possibilidade científica?

Ao lado desses enigmas contextuais estavam, depois, as questões internas levantadas no curso do pensamento iluminístico. Kant já tinha colocado as bases não apenas para traçar o projeto do Iluminismo, mas também para desconstrui-lo. Os fundamentos do Iluminismo tinham surgido sobre as cinzas da guerra dos Trinta anos. O Iluminismo devia constituir o antídoto para aquelas que eram percebidas como as conseqüências do pensamento dogmático: intolerância, preconceito e uso da violência. Para levar a uma paz universal teria sido a razão, aberta em linha de princípio à participação universal, e não o dogma e a tradição. Contemporaneamente, a pesquisa kantiana do próprio processo da razão não colocara em evidência os limites, isto é, até que ponto estivesse — e não estaria — em condição de atingir a verdade objetiva.

Analogamente, o emergir da consciência histórica, que teve início no século XIX com Hegel e foi depois continuada por Wilhelm Dilthey, minou nos fundamentos o significado de "fato". Adquirindo a dimensão subjetiva da interpretação um relevo sempre maior, as narrações históricas foram progressivamente desconstruídas e desconjuntadas. A história não dependia somente daquilo que podia ser averiguado a propósito do passado, mas também de como eram organizados e interpretados os resultados dessa pesquisa.

Tanto o trabalho de Kant como o dos historiadores levantaram urgentemente a questão do sujeito que estava pensando. A subjetividade, a consciência do pensador, devia ser submetida a uma pesquisa sempre mais acurada. No século XX, analogamente, era inevitável que fosse examinado mais de perto o instrumento de expressão daqueles pensadores: a linguagem.

Esses quatro filões — a razão, a história, a subjetividade e a linguagem — confluíram no pensamento de certo número de figuras que se tornariam centrais para o reexame da modernidade na segunda metade do século XX. A questão da razão e a da história foram aprofundadas pelo filósofo alemão Friedrich Nietzsche (1844-1900). Ele explorou os limites extremos aos quais levavam as conseqüências de uma adesão à razão e à história. O filósofo dinamarquês Sören Kierkegaard (1813-1855) examinou, de modo especial, a amplitude da subjetividade humana. O filósofo austríaco Ludwig Wittgenstein (1889-1951) cobriu o espectro inteiro da pesquisa do século XIX sobre a linguagem das origens positivísticas à exploração das idiossincrasias do vernáculo.

Todos esses quatro filões confluíram na poderosa síntese constituída pelo trabalho do filósofo alemão Martin Heidegger (1889-1976). Na primeira parte de sua obra, ele redesenhou a reflexão sobre a metafísica ocidental e, conseqüentemente, a narração da história da filosofia. Sua penetração da subjetividade mudou não apenas a concepção do eu humano, mas a capacidade de interpretação de figuras tão diversas entre si como Hans-Gadamer e Jacques Derrida. Na segunda fase de sua obra, uma releitura da razão, da história e da subjetividade teria dado origem a enigmáticas reflexões sobre a linguagem.

Esses desenvolvimentos contextuais e intelectuais foram o produto da modernidade e do Iluminismo. Eles chegaram, além disso, aos limites da lógica da modernidade e ali, alcançadas as margens mais extremas, deram origem a questões referentes ao próprio projeto moderno. Nesse dúplice papel de beneficiários e críticos do Iluminismo, os pensadores dos últimos decênios do século XX colocaram em evidência a ambivalência da herança do moderno. Com seus projetos de emancipação, esse último trouxera enormes benefícios ao gênero humano, sobretudo na área dos direitos humanos, do progresso científico e do nascimento da democracia moderna. Mas em seus momentos mais obscuros desencadeara também forças niilistas e totalitárias. E deixara, além disso, por vezes, num halo de perplexidade algumas das questões mais básicas sobre Deus, sobre a natureza humana e o destino, assim como sobre os fundamentos e os limites da sociedade.

II. Variedades de pós-moderno

Nos últimos decênios do século XX surgiram em teologia, paralelamente a algumas tendências análogas em filosofia, estudos da cultura e da arte, alguns discursos versando sobretudo sobre os limites da modernidade. Esses discursos foram etiquetados coletivamente como "pós-modernos". A escolha do termo é fortuita. Esses discursos comportam leituras muito diferentes da situação na qual se viera a encontrar a modernidade, mas são mantidos juntos por uma concentração comum sobre a mesma. O termo "pós-moderno" emergiu inicialmente já nos anos 20 dentro de certos círculos artísticos para descrever a pintura não figurativa, não representacional dos decênios precedentes. Adquiriu, depois, vasta aplicação em todo o espectro cultural e intelectual da vida ocidental a partir dos fins dos anos 60.

Em teologia, o termo "pós-moderno" associa discursos diferentes, talvez, algumas vezes até contraditórios. Eles se diferenciam em suas leituras do moderno, como naquela que julgam ser a resposta a dar a suas análises. Não há um acordo sobre uma taxinomia desses discursos, ou sobre o modo no qual se referem uns aos outros. Nessa contribuição a uma reflexão sobre a teologia no virar do século, quero acrescentar minha sugestão sobre como classificar essas respostas ao moderno e as suas limitações. Eu diria que existem três principais filões de discurso sobre o moderno, que constituem, em seu conjunto, o "pós-moderno": 1) uma reapropriação da pré-modernidade; 2) uma retomada do projeto do Iluminismo para levá-lo a completamento; 3) uma elaboração das conseqüências dos limites da modernidade. Cada um desses filões coloca em foco este ou aquele ponto no qual o projeto do Iluminismo não manteve suas promessas ou se desviou de algum modo de sua estrada. Cada filão é devedor de fontes diversas, e assinalarei aquelas de maior realce.

1. REAPROPRIAR-SE DA PRÉ-MODERNIDADE

O primeiro filão reconhece os limites da modernidade seja do ponto de vista intelectual como do ético. Intelectualmente, os considera como uma contribuição da radicalização nietzschiana das conseqüências do pensamento moderno, radicalização que levou Nietzsche a uma visão do mundo niilista, à trans-avaliação de todos os valores. Tudo o que permanece entre as paredes em ruínas desse niilismo é a vontade de poder. Isso revela então a ligação entre os limites (ou, talvez, a arrogância) da razão em relação ao totalitarismo do século XX, de um lado, e o hedonismo e o niilismo da sociedade ocidental, do outro. A solução sugerida por esse primeiro filão de pensamento é, portanto, a de encontrar fundamentos e uma fonte de adesão fora do recinto da modernidade, para além da inclinação relativística que leva ao niilismo e ao totalitarismo. Esse mais sólido fundamento é procurado num retorno à época pré-moderna.

Essa linha de pensamento é discernível em dois discursos teológicos correntes. O primeiro identificou-se a si mesmo com o nome de "Ortodoxia radical". Ele teve início na Grã Bretanha nos fins dos anos 80, e desde então se difundiu nos Estados Unidos. Esse movimento considera um erro muito daquilo que foi produzido pela modernidade: antes de enriquecer a tradição ocidental, ele a desconjuntou. O modo para responder a essa crise é reapropriar-se do pré-moderno, reler e criticar através dessas lentes o moderno. Não se trata, simplesmente, de uma retirada revanchista sobre posições pré-modernas, nem de uma repetição da polêmica anti-iluminística da primeira e média época moderna. Essa posição compartilha, de algum modo, a concepção, que será discutida mais para frente, do terceiro filão, e adota seus instrumentos de desconstrução para desembrulhar o tecido da modernidade. Uma assunção que está subtendida sob esse ponto de vista é que a modernidade seja uma heresia cristã. O que é preciso fazer é se empenhar numa reapropriação da fé cristã, sobretudo nas formas em que esta se encontrava antes da modernidade (há uma predileção pelo cristianismo medieval ocidental), mas não de uma maneira ingênua; essa reapropriação deve levar em conta a modernidade e os problemas que ela causou. Daqui o nome de "Ortodoxia radical", que é a auto-designação do grupo.

O texto de referência da Ortodoxia radical é *Theology and Social Theory. Beyond Secular Reason* [Teologia e teoria social. Além da razão secular] de John Milbank, um teólogo britânico que agora trabalha nos Estados Unidos.[1] A obra é uma releitura magistral, embora controversa, da teoria social elaborada na modernidade de Grozio em diante, até o presente. Milbank declara que a teoria social da modernidade é uma heresia cristã que infectou a teologia que interagiu com ela na filosofia e nas ciências sociais. Como teoria social cristã sobre a qual deve se basear a teologia ele propõe uma leitura agostiniana da sociedade.

É claro que aqueles que rodeiam Milbank se consideram um grupo intencionado a reformar a teologia.[2] Entre os líderes de destaque do movimento estão Catherine Pickstock, cujo *After Writing. On the Litugical Consummation of Philosophy*[3] [Depois da escritura. A consumação litúrgica da filosofia] constitui um bom exemplo de leitura do período sucessivo à modernidade de um

---

[1] MILBANK, J. *Theology and Social Theory. Beyond Secular Reason*, Basil Blackwell, Oxford 1990.
[2] Cf. MILBANK, J. – PICKSTOCK, C. – WARD, GRAHAM (eds.), *Radical Orthodoxy. A New Theology*, Routledge, London 1999.
[3] PICKSTOCK, C. *After Writing. On the Liturgical Consummation of Philosophy*, Basil Blackwell, Oxford 1998.

ponto de vista medieval; e Graham Ward, que publicou estudos sobre Karl Barth e em *Theology and Contemporary Critical Theory*[4] [A teologia e a teoria crítica contemporânea] olha de modo especial o pensamento francês pós-moderno e sua relação com o projeto da Ortodoxia radical.

As críticas da Ortodoxia radical tomaram como alvo a leitura que ela dá tanto da modernidade como da época medieval, pondo-lhe em questão tanto a considerabilidade histórica como o ângulo interpretativo. Os membros do movimento são prevalentemente anglo-católicos e romano-católicos.

Outro notável discurso encontrável dentro desse filão de crítica da modernidade é a teologia pós-liberal americana. Essa abordagem, como sugere o nome (também nesse caso auto-atribuído), toma como ponto de partida os limites da teologia liberal na forma praticada na Europa e nos Estados Unidos nos séculos XIX e XX. A teologia pós-liberal está consciente da autodemolição do trabalho teológico produzido por uma confiança excessiva no papel da razão e da experiência pessoal. Esse processo mina qualquer fundamento, e para guiar as pessoas numa sociedade pluralista resta pouco mais do que a preferência pessoal. Há um grande interesse pela identidade pessoal, e por uma clara identidade cristã. Filosoficamente, o movimento foi influenciado pelo último Wittgenstein e pela obra de Alasdair MacIntyre.[5] De modos diferentes, ambos esses autores procuram encontrar um fundamento em meio a um excesso de possibilidade aceitando algumas regras e princípios fora de si mesmos e permitindo-lhes fundar uma comunidade.

A obra de referência da teologia pós-liberal é *The Nature of Doctrine. Religion and Theology in a Postliberal Age* [A natureza da doutrina. Religião e teologia numa época pós-liberal] de George Lindbeck.[6] Lindbeck propugna a criação de "comunidades cultural-lingüísticas" cujos participantes aceitam aderir a certas regras. Ele adapta essa idéia da proposta wittgensteiniana de viver segundo "jogos lingüísticos" que estabeleçam as regras do discurso e do comportamento. Lindbeck vê na fé cristã essa comunidade cultural-lingüística, e uma realidade que fornece um porto seguro em meio do pluralismo e do relativismo.

Entre os outros sustentadores eminentes da teologia pós-liberal estão Stanley Hauerwas e William Willimon, ambos da Duke University[7] de Durham, North Carolina (USA). Influenciados sobretudo por MacIntyre, essas figuras invocam

---

[4] WARD, G. *Theology and Contemporary Critical Theory*, Routledge, London 2000.
[5] Cf. especialmente, MACINTYRE, A., *After Virtue. A Study in Moral Theory*, University of Notre Dame Press, Notre Dame/In. 1981 [trad. it., *Dopo la virtù. Saggio di teoria morale*, Feltrinelli, Milano 1988]; ID., *Whose Justice? Which Rationality?*, University of Notre Dame Press, Notre Dame/In. 1988 [trad. It., *Giustizia e razionalità*, Anabasi, Milano, 1995].
[6] LINDBECK, G. *The Nature of Doctrine. Religion and Theology in a Postliberal Age*, The Westminster Press, Philadelphia 1984.
[7] Cf. por exemplo HAUERWAS, S. *A Community of Character. Toward a Constructive Christian Ethic*, University of Notre Dame Press, Notre Dame/In. 1981; HAUERWAS, S. – WILLIMON, W. *Resident Aliens. Life in the Christian Colony*. Abingdon Press, Nashville 1989.

a instituição de clara identidade cristã por meio de uma escolha de uma identidade eclesial distinta do caráter liberal, pluralístico da sociedade ocidental. Esse discurso está preocupado sobretudo em encontrar um lugar para a teologia cristã na variedade de discursos de uma sociedade pluralista. É digno de nota que esse tipo de pensamento tenha uma particular visibilidade entre as denominações protestantes liberais, muitas das quais estão perdendo membros porque (como poderiam dizer os pós-liberais) colocaram em ato excessivas adaptações à sociedade.

2. LEVAR A COMPLETAMENTO O PROJETO ILUMINÍSTICO

Um segundo filão de pensamento individua as limitações da modernidade e do Iluminismo não tanto naquela fraqueza ou deficiência intrínseca do projeto, quanto no fato de que a modernidade não completou seu projeto. Tirando inspiração de modo especial do trabalho de Jürgen Habermas,[8] esse filão está interessado sobretudo nas dimensões procedurais da visão da modernidade do filósofo franckfurtense, isto é, a desenvolver as condições do agir comunicativo de maneira tal que todos possam participar do discurso. Dessa participação derivará uma autêntica emancipação. A linguagem do "pós-moderno" é, até mesmo, repudiada. Poder-se-ia falar, talvez, de "tarda modernidade", mas não se deve dar a impressão de que a modernidade tenha acabado ou que seu projeto tenha sido abandonado ou substancialmente alterado. O teólogo alemão Edmundo Arens é, provavelmente, o maior expoente dessa posição,[9] e a respeito é preciosa também a obra juvenil de Helmut Peukert.[10] Analogamente se poderia reconduzir a essa veia os primeiros trabalhos de David Tracy, embora não tenham sido influenciados diretamente por Habermas. As obras mais recentes assumem tons mais brilhantemente pós-modernos sem abandonar o moderno.[11]

Esse filão chama a atenção sobre o fato de que a relação com a modernidade e o Iluminismo trouxe benefícios à teologia. Afastou-a do obscurantismo e do dogmatismo e tornou público resultados maiormente justificáveis. Esse filão toma em mira a hesitação duradoura, encontrável sobretudo na igreja romano-católica, em abraçar plenamente a modernidade,

---

[8] Cf., por exemplo, HABERMAS, J. *Die Moderne. Ein unvollendetes Projekt*, Suhrkamp Verlag, Frankfurt 1981.
[9] Cf., ARENS, E. *Christopraxis. Grundzüge theologischer Handlungstheorie*, Herder Verlag, Freiburg 1992; cf. também os escritos reunidos editados: *Kommunikatives Glauben und christlicher Glaube. Ein theologischer Diskurs mit Jürgen Habermas*, Schöningh, Paderbon 1997.
[10] PEUKERT, H. *Wissenschaftstheorie – Handlungstheorie – Fundamentale Theologie*, Patmos Verlag, Düsseldorf 1976.
[11] Por exemplo, TRACY, D. *The Analogical Imagination,* Continuum, New York 1981.

assim como a inclinação em recorrer a posições pré-modernas, autoritárias. Oferecendo à teologia cristã uma voz calma e categórica no belo meio do pluralismo da sociedade ocidental contemporânea, esse filão representa uma estratégia diferente daquela do pensamento pós-liberal. A teologia cristã não se adaptou muito à sociedade liberal; antes, não se impulsionou muito para a frente.

3. PARA ALÉM DOS LIMITES DO MODERNO

O terceiro filão reconhece os limites da modernidade e persegue conscientemente a tentativa de habitar o espaço que essa criou. *La Condition postmoderne. Essai sur le savoir*, de Jean-François Lyotard,[12] define a configuração dessa discussão. Nesse influente livro, Lyotard reconstrói a fragmentação que assinala o fim da modernidade. Ele destaca de modo particular a falta de credibilidade de qualquer "grande narrativa", isto é de qualquer explicação compreensível que nomeie e coloque as partes constitutivas da realidade. As relações não são apenas fragmentárias, mas também arbitrárias. Isso tem um efeito profundo sobre a formação e a manutenção da identidade. Os poderes da razão perderam sua segurança, e convivemos com aquela que Giani Vattimo e outros filósofos italianos chamaram uma "razão fraca". A coesão e a coerência das coisas começam a mostrar sua fragilidade, como foi explicado na França pelo movimento desconstrucionista nos anos 70 e 80, sobretudo por Jacques Derrida. A razão e o sujeito sofrem dessa fraqueza; a ausência de grandes narrativas faz vacilar o poder provativo da história.

É possível identificar três respostas à difícil situação do pós-moderno (se assim se quiser chamá-lo). Todas as três podem ser vistas através de sua concepção da relação de Deus com o mundo. Poderiam ser caracterizadas como 1) uma abordagem nietzscheana; 2) uma abordagem heideggeriana; 3) uma abordagem que brota do encontro com o Outro.

a. Uma resposta nietzscheana: Deus está morto

A primeira abordagem deve sua resposta filosófica sobretudo a Nietzsche. Se se segue até ao fundo o desenraizamento da modernidade na pós-modernidade, se se procura seguir a fragmentação dos valores, se se tira a conclusão de que a única coerência com o mundo deriva da vontade de

---

[12] LYOTARD, F. *La Condition postmodern. Essai sur le savoir*. Éditions de Minuit, Paris 1979 [trad.it., *La condizione postmoderna. Rapporto sul sapere*. Feltrinelli, Milano 1981].

poder, então se acaba como o louco nietzcheano de *Also sprach Zarathustra* [trad. it., *Così parlò Zarathustra*, in *Opere di Friedrich Nietzsche* VI/I, Adelphi, Milano 1973] a proclamar no mercado que Deus está morto. Pode ser que Deus tenha criado este mundo, mas ele já não desempenha aqui nenhum papel. Essa posição teológica foi articulada pela primeira vez em torno da metade dos anos 60 por um grupo de teólogos americanos naquilo que acabou por ser chamado o movimento da "morte de Deus". Enquanto formulavam essa asserção, esses teólogos encontravam ainda um lugar para o cristianismo, mas para um cristianismo com um Jesus não-divino, que chama as pessoas a viver uma vida de autenticidade num universo absolutamente secular sem Deus. O movimento enquanto tal teve vida curta. Alguns de seus expoentes (por exemplo, Gabriel Vahanian) deixaram completamente de fazer teologia, outros se voltaram a temas teológicos diferentes (por exemplo, Paul van Buren, que começou a se interessar pelas relações hebraico-cristãs). A única figura que continuou a fazer teologia dessa maneira foi Thomas Altizer.[13]

Entre aqueles que acolheram o desafio nietzscheano, distinguiu-se Mark C. Taylor. Seu *Erring. A Postmodern A/Theology*[14] [Errar. Uma a/teologia pós-moderna] é o documento instituivo dessa resposta aos limites da modernidade. De algum modo, a obra de Taylor e as análises do movimento da Ortodoxia radical convergem em ver em Nietzsche o resultado lógico da modernidade, mesmo se, obviamente, avaliem diferente esse resultado e a ele respondam diversamente. A abordagem de Taylor é uma teologia sem Deus, que encontra seu caminho mediante uma desconstrução da história. Ele leva tremendamente a sério a "condição pós-moderna" e a aceita assim como se apresenta.

b. Uma resposta heideggeriana: para além da ontoteologia

Como já se salientou, muitos aspectos do pensamento iluminístico acabaram por convergir numa poderosa síntese no pensamento de Martin Heidegger. Ele concebeu sua tarefa inicial como a de libertar o Ser da camisa de força metafísica que lhe fora imposta pelo pensamento grego. Tentou, em outros termos, pensar o Ser, para além da metafísica e da ontologia.

O filósofo francês Jean-Luc Marion procurou talvez mais que qualquer

---

[13] Cf., por exemplo, ALTIZER, T. *Genesis and Apocalypse. A Theological Voyage toward Authentic Christianity*, Westminster/ John Knox Press, Atlanta 1990.
[14] TAYLOR, M. C. *Erring. A Postmodern A/Theology*, The Univesity of Chicago Press, Chicago 1984. Cf. também ID., *Altarity,* The University of Chicago Press, Chicago 1987. Desde que completou um dicionário dos conceitos teológicos pós-modernos, Taylor publica mais freqüentemente no âmbito da crítica da arte.

outro refletir sobre Deus dessa maneira, para além da ontoteologia, isto é, um pensar sobre Deus que exige que este seja parte ou seja explicado dentro de uma ontologia filosófica. A ontoteologia reduz Deus a categorias finitas e, desse modo, o degrada.

Marion reconhece sua dívida em relação a Heidegger, mas o critica por ter assumido ele mesmo, definitivamente, uma ontoteologia. Tentando pensar o Ser, Heidegger reintroduz a camisa de força da qual procura escapar. Marion fala, portanto, de um Deus "sem Ser", isto é, irreduzível ao ser. Deus se nos manifestou no amor e no dom. O amor e o dom são, naturalmente, categorias finitas, e enquanto tais suscetíveis como qualquer outra coisa de prender Deus em categorias finitas. Mas Marion afirma que tanto o amor, quanto o dom, denotam um excesso: o que vai para além daquilo que o amado ou o destinatário do dom podem imaginar ou conceber. É exatamente nesse excesso, nessa doação inesperada, que o amor e o dom se tornam categorias apropriadas para se aproximar de Deus.[15]

Essa resposta heideggeriana, para além da ontoteologia, leva a sério as limitações do moderno (sobretudo da filosofia moderna). Mas, ao invés de ser assumido assim como se apresenta, o resultado é subordinado ele mesmo a uma reflexão crítica à luz da total alteridade de Deus. O êxito dessa passagem é que não apenas o conceito de Deus é acolhido no fim da modernidade, mas aspectos da própria subjetividade podem ser repensados em estilo kierkegaardiano. A esse propósito, é importante sublinhar sobretudo como se tenha tornado objeto de abundante investigação o significado da "presença", tanto na teologia sacramental,[16] quanto, também, no sentido de estar presente diante do outro.

c. Encontrar o Outro

A ênfase nietzscheana sobre a vontade de poder acendeu um refletor sobre uma outra limitação do moderno. Pondo o acento sobre a autonomia, a narrativa moderna, freqüentemente, se alinhou com os vencedores e os poderosos do mundo, muito mais que com os perdedores. Considerada a história imperial em âmbito global e a marginalização dos grupos minoritários dentro dos limites (por exemplo, dos afro-americanos nos Estados Unidos e dos hebreus na Europa), afrontar uma das limitações do moderno implicaria permitir às vítimas e a quantos foram derrotados romper o silêncio que lhes foi imposto e fazer ouvir sua voz. As teologias da

---

[15] MARION, J.-L. *Dieu sans l'Être. Hors-texte*, Arthème Fayard, Paris 1982 [trad. it., Dio senza essere, Jaca Book, Milano 1984].
[16] Cf., por exemplo, os resultados de uma convenção realizada em Lovaina em 1999: BOEVEN, L. – LEIJSSEN, L. (eds.), *Sacramental Presence in a Postmodern Context*, Peeters, Louven 2001.

libertação que começaram a aparecer nos anos 70 tomaram a mensagem de emancipação do Iluminismo e a voltaram, por assim dizer, contra seus donos, evocando as vozes dos pobres e dos oprimidos. Na Europa, os teólogos que procuraram acertar as contas com o Holocausto (o pensamento se dirige, sobretudo, nos anos 90, para Johann Baptist Metz) elaboraram uma mensagem mais ou menos análoga refletindo sobre o que acontecera na própria Europa.

Tornar-se, aqui, manifesto o lado subversivo da alteridade e da diferença. A compreensão filosófica da alteridade deve muito à obra de Emmanuel Lévinas (1906-1995), um filósofo de origem lituana, hebreu, que trabalhou na França. Seu conceito do Outro, do rosto (*visage*) do outro, teve importância para uma outra dimensão da teologia pós-moderna.[17]

O contexto é de novo o pluralismo: a pluralidade das vozes, tanto expressas quanto caladas. Mas Lévinas se interessou de modo particular pela capacidade da pessoa moderna de subtrair-se, no encontro com o outro, a certa subjetividade iluminística. O outro, como nos recordaria Lévinas, não é um outro eu, mas sim, algo que nos tira para fora de nossa subjetividade para levar-nos a algo de totalmente diferente.

Lévinas foi importante por muitas tentativas de pensar a alteridade do outro — tema de destaque num mundo pluralista — e a Alteridade de Deus. Entre os teólogos pós-modernos que perseguem essa linha de pensamento, poder-se-ia citar o trabalho de Edith Wyschogrod sobre os santos como altruístas radicais.[18] O santo está completamente à disposição de um outro, esquecido de si. Nas fases precedentes de seu trabalho, Wyschogrod tinha refletido sobre a separação entre o eu e o outro, entre o moderno e o pós-moderno — esse último inaugurado sobretudo pela experiência do século XX da morte da massa, experiência que desmentiu, nas duas guerras mundiais, a confiança do moderno e conferiu uma tonalidade mais profunda ao silêncio das vítimas.

O pós-moderno se apresenta, pois, numa variedade de formas. Está bem longe de constituir uma resposta coerente e coesiva para a modernidade. Reflete, ao contrário, o caráter fragmentário e freqüentemente efêmero que reivindica como sua própria sigla. Fazendo assim, retorna repetidamente sobre temas do pluralismo, dos limites da razão e do pensamento, da fragmentação do sujeito, da perda do fundamento, e à questão do outro — de modo particular aquele totalmente Outro: Deus.

---

[17] O trabalho mais importante de Lévinas é, provavelmente, nesse contexto, *Totalité et infini*. Martinus Nijhoff, La Haye 1961 [trad. it. *Totalità e infinito. Saggio sull'esteriorità*, Jaca Bool, Milano 1980].
[18] Wyschogrod, E. *Saints and Postmodernism. Reconstructing Moral Philosophy*, The University of Chicago Press, Chicago 1990.

III. Para além do pós-modernismo? A atração da Igreja mundial

Para onde conduz, portanto, o pós-moderno? Não poucos teólogos sustentariam que ele é, em sua inteireza (se se pode usar semelhante termo!) incompatível com o cristianismo. Certamente pareceria ser assim pelos aspectos niilísticos exibidos por suas variantes nietzscheanas. O niilismo e um relativismo total ("relativismo absoluto" é obviamente uma contradição) não deixam, em última análise, nenhum espaço para toda uma série de convicções cristãs sobre Deus, sobre o discipulado, a justiça e o amor. Aquele traçado por Mark C. Taylor ou Thomas Altizer é um caminho que dificilmente os cristãos quererão percorrer.

A modernidade, de outro lado, é vista por muitos (embora, talvez, não pelos membros da Ortodoxia radical e por certos pensadores pós-liberais) como uma realidade não inteiramente refratária a toda possibilidade de redenção. Não é possível ler um documento católico-romano como a *Gaudium et spes*, do concílio Vaticano II, sem afirmar que há muito de bom na modernidade e na visão do progresso e do desenvolvimento e da emancipação da humanidade que a caraterizam. Os propugnadores tardo-modernos do completamento do projeto do Iluminismo encontrariam amparo por parte de muitos teólogos cristãos. Retornar simplesmente à pré-modernidade seria dar um passo para trás que anularia, por exemplo, muito da doutrina social católica do século XX.

Não obstante isso, é bom dar ouvido às advertências formuladas pelo grupo da Ortodoxia radical, pelos teólogos pós-liberais e por pensadores como Marion: a razão deixada a si mesma não é a resposta. Há certa *hybris*, aqui, que é necessário evitar. De qualquer modo, que se queira ler a tentativa do papa João Paulo II de balancear fé e razão na encíclica *Fides et ratio* (1998) [trad. bras. Carta Encíclica *"Fides et Ratio": sobre as relações entre Fé e Razão*. São Paulo: Paulus, 1998, p. 109), é difícil pôr em dúvida uma afirmação central que ele procura fazer em seu documento: a teologia não pode se referir somente à razão. E não pode ser substituída por uma forma de fideísmo. Em seus melhores momentos, os teólogos sabem bem que, no fim das contas, qualquer forma de pensamento humano é finita e incapaz de compreender o mistério de Deus.

O pós-modernismo nos recorda, pois, a fragilidade das construções do pensamento humano. E, se é usado em teologia (sobretudo nas últimas duas formas do terceiro filão acima discutido), está em condição de enriquecer nossa perspectiva.

Se se consideram as discussões pós-modernas de um ponto de vista externo ao âmbito norte-atlântico, elas assumem, no entanto, um aspecto ligeiramente diverso. Com a possível exceção da discussão do Outro inaugurada sobretudo na obra filosófica de Lévinas, muitos dos pobres e dos sofredores da Igreja mundial poderiam considerar o pensamento pós-moderno um exercício especializado demais. Encontrar-se frente a uma quantidade enorme de escolhas numa situação de pluralismo é um luxo para pessoas ricas; a fragmentação é alguma coisa a mais que de se encontrar frente a muitas possibilidades. Na forma em que é experimentada pelos pobres, é uma perda de controle sobre aquele pouco que eles têm na vida. A identidade como foto-montagem é algo que aqueles que ganham para viver nas economias informais dos centros urbanos do mundo fazem sem incidentes. As experiências que a pós-modernidade percebe como discordante e como fonte de perturbação são tais por causa do desconcerto que causam, antes que de um autêntico sofrimento físico.

O sofrimento é, ao contrário, a categoria central para a teologia da maioria pobre da Igreja mundial, um sofrimento que não é somente incômodo ou fastidioso, mas que põe em risco a própria vida. Entrando no século XXI, a teologia deverá alargar o próprio horizonte para além dos problemas do Iluminismo europeu.

Para dizer a verdade, aquilo que brotou do Iluminismo continua a ter, como nos recordaram teólogos como Edmund Arens, grande valor. Mas a esfera de problemas que se encontra agora frente a essa preocupação não abraça o lugar onde a teologia cristã deverá se encontrar no século que vem. Seja-me consentido assinalar aqui conclusivamente quais poderiam ser alguns desses desafios para a teologia.

1. A própria religião deverá ser explicada (aqui tem razão a Ortodoxia radical) com alguma coisa a mais que as concepções paradigmáticas encontráveis no Iluminismo. A religião não pode ser vista, numa ótica reducionista, como o refúgio de ignorantes e crédulos ou como o martelo dogmático de uma ordem constituída. Com o renascimento da religiosidade que está caraterizando o globo no início do século XXI, estão se mostrando inúteis os modelos para compreender o lugar da religião na ordem mundial oferecidos pela ciência política.[19] Esses modelos assumem o paradigma secular da religião vista como algo de marginal ou que está desaparecendo. E não é mais correto nem mesmo afirmar simplesmente que a religião é a causa da violência no mundo: ela pode contribuir para isso, mas é também manipulada para mascarar outras razões — para não dizer da contribuição que ela pode oferecer à paz. Alguns sociólogos estão começando a se perguntar se o percurso europeu da secularização não seja um *Sonderweg*, uma exceção, antes que uma regra.[20]

---

[19] Algumas das tentativas de formular uma nova abordagem podem ser vistas em HOEBER, R. S.– PISCATORI, J. (eds.), *Transnational Religion and Fading States*, Westview Press, Boulder/Co. 1997; e JOSÉ CASANOVA, *Public Religions in the Modern World*, The University of Chicago Press, Chicago 1994 [trad. it., *Oltre la secolarizzazione. Le religioni alla riconquista della sfera pubblica*, Il Mulino, Bologna 2000].
[20] Cf. os autores recolhidos em BERGER, P. (ed.), *The Desecularization of the World*, Ethics and Public Policy Center, Washington 1999.

A forma de cristianismo que hoje está crescendo mais rapidamente no mundo é, por exemplo, o pentecostalismo.[21] As explicações simplistas segundo as quais tratar-se-ia da fé dos pobres e dos ignorantes não levam em conta a difusão que ele está tendo entre as classes médias na África e na Indonésia.

Resumindo, uma das tarefas da teologia no século XXI será a de construir um novo tipo de teologia fundamental, que entenda a própria tarefa não somente como uma apologia frente ao Iluminismo, mas como a de ter em conta o modo no qual a religião se manifesta hoje no mundo.[22]

2. Acertar as contas com o pluralismo e com o outro é uma outra empresa que terá necessidade de ampliação. Uma coisa é o pluralismo em tempo de paz; outra coisa é negociar o pluralismo com bases inseguras. Muito daquilo que se escreve dentro da primeira categoria é uma celebração da diversidade pela diversidade, algo que é de per si louvável e também necessário. Mas o que acontece quando o encontro com a diferença é conflitual ou se torna experiência de incomensurabilidade? Como devemos imaginar o estar juntos nessa circunstância? Alguns autores estão iniciando a recolher esse desafio, levando por assim dizer a uma Segunda geração de pensamento sobre o pluralismo.[23]

Uma boa parte do discurso sobre o outro traz vestígios das discussões sobre o alcance do ponto transcendental: o horizonte da cultura é ignorado. Aquilo que deverá ser acrescido à discussão do outro (isso já está implícito, mas nem sempre expresso de maneira articulada, em parte pelos escritos pós-modernos) é que uma compreensão do outro deve atravessar os limites culturais. É preciso empreender, em outros termos, uma hermenêutica intercultural. Isso fornece também um modo para enfrentar melhor o encontro com a incomensurabilidade. Também nesse caso, o trabalho já está começado.[24]

---

[21] A melhor exposição, num único volume, do pentecostalismo e do modo pelo qual ele enfrenta a mudança social é provavelmente Martin, D. *Pentecostalism. The World Their Parish*, Blackwell, Oxford 2002. Para uma consideração crítica do pentecostalismo por parte dos próprios pentecostais, cf. Dempster, M. – Klaus, B. – Petersen, D. (eds.), *The Globalization of Pentecostalism*, Regnum, Oxford 1999.

[22] Uma tentativa européia de alargar desse modo nossa teologia fundamental é a de Sedmak, Clemens. *Lokale Theologien und globale Kirche. Eine erkenntnistheoretische Grundlegung in praktischer Absicht*, Herder Verlag, Freiburg 2000.

[23] Sobre a vertente filosófica, cf. Gunn, G. *Beyond Solidarity. Pragmatism and Difference in a Globalized World*, The University of Chicago Press, Chicago 2001. Do ponto de vista teológico, cf. Kyongsuk Min, A. *Dialectical Pluralism and Solidarity of Others*, in *Journal of the American Academy of Religion* 65 (1997) 587-604; Id., *Solidarity of Others and the Body of Christ*, in *Toronto Journal of Theology* 12, 1998, p. 239-254.

[24] Tentei oferecer um esboço desse trabalho em *The New Catholicity. Theology between the Global and the Local*, Orbis Books, Maryknoll/N.Y. 1997, cap. 2; cf. também Sundermeier, Theo.

Eis, pois, algumas áreas de interesse do debate pós-moderno que deverão ser ulteriormente aprofundadas frente ao desafio de uma Igreja mundial — uma Igreja mundial não simplesmente no sentido de uma igreja que se estende por toda parte, mas de uma igreja que tem em conta o mundo em sua inteireza e interage com ele. O Iluminismo via acontecer tudo isso dentro do horizonte universal da Razão; a resposta pós-moderna foi a de atenuar essa pretensão. As modificações que tiveram início no pensamento pós-moderno deverão agora ser introduzidas na fase subseqüente.

Den Fremden verstehen. Eine praktische Hermeneutik, Vandenhoeck & Ruprecht, Göttingen 1996 [trad. it., *Comprendere lo straniero. Una ermeneutica interculturale,* Quiriniana, Brescia 1999]; HINTERSTEINER, NORBERT. *Traditionen überschreiten. Angloamerikanische Beiträge zur interkulturellen Traditionshermeneutik,* Wiener Universitätsverlag, Wien 2001.

---

[1] Este texto já estava concluído quando dos acontecimentos de 11 de setembro de 2001.

17
PROPOSTA DE PROGRAMA UNIVERSAL DO CRISTIANISMO NA IDADE DA GLOBALIZAÇÃO

JOHANN BAPTIST METZ

I.

O cristianismo se concebeu desde o início como uma religião universal, como uma religião que se dirige a todos os homens e, nesse sentido, se apresenta com uma pretensão de missão universal. Como se concebe e se comporta esse cristianismo hoje, nestes tempos de globalização? Quero, aqui, submeter-vos uma proposta, como uma teologia "com o rosto voltado para o mundo" (logo, como uma bem entendida "teologia política") pode comportar-se ofensivamente com essa nova situação, sem abandonar a convicção de que o cristianismo também e, especialmente hoje, tenha alguma coisa a dizer a todos os homens (portanto, "ao mundo"). Começo, além disso, com uma caracterização da assim chamada globalização, que dificilmente se poderia contestar: a idade da globalização é a época de um sempre mais rápido e inevitável pluralismo destrutivo dos mundos religiosos e culturais. Nem sequer o cristianismo vive mais hoje num universo fechado; está exposto à concorrência de outras religiões e de sua pretensão de valor. Recomenda-se assim tolerância, diálogo ou discurso. Isto é, certamente, importante. Mas é a resposta suficiente ao pluralismo constitucional das religiões? Não existem também limites da tolerância e critérios para o diálogo? E nos tempos da globalização não existem também situações em que a racionalidade formal, puramente orientada para a prática, renuncia aos discursos?

Prestar atenção a essas interrogações não significa certamente negar ou dissolver o pluralismo, mas desenvolver uma forma, acessível e racional para todos os homens, da relação com ele. Mas, na pluralidade, irrevogavelmente reconhecida, das religiões e das civilizações há um critério de entendimento e de convivência vinculante para todos e, nesse sentido, capaz de verdade? Ou permanece agora tudo abandonado ao capricho do mercado pós-moderno? A globalização, no âmbito das religiões e das civilizações, leva no fim a uma relativização de todas as pretensões de valor, a uma pluralidade de jogos lingüísticos religioso-culturais que, em última análise, se defrontam sem se relacionar e, nessa falta de relacionamento, facilmente podem conduzir a novos conflitos e explosões de violência? Em qualquer lugar existe a ameaça de uma nova guerra de religiões e culturas?

Devem ser interpelados e colocados à prova as tradições e os contextos dos mundos religiosos e culturais. Muitos hoje — especialmente em nossos círculos culturais ocidentais, nesta idade pós-moderna, nesta idade do "Nietzsche atmosférico", nesta idade de uma falta de Deus, favorável para a religião — favorecem a "solução mórbida" de uma religião sem Deus. Não opera ela de maneira muito mais tolerante e compatível com o pluralismo da memória do Deus bíblico, que no fundo é apresentado pela tradição como Deus da história e das leis? Não por acaso, minha proposta objetiva esta solução "dura": no centro da memória de Deus nas tradições bíblicas e na figura da responsabilidade para com o mundo correspondente a essa memória de Deus.

II.

Antes que dizer alguma coisa sobre o fundamento bíblico-teológico de minha proposta, eu quereria acenar para um objeção fundamental óbvia. A invocação, avançada aqui, do discurso sobre Deus não perde, em linha de princípio, toda capacidade de adesão ao discurso científico da globalização? O discurso científico na idade da globalização, para dizer o mínimo, não está, em todos os seus âmbitos, portanto, também naqueles das ciências do espírito e da filosofia, marcado por um ateísmo metodológico? Neste mundo moderno da ciência "Deus" não mais aparece. Bem. Mas, assim, eu quereria perguntar, em nosso mundo científico não aparecemos, portanto, nós, e no entanto não aparece o "homem"? Ou o discurso "sobre o homem" tornou-se, nesse meio tempo, o primeiro e verdadeiro antropomorfismo de nosso mundo científico — e precisamente, também, na linguagem sistemática, sempre mais sem sujeito e tecnomorfo, das ciências do espírito? Nem mesmo os cientistas do espírito aparecem mais na ciência por eles praticada. Assim, toda a linguagem científica, que atravessa semanticamente o processo da globalização, se torna aos poucos, às vezes, uma linguagem secundária do destino, da qual desaparece sempre mais "o homem", na qual, em todo caso, o discurso sobre o homem é ainda arrastado como rumor ou como "velho peso semântico" (Marc Jongen), como velho peso semântico arrastado para fora dos tempos de um humanismo ocidental.

Quem, entretanto, faz teologia, quem procura falar de Deus, também deverá sempre mais falar de um homem que não é apenas seu próprio experimento, sua própria objetivação, mas — mais fundamentalmente — sua própria memória, e que se torna conhecível não apenas com base nos próprios genes, mas também com base em seus rostos. A teologia obtém assim à força uma importante distinção no conceito racional do processo de globalização: a distinção entre racionalidade técnica e racionalidade anamnéstica. Essa distinção não é irrenunciável apenas para o discurso sobre Deus, mas também para o discurso sobre o homem, enquanto o homem vale como mais e como outro em relação ao último pedaço de natureza, ainda não completamente experimentado.

Enfim, ainda uma breve elucidação sobre o conceito de razão aqui empregado. Hoje existem não poucas posições teorético-racionais que retêm o conceito de razão já dada pela memória, por princípio, anti-iluminística e incompatível com a modernidade. Ora, o Iluminismo, na figuração por ele desenvolvida e hoje dominante, não pode superar um preconceito profundamente arraigado: o preconceito referente à memória. Ele promoveu o discurso e o consenso e subestimou o poder inteligível da memória, isto é a racionalidade anamnéstica. Resta certamente uma questão crítica decisiva: a razão anamnéstica pode ser, em geral, o órgão do entendimento e da paz? Com essa designação da razão não se fere e não se rechaça radicalmente uma importante conquista do Iluminismo político? Isto é, não são precisamente as memórias arraigadas de maneira histórico-culturais a impedir continuamente o entendimento recíproco, que levam sempre novamente a dolorosos conflitos e hostilidades dramáticas e das quais presentemente se nutrem todas as guerras civis manifestas ou latentes?

Seu caráter iluminado e sua legítima universalidade são adquiridos por essa razão anamnéstica pelo fato de que ela se sabe aqui dada por uma determinada memória, justamente pela memória do sofrimento, da *memoria passionis* — e precisamente não na figura de uma memória do sofrimento autorefencial (da raiz de todos os conflitos!), mas na figura da memória do sofrimento alheio, na figura do identificar-se com a dor dos outros. Esse a priori do sofrimento com seu universalismo negativo guia a pretensão de universalidade e de verdade da razão nas eras do pluralismo. Enfim, a razão, que quer exibir critérios capazes de verdade por seus processos de entendimento, não pode se orientar apenas sobre o sentido de compreensão da própria linguagem. O *a priori* do entendimento de uma razão comunicativa permanece adiado para o a priori de paixão da razão anamnéstica. "A necessidade de deixar falar a dor é a condição de toda verdade" (Th. W. Adorno). Nessa proposição está formulada uma pretensão universal da razão, pretensão que de uma parte transcende uma renúncia racional-procedural às pretensões de valor, portanto, um universalismo puramente procedural, e de outra parte declara incapazes de verdade todas as pretensões gerais de validade, que se colocam fora ou acima da história do sofrimento humano.

III.

Agora, porém, vamos aos dois fundamentos bíblico-teológicos de minha proposta.

1. Monoteísmo sensível à dor

Comecemos — nestes tempos da globalização e de seu pluralismo constitucional — com a "difícil universalidade" da memória bíblica de Deus. Pois, o princípio monoteístico das tradições bíblicas é um princípio universalístico. Deus não é nem um tema humano nem em geral nenhum tema. Os deuses são pluralizáveis e regionalizáveis, mas não Deus. Ele é somente "o meu" Deus, mesmo que se pode ser "o teu" Deus, ele é somente "o nosso" Deus, mesmo se pode ser o Deus de todos os outros homens. A idéia monoteística de Deus não se adapta propriamente à legitimação e confirmação da antítese amigo-inimigo entre os homens. Ela é — elementarmente — uma idéia de paz, não uma idéia de submissão; ela objetiva o reconhecimento da filiação divina de todos os homens.

Certamente o discurso cristão sobre Deus tomou sempre de novo os traços de um "forte" monoteísmo da política de poder, que é exposto pela modernidade à mais severa crítica política. Isso vale na maioria dos casos e não sem razão como fonte de legitimação de uma idéia de soberania pré-democrática, hostil à divisão dos poderes, como raiz de um patriarcalismo obsoleto e como inspirador de fundamentalismos políticos com sua idéia de amigo-inimigo. Diante dessa crítica, o cristianismo não pode, de resto, não se julgar prejudicado pelo fato de que ele — como acontece freqüentemente na presente teologia — na teologia trinitária evita e agora pela tri-unidade de Deus procura demonstrar a conciliabilidade do pluralismo e da modernidade do cristianismo. Com isso, portanto, o cristianismo negaria a priori, por exemplo, qualquer conciliabilidade com o pluralismo às religiões monoteísticas de tradição hebraica e também islâmica — prescindindo inteiramente do fato de que um cristianismo, que perde de vista a própria perspectiva monoteística está manifestamente contra as tradições bíblicas e, com sua cristologia e teologia trinitária, cai no perigo de uma pura mitologia.

O discurso sobre o Deus de Abraão, Isaac e Jacó, que é também o Deus de Jesus, não é expressão de um monoteísmo qualquer, mas sim de um monoteísmo "fraco", vulnerável, empático: ele é *in nuce* um discurso sobre Deus sensível à dor. Nesse monoteísmo bíblico trata-se no fundo de um "movimento reflexivo". De uma parte esse monoteísmo é acompanhado por uma figura do "iluminismo bíblico". Ele contém precisamente dois elementos de um monoteísmo arcaico com seus mitos do poder e suas imagens contrárias à paz do amigo-inimigo, contemporaneamente porém ele conhece uma "proibição das imagens", uma crítica radical dos mitos e a teologia negativa dos profetas. Por outra parte, o discurso sobre o Deus das tradições bíblicas é um discurso constitucionalmente "quebrado" pelo problema, tão sem resposta quanto insuprimível, da teodicéia — portanto, do problema da presença do mal na criação boa de Deus, isto é, portanto, um discurso que não tem propriamente uma resposta, mas sempre uma pergunta a mais. Por isso, é um discurso sobre Deus que pode universalizar-se somente enfrentando a questão da dor, a *memoria passionis*, a idéia da dor, em particular da dor dos outros — até a dor dos inimigos. Esse discurso sobre Deus pode ser universal, portanto importante para todos os homens, mas, somente se em seu núcleo é um discurso sobre Deus sensível à dor do outro.

A luta em torno desse monoteísmo tem, presumivelmente, um significado compensativo nos atualmente muito discutidos conflitos culturais — por exemplo, entre a cultura política do Ocidente e a dos países islâmicos. Julgo trabalho superado, nesse e análogos conflitos, querer eliminar a religião e, com ela, em geral, o "princípio monoteístico". Trata-se, muito mais de evocar e exigir os traços desse monoteísmo sensível à dor nas tradições de todas as três grandes religiões monoteísticas — nos hebreus, nos cristãos e nos muçulmanos.

Certamente, todas as religiões monoteísticas são marcadas por sua traição histórica em relação ao axioma fundamental do monoteísmo bíblico, segundo o qual a memória de Deus está ligada à idéia da dor do outro. E não são hoje precisamente as próprias religiões monoteísticas que continuamente se encontram com essa idéia da dor do outro e assim despertam ou estabilizam situações de ódio e de violência — na ex-Iugoslávia, na Irlanda, no conflito israel-palestinense, no Líbano, no subcontinente indiano etc?[1]

2. Responsabilidade, sensível à dor, em relação ao mundo

As tradições bíblicas do discurso sobre Deus e as histórias neotestamentárias de Jesus conhecem uma iniludível figura de responsabilidade global. É, além disso, certo e isso deveria ser observado atentamen-

---

[1] Este texto já estava concluído quando dos acontecimentos de 11 de setembro de 2001.

te, que o universalismo dessa responsabilidade não está orientado, primariamente, para o universalismo dos pecados dos homens, mas sim para o universalismo do sofrimento presente no mundo. O primeiro olhar de Jesus estava voltado não para o pecado dos outros, mas para a dor dos outros. Para ele o pecado era, sobretudo, recusa da participação na dor dos outros, era a recusa de pensar para além do obscuro horizonte de sua própria história de sofrimento, era, segundo a definição de Agostinho, "autocontorsão do coração", abandono ao secreto narcisismo da criatura. E assim o cristianismo teve início como uma comunidade da memória e da narração no seguimento de Jesus, cujo primeiro olhar estava voltado para a dor dos outros.

Essa sensibilidade para com a dor dos outros marca o "novo estilo de vida" de Jesus. Essa sensibilidade para com a dor não tem nada a ver com o choramingar ou com um infeliz culto do sofrimento. É, antes, a expressão, absolutamente não sentimental, daquele amor compreendido por Jesus quando falava — de resto, plenamente na linha de sua herança hebraica — da indivisível unidade do amor de Deus e do próximo: paixão de Deus como compaixão (*Mitleidenschaft*).

Sublinho energicamente essa compaixão que brota da paixão de Deus, porque o cristianismo, a meu ver, já muito cedo encontrou grandes dificuldades com a aqui acenada sensibilidade elementar para a dor, própria de sua mensagem. O problema que inquieta profundamente as tradições bíblicas da justiça para com os sofredores inocentes foi até muito rapidamente transformado e convertido no problema da redenção dos réprobos. Para esse problema, havia uma resposta pronta: a ação salvífica de Cristo. O problema da teodicéia era aplacado e calado com a soteriologia, com a mensagem da morte expiatória de Jesus. A doutrina cristã da redenção dramatizava muito o problema da culpa e relativizava o da dor. O cristianismo se transformou de religião primariamente sensível à dor em religião primariamente sensível ao pecado. O primeiro olhar não estava mais voltado para a dor da criatura, mas para sua culpa. Isso, porém, não paralisava a sensibilidade elementar para a dor dos outros nem obscurecia a visão bíblica da grande justiça de Deus, que, de qualquer modo, para Jesus teria devido valer para qualquer forma de fome e de sede?

Certo, essa acentuação da sensibilidade para com a dor, própria da mensagem cristã e de seu discurso sobre Deus, não entende colocar em questão o significado do pecado e da culpa, da expiação e da redenção (e nem sequer em função da ilusão de inocência social hoje tão dominante). Trata-se, unicamente, do problema da prioridade e da proporção — e da perigosa unilateralidade de um "absolutismo cristão do pecado", em que precisamente as experiências individuais concretas do fracasso e da culpa ameaçam desaparecer.

IV.

Hoje, na língua alemã não há uma palavra que exprima de maneira inequívoca essa sensibilidade elementar para a dor — e o fato de que o primeiro olhar de Jesus fosse voltado para a dor dos outros. "Piedade" (*Mitleid*) soa muito sentimental, distante da prática, muito impolítico. É suspeito de despolitizar com a hipermoralização os estados sociais, de ocultar com a sentimentalidade as injustiças dominantes... Assim, como tentativa, volto-me à palavra estrangeira "compaixão" (*compassion*) como palavra-chave para o programa universal do cristianismo na época da globalização e de seu pluralismo constitucional dos mundos religiosos. Entendo, essa compaixão como sofrimento-com, como partícipe percepção da dor do outro, como pensamento ativo do sofrimento dos outros, como tentativa de se ver e se avaliar com os olhos dos outros, dos outros sofredores. Enquanto tal, essa compaixão é, a meus olhos, a prerrogativa, tipicamente bíblica, para a Europa assim como a curiosidade teorética é a prerrogativa tipicamente grega e a idéia republicana de direito a prerrogativa tipicamente romana para a Europa em nossas situações globalizadas.

A compaixão como programa universal do cristianismo em tempos de globalização: menciono ao menos alguns pontos de vista:

Antes de tudo, essa compaixão pode valer como inspiração para uma nova política de paz. Perceber a dor alheia e tê-la presente no próprio agir é o pressuposto incondicionado de qualquer futura política de paz. Para a situação no Oriente Próximo, por exemplo, para a relação entre Israel e os palestinos, continuo a não conhecer outro caminho que aquele que Rabin e Arafat queriam percorrer, quando em 1993, em Washington, pela primeira vez, apertaram-se as mãos, e asseguraram-se reciprocamente não querer, no futuro, olhar só a própria dor, mas estar prontos a não esquecer e a levar em consideração, em sua política, também os sofrimentos dos outros, os sofrimentos de todos que eram até então seus inimigos. Esse foi para mim o princípio de uma política da paz com base na *memoria passionis*, com base na idéia da dor alheia. Que, por exemplo, teria acontecido na ex-Iugoslávia se as populações locais — cristãs ou muçulmanas — tivessem agido segundo esse imperativo da compaixão? Se elas, portanto, em seus conflitos étnicos tivessem se recordado não só dos próprios sofrimentos, mas também dos sofrimentos dos outros, das dores daqueles que até então tinham seus inimigos? Que teria acontecido com as guerras civis em outras regiões da Europa, se os cristãos não tivessem continuamente traído essa compaixão? E, somente, se também entre nós — nesta nova União Européia — cresce uma cultura política inspirada por esta compaixão, cresce a perspectiva de que a Europa será uma paisagem cultural florescente, e não queimada, uma paisagem de paz, e não de violência explosiva, portanto, não uma paisagem de contínuas guerras civis.

Em segundo lugar, essa compaixão pode valer como promoção de uma nova política de reconhecimento. Nas situações políticas globais pode hoje tratar-se não da relação de um *partner* do discurso com o outro, mas — mais fundamentalmente — da relação de uns com os outros ameaçados e excluídos, portanto, também da relação com as vítimas da globalização. Relações de reconhecimento estreitamente simétricos, como são supostos no conceito de nossas avançadas sociedades de discurso, não superam, em última análise, uma lógica das relações de mercado, de troca e de concorrência. Somente relações de reconhecimento assimétricas, somente o voltar-se de uns para os outros excluídos e esquecidos rompem o poder da pura lógica de mercado. Não poucos presumirão ver, nessa acentuação da assimetria, um conceito muito enfático de política. Efetivamente esse conceito reclama só a irrenunciável relação da política e moral. Sem essa "implicação moral" à política, a política mundial seria só como já aparece largamente hoje: os reféns da economia e da técnica e de suas assim chamadas "violências objetivas" na idade da globalização.

Além disso, essa compaixão pode conduzir à agudeza da memória humana em geral. Ela protesta contra um pragmatismo político, que se destacou da memória de dor e, portanto, foi-se cegando moralmente sempre mais. É uma resistência contra o esquecimento da liberdade moderna. Que sucederia, de fato, se um dia os homens pudessem se defender com a arma do esquecimento contra a infelicidade do mundo? Se pudessem construir sua felicidade só sobre o impiedoso esquecimento das vítimas, portanto, sobre uma cultura da amnésia, em que o tempo curasse todas as feridas? De que, então, se nutriria a revolta contra a dor inocente e injusta presente no mundo? Que coisa inspiraria, então, a atenção da dor alheia e a visão de uma nova maior justiça? Quem se salvaria de uma falta coletiva de sentimento e da apatia?

Enfim, a meu ver, a compaixão fornece também um importante critério no atual debate biopolítico e bioético sobre o "experimento homem". A imagem do homem, dada aqui pela compaixão, mostra-nos um homem vulnerável até em suas raízes. Essa radical vulnerabilidade da vida humana é, de certo modo, a definição negativa de sua "dignidade", e nos veta uma biotécnica e — como se diz hoje — uma antropotécnica, na qual "o homem" é completamente objetivado e, portanto, propriamente vale somente como uma produção biotécnica de resíduo. Essa vulnerabilidade do homem, delineia a medida, a amplitude da responsabilidade, com a qual deveria se confrontar o biotécnico "experimento homem". Devo contentar-me, aqui, com esse modesto aceno.

Em todos esses pontos de vista, dever-se-ia, todavia, se tornar manifesto algo da energia, tocando e compenetrando o mundo, do cristianismo, que, em suas raízes bíblicas, se exprime na compaixão.

V.

Permitam-me, diante da nova situação mundial, referir-me a dois atuais âmbitos problemáticos. Trata-se, antes de tudo, do problema de um *ethos* global e, depois, do problema de uma ecumene da compaixão nessas situações globalizadas.

1. Ethos global?

A esse respeito quereria, com toda brevidade, fazer refletir apenas sobre isto: nas atuais (perfeitamente meritórias) tentativas de formular um *ethos* global fala-se freqüentemente de um universalismo moral que, na base de um assim chamado consenso mínimo ou fundamental, deve ser adquirido entre as religiões e as civilizações. Mas, de um ponto de vista estreitamente teológico e não só político-religioso vale: um *ethos* global não é um produto do consenso. Quem quiser reconduzir esse *ethos* global ao consenso de todos, esquece que o consenso, a adesão de todos é, certamente, a conseqüência, mas não pode ser o fundamento e o critério de uma pretensão universal. Esse *ethos* global se radica muito melhor no incondicionado reconhecimento de uma autoridade, que certamente pode ser interpelada também em todas as grandes religiões e culturas da humanidade: no reconhecimento da autoridade dos sofredores, como eu quereria aqui nomear com extrema brevidade. Essa autoridade dos sofredores (não do sofrer!) é — em certa medida — segundo os critérios modernos do consenso e do discurso uma autoridade "fraca". Ela não pode ser assegurada nem hermeneuticamente nem discursivamente, porque a obediência a essa autoridade precede o entendimento e o discurso — e precisamente a preço de qualquer moralidade universal. "Olhe — e saiba" (Hans Jonas).

Essa autoridade "fraca" dos sofredores é, segundo meu parecer, a única autoridade universal que tenha restado em nossas situações globalizadas. Ela é "forte" enquanto não é iludível nem religiosamente nem culturalmente. Por isso o reconhecimento dessa autoridade se deixa formular também como o critério que é atingível por todos os homens de todas as religiões e culturas, e que por isso pode orientar o discurso religioso e cultural nas situações globalizadas. Como máxima para um *ethos* globalizado vale além disso: perceber a dor alheia é a condição indispensável para qualquer pretensão moral universal.

2. Uma ecumene da compaixão?

Para que o processo de globalização não leve à banalização cultural e moral (= "a cultura universal reconduzida ao mínimo denominador comum"), o núcleo religioso das culturas da humanidade não pode, especialmente hoje, ser descuidado. Agora, todas as grandes religiões da humanidade estão concentradas em torno do problema do sofrimento. Ele poderia também constituir a base para uma coalizão das religiões em vista da salvação e da promoção da compaixão social e política de nosso mundo — em comum oposição às causas do sofrimento injusto e inocente, mas também à fria alternativa de uma sociedade mundial, em que "o homem" desaparece sempre mais nos sistemas vazios de humanidade, da economia, da técnica e de sua tecnologia cultural e informativa. Essa ecumene da compaixão não seria apenas um evento religioso, mas também político. Isso não fala certamente de uma política de intenção onírico-dançante ou de uma política religiosa fundamentalística, mas para tornar possível e sustentar nestes tempos de globalização uma política mundial consciente — mediante a memória da paixão acumulada nas religiões da humanidade, note bem: no sentido da compaixão, no sentido da participante percepção da dor alheia.

Além disso, no futuro será de importância decisiva uma questão que determinará o discurso religioso mundial: como se relacionam duas formas clássicas dessa mística das religiões com a dor alheia? Trata-se, antes de tudo, das tradições biblicamente monoteísticas, da mística da dor nas tradições do Extremo Oriente, em particular budísticas, que nesse meio tempo conquistaram sempre mais seguidores também no mundo pós-moderno do Ocidente, no mundo depois da proclamada "morte de Deus".

Deixem-me, enfim, exprimir numa pergunta as dificuldades que se verificam no encontro da mística ocidental com a mística budístico-oriental. (Onde uma recepção ocidental do budismo lançaria no ar esta pergunta, só a levaria ao fim como forma banal de uma grande religião da humanidade e com isso confirmaria indiretamente só o crescente ceticismo, que o budismo originário do Oriente nutre contra sua desenvolta aceitação em formas ocidentais de vida). A mística da dor do Extremo Oriente não se move do fato de que todas as oposições que criam dor entre mim e o mundo são superadas enquanto, finalmente, o eu dissolve as precedentes unidade e harmonia do universo? O eu não é, aqui, portanto, uma ilusão atingível misticamente ou, como já se expressava Friedrich Nietzsche, algo "colocado atrás", por assim dizer o primeiro e verdadeiro antropomorfismo, que desconcerta toda a história ocidental do espírito e da religião?

Ora, nesse modo de considerar há, certamente, alguma coisa de totalmente enganador para os sujeitos europeus estressados e sobrecarregados moralmente. Mas onde o sujeito autônomo está misticamente à disposição: nessa mística não se enredam no ilusório também todos os outros sujeitos? Onde estaria ainda ali uma clara obrigação em favor da compaixão — da sensibilidade e da cura da dor alheia? Essa mística do Extremo Oriente voltada para a dor não é, de qualquer modo, uma mística distante do sujeito e cega para com a alteridade? Não desenvolve a relação entre mística e moral a um preço muito alto?

A mística das tradições biblicamente monoteísticas é, em todo caso, em seu núcleo, uma mística política, uma mística da compaixão política e social. Ela é uma mística do rosto, não uma natureza sem rosto — respectivamente uma mística cósmica da unidade. Seu imperativo categórico soa: vigiar, ter os olhos abertos! Jesus não ensinou — seja dito com todo respeito por Buda e pela espiritualidade do Extremo Oriente — uma mística dos olhos fechados, mas sim, uma mística dos olhos abertos, uma mística do dever incondicionado de ver a dor alheia. Além disso, em suas parábolas, ele levou em conta dificuldades criaturais dos homens, de seus narcisismos inatos — ele os caracterizou enquanto pessoas que vêem e, ao mesmo tempo, não vêem. Enquanto possível há uma angústia elementar diante do ver, diante do olhar exato, diante daquele olhar que nos enreda inextricavelmente naquilo que é visto e não se deixa passar de maneira inocente? "Olhe — e saiba!" Aqui está ancorada aquela clara responsabilidade do eu, que se chama "consciência" cristã; e o que chamamos a "voz" dessa consciência é nossa reação à tribulação mediante o rosto estranho dos sofredores. Por essa consciência manifesta-se a autoridade de Deus que julga na autoridade dos sofredores, naquela única autoridade sob a qual Jesus, em sua famosa parábola do juízo de *Mt* 25, colocou toda a história da humanidade: *Mt* 25,37-40.

Assim, também a igreja está não sobre, mas sob essa autoridade dos sofredores. E a teologia adquire sua liberdade crítica no espaço da memória da igreja precisamente porque interroga continuamente a memória de Deus representada pela igreja, se e até onde essa memória se torna a coletiva *memoria passionis*, a idéia do sofrimento alheio, se e até onde a memória dogmática da igreja não se distanciou mais da memória da dor dos homens, que clama ao céu.

Com razão a igreja é considerada a mais antiga instituição global. Hoje ela está a caminho para a igreja mundial culturalmente policêntrica. Essa "globalização da igreja" só terá sucesso se todas as suas tentativas de inculturação, todos os seus experimentos de implantação do evangelho nos mundos culturais estrangeiros continuam guiados pelo espírito de compaixão, que diante do pluralismo dos mundos culturais e religiosos torna reconhecível a autoridade dos sofredores como claro critério de qualquer diálogo cultural e religioso, de qualquer inculturação e de qualquer cultura política. Assim, somente assim a igreja com suas tentativas de inculturação pode evitar a sempre nova realização de uma luta das culturas.

VI.

Pode-se, certamente, falar de provocações primárias e secundárias da mensagem de Jesus. A compaixão descrita seria então a primeira provocação de sua mensagem. No curso dos tempos, onde era possível, nós cristãos a traduzimos entre nós? Pode até ser, ao contrário, que muitos julguem esse cristianismo da compaixão um vago romantismo pastoral. E, certamente, essa compaixão é uma provocação exagerada — como justamente o cristianismo em geral, como o seguimento, como — Deus. Na linguagem de uma religião burguesa, em si consolidada, que de frente a nada tem tão grande medo como de frente à própria falência e que por isso prefere o pássaro na mão à pomba sobre o teto, dificilmente se pode exprimi-la. Há, portanto, ouvidos abertos para um cristianismo da compaixão, da aumentada sensibilidade para a dor alheia?

De qualquer modo, a pergunta não está dependurada muito no alto! A compaixão não é um convite ao heroísmo ou a uma santidade exaltada. Ela quer ser adaptada a todos, uma virtude cotidiana, uma virtude-base dos cristãos, sem a qual o alto tom das proclamações eclesiais sobre a globalização ressoaria com caráter de normatividade sem conseqüências. Por isso, prestamos atenção aos sinais do mundo de nossa vida, aos traços de um durável sentimento, de uma impávida disponibilidade de modo a não evitar a dor dos outros, vivemos e celebramos a felicidade e o amor exclusivamente como auto-realização narcisística nas alianças e nos projetos de base da compaixão, que se subtraem e se opõem à atual corrente de cultivada indiferença e de consagrada apatia. Talvez aquilo que Friedrich Nietzsche assim tanto desprezou no cristianismo e denunciou como "moral dos escravos" seja exatamente aquilo que os cristãos hoje — diante do processo de globalização — deveriam testemunhar em primeiro lugar: a compaixão como expressão de sua filiação divina.

Como conclusão uma visão, uma daquelas visões cotidianas, que aparecem improvisamente e, depois, de novo, rapidamente desapareçam: há, atualmente, — certo, falando de maneira puramente estatística — sobre nossa terra cerca de dois bilhões de cristãos. O que sucederia se eles, em seus distintos mundos de vida, ousassem essa experiência da compaixão, não importa se de forma modesta, contanto que sempre nova, incansável, e assim afinal se chegasse a uma ecumene da compaixão entre todos os cristãos: o que sucederia? Não seria essa uma nova luz projetada sobre nossa terra, sobre este mundo globalizado e, contudo, tão dolorosamente dilacerado?

AUTORES / AUTORAS

MICHAEL AMALADOSS é professor de teologia em Vidyajyoti College Of Theology em Delhi (Índia) e foi presidente da International Association of Mission Studies. Entre suas publicações: V*ida em liberdade: Teologias da libertação da Ásia*; - *Para além da inculturação. Unidade e pluralismo das Igrejas*.

EDMUNDO ARENS é professor de teologia fundamental na Faculdade de teologia da Universidade de Lucerna (Suíça). Entre suas publicações: *Christopraxis. Grundzüge theologischer Handlungstheorie*. Editou o volume *Habermas e a teologia*.

CLAUDE GEFFRÉ, professor emérito do Instituto Católico de Paris. É um dos principais representantes da teologia hermenêutica e ex-diretor da Escola bíblica de Jerusalém. Entre suas publicações: *O Cristianismo ao risco da interpretação*; - *Crer e interpretar. A virada hermenêutica da teologia*. Dirige a coleção "Cogitatio fidei" das Éditions du Cerf (Paris).

ROSINO GIBELLINI, doutor em teologia e em filosofia. Dirige as coleções "Giornale di teologia" e "Biblioteca di teologia contemporanea" da Editrice Queriniana di Brescia. Entre suas publicações: *A teologia do século XX*. Editou (com G. Penzo) a obra *Deus na filosofia do século XX*.

ELIZABETH GREEN, originária da Grã Bretanha, está ligada às igrejas batistas na Itália. Especialista em teologia feminista, é encarregada de cursos na Faculdade de teologia valdense de Roma. Entre suas publicações: *Do silêncio à palavra. História de mulheres na Bíblia*. Editou o volume *Ecofeminismo e teologia*.

GUSTAVO GUTIÈRREZ, professor de teologia em Notre Dame University (South Bend, Indiana, USA). É o principal representante da teologia latino-americana da libertação. Entre suas publicações: *Teologia da libertação*; - *A força histórica dos pobres*; - *À procura dos pobres de Jesus Cristo. O pensamento de Bartolomeu de Las Casas*.

WERNER JEANROND é professor de teologia sistemática na Universidade de Lund (Suíça). Entre suas publicações: *Text und Interpretation als Kategoren theologischen Denkens*; - *A hermenêutica teológica. Desenvolvimento e significado.*

SYLVAIN KALAMBA NSAPO, congolês. É doutor em teologia pela Universidade católica de Lovaina e membro da direção do Centre de Éducation et de Réflexion pour le Développement des Communautés Africaines. Autor de numerosos ensaios sobre a teologia africana. Publicou *As eclesiologias do episcopado africano subsaberiano. Ensaio de análise de conteúdo.*

JOHANN BAPTIST METZ, professor emérito de teologia fundamental na Faculdade de teologia católica da Universidade de Münster (Alemanha). É um dos principais representantes da teologia política. Entre suas publicações: *Sobre a teologia do mundo;* - *A fé, na história e na sociedade. Estudos para uma teologia fundamental prática;* - *Sobre o conceito da nova teologia política: 1967-1997.*

DIETMAR MIETH, professor de ética teológica na Faculdade de teologia católica de Tubinga (Alemanha). É membro de organismos internacionais para tutela dos direitos humanos na biomedicina. Entre suas publicações: *Moral und Erfahrung;* - *Die Diktatur der Gene;* - *Was wollen wir können? Ethik im Zeitalter der Biotechnik.*

JÜRGEN MOLTMANN, professor emérito de teologia sistemática na Faculdade evangélica da Universidade de Tubinga (Alemanha). É um dos teólogos mais criativos e mais lidos de nosso tempo. Entre suas publicações: *Teologia da esperança;* - *O Deus crucificado;* - *Deus na criação humana. Doutrina ecológica da criação;* - *O advento de Deus. Escatologia cristã.*

PETER NEUNER, professor de teologia dogmática junto à Universidade de Monique da Baviera. É conhecido no campo internacional por seus estudos sobre o ecumenismo. Entre suas publicações: *Teologia ecumênica. A procura da unidade entre as Igrejas cristãs.*

ROBERT SCHREITER, professor de teologia na Catholic Theological Union de Chicago (Illinois, USA). Foi presidente da American Society of Missiology e da Catholic Theological Society of America. Entre suas publicações: *Constructing Local Theologies;* - *The New Catholicity.* É editor da coleção "Faith and Cultures".

GIUSEPPE SEGALLA é professor do Novo Testamento no Seminário de Pádova e na Faculdade Teológica da Itália setentrional (Milão). Entre suas publicações: *Introdução à ética bíblica do Novo Testamento;* - *Panorama literário do Novo Testamento;* - *Panorama histórico do Novo Testamento;* - *Panorama teológico do Novo Testamento.*

YANNIS SPITERIS, professor de teologia e espiritualidade oriental junto ao Pontifício Instituto Oriental de Roma. É autor de muitos estudos que se referem ao campo da teologia bizantina e da espiritualidade cristã-oriental. Entre suas publicações: *A teologia ortodoxa neo-grega.*

DAVID TRACY, professor na Divinity School da Universidade de Chicago (Illinois, USA). É um dos mais conhecidos teólogos norte-americanos. Entre suas publicações: *Blessed Rage for Order: the New Pluralism in Theology;* - *The Analogical Imagination: Christian Theology and the Culture of Pluralism;* - *Plurality and Ambiguity: Hermeneutics, Religion and Hope.*

MARCIANO VIDAL é professor de teologia moral na Pontifícia Universidade Comillas, no Instituto Superior de Ciências Morais de Madri e junto à Academia Alfonsiana de Roma. É autor de um volumoso *Manual de ética teológica;* - *Nova moral fundamental.* Aparecida: Editora Santuário, 2003.

HANS WALDENFELS é professor emérito de teologia fundamental e de teologia das religiões na Faculdade católica da Universidade de Bonn (Alemanha). Entre suas publicações: *Absolutes Nichts. Zur Grundlegung des Dialogs zwischen Buddhismus und Christentum;* - *Teologia fundamental no contexto do mundo contemporâneo;* - *O fenômeno do cristianismo. Uma religião mundial no mundo das religiões.*

ÍNDICE DOS NOMES

Abe, 317
Abega, 111 n. 42
Abignente, D. 174 n. 23
Adorno, Th. W. 82 n. 41, 355
Adoukonou, B. 113 n. 47
Afanassief, N. 251, 271 e 271 n. 79 e 80, 272 e 272 n. 82 e 83, 273 e 273 n. 86 e 87, 274 e 274 n. 88, 275 n. 90
Agossou, M.-J. 120 e 120 n. 79 e 80
Agostinho 122, 237, 239, 243, 358
Aguirre, R. 225
Alberigo, G. 87 n. 3, 266 n. 59
Aletti, J. N. 207 n. 2 e 4
Alivizatos, Ha. 250, 277
Althaus-Reid, M. 157 e 157 n. 20, 162 e 162 n. 38
Altizer, Th. 345 e 345 n. 13, 348
Altner, G. 18 n. 42
Álvarez, L. 174 n. 25
Amaladoss, A. 133 n. 1
Amaladoss, M. 21, 133-149, 134 n. 3, 143 n. 18, 144 n. 20, 145 n. 24, 146 n. 26
Amalorpavadass, D. S. 140 n. 11
Anders, G. 40 e 40 n. 28
Androutsos, Ch. 277
Andruzzos, Chr. 251
Aner, K. 31 n. 15
Aquino, M. P. 159 n. 25
Arav, R. 211 n. 11
Arendt, H. 156
Arens, E. 21, 67-83, 77 n. 32, 78 n. 33, 80 n. 38, 82 n. 41, 343 e 343 n. 9, 349
Arévalo, C. G. 137 n. 6
Aristóteles, 48, 235, 245, 334
Ashley, J. M. 72 n. 12
Aubert, J. M. 172 n. 18
Auden, W. D. 35
Auer, A. 174 e 174 n. 23 e 25, 191

Autiero, A. 174 n. 25

Bacon, F. 28
Baillargeon, G. 266 n. 59
Baiocco, M. G. 159 n. 27
Balthasar, H. U. Von 7 e 7 n. 9, 10, 13, 14, 230, 243, 245
Barr, J. 221
Barth, K. 7 e 7 n. 8, 16, 56 e 56 n. 19, 57, 58, 230, 244, 302, 308, 325, 342
Bartolomé, J. J. 225
Batstone, D. 82 n. 41
Bauckham, R. 26 n. 2, 30 n. 14
Bauer, B. 220
Bauer, W. 317
Bedford-Strohm, H. 79 n. 36
Bélanger, R. 174 n. 25
Bellah, R. 74
Ben Dosa, H. 208
Ben Israel, M. 30 n. 14
Bengel, J. A. 30
Benjamin, W. 32 e 32 n. 18, 34, 36, 38 e 38 n. 24, 82 n. 41, 235
Bennàsar, B. 179 n. 38
Berdjaev, N. 251
Berend, I. 5
Berger, P. 349 n. 20
Bergman, I. 242
Bergson, H. 176
Bernardi, P. 259 n. 36
Bernardo de Claraval 99
Bettiolo, P. 277
Bevans, S. B. 137 n. 7
Billy, D. 174 n. 25
Bimwenyi-Kweshi, O. 19 e 19 n. 45, 103 e 103 n. 6, 104 e 104 n. 7, 8, 10 e 11, 106 e 106 n. 18 e 19, 108 e 108 n. 25, 26, 27, 28, 121 n. 85 e 86, 128 e 128 n. 120, 131 e 131 n. 136 e 137

Birmelé, A. 293 n. 22
Black, P. 175 n. 26
Blaser, K. 20 n. 47
Bloch, E. 28 n. 8, 37 n. 22
Bloch, M. 207 e 207 n. 5
Bobbio, N. 96 n. 9
Böckle, F. 174 e 174 n. 23 e 25, 191
Boespflug, F. 333 n. 18
Boeven, L. 346 n. 16
Boff, C. 76 e 76 n. 28, 29 e 30
Boff, L. 18 n. 42, 120 n. 80
Boaventura 230, 245, 310
Bondolfi, A. 174 n. 23
Bonondi, A. 174 n. 25, 178 n. 30
Boolaars, H. 174 n. 25
Borg, M. 208, 224
Borgonovo, G. 175 n. 26
Bori, C. 277
Bosch, J. 20 n. 47
Bosco, N. 259 n. 36
Bouchard, J. C. 110 n. 35
Boyd, R. H. S. 134 n. 2
Braidotti, R. 155 e 155 n. 14
Braun, V. 195 n. 3
Brent, Ch. 282
Bresciani, C. 174 n. 23
Brüll, L. 317
Bruno, G. 233, 243
Buber, M. 176
Bühlmann, W. 19 e 19 n. 46
Buetubela, B. 113 n. 47
Bulgakov, S. 251, 256 e 256 n. 24, 258, 259 e 259 n. 36, 260 n. 38, 39, 40, 41, 42, 43 e 44, 261 e 261 n. 45, 46, 47, 48, 262 e 262 n. 49, 271, 277
Bultmann, R. 11, 17, 22, 52, 56 e 56 n. 19, 58, 70, 124 n. 105, 205, 219, 221, 241
Bureau, R. 104, n. 12
Buren, P. van 345
Bujo, B. 111 n. 41, 112 n. 44, 113 n. 49

Cady, L. 155 n. 15
Cahill, L. S. 178 n. 36
Calixt, G. 280
Calvez, J.-Y 186 n. 52
Calvino, G. 59, 238, 241, 249
Camp, C. 158, 159 n. 25
Cantosperber, M. 172 n. 18
Capone, D. 174 e 174 n. 23 e 25
Carlos V 29 n. 10

Carlotti, P. 174 n. 23
Carr, A. 151 n. 2
Casanova, J. 349 n. 19
Caseri, R. 166 n. 2
Cavarero, A. 154 n. 10 e 13, 156, 159 n. 28
Charlesworth, J. H. 205, 225
Chenu, B. 13, 128 n. 116
Chenu, M.-D. 13, 98 e 98 n. 10, 128 n. 116
Cheza, M. 113 n. 49
Childress, J. F. 178 n. 36
Chilton, B. 211 n. 10, 224
Ching, J. 317
Chopp, R. S. 62 n. 31 e 32, 151 n. 2, 154 n. 7, 155 n. 11 e 15
Christ, C. 159 e 159 n. 26
Christoy, P. K. 278
Ciofarri, G. 278
Cipriano 321
Cislaghi, A. 7 n. 10
Claudel, P. 231
Clément, O. 256 n. 25, 277 n. 96
Clemente de Alexandria 327
Clooney, F. X. 133 n. 1
Cobb, J. B. 317
Coda, P. 259 n. 36
Cohen, H. 232
Colombo 28
Collier, D. M. 155 n. 11, 162 n. 39
Comblin, J. 6 n. 4
Comenius, A. 30
Compagnoni, F. 169 n. 11
Comte, A. 32
Cone J. 236
Confúcio 303, 311
Congar, Y. 13, 23, 168 n. 9, 256 n. 30, 321 n. 3, 322 e 322 n. 5
Conzelmann, H. 213
Copeland, Shawn M. 156 n. 18
Copérnico 27
Cothénet, E. 226
Cowley, M. J. 33 n. 19
Cox, H. 14 e 14 n. 30
Cromwell, O. 30 e 30 n. 14
Cronin, V. 133 n. 1
Crossan, J. D. 206-215, 218-220, 224-225
Cullmann, O. 17, 185
Curran, Ch. E. 172 n. 18, 174 n. 25, 178 n. 36, 179 n. 38, 186 n. 52

D'Lima, E. 143 n. 18
D'Mello, A. 144 n. 19
D'sa, F. 135 n. 4
Dabire, J.-M. 113 n. 49
Daly, M. 151, 153, 155 e 155 n. 11, 157 e 157 n. 21, 158 n. 23
Danet, H. 126 n. 110 e 111
Daniélou, J. 13, 17, 322
Dante 230
Danton, A. C. 317
Davaney, Sh. G. 62 n. 31 e 32, 151 n. 2, 154 n. 7, 155 n. 11 e 15
De Dinechin, O. 172 n. 18
De Fiore, J. 28, 29, 30 n. 14, 31
De Halleux, A. 277 n. 96
De Ligório, A. M. 189
De Lubac, H. 13, 322 e 322 n. 5
De Mahieu, W. 112 n. 47
De Nobili, R. 133, 147
De Régnon, Th. 255 e 255 n. 21
De La Torre, J. 174 n. 25
De Las Casas, B. 91, 94
Delgado, M. 29 n. 10
Delhaye, Ph. 166 n. 3, 167, 168 n. 8, 169 e 169 n. 12, 171 n. 17, 172 n. 20, 173 n. 22
Demmer, K. 174 n. 25, 184 n. 43
Dempster, M. 350 n. 21
Derrida, J. 56, 159, 231, 240, 246, 339, 344
Descartes, R. 28, 42 e 42 n. 33, 200
Dewey, J. 229
Dickinson, E. 229, 231
Dietschy, B. 27 n. 4
Dilthey, W. 51 e 51 n. 4, 56, 123, 338
Dimandja, E. K. 111 n. 41
Dionísio Areopagita 227, 228, 230, 243-247, 310
Diop, A. 101
Dobiosch, H. 174 n. 25
Doldi, M. 174 n. 23
Doré, J. 111 n. 41, 112 n. 44, 127 n. 112, 174 n. 25
Downing, G. 208
Ducke, K.-H. 174 n. 25
Dumont, P. 278
Dunand, F. 333 n. 18
Dupuis, J. 23, 89 n. 5, 321 n. 3, 322 n. 4, 325 e 325 n. 9, 330
Duquoc, Chr. 13 e 13 n. 26 e 27, 20 e 20 n. 48, 218 n. 13
Dussel, E. 27 n. 5
Düwell, M. 196 n. 4

Ebeling, G. 57, 58
Edwards, J. 229
Egenter, R. 174 n. 25
Eicher, P. 12 n. 24
Eid, V. 174 n. 25
Eilers, F.-J. 137 n. 6
Ela, J.-M. 112 n. 47, 116 e 116 n. 61, 117 n. 63 e 65, 118 e 118 n. 72, 128 e 128 n. 121, 129 e 129 n. 122, 123, 124, 125 e 126
Eliot, Th. S. 228
Elizondo, V. 18 n. 42
Elwood, D. J. 135 n. 5
Emerson, R. W. 229, 231
England, J. C. 135 n. 5
Ernst, W. 174 n. 25
Evans, C. A. 224
Evdokimov, P. 256 e 256 n. 26, 259 e 259 n. 35, 36 e 37, 272, 273 n. 85, 278

Fabella, V. 17 n. 40, 153 n. 5
Fasholé-Luke, E. 119 n. 73
Fedotov, G. P. 278
Fédou, M. 89 n. 6, 324 n. 8, 327 n. 10
Felmy, K. Ch. 278
Fernandes Eleazer, S. 145 n. 22
Fernández, A. 178 n. 29, 31 e 32
Ferrero, F. 173 n. 21
Fílon 211
Flávio Josefo 211, 212
Florenskij, P. 251
Florovskij, G. 250 e 250 n. 6, 251 e 251 n. 7, 265 e 265 n. 58, 278
Fonk, P. 202 n. 11
Foucault, M. 199 n. 7, 233
Fouilloux, É. 13 n. 27
Fourche, T. A. 115 n. 55
Frank, M. 49 n. 3
Frank, S. 278
Franzmann, M. 210 n. 9
Frei, H. W. 8 e 8 n. 12 e 13, 57, 58, 230
Freud, S. 54
Freyne, S. 208 e 208 n. 6, 211
Fuchs, E. 57, 58
Fuchs, J. 165, 170 n. 13, 174 e 174 n. 25, 191
Funk, R. W. 225
Furger, F. 172 n. 18, 174 n. 25
Furuya, Y. 135 n. 5
Fusco, V. 215, 224, 225

Gadamer, H.-G. 12, 21, 51, 53 e 53 n. 11 e 12, 54 e 54 n. 13 e 15, 55, 56, 64 e 64 n. 36 e 37, 123, 339
Galeano, E. 33 n. 19
Gallagher, R. 174 n. 25
Gandhi 145
Gavin, F. 278
Geffré, Cl. 11, 12, 13 n. 25, 21, 23, 59 e 59 n. 23, 116 n. 61, 319-336, 321 n. 2, 331 n. 16, 332 n. 17, 335 n. 21, 336 n. 22
Gehlen, A. 42 n. 32
Gernet, J. 317
Gesché, A. 128 n. 117
Getui, M. N. 118 n. 71
Gibellini, R. 5-24, 6 n. 5, 7 n. 10, 14 n. 30 e 31, 17 n. 40, 18 n. 42, 69 n. 2, 101 n. 1, 117 n. 64, 151 n. 1 e 2
Gilson, É. 245
Gilleman, G. 165, 166 n. 2
Gira, D. 142 n. 15
Gitau, A. K. 119 n. 75
Gnanadason, A. 152 n. 4
Gnanapiragasam, J. 139 n. 9
Göbel, W. 193 n. 2
Goethe, J. W. 198
Goffi, T. 174 e 174 n. 23
Goldstein, V. S. 151 e 151 n. 1, 153
Golitzin, A. 243
Gómez Mier, V. 174 n. 23, 178 e 178 n. 30 e 33
Gonsalves, M. 143 n. 18
González Faus, J. I. 6 n. 4
Gorostiaga, X. 6
Graf Vitzthum, W. 195 n. 3
Gray, R. 119 n. 73
Green, E. 22, 151-163, 151 n. 2
Gregório de Nazianzo 255 e 255 n. 20
Gregório de Nissa 230
Gregório Magno 241
Greisch, J. 56 e 56 n. 18, 123 n. 100
Grey, E. 34
Grillmeier, A. 292 n. 21
Grondin, J. 54 n. 15
Gross, R. 162 e 162 n. 36
Grosse Kracht, H.-J. 79 n. 36, 82 n. 41
Grozio, U. 301, 341
Gründel, J. 174 n. 25, 184 n. 46
Gunn, G. 350 n. 23

Gutiérrez, G. 21, 28 n. 9, 75 e 75 n. 25, 76 n. 26 e 27, 85-100, 88 n. 4, 93 n. 7 e 8, 98 n. 11, 120 n. 80

Haas, W. S. 317
Habermas, J. 6 e 6 n. 7, 16 n. 36, 53, 56, 82 n. 41, 199 e 199 n. 8, 343 e 343 n. 8
Haers, J. 224
Haker, H. 199 n. 9
Haight, R. 329 e 329 n. 14
Halbfass, W. 317
Hallman, D. G. 18 n. 42
Hampson, D. 158 e 158 n. 23
Häring, B. 165, 166 n. 2, 168 n. 10, 170 n. 13 e 14, 174 e 174 n. 23 e 25, 179 e 179 n. 40
Harnack, A. von 302
Hart, T. 26 n. 2
Hartmann, N. 176
Harvey, A. E. 225
Hastings, A. 119 n. 73
Hauerwas, S. 9 e 9 n. 17, 21, 77 e 77 n. 32, 342 e 342 n. 7
Hegel, G. W. F. 27 n. 3, 32 e 32 n. 17, 233, 234, 302, 338
Heidegger, M. 7, 12, 15, 51 e 51 n. 5, 52 e 52 n. 6, 7, 9 e 10, 55, 56, 70, 123, 229, 335, 339, 345, 346
Heierle, W. 174 n. 25
Herder, J. G. 41 n. 32
Hick, J. 304, 329 n. 14
Hidber, B. 174 n. 25
Hintersteiner, N. 351 n. 24
Hirscher, J. B. 165
Hitler, A. 35, 40
Hobsbawm, E. 5 e 5 n. 1
Hoeber, R. S. 349 n. 19
Hogan, L. 155 e 155 n. 12
Holderegger, A. 174 n. 25, 193 n. 2
Homero 47
Honi 208
Honecker, M. 172 n. 18
Hoose, B. 178 n. 36
Hoping, H. 78 n. 33
Hopkins, D. N. 82 n. 41
Horkheimer, M. 28
Hörmann, K. 174 n. 25
Horsley, R. A. 212, 226
Hume, D. 177
Hunold, G. W. 174 n. 25
Hunt, M. 151 n. 1, 161 e 161 n. 32

Husserl, E. 229

I. Tarrech Puig, A. 224
Ikechukwu Odozor, P. 174 n. 23
Ilunga Muya, J. 114 n. 52
Imach, R. 174 n. 25
Inácio de Loyola 310
Irigaray, L. 159 e 159 n. 27
Isasi-Díaz, A. M. 156 e 156 n. 16
Ives, Ch. 317
Izutsu, T. 317
Iwele, G. 124 n. 107

James, W. 229
Jans, J. 187 n. 53
Janssens, L. 174 n. 25
Jantzen, G. 156, 159 e 159 n. 27, 160 e 160 n. 31, 161, 162
Jaspers, K. 15
Jeanrond, W. 21, 45-65, 47 n. 1, 49 n. 2, 51 n. 4, 54 e 54 n. 13 e 14, 56 n. 19, 60 n. 26, 61 n. 27 e 28
Jeremias, J. 213
Jerônimo 122
João XXIII 16, 86, 91, 285
João Paulo II 89, 92, 97, 99, 139, 166, 182, 292, 300, 321, 329, 330, 348
John, O. 80 n. 38
Johnson, E. 151, 153 n. 6, 154 n. 7, 158 n. 24, 160 e 160 n. 31
Johson, L. T. 206, 218-220, 224
Johnston, W. 147 n. 27
Jonas, H. 361
Jones, S. 154 n. 7, 156 n. 16
Jongen, M. 355
Joyce, J. 228
Jüngel, E. 7
Justino 327

Kä Mana 117 e 117 n. 66, 67, 68, 69 e 70, 118 e 118 n. 71 e 72
Kabasélé, F. 111 n. 41, 112 e 112 n. 44, 45, 46 e 47, 114 n. 52, 115 n. 56, 118 n. 72, 125 n. 109, 127 n. 112
Kagame, A. 105
Kähler, M. 22, 218, 219, 224
Kalamba Nsapo, S. 21, 102-132
Kangudie, K. 120 n. 77
Kant, I. 28, 31 e 31 n. 16, 49, 87, 177, 201, 228, 231, 234, 337, 338, 339

Kaplan, R. 25 n. 1
Kappen, S. 148 n. 28
Karmiris, Io. 251, 265
Käsemann, E. 22, 205, 240
Kasper, W. 13 n. 26, 288 n. 17
Kaufmann, F.-X. 18 n. 44
Kealy, S. P. 224
Kearney, R. 56
Keenan, J. F. 172 n. 18, 174 n. 24, 175 n. 26
Kelber, W. H. 224
Keller, C. 155 e 155 n. 11
Kemper, U. 317
Kennedy, P. 27 n. 3
Kennedy, T. 174 n. 25
Khodre, G. 271 n. 78
Kinyongo, J. 106 n. 15
Kierkegaard, S. 231-235, 246, 247, 339
Klaus, B. 350 n. 21
Klausner, J. 209 n. 8
Kleber, K.-H. 174 n. 25
Klee, P. 33
Knitter, P. F. 11 n. 21, 23, 308, 329 e 329 n. 14
Kopfensteiner, T. R. 172 n. 18
Korff, W. 174 n. 25
Koulomzine, N. 271 n. 80
Krieger, S. 317
Kulu Kabamba, O. 117 n. 63
Küng, H. 11, 12 n. 23, 185 n. 49, 320 n. 1, 323 e 323 n. 7
Kuschel, K.-J. 185 n. 49, 320 n. 1
Kuttianimattathil, J. 139 n. 10
Kwok Pui-lan 156 e 156 n. 18, 161, 162 n. 35
Kyongsuk Min, A. 350 n. 23
Kyung, Chung H. 161

Labbé, Y. 49
Ladrière, G. 128 n. 119
Lakeland, P. 8 n. 11
Lam, Wing-Hung 135 n. 5
Lamb, M. 15 e 15 n. 4
Lao Tsé 303
Lash, N. 18 n. 42
Lauret, B. 128 n. 117, 130 n. 133
Le Saux, H. 142 e 142 n. 16
Leclercq, J. 165
Lehmann, K. 295, 296 n. 25
Leijssen, L. 346 n. 16
Leiss, W. 33 n. 20
Lenz, S. 198
Lessing, G. E. 30, 223

Lévinas, E. 55, 176, 188, 235, 246, 347 e 347 n. 17, 348
Levison, J. R. 114 e 114 n. 54
Levison, P. P. 114 e 114 n. 54
Lialine, C. 259 n. 36
Lindbeck, G. A. 8, 9 e 9 n. 14, 15 e 16, 13, 15, 57, 58, 342 e 342 n. 6
Lingua, G. 259 n. 36
Litva, A. 261 n. 48
Lochmann, J. M. 39 n. 26
Lohmar, D. 317
Lorentzen, L. A. 82 n. 41
Lorenzetti, L. 174 n. 23
Losigo, K. A. 107 e 107 n. 21
Lossky, V. 227, 251, 252 e 252 n. 12, 254 e 254 n. 14, 255 e 255 n. 21, 256 e 256 n. 23, 267, 271, 272 n. 81, 276, 277 n. 96, 278
Let-Borodin, M. 252 e 252 n. 11
Lottin, C. 165
Lourde, A. 153 e 153 n. 5
Löwith, K. 30 n. 13
Lübbe, H. 74
Luce, H. 29
Lufuluabo, M. F. 105
Luhmann, N. 199 n. 7
Luneau, R. 104 n. 9, 111 n. 41, 112 n. 44 e 47, 127 n. 112
Lutero, M. 58, 227, 228, 238, 239, 240-247, 249
Lyotard, F. 344 e 344 n. 12

MacInnis, D. 317
MacIntyre, A. 342 e 342 n. 5
Mack, B. 208
Magesa, L. 119 e 119 n. 73, 75 e 76
Maier, H. 75 n. 23 e 24
Majaerano, S. 174 n. 23
Maladies, M. 137 n. 7
Malek, R. 317
Malherbe, J.-F. 130 n. 133
Malipurathu, Th. 141 n. 13
Mall, R. A. 317
Malu, N. M. 129 e 129 n. 127
Maluleke, T. S. 116 n. 58
Mampila, A. 113 n. 47
Mananzan, M. J. 153 n. 5
Mancini, R. 82 n. 41
Mandry, Ch. 202 n. 13
Mannix, D. P. 33 n. 19

Mao Tse-tung 35, 311
Marguerat, D. 224, 225
Marion, J.-L. 345, 346 n. 15, 348
Marrou, H. I. 206
Martin, D. 350 n. 21
Martini, C. M. 289
Maruyama, M. 317
Marx, K. 32, 54
Masía, J. 179 n. 38
Massey, J. 145 n. 23
Mathon, G. 173 n. 21, 174 n. 23
Matilde de Magdeburgo 241
Matsoukas, N. A. 278
Mattai, G. 174 n. 25
Maurier, H. 104 n. 12
Mausbach, J. 165
Mbembe, A. 117 n. 63
Mbiti, J. 116 e 116 n. 58 e 59
Mbonimpa, M. 119 n. 74
Mbonyinkebe, S. D. 111 n. 41
McClintock Fulkerston, M. 155 n. 15
McCormik, R. A. 172 e 172 n. 18, 174 e 174 n. 23 e 25, 179 n. 39, 184 n. 44 e 45, 185 n. 47
McCoventry, B. 174 n. 25
McDonagh, E. 188 n. 54
McEnvoy, J. 219
McFague, S. 158 n. 24, 160 e 160 n. 30 e 31, 161 n. 33
McKibben, B. 33 n. 20
McPartlan, P. G. 266 n. 59
Médevielle, G. 174 n. 25
Meier, H. 40 n. 27
Meier, J. P. 206-209, 211, 215, 219, 221, 224-226
Mendieta, E. 82 n. 41
Merchant, C. 27 n. 7
Merringan, T. 224
Mersch, E. 165
Merz, A. 225, 226
Metogo Messi, E. 117 n. 63, 126 n. 110 e 111, 130 e 130 n. 134, 131 n. 135
Metena M'nteba 130 n. 128
Metz, J. B. 14 n. 31, 32, 15 e 15 n. 33, 16 n. 36, 18 e 18 n. 44, 23, 40 n. 29, 68 e 68 n. 1, 69, 71 e 71 n. 9 e 10, 72 n. 11, 12 e 13, 75 n. 24, 82 n. 41, 347, 353-364
Meyendorff, J. 251 e 251 n. 8, 252 n. 13, 255 n. 21
Meyer, B. F. 225

Meyer, H. 287 n. 16, 294 n. 23
Meyers-Herwartz, Ch. 287 n. 15
Michaud, J. P. 224
Mieth, D. 18 n. 43, 22, 174 n. 25, 191-203, 195 n. 3, 196 n. 4, 197 n. 5, 198 n. 6
Milbank, J. 10 e 10 n. 20, 21, 76 e 76 n. 31, 341 n. 1 e 2
Mofokeng, T. A. 116 n. 58
Moingt, J. 218 n. 13
Moltmann, J. 5 e 5 n. 2, 14, 15 e 15 n. 35, 16 e 16 n. 36, 37 e 38, 20, 21, 25-43, 29 n. 12, 39 n. 26, 42 n. 34, 68, 69 e 69 n. 2, 3, 4 e 5, 70 n. 6 e 7, 72, 73 n. 14, 15, 16, 17, 18 e 19, 74, 75 n. 24, 77, 78 n. 33, 80 n. 37
Moltmann-Wendel, E. 159 n. 27
Monsengwo, P. 122 e 122 n. 90, 91, 92, 93, 94, 95 e 96, 123 e 123 n. 97, 98, 99, 100, 101 e 102, 124 e 124 n. 103, 104, 105, 106 e 107, 125 e 125 n. 109
Moore, Ch. A. 317
Morin, E. 320
Morlighem, H. 115 n. 55
Mosès, St. 32 n. 18
Mott, J. 32
Mounier, E. 176
Moxnes, H. 208 n. 6
Mudimbe, V. Y. 105 n. 13
Mugambi, J. N. K. 119 n. 75
Mugaruka, M. R. 122 e 122 n. 89
Mulago, V. 105, 106 e 106 n. 15, 107 e 107 n. 20, 22 e 23, 125
Mukeng'a, K. 108 n. 29
Mukuna, M. 103 n. 5
Müller-Fahrenholz, G. 41 n. 31, 69 n. 2
Mullins, M. R. 317
Münch, A. 317
Museka, L. 111 e 111 n. 41, 120 n. 77 e 78
Musuvaho, P. 105 n. 14
Mveng, E. 106 e 106 n. 20, 109 n. 32, 33 e 34, 110 n. 36, 120 e 120 n. 81 e 82, 121 n. 87 e 88

N'Soki, K. 103 n. 3
Nakamura, H. 317
Nakane, Ch. 318
Nalepa, M. 174 n. 25
Naumov, K. 259 n. 36
Neckebrouck, V. 104 n. 12, 116 n. 62
Needham, J. 318
Neill, E. R. 155 e 155 n. 11

Neill, S. 206 n. 1
Neill, St. Ch. 281 n. 1, 2 e 3, 284 n. 7
Nellas, P. 251, 256 e 256 n. 28
Nethöfel, W. 174 n. 23
Neuner, P. 23, 279-297, 282 n. 4
Neusner, J. 214
Newton, I. 27
Ngindu, M. 105 n. 13, 106 n. 16 e 17, 120 n. 83 e 84, 131 n. 137
Nicolau de Cusa 242, 243, 310
Niebuhr, R. 239
Nietzsche, Fr. W. 54, 233, 234, 235, 236, 302, 339, 340, 344, 345, 354, 362, 364
Niewöhner, F. 49 n. 2
Nishitani, K. 318
Nissiotis, N. 251, 254 e 254 n. 15, 16, 17 e 18, 255 n. 19 e 22, 267, 277 e 277 n. 97
Norelli, E. 224
Nothomb, D. 113 n. 47
Novalis, Fr. 229, 233
Nthamburi, Z. 115 n. 57, 119 n. 75
Nyamiti, C. 105 e 105 n. 14

O'Callaghan, D. F. 166 n. 1
O'Gormann, E. 27
O'Riordan, S. 174 n. 25
Obeng, E. A. 118 n. 71
Oduyoye, M. A. 117 n. 64, 153 n. 5, 156 e 156 n. 18, 157 n. 19, 161
Okolo, Ch. B. 120 n. 77
Okure, T. 111 n. 41
Orígenes 47, 122, 327
Ortega y Gasset, J. 176
Ötinger, Fr. 30
Otto, R. 242

Page, R. 162 n. 39
Palamas, G. 251, 252, 253, 260 n. 44, 262
Panikar, R. 23, 142 e 142 n. 17, 332 n. 17, 333 e 333 n. 19
Pannenberg, W. 17, 42 n. 32, 295, 296 n. 25
Pascal, B. 238, 242, 247
Pattaro, G. 12 n. 24
Paulo VI 19, 188
Péguy, Ch. 231
Pénoukou, E.-J. 110 e 110 n. 37 e 39, 111 e 111 n. 40, 127 e 127 n. 112, 113, 114 e 115
Penzo, G. 7 n. 10
Peters, T. R. 16 n. 36, 72 n. 12
Petersen, D. 350 n. 21

Peukert, H. 75 n. 23 e 24, 79 n. 25, 80 n. 38, 81 n. 39, 82 n. 40 e 41, 343 e 343 n. 10
Pfürtner, St. H. 174 n. 25
Phan, P. 144 n. 20
Philipp, W. 31 n. 15
Pickstock, C. 341 n. 2 e 3
Piegsa, J. 174 n. 25
Pieris, A. 17, 145, 146 n. 25, 308, 318
Pinckaers, S. 174 n. 25
Pinto de Oliveira, C.-J. 174 n. 25
Piscatori, J. 349 n. 19
Placher, W. C. 10 e 10 n. 19
Plaskow, J. 151 n. 1, 162 e 162 n. 36
Platão 237, 247
Plessner, H. 42 n. 32
Plínio, o Velho 211
Plotino 245
Podga, F. 178 n. 35
Poma, G. 91, 94
Popovic, J. 251
Porcile Santiso, M. T. 157 e 157 n. 19
Poucouta, P. 114 e 114 n. 53
Pourde, S. 174 n. 25
Powell, M. A. 224
Privitera, S. 169 n. 11
Proclo 245
Proust, M. 228
Puffet, G. M. 224
Puthanangady, P. 140 n. 12

Quenum, A. 109 n. 34
Querejazu, J. 178 n. 34
Quine, W. 9

Rahner, K. 11, 15, 16 e 16 n. 39, 18, 23, 231, 239, 323 e 323 n. 6, 324 e 324 n. 8, 328
Ramonas, A. 269 n. 69
Raphael, M. 159 n. 26
Rasmusson, A. 77 e 77 n. 32
Ratzinger, J. 13, 16 n. 36, 189 e 189 n. 55, 295 n. 24, 324 e 324 n. 8, 325
Reeves, M. 30 n. 14
Refoulé, Fr. 128 n. 117, 130 n. 133
Restaino, F. 154 n. 10, 155 n. 13, 159 n. 28
Ricci, M. 133, 147
Riches, J. K. 225

Ricoeur, P. 12, 21, 51, 54 e 54 n. 14 e 15, 55 e 55 n. 16 e 17, 56, 57 e 57 n. 20, 58, 61 e 61 n. 27 e 28, 63 e 63 n. 35, 96, 123, 124 n. 105, 130 e 130 n. 131 e 132, 176, 188, 199
Rilke, R. M. 99
Ritter, J. 32 n. 17
Rivuzumwami, C. 16 n. 38
Roamba, B. 113 n. 49
Romero, O. A. 99
Römelt, H. 174 n. 25
Römelt, J. 174 n. 25
Rorty, R. 9
Rosales, G. 137 n. 6
Rosenzweig, F. 232, 235
Rotter, H. 174 n. 25
Rottländer, P. 80 n. 38
Rouse, R. 281 n. 1, 282 n. 2 e 3, 284 n. 7
Rousseau, J. J. 211 n. 11
Ruch, F. 174 n. 25
Ruether, Radford R. 151, 155 e 155 n. 15, 160 e 160 n. 29
Russell, Letty M. 158 e 158 n. 22

Sailer, J. M. 165
Sambou, E. 126 n. 110 e 111
Sanders, E. P. 206-208, 214, 216, 219, 221, 226
Sanon, A. T. 112
Santedi, K. 130 n. 130
Sartre, J.-P. 176
Sawyer, D. F. 155 n. 11, 162 n. 39
Scheler, M. 42 n. 32, 176, 229
Schelling, F. W. 231
Scherer, J. A. 137 n. 7
Scheur, J. 142 n. 15
Schillebeeckx, E. 11, 12 e 12 n. 23, 18 n. 43, 153, 325 e 325 n. 9, 329 e 329 n. 12
Schilling, O. 165
Schlegel, A. W. 229, 233
Schlegel, Fr. 229, 233
Schleiermacher, F. D. F. 9, 16, 49 e 49 n. 2, 50, 51, 53, 54, 123 e 123 n. 100, 191, 232, 239, 302
Schlette, H. R. 23, 27 n. 6
Schlosser, J. 206, 226
Schmitt, C. 40, 74, 75
Schneider, L. C. 162 e 162 n. 37
Schneider, Th. 295
Schner, G. P. 13 n. 28
Scholem, G. 32 n. 18, 232

Schottroff, L. 158 n. 22
Schreiter, R. 18 e 18 n. 43, 19, 20 e 20 n. 47, 23, 62 n. 29 e 30, 64 n. 38, 337-351
Schroer, S. 158 n. 22, 159 e 159 n. 25,
Schröter, J. 223 e 223 n. 15, 225
Schuchter, W. 318
Schüller, B. 174 n. 25
Schultze, B. 259 n. 36
Schüssler Fiorenza, E. 18 n. 41, 151 n. 2, 152 e 152 n. 3, 154 n. 8 e 9, 156 n. 18, 159 n. 25, 162 n. 36, 209
Schweitzer, A. 22, 206, 208
Sedmak, Cl. 350 n. 22
Segalla, G. 22, 205-226
Selling, H. A. 174 n. 25
Semmler, J. S. 48
Sequeri, P. A. 218 n. 13
Siebert, R. 80 n. 38
Sigurdson, O. 60 n. 25
Simon, R. 174 n. 25
Sinsin, J. 126 n. 110 e 111
Skinner, B. 199 n. 7
Snijdewind, H. 18 n. 43
Sobrino, J. 6 n. 4, 99 n. 12
Söderblom, N. 283
Sölle, D. 16 n. 36, 68, 70 e 70 n. 8, 74 e 74 n. 20, 21 e 22, 160 e 160 n. 30
Sowle, Cahill L. 63 n. 34
Spaemann, R. 75 n. 24
Spener, Ph. J. 30
Spinoza, B. 48
Spiteris, Y. 23, 249-278, 251 n. 9, 252 n. 10, 258 n. 34, 278
Stachel, G. 198 n. 6
Stahel, W. 41 n. 30
Stalin, J. 35
Stanislaus, L. 141 n. 13
Staniloae, D. 251, 256 e 256 n. 27, 278
Steigleder, K. 195 n. 3, 201 n. 10
Steinbüchel, Th. 165
Stirnon, D. 252 n. 10
Suárez, R. 174 n. 25
Sugirtharajah, R. S. 17 n. 40, 135 n. 5, 144 n. 20
Sundermeier, Th. 351 n. 24
Susumu, Sh. 317
Suutala, M. 27 n. 7
Swanson, P. L. 317
Swidler, L. 12 n. 23

Tácito 212
Tamayo, J. J. 179 n. 38
Tasie, G. 119 n. 73
Taylor, Ch. 199
Taylor, M. C. 345 e 345 n. 14, 348
Taubes, J. 30 n. 14
Temple, W. 236
Tengan, E. B. 112 n. 46
Theissen, G. 212, 213, 215, 216, 223, 225, 226
Théobald, Chr. 6 n. 6
Thévenot, X. 174 n. 25
Thiandoum, H. 113 n. 49
Thiel, J. F. 10 n. 18
Thils, G. 105 n. 13, 165
Thiselton, A. C. 49 n. 2
Tillich, P. 11 e 11 n. 22, 38 e 38 n. 25, 231, 241, 242
Tillmann, F. 165
Todorov, T. 27 n. 5
Tomás de Aquino 8, 47, 122, 243, 245, 310
Tracy, D. 11, 12 e 12 n. 23, 13 n. 25, 28 e 29, 18 n. 41 e 42, 21, 22, 23, 57 e 57 n. 21, 58 e 58 n. 22, 63 n. 33, 64 n. 39, 78 n. 34, 227-247, 334 e 334 n. 20, 343 e 343 n. 11
Trauzettel, R. 317
Trembelas, P. 278
Tremblay, R. 174 n. 25
Trentin, G. 174 n. 25
Troeltsch, E. 302
Tshibangu, T. 103 e 103 n. 5 e 6, 106, 128 e 128 n. 118 e 119
Tshisungu, T. 118 n. 72
Tutu, D. 116 n. 58
Tuveson, E. L. 29 n. 11

Urban, C. 16 n. 36
Ukpong, J. 112 e 112 n. 43, 130 n. 129
Uzukwu, E. 111 n. 42, 113 n. 47, 118 n. 72

Valadier, P. 179 n. 37, 189 n. 56
Vahanian, G. 345
Vanneste, A. 103 e 103 n. 4 e 5, 113 n. 47
Vattimo, G. 56, 59 n. 24, 60 n. 25, 344
Venter, G. 28
Vereecke, L. 169 e 169 n. 11, 174 n. 25
Vermeersch, A. 166 n. 1
Vermes, G. 208
Verweyen, H. J. 218 n. 13, 220 n. 14
Vidal, M. 22, 165-203, 166 n. 2, 171 n. 15 e 16, 173 n. 21, 174 n. 23, 24 e 25, 179 n. 40, 185 n. 48 e 50, 190 n. 57

Virgílio 30
Vincente de Lerino 47
Virt, G. 174 n. 25
Vischer, L. 284 n. 6, 8 e 9
von Ranke, L. 38
von Weizsäcker, R. 39

Wacker, M. Th. 158 n. 22
Wagner, R. 302
Waldenfels, H. 23, 299-318
Ward, G. 8 n. 11, 341 n. 2, 342 e 342 n. 4
Ware, K. 278
Weber, H. 174 n. 25
Weber, M. 27, 338
Webster, J. B. 8 n. 10, 13 n. 28
Weil, S. 236, 247
Werth, G. 34 n. 21
West, G. 125 n. 109
Whitehead, A. N. 229, 233
Wilde, M. 202 n. 12
Wilfred, F. 135 n. 5, 139 n. 9
Wille, W. 125 n. 109
Willians, D. 156 e 156 n. 17
Willimon, W. 342 e 342 n. 7
Wils, J. P. 201 e 201 n. 10
Winter, D. 213, 215, 226
Witherington III, B. 224

Wittgenstein, L. 9, 12, 339, 342
Wittram, R. 38 n. 23
Wolbert, W. 202 n. 11
Woolf, V. 228
Wordsworth, W. 231
Wright, N. C. 23
Wright, N. T. 205, 206 n. 1, 226
Wyschogrod, E. 347 e 347 n. 18

Yannaras, Chr. 227, 251, 256 e 256 n. 29, 262 n. 50, 263 n. 51, 278

Zakai, A. 30 n. 14
Zander, L. 259 n. 36
Zelinda, U. 202 n. 11
Zewi, S. 30
Ziegler, J. G. 172 n. 18, 174 n. 25
Zizioulas, J. 227, 251, 256 e 256 n. 30, 257 e 257 n. 31 e 32, 259 e 259 n. 35, 263 n. 52 e 53, 264 n. 54, 55 e 56, 265 n. 57, 266 e 266 n. 59 e 60, 267 e 267 n. 61, 62, 63 e 64, 268 e 268 n. 65, 66, 67 e 68, 269 e 269 n. 70, 71, 72 e 73, 270 e 270 n. 74, 75, 76 e 77, 272 e 272 n. 84, 274, 275 e 275 n. 89, 91, 92 e 93, 276 n. 94 e 95
Zoungrana, P. 114 n. 50

ÍNDICE GERAL

ROSINO GIBELLINI
Paixão pelo Reino. Percursos da teologia do século XX
(*Introdução*) 5
    I. O século breve 5
    II. Teologias da identidade 6
    III. Teologias da correlação 11
    IV. Teologias políticas 14
    V. Teologias na era da globalização 16
    VI. Perspectivas 20

1. JÜRGEN MOLTMANN
A passagem do ano 2000. Progresso e abismo 25
    I. O nascimento da modernidade
    a partir do espírito da esperança messiânica 26
    II. A era das catástrofes 32
    III. Pontes lançadas no futuro 36
        1. O futuro da esperança cristã 36
        2. O futuro do projeto democrático 38
        3. O futuro do projeto científico-tecnológico 40

2. WERNER JEANROND
O caráter hermenêutico da teologia 45
    I. O desenvolvimento do pensamento hermenêutico
    na teologia cristã: breve resenha histórica 46
    II. Hermenêutica e teologia no século XX 51
        1. Desenvolvimentos filosóficos 51
        2. Desenvolvimentos teológicos 56
    III. Áreas problemáticas da teologia frente
    ao desafio da hermenêutica 59
        1. O conhecimento na historicidade radical
        do sujeito hermenêutico 59
        2. O pluralismo do texto da Bíblia e da interpretação bíblica 60
        3. Hermenêutica contextual e intercurtural 61
        4. O modelo do diálogo 63

3. EDMUND ARENS
Novos desenvolvimentos da teologia política.
A força crítica do discurso público sobre Deus 67
    I. Ponto de partida comum 68
    II. Os caminhos se ramificam 71
    III. Objeções e desafios 75
    IV. Perspectivas da teologia política 78

4. GUSTAVO GUTIÉRREZ
Situação e tarefas da teologia da libertação 85
    I. Três grandes reptos à fé em nossa época 86
        1. O mundo moderno (e pós-moderno) 87
        2. O pluralismo religioso 88
    II. Uma inumana e antievangélica pobreza 90
        1. Reler a mensagem 90
        2. Um eixo de vida cristã 91
    III. Tarefas atuais 93
        1. Complexidade do mundo do pobre 93
        2. Globalização e pobreza 96
        3. Aprofundamento da espiritualidade 98

5. SYLVAIN KALAMBA NSAPO
Tendências atuais da teologia africana 101
    I. Tendências da teologia africana 103
        1. A teologia da adaptação diante do desafio da inculturação 103
        2. Os imperativos da inculturação 109
            a. Inculturação em cristologia 111
            b. Inculturação litúrgica 111
            c. Eclesiologia africana 113
        3. Para além da inculturação" 114
        4. Inculturação ou libertação? 115
            a. Crítica da teologia da inculturação 115
            b. Libertação / inculturação 119
    II. Epistemologia e método na teologia africana 121
            a. Metodologia de exegetas africanos 122
            b. A adaptação como orientação teológica 125
            c. Discurso metodológico da teologia da inculturação e da libertação 126

6. MICHAEL AMALADOSS
Juntos rumo ao Reino. Teologia asiática emergente 133
    I. Um momento de transição 134
    II. O contexto asiático 135
    III. Missão e diálogo profético 137
    IV. Diálogo como colaboração 138
    V. Jesus, o Salvador 142

VI. Teologias asiáticas da libertação 144
VII. Para além da inculturação 146
VIII. Uma cultura evangelizadora 147

7. ELIZABETH GREEN
Na encruzilhada das estradas. Teologia feminista no início do século XXI 151
   I. O sujeito mulher 153
   II. O discurso sobre Deus 157

8. MARCIANO VIDAL
Transformações recentes e perspectivas de futuro na ética teológica 165
   I. Transformações recentes 165
      1. O Concílio Vaticano II e a renovação da teologia moral 166
         a. Significado geral 166
         b. A teologia moral no desenrolar do concílio 167
         c. A teologia moral no resultado final do concílio 168
         d. Balanço: a opção decisiva e inequívoca do concílio pela
            renovação da teologia moral 169
      2. A teologia moral depois do Concílio Vaticano II 170
         a. Aprofundamento na renovação 171
         b. Os fatores pessoais e institucionais mais relevantes 172
         c. Áreas mais decisivas da renovação moral 175
         d. Balanço: "Refundação" da teologia moral 177
   II. Perspectivas de futuro 179
      1. Retorno às "fontes" tanto evangélicas como teológicas 180
         a. "Frescor evangélico" na moral vivida 180
         b. Recuperação do "estatuto teológico" na moral formulada 181
         c. "Redimensionar" a moral dentro do conjunto da fé 181
      2. "Mudanças metodológicas" na busca e na proposta da verdade moral 183
         a. Busca partilhada da verdade moral 183
         b. Propostas "modestas", com freqüência "plurais" e sempre "a caminho" 184
         c. Distinguir entre "princípios gerais" e "aplicações concretas" 185
      3. Orientação dos conteúdos para um projeto
         de humanidade solidária 186
         a. A moral cristã como "serviço de sentido" 187
         b. Defesa de um ethos não excludente 188
         c. A consciência moral entre o "ideal" e a "fragilidade" 189

9. DIETMAR MIETH
Imagem do homem e dignidade humana.
A perspectiva cristã da bioética 191
   I. O argumento da dignidade humana:
      do fundamento jurídico ao antropológico 193
   II. Humanitarismo no lugar da imagem do homem? 197
   III. Volta aos modelos? 198
   IV. Identidade em vez de imagem do homem? 199

V. Corporeidade 200
VI. A relação entre imagem do homem e dignidade humana 201
VII. Tese recapitulativa 202

10. Giuseppe Segalla
A terceira pesquisa do Jesus histórico e seu paradigma pós-moderno 205
I. Novo paradigma historiográfico 206
II. Novo paradigma metodológico 210
III. Novo paradigma teológico 218

11. David Tracy
Forma e fragmento:
A recuperação do Deus escondido e incompreensível 227
I. Sua forma, fragmento e reunião 227
II. A apocalíptica e o Deus escondido 239
III. Apofática e o Deus incompreensível 243

12. Yannis Spiteris
A teologia ortodoxa "redescobre" seu passado.
A teologia dos Padres reproposta ao homem de hoje 249
I. A "redescoberta" da teologia como experiência,
    ou seja, o problema gnoseológico 252
II. A "redescoberta" da Trindade, ou seja, o personalismo cristão 255
III. Relação entre Deus, o mundo e o homem 259
    1. A sofiologia de S. Bulgakov 259
    2. A antropologia personalística 262
IV. A "redescoberta" da natureza trinitário-sacramental da igreja 265
    1. A natureza icônico-trinitária da igreja 266
    2. A igreja é sacramento do *éschaton* 269
    3. A igreja ícone da Trindade e do *éschaton* que se realiza na eucaristia 271
        a. A eucaristia permite à igreja existir enquanto corpo de Cristo 272
        b. Em que sentido a eucaristia se identifica com a igreja 273
        c. Na eucaristia a igreja universal se identifica com a igreja local 274

13. Peter Neuner
O caminho do ecumenismo no século XX 279
I. Sobre a pré-história 279
II. O movimento ecumênico nascente 281
III. O Conselho ecumênico das igrejas e a multiplicidade de seus caminhos 283
IV. Ecumenismo do consenso, ecumenismo secular e posições intermédias 287
V. Contribuições católicas ao movimento ecumênico 291
VI. Marcos miliares da aproximação ecumênica e seu método teológico 293

14. Hans Waldenfels
Oriente e Ocidente. Teologia cristã e pensamento asiático 299
I. "Oriente e Ocidente" — o problema 299

Índice geral

    II. "Pensamento asiático" 300
    III. "Sobre as fontes religiosas da Ásia 303
        1. A herança da Índia 304
            a. Sobre as religiões hindus 304
        2. O universalismo budista 307
    IV. O chamado da China 311
    V. O Japão, laboratório das religiões e da religiosidade 313
    VI. Observações conclusivas 315

15. Claude Geffré
Para uma nova teologia das religiões 319
    I. A novidade do diálogo inter-religioso 320
    II. Em direção a uma teologia do pluralismo religioso 322
    III. O pluralismo religioso como questão teológica 324
    IV. O fundamento teológico do diálogo inter-religioso 328
    V. O sentido de uma teologia inter-religiosa 332
        1. Por uma imaginação analógica 333
        2. Um estatuto diferente da verdade em teologia 334
        3. Uma prática diferente do ensinamento dogmático 335

16. Robert Schreitter
A teologia pós-moderna e posterior numa Igreja mundial 337
    I. Para além do moderno 337
    II. Variedade de pós-moderno 340
        1. Reapropriar-se da pré-modernidade 340
        2. Levar a completamento o projeto iluminístico 343
        3. Para além dos limites do moderno 344
            a. Uma resposta nietzschiana: Deus está morto 344
            b. Uma resposta heideggeriana: além da ontoteologia 345
            c. Encontrar o Outro 346
    III. Para além do pós-modernismo? A atração da Igreja mundial 348

1. Johann Batist Metz
Proposta de programa universal do cristianismo
na idade da globalização 353

Autores/Autoras 365

Índice dos nomes 369